Die Heilkunde der Antike

Kurt Pollak

WISSEN UND WEISHEIT DER ALTEN ÄRZTE

Die Heilkunde der Antike

BECHTERMÜNZ

Lizenzausgabe für den Bechtermünz Verlag GmbH
Eltville am Rhein, 1993
Gesamtherstellung: Mohndruck Graphische Betriebe GmbH, Gütersloh
ISBN 3 86047 061 2

I

Frühe Medizin in Griechenland

Auf Kreta und Mykene

Die ältesten Zeugnisse der griechischen Medizin wurden 1951 von den Archäologen John Papademetriou und George Mylonas im Gräberrund B von Mykene entdeckt: der Schädel eines Skeletts zeigte die deutlichen Spuren einer Trepanation – die älteste bekanntgewordene Schädeloperation ihrer Art in ganz Europa; ein anderes Skelett hatte arthritisch veränderte Gelenke und dazu noch Gallensteine. Diese Funde sind aufgrund der zugehörigen Keramik auf etwa 1650 v. Chr. (Mittelhelladisch III) zu datieren. Sonst wissen wir nichts Sicheres von der Heilkunde in der ägäischen Kulturperiode (2500–1125 v. Chr.), die in vier geographischen Räumen ablief: Kreta, Kykladen, griechisches Festland und Troia. In allen diesen Bereichen wird die Bronzezeit jeweils in eine frühe, mittlere und späte Periode mit jeweils drei Untergruppen eingeteilt.

Man kann lediglich von der archaischen Medizin in Ägypten und Mesopotamien Rückschlüsse auf die Heilkunde der kretisch-mykenischen Kulturperiode, die der eigentlichen griechischen Kultur im östlichen Mittelmeerbecken vorausging, ziehen. In der Jungsteinzeit hatten sich von etwa 5000–3000 v. Chr. vorderasiatische Einflüsse in Griechenland mit der »Vorderasiatischen Kulturdrift« und ägyptische Einflüsse auf Kreta mit der »Nordafrikanischen Kulturdrift« geltend gemacht. Zwischen 2700 und 2500 v. Chr. tauchten die ersten Eindringlinge aus dem Norden (»Bandkeramiker«) auf griechischem Boden auf. Nun blieb Griechenland im Spannungsfeld zwischen Einflüssen vom Balkan und von Kleinasien.

Chronologie der Bronzezeit in der Ägäis

v. Chr.	Kreta	Kykladen	Festland	Troia	v. Chr.
2600	Frühminoisch I	Früh-kykladisch	Frühhelladisch	Troia I	2600
2500					2500
2400					2400
2300				Troia II	2300
2200	Frühminoisch II				2200
2100				Troia III – V	2100
2000	Frühminoisch III				2000
1900	Mittelminoisch I und II	Mittel-kykladisch			1900
1800			Mittelhelladisch	Troia VI	1800
1700					1700
1600	Mittel-minoisch III				1600
1500	Spätminoisch I und II	Spät-kykladisch	Späthelladisch I = Früh-mykenisch		1500
1400			Späthelladisch II = Mittel-mykenisch		1400
1300	Spätminoisch III		Spät-helladisch III = Spät-mykenisch		1300
1200				Troia VII A	1200
1125				Troia VII B	1125

Kreta schenkte Europa nicht nur die erste Hochkultur, sondern auch seinen Namen: nach Kreta hatte Zeus in Stiergestalt die phoinikische Königstochter Europa entführt und sich hier mit ihr vermählt. Aus dieser Ehe gingen drei Söhne hervor, einer davon war Minos, der legendäre König von Knossos, nach dem die kretische Kultur durch den englischen Archäologen Arthur John Evans (1851–1941) die minoische benannt wurde. In der frühminoischen Periode (2600–2000 v. Chr.), die von einem vor-indoeuropäischen, wahrscheinlich kleinasiatischen Volk getragen wurde, schuf der Aufschwung von Wirtschaft und Handel mit Kleinasien und Ägypten die Voraussetzung für das Aufblühen der kretischen Hochkultur in den folgenden Jahrhunderten. Um 2000 v. Chr. wurden auf Kreta genauso wie in Ägypten und Mesopotamien die großen Paläste errichtet. Während in der Frühbronzezeit die kykladische Flotte das Ägäische Meer beherrscht hatte, stieg in der Mittelminoischen Zeit (»Ältere Palastzeit«) Kreta mit seiner Flotte zur seebeherrschenden Fürstenmacht auf. Trotzdem behielten Fürsten und Volk von Kreta ihre unkriegerische, leichtlebige Gesittung. Davon zeugen die unbefestigten Paläste, die vor allem Zentren des Tauschhandels waren, und die Gegenstände einer spielerischen Kunstfertigkeit. »Leben und leben lassen« hätte sehr gut als Inschrift auf den prächtigen Palast von Knossos gepaßt. Etwa um 1700 v. Chr. wurden die Paläste weitgehend zerstört – ob durch Erdbeben oder durch feindliche Eindringlinge, weiß man nicht. Dieser Rückschlag war bald überwunden. Jetzt erlebte die kretische Kultur ihren Höhepunkt (Ära der »Jüngeren Paläste« von 1600–1400 v. Chr.) unter König Minos (um 1500 v. Chr.). Man darf annehmen, daß Minos genauso wie Pharao und Caesar ein Sammelname gewesen ist. Mit der Zerstörung von Knossos um 1400 v. Chr. durch ein neuerliches Erdbeben endete die minoische Kultur von Kreta, das nun vom griechischen Festland beherrscht wird.

Kreta ist im ägäischen Raum nicht nur auf wirtschaftlichem und kaufmännischem Gebiet, sondern auch auf technischem führend gewesen. Die minoischen Paläste wiesen erstklassige sanitäre Anlagen – Wasserleitungen, Badezimmer, Klosetts mit Wasserspülung, unterirdische Abwasserkanäle – auf. Wo Hygiene und Körperpflege so fortschrittlich und verfeinert waren, wird auch die kurative Medizin einen entsprechenden Ausbildungsgrad gehabt haben. Die aufgefundenen Bilder berichten von einer raffinierten Mode und Kosmetik, von verwegenen Sportarten – Stierspielen und Boxen, aber leider nicht von der Heilkunde. Höchstwahrscheinlich widerstrebte es der heiteren Lebensart der Kreter, Krankheit und Leiden im Bild festzuhalten. Ob die exakten Pflanzenzeichnungen und die Darstellungen eines Baumkultes mit einer magischen Pflanzenheilkunde in Verbindung gebracht werden dürfen, muß offenbleiben. Auch die kretischen Schriftdokumente lassen uns diesbezüglich im Stich. Die Bilderschrift (2000–1600 v. Chr.) und die Linearschrift A (1600–1450 v. Chr.) sind noch nicht entziffert; die Schrift Linear B (1450–1200 v. Chr.), im Jahre 1952 durch den englischen Architekten Michael Ventris (1922–1956) dechiffriert und einer frühen Form der griechischen Sprache zugehörig erkannt, wurde auf Kreta und in Mykene anscheinend nur von Kaufleuten und Buchhaltern benutzt. Die aufgefundenen Tontafeln handeln nicht über Geschichte, Dichtung oder Religion, sie sind prosaische Listen und Inventare. Unter den mehr als hundert Berufsbezeichnungen ist auch das Wort für »Arzt« – mehr erfahren wir nicht über die Medizin aus der Linearschrift B. Von den auf den mykenischen Täfelchen verzeichneten Drogennamen sind folgende eindeutig belegt: Fenchel, Koriander, römischer Kümmel, Pfefferminze, Salbei, Sesamöl, Sellerie. Sicherlich handelt es sich hier nur um einen kleinen Ausschnitt aus einem viel größeren Drogenschatz, der in der mykenischen Zeit Verwendung fand. Die wiederholte Prüfung des bisher erhaltenen Materials und die zu erwartende Entdeckung neuer Texte wird die Arzneimittelgeschichte sicherlich noch bereichern. Es ist fraglich, ob wir nach der Entzifferung von Linear A mehr von der minoischen Heilkunde wissen werden. Immerhin ist der Anfang der griechischen Geschichte – Geschichte beginnt mit der Schrift – durch die Entzifferung von Linear B von 776 v. Chr. – erste Aufzeichnung der Sieger der Olympischen Spiele – auf 1400 v. Chr. versetzt worden. Davon wird auf irgendeine Weise auch die Medizingeschichte profitieren.

Der Anfang bei Homer

Im Jahre 1879 veröffentlichte der königlich sächsische Oberstabsarzt Dr. H. Frölich eine kleine Schrift über »Die Militärmedicin Homers«. Sie war weder die erste noch die letzte medizinhistorische Studie über Homer. Das Bemerkenswerte an der Veröffentlichung von Frölich ist einmal die exakte Auswertung der »Ilias« in militärmedizinischer Hinsicht, zum anderen seine Schlußfolgerung auf den Beruf Homers. Das militärische Wissen und das medizinische Sachverständnis, die der Verfasser dieses Heldenepos gehabt haben muß, sind nach Frölich ein Indiz dafür, daß Homer »Militärarzt war im Sinne seiner Zeit«!

Wir wissen über Homer und die Entstehung der »Ilias« und der »Odyssee« herzlich wenig. Dafür gibt es zahlreiche Legenden um den ersten Dichter des Abendlandes. Heute nimmt man an, daß Homer im 8. Jahrhundert v. Chr. gelebt hat und höchstwahrscheinlich in Smyrna geboren worden ist. Seine Biographie ist unbekannt – so war die Annahme von Frölich prinzipiell möglich; ob sie zutrifft, fällt unter die zeitlose, aber wohl unlösbare »Homerische Frage«.

Die »Ilias«, die älteste abendländische Dichtung, und die etwas jüngere »Odyssee« sind – was manchmal vergessen wird – dichterische Epen und keine Lehrbücher über Religion, Geschichte oder Medizin. In ihnen spiegelt sich im wesentlichen die Kultur der Lebenszeit Homers (8. Jahrhundert v. Chr.); nur ab und zu hat der Dichter Elemente der mykenischen Kulturepoche (1580–1200 v. Chr.), in die der Troianische Krieg (um 1240 v. Chr.) zu verlegen ist, eingestreut.

Um 1950 v. Chr. hatten indoeuropäische Protogriechen aus Osteuropa das griechische Festland überflutet. Aus der Vereinigung der Eroberer mit der Urbevölkerung entstand allmählich um 1600 v. Chr. das mykenische Griechentum, dessen Ritterkultur sich über ganz Griechenland ausbreitete und auch auf Kreta übergriff. Waren die Kreter in minoischer Zeit vor allem friedliebende Kaufleute und Kunsthandwerker, so ist für die mykenische Kultur der Kampf, Jagd und Sport liebende Ritter charakteristisch. Die kyklopischen Festungsmauern des »golddurchstrahlten Mykene«, das »im Winkel des rossenährenden Argos« liegt, mit der Burg des Atreus und des Agamemnon sowie der Nebenresidenz der Könige von Mykene in Tiryns (fünf Kilometer vor der Hafenstadt Nauplia) und des »Palastes des Nestors«, etwa zwanzig Kilometer nördlich von Pylos (Navarino) an der messenischen Südwestküste gelegen, sind die steinernen Zeugen der griechischen Heldenzeit, deren Feudalherren durch kühne Raubzüge zu Macht und Reichtum gekommen waren. Durch die Ausgrabungen seit dem letzten Viertel des 19. Jahrhunderts, die von dem deutschen Kaufmann und Amateurarchäologen Heinrich Schliemann (1822–1890) begonnen wurden – er wollte bekanntlich beweisen, daß der Troianische Krieg, wie ihn Homer beschrieben hatte, ein historisches

Ereignis war –, wissen wir, daß Agamemnon und die anderen Helden der griechischen Sagen historische Persönlichkeiten waren. Allerdings haben Geschehnisse und Personen im Epos vielfach eine veränderte Gestalt angenommen. Dichtung und Wahrheit sind miteinander eng verflochten. So sind die Stammbäume durch Homer und die späteren Überarbeiter des Sagenstoffes um viele Generationen verkürzt worden, so daß mancher Urenkel als Sohn erscheint. Mit Hilfe der heute genau bekannten Chronologie Ägyptens konnten aber die Daten der griechischen Frühgeschichte ermittelt werden.

Nachdem Schliemann 1873 Troia (Ilion) nach zwei Jahren Ausgrabungsarbeiten im fünfundzwanzig Meter hohen Hügel Hissarlik am Eingang zu den Dardanellen entdeckt und die weiteren Ausgrabungen des deutschen Architekten Wilhelm Dörpfeld (1853–1940) und amerikanischer Archäologen der Universität von Cincinnati unter Carl W. Blegen von 1932–1938 ergeben hatten, daß das Troia der Schicht VII A etwa 1240 v. Chr. durch Brand und Plünderung zerstört worden war, schien man den Schauplatz des Troianischen Krieges endgültig gefunden zu haben. Demnach hätten mykenische Griechen (die Achaier im Epos) – zwar nicht wie in der Sage wegen der durch den Troier Paris geraubten Helena, der Gattin des Spartanerkönigs Menelaos, sondern vielleicht um die als Handelsweg wichtigen Dardanellen beherrschen zu können – die kleinasiatische Burg Troia belagert und schließlich erobert.

Professor Friedrich Matz (Marburg/Lahn) verneint aufgrund der neuesten Entdeckungen auf dem griechischen Festland diese Annahme. Im Zuge der großen Ägäischen Wanderung an der Wende vom zweiten zum ersten vorchristlichen Jahrtausend, die durch den Vorstoß der Illyrer aus Mitteleuropa zum Mittelmeer ausgelöst wurde, drängten Nordwestgriechen und Dorier (Dorische Wanderung etwa 1200–1000 v. Chr.) die Achaier aus den Kernländern der mykenischen Kultur über das Meer auf die Inseln und an die Küste Kleinasiens. Zur Abwendung des drohenden Barbareneinbruchs ließen die mykenischen Fürsten gegen Ende des 13. Jahrhunderts v. Chr. die Festungswerke verstärken. Die Ausgrabung der sogenannten »ersten Zerstörungsschicht« auf dem griechischen Festland hat jüngst ergeben, daß der Palast von Pylos und die Häuser vor der Burgmauer von Mykene kurz nach 1240 v. Chr. in Flammen aufgegangen sind. Die dort gefundenen Tongefäße stimmen in erstaunlichem Maße mit der Keramik von Troia VII A überein. Professor Matz folgert daraus, daß Troia VII A und der Palast von Pylos durch dieselben Feinde, nämlich durch die Nordvölker, zerstört worden seien. Zu dieser Zeit, als ihr Stammland bereits von feindlichen Einfällen heimgesucht wurde, wäre ein Kriegszug der achaischen Fürsten gegen Troia »heller Wahnsinn« gewesen. Diese Möglichkeit hätte zwar zwei Generationen früher durchaus bestanden, doch steht einwandfrei fest, daß das mächtige Troia VI (1900–1300 v. Chr.) durch eine Erdbebenkatastophe heimgesucht worden ist. In der letzten Schicht der Bronzezeit, Troia VII B, wurden Tongefäße gefunden, die zu Balkanstämmen gehören. Die Burgen von Mykene und Tiryns selbst wurden schließlich um 1150 v. Chr. zerstört. Es bleibt die Frage, ob man noch eine der troianischen Schichten mit dem Troia Homers identifizieren können wird. Schliemann hatte geglaubt, den »Schatz des Priamos« gefunden zu haben; tatsächlich gehörte der von ihm ausgegrabene Goldschatz nicht der Zeit des homerischen Priamos, sondern dem über tausend Jahre älteren Troia II (2400–2200 v. Chr.) an.

Nach der Auffassung des Wiener Historikers Professor Fritz Schachermeyr soll sich der Fall von Troia so abgespielt haben: Troia VI wurde von den Achaiern wohl belagert, aber nicht erobert; erst nach dem großen Erdbeben um 1300 v. Chr. konnten sie die Stadt mühelos besetzen. Für dieses Erdbeben war in den Augen der Zeitgenossen Poseidon verantwortlich, der Herr des Meeres und »Erderschütterer«, der einst Roßgestalt trug. Aus dem Poseidonroß wurde für spätere, rationaler denkende Generationen das »Troianische Pferd« aus Holz, mit dem die Angreifer in die belagerte Stadt eingeschmuggelt wurden – übrigens ein Motiv, das bereits im Ägypten der XVIII. und XIX. Dynastie bekannt war.

Wenn hier gezeigt wurde, wie schwer es der Historiker mit der Auslegung der Ergebnisse der Archäologie und Philologie hat, sollte damit darauf hingewiesen werden, daß der Medizinhistoriker den gleichen Schwierigkeiten gegenübersteht.

Oberstabsarzt Dr. Frölich hat in der »Ilias« einhundertsiebenundvierzig Kriegsverletzungen gezählt; am häufigsten waren die Verletzungen durch den Speer (106). Sie verteilten sich wie folgt auf die Körperteile:

Kopf	31	(21 %)
Hals	16	(11 %)
Rumpf	79	(54 %)
Obere Gliedmaßen	10	(7 %)
Untere Gliedmaßen	11	(7 %)
	147	(100 %)

Kopf und Rumpf waren die bevorzugten Ziele für den Speerwurf aus nächster Nähe: einerseits boten sie die größte Zielfläche, und andererseits waren ihre Verletzungen eher tödlich. Tatsächlich führten 114 Verletzungen (77,5 %) zum Tode. Während alle Kopfverletzungen tödlich waren, waren es die Halswunden in 81,25 %, die Rumpfwunden in 84,8 % und die Wunden der Gliedmaßen nur in 14,3 % der Fälle. Bezogen auf die Art der Waffe sinkt die Sterblichkeit vom Schwert über Speer und Stein zum Pfeil, dem wenig gefährlichen Ferngeschoß, ab.

Viele Verletzungen sind äußerst anschaulich und realistisch beschrieben, so die tödliche Schädelbasisverwundung des Erymas:

Aber Idomeneus traf in Erymas' Mund mit des Erzes
Stoß, und es drang aus dem Nacken die eherne Lanze durchbohrend
Unter dem Hirn ihm hervor und zerbrach die Gebeine des Hauptes;
Und ihm entstürzten die Zähn', und Blut erfüllte die Augen
Beid', auch atmet' er Blut aus dem offenen Mund' und der Nase
Röchelnd empor, und dunkles Gewölk des Todes umhüllt' ihn.

Bei anderen Schilderungen merkt man hingegen deutlich, daß der Dichter seiner Phantasie keine Zügel angelegt hat; zum Beispiel der Tod des Troers Alkathoos:

. . . da stieß ihm Idomeneus kraftvoll
Seinen Speer in die Brust und zerschmetterte rings ihm den Panzer,
Welcher, von Erz geflochten, ihn sonst vor dem Tode geschirmet;
Doch rauh tönt' er nunmehr, um die mächtige Lanze zerberstend.
Dumpf hinkracht' er im Fall', und es steckte die Lanz' in dem Herzen,
Daß von dem pochenden Schlage zugleich der Schaft an dem Speere
Zitterte; doch bald ruhte die Kraft des mordenden Erzes.

Oder wie Archilochos von einer Lanze getroffen wird:

Diesem flog das Geschoß, wo Haupt und Nacken sich füget,
Oben am Wirbel hinein und durchschnitt ihm beide die Sehnen,
Daß ihm eher das Haupt und Mund und Nas' auf die Erd' hin
Taumelten, ehe hinab die Knie und Schenkel ihm sanken.

Homer schildert nicht nur das Kampfgetümmel, sondern auch das Bergen und die Behandlung der Verwundeten:

Aber den göttlichen Helden Sarpedon legten die Freunde
Unter des ägiserschütternden Zeus weitprangende Buche.
Dort nun zog ihm hervor den eschenen Speer aus dem Schenkel
Pelagon, tapfer und stark, der ihm ein trauter Genoß war.
Und ihn verließ sein Geist, und Nacht umzog ihm die Augen.
Doch nun atmet' er auf, und kühlende Hauche des Nordwinds
Wehten umher Erfrischung dem matt arbeitenden Leben.

Der Verwundete wird von seinen Waffengefährten zu einem Streitwagen gebracht und dann zu den Schiffen gefahren. Nach einer Stärkung mit Wein löst man Bekleidung und Ausrüstung, reinigt und untersucht man die Wunde. Noch festsitzende Geschosse werden entweder einfach herausgezogen oder mit dem Messer ausgeschnitten. Vor dem Verband wird die Wunde eventuell ausgesaugt und mit einer Salbe oder einem Wurzelpulver bedeckt. Eine Wundnaht oder chirurgische Instrumente mit Ausnahme des gewöhnlichen Messers werden nicht erwähnt.

Die Medizinhistoriker hätten natürlich gern gewußt, welche Wundheilmittel die homerischen Helden verwendet haben. Das griechische Wort »pharmakon« hat bei Homer noch die allgemeine Bedeutung »Zaubermittel« – es kann Heilmittel oder Gift sein. Homer betont immer nur die lindernde Wirkung des Heilmittels; bloß an einer Stelle wird er etwas ausführlicher: Als Eurypylos, von einem Pfeil in der Lende verwundet, blutend und schwitzend aus der Schlacht hinkt, bittet er Patroklos um Hilfe. Dieser führt ihn ins Zelt, wo ein anderer Kampfgenosse Stierfelle ausbreitet:

Hierauf streckt' ihn der Held und schnitt mit dem Messer den scharfen
Schmerzenden Pfeil aus der Lend', auch rein mit laulichem Wasser
Wusch er das schwärzliche Blut; dann streut' er die bittere Wurzel
Drauf, mit den Händen zermalmt, die lindernde, welche die Schmerzen
Alle bezwang; und es stockte das Blut in erharschender Wunde.

Von welcher Pflanze stammt die bittere Wurzel mit gerbender und blutstillender Wirkung? Man hat an Galläpfel, Schafgarbe (Achillea millefolium – so genannt, weil nach der Sage der Kentaur Cheiron damit die Ferse des Achilleus geheilt hat), Osterluzei (Aristolochia clematitis), Gentiana (Enzian), Tausendgüldenkraut (Erythraea centaurium) und an die Blutwurzel oder Ruhrkraut (Potentilla tormentilla) gedacht, deren Wurzel etwa zwanzig Prozent Gerbstoff enthält und in den mittelalterlichen Kräuterbüchern auch als Wundpulver empfohlen wurde.

Zuletzt muß noch ein Umstand erwähnt werden: an keiner einzigen Stelle in der »Ilias« ist die Wundbehandlung mit einer Beschwörung oder anderen magischen Riten verknüpft. Die Wundheilkunde, also die Chirurgie in ihrer frühesten Form, ist bei Homer der erste Zweig einer rationalen Heilkunde. Wissen, Können und Erfahrung, jedoch nicht Magie und Religion sind die Grundlage des ärztlichen Handelns der homerischen Helden. Nur in der »Odyssee« wird an einer Stelle im deutlichen Gegensatz zur »Ilias« die rationale Wundbehandlung durch einen magischen Akt ergänzt oder vollendet: Odysseus wird auf der Jagd von einem Eber über dem Knie verletzt; seine Gefährten verbinden die Wunde und stillen das »schwarze Blut« mit einer Beschwörung; sie folgen damit einem alten indogermanischen Ritus (Stillen einer Blutung durch »Besprechen«).

Der deutsche Medizinhistoriker Fridolf Kudlien (Kiel) ist jüngst dem »Beginn des medizinischen Denkens bei den Griechen« in einer Studie nachgegangen und hat festgestellt, »daß die homerischen Griechen die traumatischen Erkrankungen bereits im wesentlichen empirisch-rational erfaßt und dementsprechend vorwiegend mit natürlichen Mitteln behandelt haben«.

Noch immer Homer: Anatomie und Physiologie

Über den Ursprung der anatomischen Kenntnisse Homers ist viel diskutiert worden, seit der französische Medizinhistoriker Charles Daremberg (1817–1872) im Jahre 1865 sein grundlegendes Werk über die Medizin bei Homer veröffentlicht hat. Einige Wissenschaftler haben sogar behauptet, man habe schon in epischen Zeiten menschliche Leichen seziert. Das ist bestimmt nicht zutreffend. Damals waren Sektionen aus verschiedenen Gründen streng verpönt. Die ersten Sektionen wurden erst gegen Ende des 4. Jahrhunderts v. Chr. von dem griechischen Arzt Herophilos in Alexandreia vorgenommen. Sicher waren Küche, Opferaltar und Schlachtfeld die bevorzugten Orte, an denen anatomische Kenntnisse erworben werden konnten. Man hat dabei die Verhältnisse bei den Tieren wahllos auf den Menschen übertragen. Neben diesen praktischen Erfahrungen war in einem geringen Grad auch die Mythologie eine Quelle der Anatomie. In der frühesten Zeit war auch bei den Menschenopfern Gelegenheit zur näheren Betrachtung der einzelnen Glieder und der inneren Organe. Fest steht jedenfalls, daß die homerische Anatomie nicht das Ergebnis systematischer Untersuchungen war.

Insgesamt kommen bei Homer einhundertfünfzig anatomische Begriffe vor. Der Hamburger Philologe Bruno Snell (geb. 1896) hat in seiner Studie über »Die Auffassung des Menschen bei Homer« die These vertreten, daß die frühen Griechen weder in der Sprache noch in der bildenden Kunst den Körper in seiner Einheit erfassen, sondern nur als Summe von Gliedern. Eine genaue Analyse ergibt, daß Homer keine zusammenfassende Wörter für Körper, Leib oder Rumpf, ja nicht einmal für Arm und Bein verwendet, sondern immer nur von Hand, Unterarm, Oberarm, Fuß, Unterschenkel und Oberschenkel spricht. Die einzelnen Glieder sind für Homer das Lebendige, vom Leib als Ganzes scheint man zu seiner Zeit noch keine Vorstellung gehabt zu haben. Ebenso hat Homer keine Bezeichnung für Seele oder Geist in unserem Sinne. Er kennt nur die einzelnen »Seelenorgane« Psyche (Lebensodem, Totenseele), Thymos (Ort der Regungen) und Noos (Ort der Vorstellungen), die jeweils ihre besondere Funktion haben und sich nicht prinzipiell von den Körperorganen unterscheiden. Nach Snell müssen wir in den Epen Homers eine Früh- und Vorstufe des europäischen Denkens sehen. Die homerischen Menschen sind noch nicht zu dem Bewußtsein erwacht, in der eigenen Seele den Ursprungsort eigener Kräfte zu besitzen, sie halten sie vielmehr für sehr natürliche Geschenke der Götter. Die »Entdeckung des Geistes« – der geschichtliche Durchbruch eines neuen Selbstbewußtseins des Geistes – ist erst etwa im 5. Jahrhundert v. Chr. erreicht.

Die wichtigsten Körpergegenden und Organe sind in den Epen Homers erwähnt; es fehlen jedoch anatomische Einzelheiten, die damals noch unbekannt waren. Immerhin ist bei der breiten Darstellung der vielfältigen Verwundungen von Herzbeutel, Rückenmark, Luftröhre, Leber, Nierenfett, Blase, Schambein, Adern und Sehnen die Rede.

Auch die physiologischen Kenntnisse beschränkten sich auf die elementarsten Funktionen der wichtigsten Organe. Man wußte zum Beispiel, daß der Mensch die Luftröhre zum Reden und die Kehle zum Trinken braucht. Überraschend genau wird die Funktion des Hüftgelenks beschrieben:

Hiermit traf er Äneias das Hüftgelenk, wo des Schenkels
Bein in der Hüfte sich dreht, das auch die Pfanne genannt wird;
Und er zermalmt' ihm die Pfann' und zerriß ihm beide die Sehnen;
Rings auch entblößte die Haut der zackige Stein, und der Held sank

Vorwärts hin auf das Knie und stemmte die nervichte Rechte
Gegen die Erd'; und die Augen umzog die finstere Nacht ihm.

Von guter Beobachtung zeugt auch die Erwähnung des Schocks als Folge der stumpfen Verletzung durch den »gewaltigen Feldstein«, den Diomedes auf Äneias schleuderte.

Homer beschrieb in den vierundzwanzig Gesängen der »Ilias« nicht nur die olympischen Götter und herrliche Heldengestalten, sondern auch mißgebildete Menschen mit erstaunlicher Präzision: Der göttliche Schmied Hephaistos, Sohn des Zeus und der Hera, kam schon mit »gebrechlichen Beinen« zur Welt; er hinkt mühsam auf seinen schwächlichen Beinen – offenbar litt er an einer angeborenen beiderseitigen Hüftgelenkverrenkung. Der Feigling Thersites im Lager der Griechen vor Troia vereinigt in sich eine ganze Reihe von Körperfehlern:

Der häßlichste Mann vor Ilios war er gekommen;
Schielend war er und lahm am anderen Fuß und die Schultern
Höckerig, gegen die Brust ihm geengt; und oben erhub sich
Spitz sein Haupt, auf dem Scheitel mit dünnlicher Wolle besäet.

Der häßliche Zwerg gefällt sich darin, überheblich gegen die homerischen Helden zu hetzen und zu lästern – hier hat Homer psychologisch meisterhaft die Überkompensation eines Minderwertigkeitsgefühls skizziert.

Die heilenden Männer der »Ilias«

Neben dem Götterarzt Paieon, dem Heilgott Apollon und dem heilkundigen Kentaur Cheiron nennt Homer die ersten Ärzte der griechischen Geschichte mit Namen. Bei der Aufzählung der griechischen Heerscharen im zweiten Gesang heißt es:

Dann die Thrikka bewohnt und die Felsanhöhen Ithomens,
Auch Öchalia rings, des Öchaliers Eurytos Feste:
Diesen herrschten voran Podaleirios samt Machaon,
Zween heilkundige Männer, sie beid' Asklepios' Söhne.
Ihnen folgt' ein Geschwader von dreißig gebogenen Schiffen.

Asklepios selbst, der wegen seines hohen Alters am Kriegszug nicht teilnimmt, ist hier noch ein thessalischer König und »unvergleichbarer Arzt«. Seine Söhne ziehen als Heerführer ins

Feld. Da sie von ihrem Vater in der Heilkunst unterrichtet worden sind, treten sie auch als Heilkundige auf – sie sind Kämpfer und Ärzte zugleich.

Genauso wie heute stand vor über dreitausend Jahren im Troianischen Krieg die Selbst- und Kameradenhilfe am Anfang der Verwundetenversorgung. Die homerischen Helden waren sehr vielseitig begabt, sie verstanden sich nicht nur aufs Kriegführen, sondern auch auf Sport, Jagd, Kochen und Wundbehandlung. So wird auch Achilleus, der größte Held der Griechen vor Troia, als heilkundiger Mann bezeichnet. Sein bester Freund, Patroklos, tritt als Heilkundiger auf, als Machaon und Podaleirios nicht zur Stelle sind:

Denn die Ärzte des Heeres, Podaleirios und Machaon,
Einer wird im Gezelt an seiner Wunde, vermut' ich,
Selber anjetzt bedürftig des wohlerfahrenen Arztes
Liegen, der andr' im Gefilde besteht die wütende Schlacht noch.

Eine Szene, die Homer nicht beschrieben hat, ist auf dem Innenbild einer Schale des Sosias, um 500 v. Chr., (Staatliche Museen, Berlin) festgehalten: Achilleus legt dem Patroklos einen sachgerechten Kreuzverband am linken Ellenbogen an.

Auf troianischer Seite wird Agenor erwähnt, der einen Speer aus der Hand des Helenos zieht und die Wunde »mit geflochtener Wolle des Schafes« verbindet.

Mit größter Verehrung spricht Homer von Machaon und Podaleirios. Als Menelaos verwundet wird, entscheidet Agamemnon, der achaiische Oberbefehlshaber:

Aber es prüfe der Arzt die blutende Wund' und lege
Linderung drauf, um vielleicht die dunkele Qual zu bezähmen.
Sprach's, und rief Talthybios schnell, den göttlichen Herold:
Auf, Talthybios, eil' und rufe mir schleunig Machaon,
Ihn, Asklepios' Sohn, des unvergleichbaren Arztes,
Anzuschaun Menelaos, den streitbaren Fürsten Achaias:

In den folgenden Versen wird die Bedeutung der Anwesenheit des Arztes für die Kampfmoral der Truppe – eine Erfahrung, die seither in allen Kriegen immer wieder bestätigt wurde – anschaulich herausgestellt:

Dennoch wären ihm nicht Achaias Helden gewichen,
Hätte nicht Alexandros, der lockigen Helena Gatte,

Mitten im Streite gehemmt den Völkerhirten Machaon,
mit dreischneidigem Pfeil ihm rechts die Schulter verwundend.
Seinethalben erschraken die mutbeseelten Achaier,
Sorgend, es möchte der Feind in gewendeter Schlacht ihn ermorden.
Und Idomeneus sprach zum göttlichen Nestor in Eile:
Nestor, Neleus' Sohn, du erhabener Ruhm der Achaier,
Hurtig betritt dein Wagengeschirr; auch betret' es Machaon
Neben dir; dann zu den Schiffen gelenkt die stampfenden Rosse!
Denn ein heilender Mann ist wert, wie viele zu achten,
Der ausschneidet den Pfeil und mit lindernder Salbe verbindet.

Der Vers »Denn ein heilender Mann ist wert wie viele zu achten« ist angefangen von Platon bis heute laufend zum Lob der Ärzte zitiert worden.

Die homerischen Ärzte haben ausschließlich Wunden behandelt, sie waren Wundärzte oder Kriegschirurgen. Das hat schon der römische Enzyklopädist Celsus (1. Jahrhundert n. Chr.) konstatiert. Da in der »Ilias« nur Machaon bei der Wundbehandlung geschildert wird, wurde er später zum Vater der Chirurgie, während man Podaleirios zum Begründer der Inneren Medizin erhob. Für diese Zweiteilung der Medizin finden sich bei Homer noch keine Anhaltspunkte. Erst der kyklische Dichter Arktinos (7. Jahrhundert v. Chr.) machte die Brüder zu den ersten Vertretern der Chirurgie und der Inneren Medizin. (Siehe Seite 43.)

Die Krankheiten ohne deutlich erkennbare äußere Ursache, also vor allem die inneren Krankheiten, vielfach als Übel oder Pestilenz bezeichnet, haben die frühen Griechen als »unerkennbar« und nur durch Götter heilbar angesehen. Am Anfang der »Ilias« schleudert Apollon mit Pfeilen die Pest unter die Achaier, um seinen Priester Chryses zu rächen, dem Agamemnon die Tochter vorenthielt. Die Seuche erlischt erst, nachdem der beleidigte Gott durch Sühneopfer besänftigt worden ist. Das ist ein charakteristisches Beispiel für die religiöse Medizin bei den ältesten Griechen. Bei Homer findet man keine Stelle, an der von einer rationalen Heilmittelanwendung bei einer inneren Krankheit die Rede ist. Die geistigen Voraussetzungen für eine rationale Bewältigung der inneren Erkrankungen wurden erst von den vorsokratischen Naturphilosophen geschaffen.

Daß es spätestens seit Homer bei den Griechen eine »ärztliche Kunst« gab, beweist letzten Endes jene Stelle in der »Odyssee«, an der die Ärzte neben Sänger, Seher und Baumeister zu den Demiurgen (Volksarbeiter, Handwerker) gezählt werden. Hier sind aus den ärztlichen Kämpfern der griechischen Adelsgesellschaft Berufsärzte (»Heiler der Übel«) geworden, die ihren Beruf im Umherziehen als »Wanderärzte« ausüben. Genauso wie in allen anderen Kulturen enthielt die frühe Heilkunde der Griechen religiöse, magische und empirische Elemente. In welcher Weise sie sich weiterentwickelt haben, das ist der Inhalt dieses Buches.

Ahnherr der Ärzte

Vor genau hundert Jahren – am 23. April 1868 – erhielten die Militärärzte Preußens das Recht, auf den Achselstücken ihrer Uniform den Äskulapstab als Symbol ihres Standes zu tragen. Es wurde in den folgenden Jahrzehnten vom Sanitätsdienst vieler Streitkräfte und zahlreichen medizinischen Organisationen übernommen, so 1912 von der American Medical Association, 1956 von der World Medical Association (Weltärztebund) und 1957 von der US Air Force. Eine Abwandlung des Äskulapstabes, der Merkurstab (Caduceus) – zwei einander zugekehrte Schlangen winden sich um einen dünnen Stab –, ist 1902 vom Surgeon General (Sanitätsinspekteur) der US Army als Abzeichen für die Militärärzte eingeführt worden.

Asklepios, der mythisch-göttliche Ahnherr der griechischen Ärzte, ist einer der jüngsten Götter Hellas. Sein Kult verbreitete sich aber sehr schnell in der ganzen griechischen und später als Aesculapius in der römischen Welt. Asklepios überflügelte in dieser Funktion seinen Vater Apollon und alle anderen Heilgötter. Zu seinen Heiligtümern wallfahrteten Kranke und Genesene in großen Scharen. Der mächtige Asklepioskult wurde einer der stärksten Widersacher der christlichen Heilsreligion.

Die Religionshistoriker sind sich über die Herkunft der Gestalt des Asklepios nicht einig. War er eine alte unterirdische Lokalgottheit Thessaliens oder ein thessalischer Stammesfürst und Held oder ein berühmter Arzt, ehe er der wichtigste Heilgott wurde? Die amerikanischen Medizinhistoriker Emma und Ludwig Edelstein haben sich selbst die Frage gestellt »Warum soll Asklepios 700 Jahre vor Hippokrates nicht auch eine historische Person gewesen sein, wenn sein Nachkomme Hippokrates – worüber heute kein Zweifel besteht – gelebt hat?« und hierzu 861 Zeugnisse aller Art (Zitate, Inschriften, Legenden) gesammelt und interpretiert. Als Resultat legten sie 1945 ein zweibändiges Werk vor. Die Autoren zweifeln nicht, daß Asklepios wirklich gelebt hat; als großer Arzt des »Goldenen Zeitalters« sei er von den Ärzten späterer Generationen zu ihrem Schutzpatron erwählt worden; die Ärzte hielten sich sogar insgesamt für Nachkommen des Helden Asklepios und nannten sich Asklepiaden. Von Hippokrates heiße es, er sei der achtzehnte Nachkomme von Asklepios gewesen, und zwar aus der Geschlechterfolge nach Podaleirios. Mit der Zeit sei der Schutzpatron immer mehr mit der Medizin identifiziert worden. Als gegen Ende des 6. Jahrhunderts v. Chr. ein großes Bedürfnis nach einem persönlichen, jederzeit ansprechbaren Heilgott entstand, erhob man Asklepios zum Gott.

Der griechische Geograph Strabon (60 v. Chr.–19 n. Chr.) berichtet, Asklepios sei in Thrikka am Fluß Lethaios (in Thessalien; heute: Trikkala) geboren worden; dort habe auch das älteste und berühmteste Asklepieion (Asklepiosheiligtum) gestanden. Die bisherigen archäologischen Funde sind noch zu spärlich, um Beweiskraft zu haben. Der Tempel konnte noch nicht freigelegt werden, da auf seinem Boden die heutige Stadt steht. Ergiebiger sind diesbezüglich die mythologischen und literarischen Quellen.

Hesiod (um 700 v. Chr.), nach Homer der zweite Dichter Griechenlands, übermittelte die folgende Legende: Die schöne Jungfrau Koronis, Tochter des Königs Phlegyas, wurde am Ufer des Boibeis-Sees, der in der Nähe von Thrikka liegt, von Apollon verführt. Während sie schon ein Kind des Gottes trug, gab sie ihr Vater dem Vetter Ischys zur Frau. Als am Hochzeitstag der bis dahin weiße Rabe die Unglücksnachricht nach Delphi zu Apollon brachte, wurde er vom erzürnten Gott mit schwarzem Gefieder bestraft; dann tötete Apollon Ischys mit seinen Pfeilen; den gleichen Tod erlitten Koronis und ihre Gespielinnen durch Artemis, die Schwester Apollons. Ehe der Leichnam der untreuen Geliebten auf dem Scheiterhaufen verbrannt wurde, rettete der Gott seinen ungeborenen Sohn aus dem Mutterleib (durch »Kaiserschnitt«?) und brachte den kleinen Asklepios zur Höhle des weisen Kentauren Cheiron auf dem Gipfel des Pelion. Der heilkundige Cheiron (»Gott der heilenden Hand«), der viele berühmte Helden wie Achilleus, Theseus, Iason und die Dioskuren erzog, unterwies Asklepios in der Heilkunst.

Pindar (etwa 518–446 v. Chr.) erzählte die Geschichte von der Geburt des Asklepios mit einigen Änderungen: Koronis kann, obwohl sie bereits von Apollon ein Kind empfangen hat, dem verführerischen Ischys aus Arkadien nicht widerstehen. Für ihre schwere Schuld erleidet sie die verdiente Todesstrafe. Der Rabe tritt nicht mehr auf – der Gott bedarf des Boten nicht, um die neuesten Nachrichten von der Erde zu erhalten.

Noch jünger ist die Legende, die Pausanias im 2. Jahrhundert n. Chr. von den Einwohnern von Epidauros, dem Zentrum des Asklepioskultes, hörte: Der kriegerische König Phlegyas kam mit seiner Tochter Koronis, die von Apollon ein Kind erwartete, nach dem Peloponnes. In Epidauros gebar sie das Kind und setzte es auf dem Myrtenberg aus, der danach »Zitzenberg« (Titthion) genannt wurde. Eine Ziege säugte und ein Hirtenhund bewachte das Neugeborene, das schließlich vom Hirten Aresthanas gefunden wurde. Als er sich dem Kinde näherte, um es aufzuheben, bemerkte er einen Strahlenkranz um das Haupt des Kindes. Er schloß daraus, es müsse sich um ein göttliches Wesen handeln, und ging davon. Bald verbreitete sich die Kunde, das Kind könne Krankheiten heilen.

Vom weiteren Lebensweg Asklepios' ist außer einigen Legenden über seine wunderbaren Heilungen nichts überliefert worden. Aufschlußreich ist die Kunde von seinem Tod – Asklepios war als Sohn eines Gottes und einer sterblichen Frau ein sterblicher Halbgott: Zeus tötete Asklepios mit einem Blitzstrahl, weil er den Frevel begangen habe, »einen schon vom Tode

Gepackten« aus Gewinnsucht zu retten. Hades, der Gott der Unterwelt, hatte sich zuvor beim Göttervater darüber beklagt, daß ihm durch das Wirken des Asklepios zu viele Kranke entgingen. Aber sein Martyrium öffnete Asklepios den Zugang zum Himmel; auf Fürbitte Apollons versetzte ihn Zeus unter die Sterne. – An der Todeslegende des Asklepios ist zweierlei bemerkenswert: 1. Die Auferweckung eines Toten ist ein Vergehen gegen die Naturgesetze, das streng geahndet werden muß. In der ältesten Zeit war vielleicht schon jede Behandlung bei inneren Erkrankungen, die als hoffnungslos galten, ein frevelhaftes Unterfangen. 2. Daß Asklepios als Motiv für sein Handeln Gewinnsucht unterstellt wurde, kann einerseits als Rechtfertigung für die Todesstrafe durch Zeus und andererseits als Anklage gegen die Geldgier mancher Ärzte der damaligen Zeit angesehen werden.

Der Schlangenstab des Asklepios

Zahlreiche antike Statuen, Reliefs und Münzen vermitteln uns das Bild des Heilgottes, wie ihn sich Griechen und Römer vorgestellt haben. Gewöhnlich wird Asklepios als reifer, freundlicher Mann mit Bart dargestellt. Sein Kopf ähnelt sehr dem des Zeus, so daß eine Unterscheidung nur möglich ist, wenn weitere Attribute vorhanden sind. Asklepios wird nicht nur allein, sondern oft auch mit Ehefrau und Kindern gezeigt.

Medizin- und religionsgeschichtlich interessant sind die Attribute des Heilgottes, von denen Schlange und Stab – allein oder in Kombination als Schlangenstab (Äskulapstab) – die häufigsten sind.

Die Schlange ist ein uraltes Symbol mit vielschichtigen Bedeutungen. Als erdverbundenes Tier lebt sie am Übergang zwischen oben und unten, Tag und Nacht, Leben und Tod. So ist es nicht verwunderlich, daß die Schlange allmählich zu einem Symbol der Heilkunde wurde, die im Zwischenreich zwischen Leben und Tod agiert. Zuweilen sah man in der Schlange die Repräsentantin des Bösen und der Gefahr. Gleichzeitig galten Schlangen und die wesensverwandten Drachen als Wächter des Totenreiches und verborgener Schätze. Daneben gewannen positive Beurteilungen mehr Platz: die Schlange als kluges prophetisches Tier – bekanntlich ist der Dreifuß, auf dem die Pythia, die Orakelpriesterin Apollons in Delphi, saß, mit Schlangendarstellungen verziert – und schließlich als Bewahrerin von Gesundheit und Leben. Genauso wie die Heilpflanzen bezog die Schlange ihre Heilkräfte direkt aus der Erde. Die Schlange ist auch noch durch einen weiteren Vorgang eng mit der Heilkunde verbunden: die jährliche Häutung bedeutet Erneuerung und Verjüngung, die gerade der Kranke herbeisehnt.

Schlangenkulte findet man in allen Kulturkreisen. Die wohl älteste Darstellung von Schlangen in Verbindung mit der Medizin ist auf einer sumerischen Kultvase aus dem 3. Jahrtausend v. Chr. im Pariser Louvre zu sehen. Es handelt sich um das Weihegeschenk des Königs Gudea von Lagash (um 2100 v. Chr.) für den Heilgott Ningizzida.

Heute nimmt man an, daß ursprünglich die Schlange selbst als Heilgott verehrt wurde. Erst später sei Asklepios als Heilgott in Menschengestalt hinzugekommen. Darauf deute auch die Interpretation des Namens »Asklepios«, der mit dem griechischen Wort »askalabos« = Eidechse zusammenhängen soll. In vielen Legenden tritt zudem Asklepios in Schlangengestalt auf, zum Beispiel bei der Überführung des Asklepioskultus von Epidauros nach Rom 291 v. Chr.

Schlangen wurden als heilige Tiere in den Tempeln des Asklepios gezüchtet und vor allem in der Nähe von Heilquellen gehalten. Die südeuropäische Äskulapnatter (Coluber longissimus), die ungiftig ist und bis zu zwei Meter lang werden kann, ist noch heute im ganzen Ausbreitungsbereich der griechisch-römischen Kultur, vornehmlich zwischen den Trümmern antiker Römerbäder, zu finden, so zum Beispiel in der Umgebung von Schlangenbad im Taunus. Im alten Rom hatte sich die elegante, sympathisch wirkende Äskulapschlange derart vermehrt, daß sie zu einer richtigen Hausplage wurde. Nach Plinius sollen die warmblütigen Römerinnen die anmutige Schlange zur Kühlung sogar um Hals und Busen getragen haben.

In der heutigen Tiefenpsychologie entspricht die Schlange dem Instinkthaften-Unbewußten im Menschen; sie ist das Symbol der kollektiven psychischen Grundlage. Daher erklärt sich die Häufigkeit von Schlangenträumen moderner Menschen.

Der lange Stab, auf den sich Asklepios stützt oder den er wie ein Zepter in der Hand hält, ist einmal nicht mehr als der Wanderstab, den Asklepios und in seiner Nachfolge die griechischen Wanderärzte auf ihren weiten und mühsamen Wegen mit sich geführt haben. Der Stab bewahrt den Wanderer vor dem Straucheln und damit vor Sturz und Verletzung mit anschließendem Krankenlager. So versinnbildlicht der Stab in einer tieferen Bedeutungsschicht die ständige Bereitschaft des Arztes zum Helfen und Heilen.

Auf Kos, der Heimat des großen Hippokrates, wurde alljährlich das Fest »Aufheben des Stabes« gefeiert, das mit einer Wallfahrt nach dem heiligen Zypressenhain des Apollon verbunden war. Die dunkle, immergrüne, kräftig aufstrebende Zypresse steht einerseits mit der Gräberwelt und andererseits mit der Kontinuität des Lebens in Beziehung. Hier erweist es sich, daß der Stab genauso wie die Schlange ein urtümliches Symbol des Lebens auf der Erde, der Auferstehung und sinngemäß auch des Heilens ist. Die Vereinigung beider Symbole zum Schlangenstab ist erst seit dem 4. Jahrhundert v. Chr. nachzuweisen. Während Schlange und Stab einzeln bei verschiedenen Gottheiten erscheinen, ist das zusammengesetzte Attribut ein spezifisches Symbol des Heilgottes.

Als weitere Attribute des Asklepios sind Hund, Ziege, Hahn, Schröpfkopf, Bücherrolle und Pflanzen zu nennen. In einigen Asklepiostempeln wurden neben Schlangen auch heilige Hunde gehalten. Der ausgesetzte kleine Asklepios wurde wie schon erzählt von einem Hund bewacht und von einer Ziege gestillt. Der Hund wird in der Mythologie der Schlange gleichgesetzt – er ist eher ein nordisches, die Schlange vorwiegend ein südliches Symboltier. In den Heilberichten aus Epidauros werden Schlangen und Hunde erwähnt, die während des Heilschlafes die Wunden der Kranken belecken und dadurch heilen.

Der Hahn wurde als Opfertier des Asklepios vor allem durch die von Platon überlieferten Worte des sterbenden Sokrates bekannt: »O, Kriton, wir sind dem Asklepios einen Hahn schuldig, entrichtet ihn und versäumt es ja nicht.« Die Beziehungen von Schröpfkopf, Bücherrolle und Pflanzen zum Heilberuf bedürfen keiner näheren Erläuterung; außerdem sind diese Attribute längst nicht so oft vertreten wie die zuerst genannten.

Gesundheit durch die Götter

In der Vorzeit vereinigte der Medizinmann in sich die Berufe des Priesters, Zauberers und Arztes. Religion, Magie und Erfahrung blieben auch in der Frühzeit die Wurzeln der Heilkunst. Aus diesen drei Elementen entwickelte sich jeweils ein Hauptstamm der Medizin, der aber auch aus den beiden anderen Elementen Wurzeln in sich aufnahm. So entstanden:
die religiöse oder Priestermedizin,
die magische oder abergläubische Medizin und
die wissenschaftliche Medizin, die auf Erfahrung und Denken beruht.

Zum Teil liefen diese Entwicklungen parallel. Auf keinen Fall war es so, daß etwa die wissenschaftliche Medizin in Griechenland aus der Tempelmedizin hervorgegangen wäre. Die Asklepiospriester pflegten wohl den Heilkult des Asklepios, waren aber keine Ärzte. Die Asklepiaden hingegen waren keine Priesterärzte, sondern Ärzte, die sich in Ausübung ihres Berufes von ihrem Ahnherren Asklepios ableiteten und die sich bevorzugt in der Nähe von Asklepiosheiligtümern niederließen, da sie dort mit einem größeren Zulauf von Kranken rechnen konnten.

Schon in den homerischen Dichtungen fanden wir nebeneinander die religiöse Medizin, ausgeübt von Heilgöttern, und die Erfahrungs- oder Volksheilkunde der Krieger und der Berufsärzte. Wenn diese Heilkundigen bei ihren Behandlungen die Heilgötter um ihren Beistand anriefen, so darf deshalb noch nicht von einer religiösen Medizin gesprochen werden, solange eben die Behandlung aus natürlichen Maßnahmen und nicht aus Gebeten und Beschwörungen bestand. Wenn heute ein tiefreligiöser Chirurg vor einer schweren Operation zu seinem Herrgott um ein gutes Gelingen betet, wird auch niemand die Operation als einen Akt religiöser Medizin betrachten.

Die religiöse Medizin ist nicht an Zeit, Ort oder Kultur gebunden. Für diese Form der Heilkunde besteht ein immerwährendes Bedürfnis. Vor allem sind es schwerkranke Patienten, deren Leiden die Ärzte nicht heilen können, die in der Kirche oder im Tempel ihre letzte Hoffnung sehen. Was für die Katholiken von heute Lourdes ist, war in der Antike Epidauros. Für frühere Zeiten muß man auch eine ökonomische Überlegung in Rechnung stellen: Als es noch keine Sozialversicherung und Krankenkassen gab, waren die Armen, die keinen Arzt bezahlen konnten, auf die Priester angewiesen. Es genügte, den Göttern oder später dem einen Gott ein kleines Opfer darzubringen. Die religiöse Medizin stellt zweifellos die billigste Behandlung dar.

In Griechenland hatte wie in allen alten Kulturen jeder Gott die Gabe, Kranke zu heilen und Gesunde zu beschützen. Hesiod nennt in seiner »Theogonie« (Abstammung der Götter) an die dreihundert Götter mit ihren Aufgaben und Wirkungsweisen.

Der »Arzt der Götter« und wohl der älteste Heilgott war Paieon, der schon auf einer Tafel in Linear B aus Knossos (etwa 1400 v. Chr.) erwähnt ist. Als im Kampf um Troia der Unterweltgott Hades (Aides) und der Kriegsgott Ares verwundet wurden, flohen sie auf den Olymp und wurden von Paieon geheilt. Beide Male heißt es in der »Ilias«:

Ihm nun legt' auf die Wunde Paieon lindernden Balsam,
Und er genas, denn nicht war sterbliches Los ihm beschieden.

Die rituellen Lieder zum Preis des Apollon, die ursprünglich um Befreiung von Krankheiten baten, hießen Paiane. Damit ist die Verbindung zwischen Paieon, dem Götterarzt, und Apollon, dem Heil- und Sühnegott der Menschen, hergestellt.

Von Apollon, dessen Kult aus Kleinasien stammt und der in mykenischer Zeit den Hellenen bekannt wurde, war schon in der Geburtsgeschichte des Asklepios die Rede. Seine Hauptfunktionen waren: 1. Schutz des Ackerbaus und der Viehzucht. 2. Orakelgott (Orakel von Delphi). 3. Torwächter (Schutz von Haus und Hof). 4. Gott der Wissenschaften und Künste, vor allem des Gesanges und der Musik; Anführer der Musen. 5. Heil- und Sühnegott. 6. Erst seit dem 6. Jahrhundert v. Chr. auch Verehrung als Helios (Lichtgott).

Mit seinen schnellen Pfeilen sendet Apollon Krankheit und Tod. Er verfügt aber auch über die komplementäre Gabe des Heilens. Der Hippokratische Eid (siehe Seite 131) begann mit der Formel: »Ich schwöre bei Apollon, dem Arzte, und Asklepios und Hygieia und Panakeia und allen Göttern und Göttinnen als Zeugen, daß ich nach meinem besten Vermögen und Urteil diesen Eid und diese Verpflichtung erfüllen werde.« Eine Kupfermünze aus Apollonia Pontike (ca. 300 v. Chr.) zeigt den Heilgott mit langem Lorbeerzweig und Bogen; die Inschrift lautet »Dem Arzt Apollon«.

Auch als Apollons Sohn Asklepios zum wichtigsten Heilgott der Antike aufgestiegen war, blieb Apollon ein verehrter Heilgott, zu dem man sogar in den Asklepiostempeln beten konnte.

Artemis, die Zwillingsschwester Apollons, zieht als jungfräuliche Jägerin durch die Wälder. Als Natur- und Fruchtbarkeitsgöttin steht sie den Frauen bei der Entbindung bei. Sie konnte wie ihr Bruder mit ihren Pfeilen den Menschen einen jähen Tod bereiten.

Die verschiedenen Göttinnen beschützten die Frauen in den einzelnen Lebensaltern. Hera, die Schwester und eifersüchtige Gemahlin des Zeus, war die Göttin der Ehe. Das Schicksal der Frau, vor allem die Erfüllung im Zusammenleben mit dem Ehemann, lag ihr ganz besonders am Herzen.

Zwei der Kinder aus der Ehe zwischen Zeus und Hera sind ebenfalls mit der Heilkunde verbunden: Eileithyia, deren Kult aus Kreta stammt, war die eigentliche Geburtsgöttin. – Hephaistos, der lahme Gott des Feuers, der Schmiede und Handwerker, wurde von seinem Vater Zeus aus dem Olymp geworfen; er landete auf der Insel Lemnos, deren Erde seither heilende Eigenschaften hat: der feine Lehm, mit dem man Wunden und Geschwüre behandelte, wurde als Terra Lemnia (Erde von Lemnos) oder Terra sigillata (versiegelte Erde, nämlich versiegelt verpackt) verkauft.

Athene, die aus dem Haupt des Zeus durch einen Axthieb entbundene Tochter, die Göttin der Weisheit, des Krieges und des Friedens, nach der die Stadt Athen ihren Namen erhielt, konnte auch Krankheiten heilen. Nach Pausanias soll Athene dem Spartaner Lykurgos sein krankes Auge gerettet haben, der hierfür in Sparta einen Tempel der Athene Ophthalmitis (Göttin der Augen) gründete.

Auch Aphrodite, die Göttin der Schönheit und der Liebe, Gemahlin des verkrüppelten Hephaistos, galt als Helferin bei Geburten. Selbst Hades, der furchtbare Gott der Unterwelt, und seine Gattin Persephone sowie Dionysos, der Gott des Weines und der Vegetation, wurden in einzelnen Heiligtümern als Heilgötter verehrt; sie heilten die Kranken durch Traumorakel.

Die Griechen konnten sich auch an Halbgötter und Heroen um ärztlichen Beistand wenden. Herakles, Sohn des Zeus und der irdischen Alkmene, der beliebteste Heros der Hellenen, dem alle heißen Quellen des Altertums geweiht waren, galt als Spender und Beschützer dieser Heilquellen. Der weise Kentaur Cheiron, Sohn des Kronos und der Philyra, wohnt in einer Höhle auf dem Pelion in Thessalien. Er ist der Lehrer der Helden in der Heilkunst und Musik. Von einem Giftpfeil des Herakles getroffen, bleibt der unsterbliche Cheiron zwar am Leben, aber seine Wunde kann nie mehr heilen. Hier klingt ein tragisches Motiv an: der Arzt, der alle Krankheiten kennt und andere Kranke heilt, kann sich selbst nicht helfen. Cheiron verzichtet schließlich zugunsten von Prometheus auf seine Unsterblichkeit, um von seinem Leiden befreit zu werden, und geht in die Unterwelt ein. Der mythologische Ur-Arzt Cheiron verkörpert das Mit-Leiden des Arztes mit seinen Patienten.

Die Dioskuren Kastor und Polydeukes (Pollux), Zwillingssöhne des Zeus und der Leda, die zuerst in Sparta verehrt wurden, entwickelten sich erst spät zu Heilgöttern. Sie waren die ritterlichen Helfer der Menschen, besonders auf dem Schlachtfeld und auf hoher See. Als Schimmelreiter eilten sie den Bedrängten zu Hilfe. Seit ihrem Tode verbringen die Dioskuren abwechselnd je einen Tag im Olymp und in der Unterwelt. In den christlichen Schutzheiligen der Ärzte und Apotheker, Kosmas und Damian, lebten sie fort.

Der Seher Melampus war als Priester des Apollon dazu bestimmt, die Auswüchse des neuen Dionysoskultes einzudämmen. Er heilte den Wahnsinn der Töchter des Königs Proitos von Tiryns und anderer Frauen, die in dionysischer Ekstase durch die peloponnesischen Berge irrten. Seine Behandlungsmethode ist geradezu raffiniert: Nachdem er die Raserei der Tobsüchtigen bis zur Erschöpfung angetrieben hatte, läßt er die Frauen Milch von Ziegen trinken, die Nieswurz gefressen hatten; dadurch wird eine Reinigung herbeigeführt. Die Schwarze Nieswurz (Helleborus niger; auch Weihnachtsrose, Christrose oder Schneerose genannt) wurde bis zu Beginn der Neuzeit als Abführmittel und als Heilmittel bei Epilepsie und Melancholie verwendet; heute wird die Schwarze Nieswurz wegen ihrer Giftigkeit nur noch in der Homöopathie gebraucht. Von Melampus stammt ein ganzes Geschlecht von Sehern und Ärzten ab. Hier sei nur kurz daran erinnert, daß zum guten Arzt auch seherische Fähigkeiten gehören; er soll die Prognose – Vorhersage über den Ausgang einer Erkrankung – möglichst genau stellen.

Der berühmteste Nachfahre des Melampus war der Seher Amphiaraos, der hauptsächlich in Theben, Oropos und Athen als Heilgott verehrt wurde. In dieser Beziehung war er ein Vorläufer des Asklepios. Amphiaraos, der als Schwager des Königs Adrastos von Argos am Zug der Sieben gegen Theben teilnehmen mußte, verschlang auf der Flucht die Erde mit Roß und Wagen; er erhielt die Unsterblichkeit und lebte seither als Gott in der Unterwelt. Kranke, die ihn befragen wollten, mußten sich drei Tage des Weines und einen vollen Tag des Essens enthalten, einen Widder opfern und auf dessen Fell im Tempel schlafen; im Traum erhielten dann die Bittsteller die Ratschläge des Gottes. Amphiaraos und sein Sohn Amphilochos, ebenfalls ein Heilheros und Seher, sind auch auf griechischen Münzen abgebildet.

Der gottbegnadete Sänger und Seher Orpheus, Sohn eines thrakischen Flußgottes und der Muse Kalliope, wird eine Generation vor dem Troianischen Krieg angesetzt. Orpheus bezauberte mit seinen Liedern nicht nur Pflanzen und Tiere, sondern auch gesunde und kranke Menschen. Auf Orpheus wird die religiöse Sekte der Orphiker zurückgeführt, die ein reines Leben gelobten und eine Zeitlang Vegetarier waren.

Zuletzt müssen noch die Familienangehörigen des Asklepios vorgestellt werden: In Epidauros fand er seine Gattin Epione, die Schmerzstillende, die später durch die Tochter Hygieia verdrängt wurde. Die zahlreichen Kinder des Asklepios bilden zwei Gruppen, von denen die eine die hygienische und die andere die therapeutische Seite der Wirksamkeit des Vaters darstellt.

In der hygienischen Gruppe steht die jungfräuliche Hygieia (Gesundheit), die Lieblingstochter des Heilgottes, an der ersten Stelle. Sehr oft findet man die Göttin stehend abgebildet, wie sie eine Schlange füttert. Die Schlange, die aus der Schale trinkt (Schlange mit Arzneischale), wurde später zum Symbol der Pharmazie. Hygieia kann als »Schatten« des Asklepios bezeichnet werden, sie ist eher ein Teil der Wesenheit des Gottes als seine Helferin. Außerdem wurde Hygieia auch mit der Göttin Athene in Verbindung gebracht. – Zur hygienischen Gruppe gehören noch Aigle (Glanz, Schimmer), die jüngste Tochter, und der Sohn Euamerion (glücklicher Tag), ein Dämon mit Kultstätte in Titane bei Sikyon (westlich von Korinth).

Die therapeutische Gruppe umfaßt drei Töchter und fünf Söhne: Panakeia (die Allheilende), Iaso (die Heilende) und Akeso (die Heilung); Ianiskos (der Heilende), Akesis (die Heilung), Telesphorus (»der zum Ziele Führende« – wahrscheinlich der Gott der Rekonvaleszenz und Genesung) sowie die homerischen Helden Machaon und Podaleirios.

Die Tempel des Asklepios

Der ungarische Religionshistoriker Karl Kerényi (geb. 1897) hat Epidauros das Rom der Asklepiosreligion genannt, von wo aus diese sich in der antiken Kulturwelt ausbreitete. Wann der Asklepioskult in Epidauros installiert wurde, läßt sich nicht genau bestimmen. Gegen Ende des 6. Jahrhunderts v. Chr. dürfte hier das erste Asklepiosheiligtum errichtet worden sein, das bald großen Zulauf fand. Die imposanten Bauten, deren Ruinen neben denen von Olympia die meisten Fremden nach dem Peloponnes lockten, sind im Laufe des 4. Jahrhunderts v. Chr. errichtet worden. Eine Inschrift berichtet vom Bauvertrag für den Asklepiostempel um 380 v. Chr. Zum heiligen Bezirk von Epidauros, der in einem abgeschiedenen Talkessel umgeben von waldigen Bergzügen liegt, gehörten neben dem eigentlichen Asklepiosheiligtum (Asklepieion) ein Gymnasion (Turnhalle), ein Stadion, ein Kurhaus mit hundertachtzig Zimmern, ein Theater mit rund eintausendvierhundert Plätzen auf fünfundfünfzig übereinanderliegenden Sitzreihen, ein Odeion (Konzerthalle) und das Apollonheiligtum auf dem Berg Kynortion. Das Asklepieion selbst umfaßte folgende Bauten: den großen Asklepiostempel, der in der kurzen Zeit von vier Jahren und acht Monaten vollendet wurde, den geheimnisvollen Rundbau (Tholos), die Säulenhalle (Abaton) und den Tempel der Artemis. Der Asklepiostempel mit je sechs Säulen auf den Schmalseiten und je elf Säulen auf den Längsseiten war mit zahlreichen Figuren und Reliefs geschmückt. Das Innere beherrschte eine Asklepiosstatue aus Gold und Elfenbein, geschaffen von Thrasymedes aus Paros: der Heilgott sitzt auf einem Thron, seine Rechte hält einen Stab, während die Linke auf dem Kopf einer Schlange ruht; neben ihm liegt ein Hund.

Vom weißen Marmorbau der Tholos stehen noch die Fundamente, die ein Labyrinth von konzentrischen Kreisen mit Öffnungen bilden. Der Oberbau bestand aus einer Rundmauer zwischen zwei Kolonnaden, einer äußeren aus dorischen und einer inneren aus korinthischen Säulen. Die Bedeutung des rätselhaften Rundbaus, den Pausanias eine Art Altar nannte, konnte noch nicht erschlossen werden. Tholos und Theater, dessen berühmte Akustik heute wie vor über zweitausend Jahren während der sommerlichen Festspiele bewundert werden kann, sind Werke des Architekten Polykleitos des Jüngeren aus Argos.

Ein sehr wichtiges Gebäude der Tempelanlage war das Abaton (»das Unbetretbare«), eine große Säulenhalle, die in ihrer westlichen Hälfte zwei Stockwerke besaß. Hier legten sich die kranken Pilger zum »Tempelschlaf« (Inkubation) nieder, der den Kranken die Heilung brachte oder ein Heilorakel offenbarte. Zahlreiche Votivtäfelchen und Votivgaben, die von den Geheilten als Dankopfer dargebracht wurden, versetzten die Eintretenden in eine positive, erwartungsvolle Stimmung.

Die Kosten für diese aufwendigen Gebäude haben die Bürger der neun Kilometer entfernten Stadt Epidauros sicherlich nicht allein aufbringen können. Ein großer Teil der Bausumme wird aus Spenden der Heilungsuchenden bestanden haben.

Der Aufschwung von Epidauros führte zur Gründung von Filialkulten: Sikyon (480 v. Chr.), Athen (420 v. Chr.), Pergamon (4. Jahrhundert v. Chr.), Kos (um 350 v. Chr.), Rom (291 v. Chr.) und viele andere; insgesamt sollen im Altertum etwa vierhundert Asklepiosheiligtümer bestanden haben. Nachdem Asklepios auch der Heilgott der römischen Feldlazarette (Aesculapius castrorum) geworden war, trugen die Legionen den Asklepioskult bis in die äußersten Vorposten des Römischen Reiches.

Die anscheinend sehr geschäftstüchtigen Epidaurier unterstützten die Neugründungen, indem sie eine heilige Schlange hinschickten. Die zahlreichen neuen Asklepiostempel taten dem Asklepieion von Epidauros keinen Abbruch; es blieb das Hauptzentrum des Asklepioskultes, mit dem sich nur die Heiligtümer von Kos und Pergamon messen konnten.

Während der Asklepiostempel in Athen und Rom in der Stadt stand, waren viele Asklepieien wie in Epidauros, Kos und Pergamon weit außerhalb der Stadt, oft in einer klimatisch begünstigten Gegend und in der Nähe von Heilquellen angelegt. So galt die fieberfreie Landschaft um Epidauros für die gesündeste von ganz Griechenland. H. E. Sigerist glaubte, daß diese Tatsache keiner naiv-rationalen Erklärung bedarf. Die Asklepieien waren – zumindest in den ersten Jahrhunderten ihres Bestehens – keine Sanatorien, sondern Kultstätten, in denen sich die Kranken Wunderheilungen versprachen. Um ungestört vom Getriebe der Städte mit dem Heilgott verkehren zu können, wählte man eine ruhige Gegend.

In Epidauros, Kos und anderen Kultstätten wurden alle vier Jahre zu Ehren des Asklepios Festspiele (Asklepieia) abgehalten, die große Menschenmengen anzogen. Im Laufe der Zeit änderte sich der Charakter dieser Wallfahrtsorte: sie wurden zugleich als Kurorte besucht. Der damit verbundene Reichtum wurde einmal Epidauros zum Verhängnis: Im Jahre 86 v. Chr. ließ der skrupellose römische Diktator Sulla (138–78 v. Chr.) die kostbaren Weihegeschenke plündern, um die Kosten seines Kriegszuges gegen König Mithridates VI. von Pontus (um 113 bis 63 v. Chr.) zu decken. Als der römische Geschichtsschreiber Titus Livius (etwa 59 v. Chr.–17 n. Chr.) etwa achtzig Jahre danach Epidauros besuchte, fand er noch die Spuren zerstörter Weihegaben. Das Asklepiosheiligtum von Epidauros überwand diesen und andere Rückschläge. Der römische Kaiser Antoninus Pius (86–161 n. Chr.) ließ noch als Senator vor seiner Thronbesteigung im Jahre 138 die verfallenen Bauten instand setzen und außerhalb des heiligen Bezirkes ein Gebäude errichten, in welchem Kranke sterben und Frauen gebären konnten. Beides war aus Gründen der Reinhaltung der heiligen Stätten innerhalb des eingefriedeten Tempelbereiches verboten.

Als Pausanias um 165 n. Chr. Epidauros besuchte, sah er noch sechs Tafeln – ursprünglich waren es viel mehr gewesen –, auf denen die Namen von Männern und Frauen, die Asklepios geheilt hatte, zusammen mit der Geschichte ihrer Krankheit und Wunderheilung in dorischer Sprache eingraviert waren.

Die verwandten Züge im Charakterbild von Asklepios, dem Heilgott, und Christus, dem »Heiland«, bedingten, daß sich der Asklepioskult länger als die anderen heidnischen Kulte gegen das Christentum behaupten konnte. Die katholische Kirche übernahm sogar den Namen des Asklepios für den Saint Asclèpe, Bischof von Limoges (8. Jahrhundert), der im Mittelalter gegen Blutungen angerufen wurde. Epidauros und Pergamon verschwanden erst gegen 400 n. Chr. als Kultstätten des Asklepios.

Tempelschlaf und Wunderheilungen

»Rein sei jeder, der tritt in den weihrauchduftenden Tempel; rein aber heißt, wer im Sinn heilige Gedanken nur hegt«, stand beim Eingang zum Tempel in Epidauros geschrieben. In Pergamon hieß es auf einer Inschrift: »Komme als guter Mensch, gehe als ein besserer«. Unreine – dazu gehörten auch Gebärende und Sterbende – wurden abgewiesen. Jeder Ankömmling mußte sich erst gewissen Reinigungsriten – Fasten, Bäder, geistige Übungen – unterziehen. Sie dienten der seelischen Reinheit, wenn sie auch mit einer körperlichen Reinigung verbunden waren. Dann brachten die Kranken dem Gott ein Opfer dar – Weihrauch, Früchte, Kuchen oder einen Hahn. Nach Sonnenuntergang zogen sie sich in das Abaton zurück und bereiteten sich auf dem Fußboden oder auf einem Ruhebett ihr Nachtlager. Damit begann der Heilakt in der Form des Tempelschlafes. Der Komödiendichter Aristophanes (um 445 bis etwa 388 v. Chr.) hat in seiner Komödie »Plutos« (Reichtum) als erster den Tempelschlaf als Teil eines rituellen Kultes beschrieben.

Gezeichnet von einem langen Leiden, ermüdet von der beschwerlichen Reise, seelisch aufgeschlossen durch die Reinigungsriten und die allgemeine Stimmung im Tempelbezirk und beeindruckt von den Heilberichten gerieten die Pilger in eine mit Hoffnung, nervöser Spannung und frommer Scheu erfüllten Erwartung, die sie für Träume und Heilvisionen anfällig machte. Im Schlaf oder in einem Dämmerzustand warteten die Kranken auf die Heilung durch den Gott oder wenigstens einen ärztlichen Rat.

Im Traum erschien dem Heilungsuchenden plötzlich der freundliche Heilgott, allein oder von einem seiner Kinder, Schlange oder Hund begleitet. Er berührte den Patienten, gab ihm eine Arznei ein, operierte und verband ihn, falls dies erforderlich war. Oft besorgten Hund oder Schlange das Heilgeschäft, indem sie die Wunde leckten. Am Morgen erwachte der Kranke – vielleicht geheilt. Die Wunderheilungen kamen bevorzugt bei Blinden, Tauben, Gelähmten, Schlaflosen und anderen Leidenden vor, die man heute in das große Heer der Neurotiker und Vegetativ-Stigmatisierten einreihen würde.

Der göttliche Arzt brachte die Heilung vielen, denen die irdischen Ärzte nicht hatten helfen können. Man darf aber nicht daran zweifeln, daß in den Asklepieien wie zu allen Zeiten in anderen Gnaden- oder Wallfahrtsorten echte Heilungen vorkamen. Ebensowenig darf man an der Tatsache vorübergehen, daß der Asklepioskult mancherorts und zu manchen Zeiten, vor allem in der Spätzeit, böse entartete. Neben frommen Dienern ihres Gottes hat es auch schamlose Betrüger, Heuchler, Aufschneider und Geldmacher gegeben. Die guten unter den Asklepiospriestern sind erfahrene Menschenkenner gewesen, die die seelische Beeinflussung der Kranken ausgezeichnet beherrschten. Sie waren in einem gewissen Sinn, ohne es zu wissen oder zu wollen, Vorläufer der heutigen Psychotherapeuten.

Von den Tafeln mit den Heilberichten, die Pausanias beschrieben hat, sind 1883 in Epidauros drei und die Bruchstücke einer vierten ausgegraben worden. Unter der Überschrift »Heilungen des Apollon und des Asklepios« vermitteln sie uns siebzig Krankengeschichten aus der zweiten Hälfte des 4. Jahrhunderts v. Chr. Die Heilberichte sprechen am eindrucksvollsten für sich selbst:

»Ambrosia von Athen, einäugig. Diese kam als Bittfleherin zu dem Gott. Als sie im Heiligtum herumging, lachte sie über einige von den Heilungen als unwahrscheinlich und unmöglich, daß Lahme und Blinde gesund werden sollen, nachdem sie nur einen Traum gesehen hätten. Als sie im Heilraum schlief, sah sie ein Gesicht: es träumte ihr, der Gott trete vor sie und sage, daß er sie zwar gesund machen werde, aber als Lohn von ihr verlange, daß sie in das Heiligtum ein silbernes Schwein stifte als Erinnerung an ihre Unwissenheit. Nachdem er das gesagt, habe er ihr das kranke Auge aufgeschlitzt und ein Heilmittel eingegossen. Als es Tag geworden, kam sie gesund heraus.«

»Euphanes von Epidauros, ein Knabe. Dieser war steinleidend und schlief im Heilraum. Da träumte ihm, der Gott trete vor ihn und sage: ›Was willst du mir geben, wenn ich dich gesund mache?‹ Er habe gesagt: ›Zehn Klicker.‹ Da habe der Gott gelacht und gesagt, er werde ihn erlösen. Als es Tag geworden, kam er gesund heraus.«

»Euhippos trug eine Lanzenspitze sechs Jahre im Kiefer. Als er im Heilraum schlief, nahm ihm der Gott die Lanzenspitze heraus und gab sie ihm in die Hände. Als es Tag geworden, ging er gesund heraus mit der Lanzenspitze in den Händen.«

»Nikanor, lahm. Während dieser dasaß, raubte ihm ein Knabe im Wachen seinen Stab und floh. Er stand auf, verfolgte ihn und wurde darauf gesund.«

»Heraieus von Mytilene. Dieser hatte auf dem Kopf keine Haare, am Kinn aber sehr viele. Da er sich schämte, weil er von den anderen ausgelacht wurde, schlief er im Heilraum. Ihn salbte der Gott mit einer Arznei den Kopf und ließ ihm wieder Haare wachsen.«

»Hegestratos, Kopfweh. Dieser litt an Schlaflosigkeit wegen seines Kopfwehs. Als er nun im Heilraum war, schlief er ein und sah einen Traum: er träumte, der Gott habe sein Kopfweh geheilt, ihn aufrecht nackt hingestellt und ihn die Auslage beim Ringfaustkampf gelehrt. Als es Tag geworden, kam er gesund heraus, und nach nicht langer Zeit siegte er an den Nemeen im Ringfaustkampf.«

»Andromache aus Epeiros wegen Kindersegens. Diese schlief im Heilraum und sah einen Traum: es träumte ihr, ein schöner Knabe decke sie auf, hierauf berührte sie der Gott mit der Hand. Darauf bekam Andromache einen Sohn von Arybbas.«

Daß die Asklepiospriester auf die zünftigen Ärzte nicht gut zu sprechen waren, geht aus folgender Krankengeschichte hervor: »Eratokles von Trozen, vereitert. Als dieser in Trozen im Begriff war, sich von den Ärzten brennen zu lassen, erschien ihm der Gott im Schlaf und befahl ihm, das Brennen nicht an sich ausführen zu lassen, sondern im Heilraum im Heiligtum von Epidauros zu schlafen. Als die Zeit vergangen, die ihm verordnet war, brach die Eiterbeule auf, und er ging gesund von dannen.«

Die grenzenlose Güte des Heilgottes ließ es zu, daß man ihn nicht nur bei Krankheiten, sondern auch bei Verlust von Personen und Gegenständen anrufen konnte.

Von den Geheilten wurde ein Dankopfer erwartet. Obwohl Asklepios schon mit bescheidenen Geschenken zufrieden war, ließ er sich nicht um den verdienten Lohn prellen. Hermon von Thasos blendete der Gott wieder, weil er das Dankopfer nicht dargebracht hatte, nachdem ihn Asklepios von seiner Blindheit geheilt hatte.

Das Honorar konnte in Bargeld, Schmuck, Lebensmitteln oder Waren bestehen. Der Genesene konnte auch ein Votivtäfelchen mit der Aufzeichnung seines Falles, ein Gemälde oder ein Relief mit der Darstellung des Gottes oder eine Nachbildung des geheilten Organs stiften. Die meisten griechischen Heilvotive waren aus Stein, manche aus Holz, Gold, Silber oder Bronze gefertigt. Am häufigsten wurden Augen, Ohren, Brüste, Hände, Füße und männliche Geschlechtsteile abgebildet. Pausanias berichtete folgendes von der Hygieia-Statue im Asklepiostempel von Titane in Sikyonien: »Diese kann man nicht leicht sehen, so sehr ist sie eingehüllt von Haaren der Frauen, die sich ihr zu Ehren scheren, und von Bändern babylonischen Zeuges.«

In der Spätzeit wurden die Wunderheilungen spärlicher. Die Patienten erfuhren dafür im Heilschlaf Orakelsprüche, die direkte Behandlungsanweisungen enthielten oder die erst von den Priestern gedeutet werden mußten. So lautete eine von Asklepios in Pergamon verordnete Kur: »Zum oberen Portikus des Burgberges gehen, dort Meditationsübungen, dann mit feinem Sand den ganzen Körper überstreuen, barfuß umhergehen, kalte und heiße Wechselbäder ohne Hilfe. Eine Drachme dem Bademeister geben als allgemeines Opfer und für die eleusischen Götter Milch und Honig spenden, gleichzeitig dieses selbst trinken. Danach Reinigungsbad im Fluß und Erbrechen des Mageninhalts.«

Die Orakelmedizin ist als ein Zeichen des Niederganges der Tempelmedizin anzusehen. Wenn ein Gott statt Wunderheilungen zu vollbringen, einfache Arzneimittel oder besondere Kostformen verschreibt, verliert er bald an Ruhm und Ansehen. Vielleicht aber verlangte die wirtschaftliche Verelendigung der Massen gebieterisch, daß sich die Priester der unbemittelten Kranken auch bei den kleinen Krankheiten und Verletzungen des Alltags annahmen. Nicht jedermann konnte oder wollte sich von den Ärzten der weltlichen Medizinschulen behandeln lassen.

800 Jahre Griechenland

Von 1150 v. Chr. (Zerstörung der Burgen von Mykene und Tiryns) bis 750 v. Chr. (Beginn der großen griechischen Kolonisation) reicht der dunkelste Abschnitt in der Geschichte Griechenlands. Aus dieser unübersichtlichen Periode sind weder Ereignisse noch Taten gesichert überliefert. Um 1000 v. Chr. übernahmen die Griechen die phönikische Buchstabenschrift. Die unhandliche Schrift Linear B war – man kann sagen glücklicherweise – zusammen mit der mykenischen Zivilisation verschwunden. Das neue Alphabet verbesserten die Griechen nach ihren Bedürfnissen: sie ersetzten einige überflüssige Konsonanten der phönikischen Schrift durch Vokalzeichen. Von den verschiedenen griechischen Lokalalphabeten setzte sich schließlich das milesische Alphabet durch, das 403 v. Chr. in Athen offiziell eingeführt wurde. Das älteste schriftliche Denkmal ist eine Siegerliste der olympischen Wettkämpfe aus dem Jahre 776 v. Chr. Das ist gleichzeitig das erste historische Datum in der griechischen Geschichte. Angefangen von den ältesten erhaltenen Proben aus der ersten Hälfte des 8. Jahrhunderts v. Chr. blieb bis zum 5. Jahrhundert v. Chr. die Zahl der aufgefundenen Inschriften gering.

Sprache und Schrift, die ererbten Mythen, die Epen Homers und schließlich die anfangs lokal begrenzten Spiele mit kultischem Charakter in Olympia, Delphi und Korinth verbanden die einzelnen Stammesgruppen (Aioler, Ionier, Dorier) zu einem gesamtgriechischen Volkstum.

Wann und wie die Bezeichnung »Hellenen« entstanden ist, wissen wir nicht. Hellas ist eine Landschaft in Thessalien; ihre Bewohner waren die eigentlichen Hellenen. Als Gesamtname für alle griechischen Stämme nach der dorischen Wanderung tauchte das Wort Hellenen bzw. Panhellenen (Gesamthellenen) zuerst bei Homer in der »Ilias« auf. So ist es strenggenommen richtig, erst ab dem 7. Jahrhundert v. Chr. von Hellenen zu sprechen. Davor gab es nur die verschiedenen Stämme und Stammesgruppen. Die Bezeichnung »Griechen« verdanken wir den Römern, die alle Hellenen »Graeci« nannten – nach den Gründern der Stadt Kyme (Cumae), die vom Stamm der »Graikoi« auf Euboia gekommen waren. Die Hellenen selbst haben sich nie Griechen genannt. Für die Assyrer und Perser waren alle Hellenen Ionier. Das hellenische Nationalgefühl äußerte sich auch darin, daß alle nicht griechischredenden Völker ohne Rücksicht auf Rasse und Kulturhöhe als »Barbaren« (bar-bar: ein unverständliches Gekrächz) bezeichnet wurden.

Die politische Entwicklung stand noch lange unter dem Einfluß der Wanderzeit. Für ein gemeinsames Handeln aller Stämme war die Zeit noch nicht reif. An der Spitze der neuen Staaten standen schlichte Volkskönige, die im Kriege die Heerführer und im Frieden die Vorsitzenden im Ältestenrat waren.

Die wichtigste Neuerung war die Stadt (Polis) als Zentrum des wirtschaftlichen und politischen Lebens. Jede Stadt bildete mit dem dazugehörigen Gebiet einen selbständigen »Stadtstaat«. Politische Autonomie und wirtschaftliche Autarkie waren die Ideale der Polis. Die städtische Entwicklung ließ die Bedeutung des Adels ständig wachsen. Im 8./7. Jahrhundert v. Chr. wurde fast überall das Königtum durch die Adelsherrschaft (Aristokratie) verdrängt. Das Aufblühen von Handel und Gewerbe sowie die Einführung der Sklaverei im 7. Jahrhundert v. Chr. begünstigten den Mittelstand der Kaufleute und Handwerker. Sie verlangten eine angemessene Beteiligung an der Regierung. So wurde mancherorts der Geburtsadel durch die Herrschaft des Geldadels (Timokratie) abgelöst. Den Übergang zur beispielhaften Demokratie (um 500 v. Chr.) bildete die Tyrannis, die ungesetzmäßige Alleinherrschaft starker Persönlichkeiten, die oft als Vertrauensmänner des Volkes die Aristokratie stürzten. Die Tyrannen blieben aber für das Volk vogelfreie Usurpatoren, mochten sie noch so erfolgreich regieren.

In der Mitte des 8. Jahrhunderts v. Chr. gerieten die Hellenen wieder in Bewegung: die große griechische Kolonisation von etwa 750–550 v. Chr. Die Gründe für diese Expansion waren rein wirtschaftlicher, keinesfalls machtpolitischer Natur. Soziale Not und Übervölkerung auf der einen, kaufmännischer Unternehmungsgeist auf der anderen Seite veranlaßten die einzelnen hellenischen Städte Griechenlands und Kleinasiens, in der Fremde Kolonien zu gründen. Die Tochterstädte blieben auf die Küstengebiete des Mittelmeeres und des Schwarzen Meeres beschränkt. Die Kolonien erstreckten sich von der Krim bis nach Spanien; die meisten lagen in Unteritalien und auf Sizilien. Auf Kyme (757 v. Chr.), die erste griechische Gründung, folgten Syrakus (735 v. Chr.) und andere Kolonien an der Ostküste Siziliens, Tarent (706 v. Chr.) sowie Sybaris und Kroton im Golf von Tarent, Massilia (Marseille, um 600 v. Chr.) – um nur einige der neuen Niederlassungen zu nennen. Während die Mutterstädte mit wirtschaftlichen Schwierigkeiten zu kämpfen hatten, wurden die meisten Kolonien bald wohlhabend. Hier förderten finanzielle Großzügigkeit und eine freiheitliche Gesinnung die Entwicklung von Wissenschaften und Künsten. Das »Krotoniatenleben« und die »sybaritische Üppigkeit« wurden geradezu sprichwörtlich. Sizilien und Unteritalien waren damals der »Goldene Westen« von Hellas. Während der Blütezeit im 5. Jahrhundert v. Chr. lebten im Mutterland drei bis vier Millionen Griechen und ebenso viele in den Kolonien.

Die Stadt Athen konnte schon im 8. Jahrhundert v. Chr. ihren Herrschaftsbereich über ganz Attika ausdehnen. Über die Königszeit Athens ist nichts überliefert. Die erste Liste der Archonten (»Jahresbeamten«), die das Königtum abgelöst hatten, stammt aus dem Jahre 683 v. Chr. Die von Solon erlassene Verfassung (594 v. Chr.) führte zwar noch nicht zu einer Stabilisierung des attischen Staates, wurde aber zum Vorbild der weiteren Demokratisierung. Inzwischen war Sparta zu einem machtvollen Staat mit einer streng aristokratischen Verfassung herangewachsen. An der Spitze des Peloponnesischen Bundes (um 550 v. Chr.) strebte Sparta die Vorherrschaft über ganz Griechenland an. Die Perserkriege (500–449 v. Chr.) einigten Athen und Sparta eine Zeitlang im Kampf gegen den Machtanspruch der persischen Könige. Athen ging zwar aus diesen Kriegen als führende Seemacht hervor, war aber übermäßig verschuldet und geschwächt. Unter Perikles (499–429 v. Chr.) erlebte Athen von 444–429 v. Chr. noch einmal eine Blütezeit. Der alte Gegensatz zu Sparta führte schließlich zum siebenundzwanzigjährigen Bruderkrieg (Peloponnesischer Krieg von 431 bis 404 v. Chr.). Er endete mit dem Sieg Spartas, das ebenfalls so geschwächt war, daß es seine Vorherrschaft nicht ausüben konnte. Griechenland verlor endgültig seine politische Unabhängigkeit, als Alexander von Makedonien 336 v. Chr. die Stellung des Feldherrn der Hellenen übernahm.

Vom Handwerk zur Wissenschaft

»Böser Nachbar ist Fluch, ein Segen aber der gute.«
»Führe zur rechten Zeit ein Weib in deine Behausung,
Wenn du vom dreißigsten Jahr nicht mehr um vieles entfernt bist
Noch es weit überschritten; das ist die Zeit zur Vermählung.
Vier Jahre blühe das Weib und mache Hochzeit im fünften.«

»Schlage dein Wasser nicht ab, wenn du zur Sonne gewendet,
Aber auch wenn sie gesunken, gedenke, bis sie heraufkommt,
Nicht auf dem Weg noch außer dem Weg im Gehen zu harnen,
Noch auch völlig entblößt; den Göttern gehören die Nächte.
Sitzend vollzieht es der Mann, der gläubig und edel gesonnen,
Oder er tritt an die Mauer des gutverschlossenen Hofes.«
»Führe am vierten des Monats die Gattin in deine Behausung,
Wenn du die Vögel erforschst, die solchem Beginnen die besten.«

Diese Lebensregeln schrieb Hesiod, der Dichter und Bauer aus Askra in Boiotien, in seinem Lehrgedicht »Werke und Tage«. In diesem um 700 v. Chr. entstandenen Werk werden die Arbeit des fleißigen Landmannes und die Gerechtigkeit im täglichen Leben verherrlicht. Medizinisch sind diese Merkverse nicht sehr ergiebig; die Gesundheitsregeln, die wir in ähnlicher Form bei der bäuerlichen Bevölkerung aller Völker finden können, stammen teils aus der religiösen Medizin, teils aus der Volksheilkunde.

Bis zum Ende des 6. Jahrhunderts v. Chr. beherrschten die Lehrgedichte als Vorläufer wissenschaftlicher Abhandlungen die griechische Literatur. Erst danach beginnen Fachbücher aus allen möglichen Wissensgebieten zu erscheinen. Das heißt aber nicht, daß es vor dem 6. Jahrhundert v. Chr. noch keine Medizin oder andere Disziplinen gegeben hätte. Plinius ließ sich durch das Fehlen einer medizinischen Fachliteratur zu der Aussage verleiten, die Medizin sei zwischen dem Troianischen und dem Peloponnesischen Krieg »in finsterer Nacht verborgen gewesen«.

Wie das ganze Leben war zweifellos auch die ärztliche Betätigung in der Übergangszeit vom 8. bis zum 6. Jahrhundert v. Chr. noch recht einfach. Die Medizin wurde damals von Wanderärzten praktiziert, die als Handwerker ihr Gewerbe im Umherziehen ausübten. Die zweitälteste Form griechischen Arzttums war der öffentlich besoldete »Volksarzt«, der für die ärztliche Versorgung einer bestimmten Volksgemeinschaft zuständig war. Schließlich gab es noch neben dem Priesterarzt den an den primitiven Medizinmann erinnernden schamanenhaften Arzt, der sich als medizinischer Prophet und Seher betätigte.

Während die Wundchirurgie die Vorstellungskraft des Wundarztes nicht besonders strapazierte, erwies sich die geistige Bewältigung der inneren Krankheiten als sehr problematisch. Der älteste Hinweis auf die Zweiteilung der griechischen Heilkunde in Chirurgie und innere Medizin stammt von dem kyklischen Epiker Arktinos (7. Jahrhundert v. Chr.?), der in der »Iliupersis« zwischen den Brüdern Machaon und Podaleirios so unterscheidet: »Dem einen (Machaon) gab er (Poseidon) geschicktere Hände, um die Pfeile aus dem Fleisch zu ziehen und alle Wunden zu heilen; dem anderen (Podaleirios) verlieh er die Macht, alles in der Brust Verborgene genau zu erkennen und das Unheilbare zu heilen. Als erster verstand er die unheimlich blitzenden Augen und den Trübsinn des wahnsinnigen Ajax zu deuten.« Podaleirios erscheint hier als der erste Diagnostiker, Internist und Psychiater. In späteren Schriften wurde Podaleirios zum Ahnherren der Internisten bzw. Vater der Diätetik.

Den folgenden Ärztegenerationen stellte sich die Aufgabe, ähnlich der Wundheilkunde aus der inneren Medizin eine erlernbare Kunst (techné) zu schaffen. Die inneren »unerkennbaren und unheilbaren« Erkrankungen, die bei Homer und Arktinos nur Götter oder gottbegnadete Ärzte heilen konnten, sollten auch der ärztlichen Kunst zugänglich sein. Die techné ist bei Homer und Herodot mit »Wissen« verbunden; sie bezog sich anfangs nur auf das »Handwerk«, später auch auf die »Wissenschaft«. Wie viele griechische Begriffe läßt sich auch das Wort techné nicht leicht übersetzen.

Auf der Suche nach einem passenden Krankheitsbegriff boten sich den Ärzten die Grundvorstellungen und Denkmethoden der vorsokratischen Naturphilosophen an. Mit ihrer Hilfe strebte man eine umfassende Lehre oder Theorie an. Das auf Sinneswahrnehmungen basierende Erfahrungsgut war ursächlich zu erklären und in einen größeren Gesamtzusammenhang einzuordnen. Auf diese Weise entwickelte sich die griechische Medizin zu einer Wissenschaft.

Wir sind heute überzeugt, daß die griechische Kultur nicht wie eine Zauberblume oder raketengleich aus dem Boden von Hellas emporgestiegen ist, sondern daß sich alle Völker des Mittelmeerraumes gegenseitig befruchtet haben; dem ständigen Kultur-, Geistes- und Kunstaustausch standen keine nationalen Grenzen im Wege. Auf vielen Gebieten der Kunst und Wissenschaften, auch der Medizin, waren Ägypter, Babylonier, Inder und Chinesen den frühen Griechen weit überlegen. Es ist bezeichnend, daß griechische Philosophie und Wissenschaft nicht auf dem Festland, sondern teils in den westgriechischen Kolonien Unteritaliens und Siziliens, teils in den ionischen Kolonien an der kleinasiatischen Küste, wo der Einfluß der altorientalischen Hochkulturen besonders groß war, ihren Anfang nahmen.

Besonders eng waren die Beziehungen zwischen Hellas und Ägypten. Die dem Griechen angeborene Reiselust führte ihn – zuerst in Verbindung mit wirtschaftlichen Interessen – in die Ferne. Nach Abschluß der großen Kolonisation gesellte sich zu den Handelszwecken ein ausgesprochener Wissensdrang: Bemühungen um ein allgemeines Weltbild, Erforschung der Erde und der Menschheit. Ägypten wurde den Griechen in größerem Maße erst während der XXVI. Dynastie (663–525 v. Chr.) erschlossen. Pharao Psammetich I. (663–609 v. Chr.) war es vor allem dank der Hilfe ionischer Söldner gelungen, die assyrische Oberherrschaft (670–663 v. Chr.) abzuschütteln. Die Soldaten wurden zum Lohn im Nildelta angesiedelt. Ihnen folgten bald griechische Kaufleute, aus deren Niederlassung am Kanobischen Nilarm die Stadt Naukratis entstand.

Der griechische Geist hat sich wiederholt Anregungen aus Ägypten geholt. Thales, Solon, Demokrit, Herodot, Platon und viele andere griechische Weise, Wissenschaftler, Dichter und Künstler haben Ägypten besucht; daß sie aber von dort die wesentlichen Elemente ihrer Schöpfungen entlehnt haben, ist eine Übertreibung, die bereits in der Spätantike aufgekommen ist. Das Kulturbewußtsein der Griechen, nämlich, daß die wesentlichen Elemente der menschlichen Kultur im Denken, Reden und Bilden der Griechen ihren gültigen Ausdruck gefunden haben, ließ es zu, sich in einzelnen Dingen als abhängig von anderen Völkern zu betrachten. Nach den Worten des Tübinger Historikers Joseph Vogt am Ende einer Betrachtung über »Herodot in Ägypten« liegt in der tatsächlichen Bewältigung des Fremden der größte Beweis für Dasein und Wirken der Griechen. Der deutsche Kunsthistoriker Karl Schefold treibt diese Analyse in der Abhandlung »Die weltgeschichtliche Stellung der griechischen Kunst« (in »Die Griechen und ihre Nachbarn«, Berlin 1967) noch weiter: »So offen die archaische Kunst für orientalische Vorbilder war, so tief hat sie diese verwandelt und ihnen einen neuen Sinn gegeben. Will man das Neue mit einem Wort bezeichnen, so hilft die Geistesgeschichte, die die Philosophie bei den Griechen beginnen läßt: Sie wollen logisch verstehen und auf ein Prinzip zurückführen, was im Orient in magischen Bezügen gedeutet und als bunter Teppich geschaut war.«

Der Medizinhistorik ist es bisher noch nicht gelungen, konkrete Beziehungen und Beeinflussungen zwischen altägyptischer und altgriechischer Medizin aufzudecken. Wir kennen die Schilderungen Herodots vom Spezialistentum der ägyptischen Ärzte und die Berichte anderer Autoren über die Heilkunde in Ägypten; wir wissen aber nicht, was die griechischen Ärzte wirklich übernommen und wie sie dieses Wissen weiter verwertet haben. Wenn man die Leistungen der orientalischen Hochkulturen und der Antike auf dem Gebiet der wissenschaftlichen Medizin abwägt, kann man – ohne auf Einzelheiten einzugehen – sagen: Das medizinische Denken hat nicht erst bei den Griechen begonnen. Das spezifische medizinische Denken der Griechen ist jedoch die Stammutter der abendländischen wissenschaftlichen Medizin und damit auch der euro-amerikanischen Medizin von heute. Daran ändert auch nichts die Tatsache, daß manche medizinische Theorien der Griechen irrig waren.

Denker und Gedanken

»Erstens einmal wäre die ärztliche Kunst überhaupt nicht gefunden worden, ja, man hätte überhaupt nicht nach ihr gesucht – denn man hätte ihrer nicht bedurft –, wenn den kranken Menschen dieselbe Lebensweise und Ernährung bekömmlich wäre wie den Gesunden und für sie nicht etwas anderes besser wäre. Nun aber hat die Not selbst veranlaßt, daß die Heilkunst von den Menschen gesucht und gefunden wurde, weil es nämlich den Kranken nicht bekam, dasselbe zu sich zu nehmen wie die Gesunden, wie es ihnen ja auch heutzutage nicht bekommt.«

Mit diesen Sätzen vertritt der Verfasser der hippokratischen Schrift »Über die alte Heilkunst« seine Meinung, daß die Zubereitung der menschlichen Nahrung als Vorstufe der Heilkunst anzusehen sei. Der Autor gehörte offensichtlich zur alten Garde der ärztlichen Empiriker und Handwerker, die die »neumodischen« Hypothesen der Naturphilosophen ablehnte. Er hat aber ganz richtig erkannt, daß eine Wurzel der ärztlichen Kunst die Diätetik ist – hier als die passende Nahrungsauswahl in gesunden und kranken Tagen verstanden.

Die Zweiteilung der griechischen Medizin in die Gebiete der äußeren und der inneren Krankheiten (Chirurgie und innere Medizin) war nicht nur durch die natürlichen Gegebenheiten, also durch die verschiedenen Entstehungsursachen der Erkrankungen, bedingt. Da findet man einmal ein Unbehagen an der Chirurgie: das »Schneiden und Brennen«, mit dem die Chirurgen ihre Patienten quälten – wie Heraklit polemisierte – brachte die ganze Chirurgie etwas in Verruf. Die Ärzte mußten, anscheinend von ihren Kranken gedrängt, nach neuen Wegen suchen, um auch chirurgische Erkrankungen mit inneren Mitteln zu kurieren. Zum anderen ging es darum, die Behandlung der inneren Krankheiten, die bislang ein Reservat der Priestermedizin gewesen waren, auf eine rationale Basis zu stellen. Hier bot sich eine Körper und Seele umfassende medizinische Diätetik an, die ihrerseits neben der Krankenbehandlung eine vorbeugende Lebenskunde entwickelte. Krankheiten infolge fehlerhafter Nahrung in quantitativer und qualitativer Hinsicht mußten sich durch eine entsprechende Kostumstellung – Diät im heutigen Sinn – korrigieren lassen, die bald durch Reinigungsprozeduren (Abführen, Erbrechen, Aderlaß usw.) ergänzt wurde. Durch Fehler im körperlichen Verhalten hervorgerufene Erkrankungen suchte man durch besondere Körperpflege, Heilgymnastik und schließlich durch eine Ordnung der gesamten Lebensführung auszugleichen. Die medizinische Diätetik nahm einen so großen Umfang an und entwickelte derart einschneidende Methoden, daß sie schließlich ähnlich wie die Chirurgie Mißtrauen und Abneigung erntete.

Beide – der mehr handwerkliche Chirurg und der mehr wissenschaftliche Diätetiker – mußten die Grenzen ihres Handelns durch Vorschriften und Verbote abstecken. Sollte die ärztliche Kunst einen anerkannten Platz in der Gesellschaft erringen, war eine weise Selbstbeschränkung der Ärzte vonnöten.

Noch Platon (427–347 v. Chr.) läßt nur die Wundchirurgie und die Epidemiologie als Repräsentanten der »alten Medizin« gelten; die jüngere Diätetik lehnt er in seinem Dialog »Der Staat« als zwecklos ab:

»Und ich meine, Asklepios hat das wohl gewußt. Er hat seine Heilkunst für die Fälle bestimmt, wo der Kranke von Haus aus gesund ist und vernünftig lebt, aber von einer bestimmten Krankheit befallen wird. Diese Krankheit soll entfernt werden, durch Arzneien und Operationen, und dann soll der Geheilte seine gewohnte Lebensweise fortsetzen, damit die Allgemeinheit nicht geschädigt wird. Er hat aber nicht die Absicht gehabt, Leute, die durch und durch krank sind, zu behandeln, durch Diätvorschriften hier ein wenig wegzunehmen, dort ein wenig anzusetzen, und ihnen so ein langes Leben zu verschaffen, ihnen auch zu ermöglichen, eine gewiß ähnliche Nachkommenschaft in die Welt zu setzen. Nein, sich der Menschen anzunehmen, die in diesem Leben nicht lebensfähig sind, hat er nicht für seine Pflicht gehalten. Denn sie selber haben nichts von ihrem Leben und der Staat auch nicht.«

Um ihr Handeln durch Krankheitstheorien untermauern zu können, waren die Ärzte gezwungen, Anleihen bei den vorsokratischen Naturphilosophen zu machen. Spekulationen über Wesen und Zusammensetzung der Natur wurden auch auf den Menschen übertragen. Mensch und Kosmos waren augenscheinlich aus den gleichen »Urstoffen« zusammengesetzt. Von hier aus waren Gesundheit (Normalzustand) und Krankheit (Störung) zu verstehen.

Der deutsche Philologe und Philosophiehistoriker Werner Jaeger schrieb in seinem Werk »Paideia« (Die Formung des griechischen Menschen): »Eine methodisch bewußte Kunst ist die Heilkunde der Griechen erst unter der Einwirkung der ionischen Naturphilosophie geworden.« Dem kann in dieser Ausschließlichkeit nicht zugestimmt werden: die Naturphilosophie war nicht **d i e**, sondern nur **e i n e** **d e r** Grundlagen der antiken Medizin! An der Wiege der griechischen Medizin standen neben der Naturphilosophie die Sophistik, die Gymnastik und die Priestermedizin. Außerdem hat die griechische Medizin uralte Einsprengel mythischen Charakters mit sich geschleppt. Es ist falsch, zu meinen, die frühgriechische Heilkunde sei eine bloß auf Erfahrung aufgebaute Wissenschaft gewesen. Zweifellos waren die Griechen glänzende Beobachter, aber in der Weise, wie sie ihre Erfahrungen nutzten, waren sie nicht immer fortschrittlich; oft ließen sie sich zu übereilten Schlüssen verleiten, was schiefe Theorien zur Folge hatte. Nicht alles, was in Griechenland glänzte, war Gold.

Drei aus Milet

Milet am Mäander war im 7. und 6. Jahrhundert v. Chr. die größte und reichste Stadt an der Westküste Kleinasiens. Die milesischen Ionier waren so tüchtig, daß sie über achtzig Kolonien gründen konnten. Aber nicht nur Handel und Wirtschaft, sondern auch Kunst und Wissenschaft blühten in Milet.

Thales von Miket (etwa 624–546 v. Chr.), den Platon mit Solon von Athen und anderen zu den »Sieben Weisen« zählte, wird teils als weltfremder Gelehrter, teil als weitgereister Kaufmann und genialer Techniker geschildert. Legende und Wirklichkeit lassen sich heute nicht mehr trennen. Von Thales sind keine Werke erhalten. Schon Platon und Aristoteles, rund zweihundert Jahre nach Thales, kannten keine seiner Schriften. Es ist aber unbestritten, daß er sich in Ägypten und Babylonien hervorragende mathematische und astronomische Kenntnisse angeeignet hat. Durch die Vorhersage der Sonnenfinsternis des Jahres 585 v. Chr. gewann er die Hochachtung seiner Mitbürger. Herodot berichtet: »Als sie (die Lyder und Meder) den Krieg auch im sechsten Jahr weiter fortsetzten, begab es sich während einer Schlacht, daß der Tag sich plötzlich in Nacht verwandelte. Diese Vertauschung von Tag und Nacht hatte Thales aus Milet den Ioniern vorausgesagt und hatte genau das Jahr angegeben, in dem diese Verwandlung dann auch stattfand.«

Das alles hätte aber nicht genügt, um die hervorragende Stellung des Thales in der europäischen Geistesgeschichte zu begründen. Thales von Milet ist der erste Philosoph des Abendlandes, den wir mit Namen kennen. Dabei sollten wir uns vergegenwärtigen, daß das Wort »Philosoph« für einen »Freund von Weisheit« erstmals ein halbes Jahrhundert später in den Sprüchen Heraklits auftauchte. Thales war der erste von den ionischen Naturphilosophen, die nach dem Wesen und Werden der Welt fragten und ohne Zuhilfenahme der Mythologie zu erklären suchten. Damit wurde er zum Begründer der griechischen Philosophie und Wissenschaft. Für ihn war der Ursprung, Urgrund oder Urstoff (arché) aller Dinge das Wasser. Thales behauptete, die Erde schwimme wie ein Stück Holz auf dem Wasser; durch die Schwankungen des Wassers seien die Erdbeben bedingt. Man kann mit Aristoteles annehmen, daß Thales durch Beobachtung der drei Aggregatzustände des Wassers – Flüssigkeit, festes Eis, Dampf – zu dieser Hypothese angeregt wurde. An Thales können wir sehr schön den Schritt vom »Mythos zum Logos« (logos bedeutet Wort, Gedanke, Sinn, Vernunft) verfolgen – anstelle der Götter sind es natürliche Vorgänge, durch die der Kosmos erschaffen wurde. Thales war wohl Naturphilosoph, aber kein Atheist; er glaubte, daß »alles voll von Göttern sei«; man müßte ihn demnach unter die Pantheisten einreihen.

Anaximandros (611–546 v. Chr.), der etwa fünfzehn Jahre jüngere Schüler und Nachfolger des Thales, stellte als großer Bahnbrecher der Philosophie seinen Vorgänger völlig in den Schatten. Sein Buch war das erste in griechischer Prosa – Homer und Hesiod hatten sich der gebundenen Rede bedient. Wie Thales ist er Naturforscher und Naturphilosoph zugleich. Er soll die Sonnenuhr aus Babylon nach Hellas eingeführt haben. Anaximandros entwarf die erste griechische Erdkarte (die »Ionische Karte«) mit der damals bekannten Verteilung von Land und Meer. Er entdeckte, daß die Erde frei im Weltenraum schwebt, und konstruierte als erster einen Himmelsglobus (»Sphäre«), das heißt eine große Halbkugel, in die man von unten hineinsieht, mit sämtlichen Sternbildern an der inneren Kugelwandung.

Das Urelement aller Dinge ist nach Anaximandros das Apeiron (das Unendliche, Unbegrenzte). Aus seinem umfangreichen Werk ist nur der eine Satz erhalten geblieben: »Woraus aber die Dinge ihre Entstehung haben, darein finde auch ihr Untergang statt, gemäß der Schuldigkeit. Denn sie leisten einander Sühne und Buße für ihre Ungerechtigkeit, gemäß der Verordnung der Zeit.«

Hinter dieser bildhaften Ausdrucksweise verbirgt sich der Begriff einer allgemeinen Gesetzlichkeit. Späteren Berichten zufolge lehrte Anaximandros, daß aus dem Apeiron durch eine Ausscheidung die vier Elemente (das Kalte, Warme, Trockene, Feuchte) hervorgegangen seien. Die Begriffe Stoff und Kraft waren bei Anaximandros noch nicht voneinander geschieden.

Anaximandros lehrte ferner, daß die ersten Lebewesen im Feuchten entstanden wären. Seine Entwicklungslehre ist geradezu revolutionär: der Mensch sei ursprünglich aus andersartigen Lebewesen entstanden; da der Mensch einer lange währenden »Bemutterung« bedürfe, sei er im Leibe von Fischen zur Entwicklung gekommen. Erst nachdem er die Fähigkeit erlangt hätte, sich selber zu helfen, sei er herausgeschlüpft und ans Land gegangen. Das ist die älteste Abstammungslehre in der Wissenschaftsgeschichte.

Auch von Anaximenes (585–525 v. Chr.) kennen wir nur einen Satz: »Wie unsere Seele, die Luft ist, uns regiert, so umfaßt auch den ganzen Kosmos Hauch und Luft.« Er erklärte die Luft für den Urgrund der Dinge; aus der Luft entstände alles, und in diese löse sich alles wieder auf. Dies geschehe durch Verdichtung oder Verdünnung der Luft. Anaximenes suchte also den Urstoff nicht in einer metaphysischen Substanz wie sein großer Vorgänger Anaximandros, sondern wie Thales – und das ist ein Rückschritt gegenüber Anaximandros – in einem bestimmten, sinnlich wahrnehmbaren Stoff. Dafür erklärte er die Luft als Urgrund für unendlich. In seiner Erklärung des Weltprozesses – Verdichtung oder Verdünnung der Ursubstanz – zeigte sich Anaximenes sogar seinem Lehrer überlegen. Durch seine Theorie qualifizierte sich Anaximenes als Ahnherr der späteren Pneuma-Lehre.

Die drei milesischen Naturphilosophen waren keine Ärzte;

man kann sie höchstens zu den Biologen und Physiologen rechnen. Sie interessierten sich weniger für den Menschen als für den Kosmos und die uns umgebende Natur. Die ärztliche Praxis ihrer Zeitgnossen wurde durch sie bestimmt nicht verändert. Für die Medizin waren nicht ihre Erkenntnisse, sondern ihre Denkmethoden bedeutungsvoll; sie lieferten die Modelle, nach denen Gesundheit und Krankheit des Menschen erforscht werden konnten.

Mit dem Tode des Anaximenes erlosch die älteste Philosophenschule der Griechen. Als Milet 494 v. Chr. von den Persern erobert und zerstört wurde, hatte die ionische Wissenschaft endgültig ihre erste Heimstatt verloren. Trotzdem riß die Entwicklung der griechischen Naturforschung und Philosophie nicht ab. In anderen Städten bildeten sich wissenschaftliche Zentren, in denen sich Freunde von Wissen und Weisheit zusammenfanden.

Orpheus und Pythagoras

Wahrheit ist die erste Voraussetzung jeder Wissenschaft. Trotzdem fällt es vielen Wissenschaftlern auch dann schwer, sich von liebgewonnenen Vorstellungen zu trennen, wenn diese durch neue Elemente überholt worden sind. Ein Paradebeispiel hierfür ist die Person des Pythagoras: er wird noch immer als Begründer der wissenschaftlichen Mathematik gefeiert, obwohl nicht einmal der »Lehrsatz des Pythagoras« von ihm oder einem seiner Schüler stammt; der pythagoreische Lehrsatz* ist offenbar aus Babylonien importiert worden; ihn kannten auch schon die Inder und Chinesen vor den Griechen.

Ebenso unstatthaft ist es, Pythagoras als Arzt oder gar als Begründer der wissenschaftlichen Medizin bei den Griechen einzustufen, weil wir bei den Pythagoreern eine Diätetik, eine Zahlenlehre, die Lehre von den Gegensätzen und ihrer Harmonie und andere für die Heilkunde bedeutungsvolle Einsichten vorfinden. Jede Entheroisierung ist mit einer gewissen

* Im rechtwinkligen Dreieck ist das Quadrat über der Hypothenuse (Seite gegenüber dem rechten Winkel) gleich der Summe der Quadrate über den Katheten (die dem rechten Winkel anliegenden Seiten).

Wehmut verbunden; sie darf aber deswegen nicht aufgeschoben werden. Das heutige Pythagoras-Bild der historischen Forschung zeigt uns einen vorwissenschaftlichen Weisen mit übermenschlicher Autorität und in ritueller Bindung. Pythagoras ist eher ein großer Magier denn ein Philosoph oder Wissenschaftler zu nennen.

Pythagoras dürfte um 580 v. Chr. auf der Insel Samos, einem ionischen Handelsplatz vor der kleinasiatischen Küste, geboren worden sein. Er verließ – höchstwahrscheinlich unter dem Druck des Tyrannen Polykrates – 532/31 v. Chr. die Heimat und siedelte sich mit seinen Schülern und Anhängern in Kroton in Unteritalien an. Ursprünglich wegen seines günstigen Klimas als Agrarkolonie gegründet, wuchs Kroton allmählich zur beherrschenden Macht Unteritaliens heran. Strabon vermeldete: »Noch der letzte unter den Krotoniaten war der erste unter den übrigen Hellenen.« Die Vorherrschaft Krotons in »Großgriechenland« (Magna Graecia), wie das von den Griechen kolonisierte Süditalien genannt wurde, währte nur von 550–450 v. Chr. Den Höhepunkt in der Geschichte der Stadt bildete der Sieg über die reiche Nachbarstadt Sybaris im Jahre 510 v. Chr. Pythagoras hatte den Rat zu diesem Krieg gegeben; wie die meisten griechischen Philosophen nahm er aktiv am politischen Leben seiner Stadt teil.

In Kroton kam es unter Pythagoras zu einer hierarchischen Gruppenbildung seiner Anhänger. Sie trug den Charakter einer bündischen Organisation oder auch einer religiösen Ordensgemeinschaft. So wird berichtet, daß Pythagoras getrennt vor Knaben, Jünglingen, Frauen und Behörden vorgetragen habe. Es gab einen niederen und einen höheren Grad der Mitgliedschaft: die Schüler des äußeren Kreises mußten fünf Jahre schweigend dem hinter einem Vorhang verborgenen Pythagoras zuhören, ehe sie zu den Studenten des inneren Kreises aufsteigen konnten. Außerdem gab es die zwei Gruppen der »Mathematiker«, die Wissenschaftler, und der »Akusmatiker«, die Weisen. Die zu Geheimhaltung verpflichteten Mitglieder führten ein streng geregeltes Leben. Dazu gehörten gewisse Nahrungsverbote, Schweigegebote, Meiden von Luxus, Beherrschung der Gefühle, tägliche Selbsterforschung, Meditation,

Mnemotechnik und Musik. Das Ziel war ein reines Leben in geistigem, seelischem und leiblichem Gleichgewicht.

Die pythagoreische Lebensweise spiegelt zwei Tendenzen der zweiten Hälfte des 6. Jahrhunderts v. Chr. wider: Die Schicht der Besitzenden begann die manuelle Arbeit zu verabscheuen, die den Sklavenmassen überlassen wurde; standesgemäß wurde es für die Elite, sich mit geistigen Dingen zu beschäftigen. Kein Wunder, daß in diesem Klima Kunst und Wissenschaft einen Aufschwung nahmen. Gleichzeitig verbreitete sich ein Unbehagen über die robuste Primitivität der homerischen Götterwelt. So entstand unter asiatischem Einfluß eine Anzahl Mysterienkulte; unter diesen war die Geheimlehre der Orphiker führend.

Die Orphiker leiteten ihre Kultgemeinschaft vom Orpheus des Mythos ab, der vielleicht tatsächlich als Religionsstifter gelebt hat. Der gottbegnadete Sänger, Kitharaspieler und Seher konnte nach der Sage durch sein Spiel Pflanzen und Tiere bezaubern, sogar Steine in Bewegung setzen und Flüsse zum Stehen bringen. Er gründete eine Sekte, deren Angehörige sich zu einem reinen Leben und Enthaltung von Fleischgenuß verpflichten mußten. Die Orphik, zu der auch die Lehre von der Seelenwanderung gehörte, versprach ihren Angehörigen Erlösung von den Strafen in der Unterwelt.

Daß Pythagoras von der Orphik beeinflußt war, beweist allein schon die Übernahme der Lehre von der Seelenwanderung: die Seele wandert nach dem Tode so lange durch Menschen- und Tierleiber, bis sie vom Kreislauf der Wiedergeburten erlöst wird. Zur gleichen Zeit, als Pythagoras dies in Unteritalien lehrte, verbreitete Buddha ähnliche Vorstellungen auf seiner Wanderung durch Indien. Beide waren prominente Vertreter der von Karl Jaspers (1883–1969) postulierten »Achsenzeit«, in der der Mensch von heute entstand.

Ein großer Unterschied bestand zwischen Orphikern und Pythagoreern in soziologischer Hinsicht: die Lebensweise der Orphiker erinnert an das Milieu von Bettelmönchen, während der Pythagoreismus aristokratischen Charakter hatte; Pythagoreer standen eine Zeitlang in Kroton und anderen unteritalischen Städten an der Spitze der Stadtstaaten.

Die Lehre des historischen Pythagoras wurde in der Form der »Akusmata«, mündlich überlieferten Lebensregeln und Sprüchen, weitergegeben. Sie entstammen wohl vorklassischem Denken, wurden aber von Pythagoras nachdenkend ausgewählt. Aus der bunten Menge seien einige Akusmata herausgegriffen:

- Das Erdbeben ist eine Zusammenrottung der Toten.
- Alter ist Abnehmen, Jugend Wachstum.
- Gesundheit ist Gleichbleiben der Gestalt, Krankheit deren Vernichtung.
- Das Wahrste: daß die Menschen schlecht sind.
- Man soll Kinder zeugen, denn man soll der Gottheit Menschen hinterlassen, die sie verehren können.
- Man soll kein öffentliches Bad benutzen.
- Man soll den rechten Schuh zuerst anziehen.
- Man soll nicht mit einer Frau, die Goldschmuck trägt, Kinder zeugen.
- Man soll nicht mit einem Messer im Feuer stochern.
- Man soll beim Aufstehen das Bett richten und die Spuren verwischen.
- Man soll ein spitzes Messer von sich wegwenden.

Bezeichnend ist das Nebeneinander von kultischen Regeln und solchen, die in das Gebiet der Ethik und der Physik gehören. Das Gebot des Schweigens und der Geheimhaltung ist kein Spezifikum des Pythagoreismus, es ist für exklusive Kollegien aller Art typisch. Den Arzt interessieren besonders die Reinheitsvorschriften: geschlechtliche Enthaltsamkeit, Fasten und Meiden gewisser Speisen. Viel diskutiert wurde das Verbot, Bohnen zu essen. Es handelt sich um ein sehr altes kultisches Tabu: Die Göttin Demeter hat den Menschen alle Feldfrüchte mit Ausnahme der Bohne gebracht. Der Seher Amphiaraos soll sich um der Wahrsagekunst willen der Bohnen enthalten haben. Die Bohnen gehören auch zum Totenkult und zur Seelenwanderung: durch die Bohnenblüten kehren die Seelen der Toten aus der Unterwelt auf die Erde zurück – deswegen soll sich einer Legende zufolge Pythagoras geweigert haben, ein blühendes Bohnenfeld zu überschreiten. Man hat das Bohnen-Tabu rational mit der Schwerverdaulichkeit der Hülsenfrüchte erklären wollen; letzten Endes müssen aber den mythischen Deutungen der Vorzug gegeben werden.

Bezüglich des Vegetarismus der Pythagoreer ist die Überlieferung sehr widersprüchlich. Es geht darum, ob völlige oder nur teilweise Fleischenthaltung geboten war. Dazu folgende Akusmata:

- Man soll nur von opferbaren Tieren essen.
- Man soll sich der heiligen Fische (»Schwarzschwarz« und andere) enthalten.
- Man soll Herz und Gebärmutter der Schlachttiere nicht essen.
- Man soll das Fleisch von verendeten Tieren nicht essen.
- Man soll keinen weißen Hahn schlachten.

Der Vorstellung von Pythagoras als Vegetarier widerspricht die Tradition, daß er ein »Trainerrezeptbuch« verfaßt und darin eine Fleischdiät für Athleten angeführt habe. Pythagoras war demnach zweifellos ein Vertreter der medizinischen Diätetik, ohne daß man ihn deswegen gleich zu ihrem Begründer erheben muß.

Die Vorschriften, die im Ritus nur bedingt bei besonderen Anlässen gelten, werden bei den Pythagoreern zu bedingungslosen Lebensregeln, die unterschiedslos jeden Tag gelten. Auf diese Weise wird das ganze Leben eng reglementiert. Regel, Ordnung, Zucht und Askese bestimmen den Lebenslauf in der pythagoreischen Gemeinschaft. Der Pythagoreer trägt stets ein weißes Gewand ohne Ringe, Gürtel oder Goldschmuck.

Den Kern der pythagoreischen Lehre enthüllte Aristoteles mit dem Satz »Der ganze Himmel ist ihnen Harmonie und Zahl«. Die Pythagoreer haben sich tatsächlich intensiv mit Zahlen beschäftigt. Ihr Weltbild war von der Zahl beherrscht. Für Pythagoras ist die Zahl das Urprinzip, das den Stoff gestaltet. Er entdeckte, daß das Wesen der musikalischen Harmonie eine mathematische Proportion, also ein Zahlenverhältnis ist. Die pythagoreische Zahlenlehre erwuchs jedoch nicht aus der Mathematik, sondern aus einer vorwissenschaftlichen Zahlensymbolik. Die heilige Vier und die aus den ersten vier Zahlen ($1+2+3+4=10$) gebildete Zehn nahmen eine besondere Stellung ein. Die Vier ist die Gerechtigkeit – gleich mal gleich (zwei mal zwei). Mit der Vier läßt sich die ganze Welt ordnen:

vier Himmelsrichtungen, vier Winde, vier Elemente, vier Farben, vier Körpersäfte usw. Die Zehn ist die »vollkommene Zahl«, die die »gesamte Natur der Zahlen umfaßt«. Die Harmonie der Welt wird durch zehn Gegensatzpaare gewährleistet: begrenzt – unbegrenzt, ungerade – gerade, einer – viele, rechts – links, männlich – weiblich, Ruhe – Bewegung, gerade – gebogen, hell – dunkel, gut – böse, quadratisch – rechteckig.

Zusammenfassend kann man sagen, daß die frühgriechische Heilkunde manches, aber nicht alles Pythagoras verdankte. Seine Bedeutung ist in der Vermittlung zwischen Altem und Neuem zu suchen – man kann ihn, eingedenk aller Vorbehalte, mit Calvin oder anderen Reformatoren vergleichen. Pythagoras wird heute von unvoreingenommenen Forschern nicht als ein einsamer, verkannter Denker, sondern als ein ungewöhnlich berühmter und erfolgreicher Weiser eingestuft. Seine Erkenntnis der allgemeingültigen, zahlenmäßig zu erfassenden Gesetzlichkeit des Kosmos gehört der urtümlichen Zahlenlehre, aber nicht der mathematischen Astronomie an. Das gilt auch für seine Musiktheorie, die mehr Zahlenspiel als mathematische Physik war.

Der Erlanger Philologe Walter Burkert hat in seiner Studie »Weisheit und Wissenschaft« die über Pythagoras existierenden Zeugnisse allseitiger als bisher ausgewertet und versucht, die Verzweigungen und Wandlungen der Überlieferung aufzuhellen. Er sieht die Bedeutung des Pythagoras so: »Durch ihn blieb etwas von der alten, durch die Wissenschaft verdrängten und doch in Wahrheit unüberholbaren Weisheit lebendig – auch wenn jene Ergänzungen oft zu pseudowissenschaftlichen Mystifikationen entartet sind.« Zu leicht werden vom späteren Betrachter die Grenzen zwischen Weisheit und Wissenschaft übersehen. »Der ›Weise‹ erlangt sein Wissen kraft seiner Beziehung zum göttlichen Bereich – der Wissenschaftler kennt deduktive Beweise; der ›Weise‹ wirkt unmittelbar durch seine Person – der Wissenschaftler schreibt Bücher; der ›Weise‹ kennt die Wege durch Himmel und Unterwelt – der Wissenschaftler mißt kosmische Entfernungen in Stadien; der ›Weise‹ deutet die Himmelszeichen – der Wissenschaftler berechnet die Sternbewegung im voraus.« Burkert schließt mit dem Satz: »So lebt im Bilde des Pythagoras im Grunde doch der große Magier fort, auf den auch eine so fortgeschrittene Zeit nicht ganz verzichten kann, selbst wenn sie es nicht wahrhaben will.«

Leben und Werk des Pythagoras sind deshalb so schwer zu fassen, weil er keine Schriften hinterlassen hat und die Tradition seiner Lehre bis auf den Spätpythagoreer Philolaos von Tarent (um 440 v. Chr.) nur mündlich erfolgt ist. So hat sich eine Pythagoraslegende gebildet, die es schwer macht, den historischen Kern herauszuschälen. Herodot bringt Pythagoras mit Ägypten in Verbindung; demnach könnte Pythagoras einen Teil seiner Lehren aus Ägypten geholt haben. Die Hauptstätten seines Wirkens waren Kroton und Metapont in Unteritalien. Hier fand er eine eigentümliche Religiosität vor, die sich auf den Pythagoreismus ausgewirkt hat: einmal ein chthonischer Mysterienkult, zum anderen eine Verehrung des »reinigenden Apollon«.

Im Laufe der Zeit soll sich in Kroton eine Opposition gegen die Herrschaft der Pythagoreer gebildet haben. Der Meister zog sich nach Metapont zurück; dort starb er um 500 v. Chr. Die große Katastrophe brach um 450 v. Chr. herein: das Versammlungshaus der Pythagoreer in Kroton wurde in Brand gesteckt, die meisten kamen in den Flammen um. Damals war Pythagoras schon etwa fünfzig Jahre tot. Es stimmt also weder, daß Pythagoras mit seinen Schülern verbrannt sei, noch, daß sie mit ihren Leibern das Feuer überbrückten, damit der Meister fliehen konnte. Die Geretteten etablierten in Tarent ein neues Zentrum des Pythagoreismus. Hier war Philolaos sein hervorragendster Vertreter; er war der erste, der über die Lehre des Pythagoras schrieb. Allerdings ist die Echtheit der überkommenen Philolaos-Fragmente umstritten.

Die Würdigung der pythagoreischen Lehre für die Medizin, insbesondere für Hygiene, Diät, Psychosomatik, Musiktherapie usw. wurde von Ludwig Edelstein auf die medizinische Ethik ausgedehnt. Nach seiner Überzeugung ist der sogenannte Hippokratische Eid ein pythagoreisches Dokument. Er begründete diese These mit folgenden Parallelen: Stellung des Lehrers als Vater, Schweigegebot, Ablehnung des Selbstmordes, Verbot operativer Eingriffe. Wenn auch nach jüngsten Forschungen der »Eid« als ein esoterisches Dokument einer weltanschaulich gebundenen Ärztegemeinschaft des 5. Jahrhunderts v. Chr. anzusehen ist (siehe Seite 132), so hat sich wohl Edelstein durch gemeinsame Voraussetzungen des »Eides« und des Pythagoreismus zu einem Kurzschluß verleiten lassen.

Demokedes von Kroton

Demokedes von Kroton, der um die Wende vom 6. zum 5. Jahrhundert v. Chr. gelebt hat, ist der älteste griechische Arzt, dessen Name außerhalb der Mythologie und Grabinschriften erhalten ist. Was wir über ihn wissen, verdanken wir vor allem Herodot (etwa 484–425 v. Chr.), der nur kurze Zeit nach Demokedes die »Historien« niedergeschrieben hat.

Kalliphon, des Demokedes Vater, war aus Knidos nach Kroton ausgewandert und hatte sich in der Stadt als Arzt niedergelassen. Die Nachricht, Kalliphon sei in Knidos Asklepiospriester gewesen, kann allerdings nicht stimmen, da es im 6. Jahrhundert v. Chr. in Knidos noch keinen Asklepioskult gegeben hat. Herodot berichtet, wie Demokedes an den Hof des Tyrannen Polykrates von Samos gekommen war: »Er lebte in Kroton mit seinem Vater, einem jähzornigen Mann, in Streit. Als er es zu Hause nicht mehr aushielt, wanderte er aus nach Ägina. Schon im ersten Jahre übertraf er dort alle anderen Ärzte, obwohl er gar nicht die Werkzeuge besaß, die zur Ausübung der Kunst nötig sind. Im zweiten Jahre nahm ihn die Stadt Ägina für ein Talent in Dienst, im dritten Jahre Athen für hundert Minen, im vierten Jahre Polykrates für zwei Talente. So kam er nach Samos, und er ist es hauptsächlich, dem die Ärzte von Kroton ihren Ruf verdanken.«

Nach der Ermordung des Polykrates in Magnesia geriet Demokedes, der seinen Herren begleitet hatte, in persische Gefangenschaft und kam als Sklave an den Hof des Großkönigs Darius (521–485 v. Chr.) in Susa. Bald danach verrenkte sich der junge König auf der Jagd bei einem Sprung vom Pferd einen Knöchel. Seine Leibärzte, die berühmtesten ägyptischen Ärzte, verschlimmerten durch ihre rohen Einrenkungsversuche das

Übel noch mehr. Am achten Tag wurde Darius auf Demokedes aufmerksam gemacht. Aus Furcht, die Perser würden den berühmten griechischen Arzt nie wieder freilassen, versuchte er seine Identität zu verheimlichen. Darius ließ sich aber nicht täuschen und zwang Demokedes durch Androhung von Folter zur Übernahme der Behandlung: »... und Demokedes verschaffte ihm durch hellenische Heilweise und linde Mittel an Stelle der gewaltsamen wieder Schlaf und machte ihn in kurzer Zeit wieder ganz gesund, obwohl Darius die Hoffnung, seinen Fuß wieder gebrauchen zu können, ganz aufgegeben hatte.«

Reich beschenkt und in die königliche Tafelrunde aufgenommen, fehlte Demokedes zu seinem Glück nur die Freiheit, nach Hellas zurückkehren zu dürfen. Da kam ihm ein anderer Vorfall zu Hilfe: Atossa, die Gemahlin des Darius, bekam ein Geschwür an der Brust, verschwieg es aber aus Scham. Schließlich offenbarte sie sich Demokedes, der ihr Heilung versprach. Er erbat sich dafür einen Gegendienst – allerdings, »um etwas Unehrenhaftes würde er sie nicht bitten«. Nach ihrer Heilung ermunterte Atossa den König auf Geheiß des Demokedes zu einem Kriegszug gegen Hellas: »Jetzt, solange du noch jung bist, kannst du Großes vollbringen; denn solange der Leib wächst, wächst auch der Geist; altert jener, so altert auch dieser und wird unfähig zu allem Tun.« Zur Vorbereitung des Feldzuges sollte er Kundschafter nach Griechenland entsenden, die Demokedes als Ortskundiger begleiten sollte. Darius setzte diesen Vorschlag sogleich in die Tat um. Den persischen Kundschaftern schärfte er ein, Demokedes um jeden Preis wieder zurückzubringen. Diesem aber gab er ein ganzes Lastschiff voller Geschenke für Vater und Brüder mit auf den Weg.

Nachdem sie die wichtigsten Küsten abgefahren hatten, fuhren die Kundschafter weiter nach Taras (Tarent) in Unteritalien. Hier ließ sie König Aristophilides auf Demokedes' Bitte gefangensetzen. Demokedes entfloh; erst als er seine Heimatstadt Kroton erreicht hatte, gab der König den Persern die Freiheit wieder. Sie fuhren ebenfalls nach Kroton und versuchten, den entlaufenen Sklaven ihres Königs auf ihr Schiff zu entführen. Die Mitbürger des berühmten Arztes vereitelten dieses Vorhaben. Als die Perser endgültig abfuhren, gab ihnen Demokedes noch eine Botschaft für ihren König mit: Inzwischen habe er die Tochter des berühmten Olympioniken Milon geheiratet, den auch der persische König schätzte. Darius sollte erfahren, daß er – Demokedes – in seiner Heimat ein sehr angesehener Arzt sei. Soweit die Erzählung Herodots.

Aus anderen Quellen ist bekannt, daß sich Demokedes in seinen späten Lebensjahren politisch betätigt hat. Ob er selbst Pythagoreer war, läßt sich nicht mehr eruieren; jedenfalls gehörte er zur Adelspartei. Nach der demokratischen Revolution flüchtete Demokedes nicht wie die übrigen Pythagoreer in andere vom Orden beherrschte Städte Unteritaliens, sondern nach Plataiai (Boiotien). Dort soll er unter fremdem Namen, befreundet mit einigen berühmten Politikern und Künstlern aus dem nahen Athen, bis ins hohe Alter gelebt haben.

Den Medizinhistoriker berühren in Herodots Bericht vor allem die Hinweise auf die ethische Einstellung des griechischen Arztes: Das Vertrauensverhältnis zwischen Arzt und Patienten, das in erster Linie auf der Verschwiegenheit des Arztes beruht; das trifft besonders für das Verhältnis zwischen Atossa und Demokedes zu. – Die Enthaltung von sexuellen Handlungen an weiblichen Patienten, die als Gebot im Hippokratischen Eid wiederkehrt. – Die Rücksicht auf ärztliche Standesgenossen: den erfolglosen ägyptischen Kollegen, die ans Kreuz geschlagen werden sollten, rettete Demokedes durch seine Fürbitte das Leben.

In medizinischer Hinsicht ist die Erzählung Herodots weniger ergiebig; man darf dabei nicht übersehen, daß Herodot ein Geschichtsschreiber und kein Arzt gewesen ist. Bedeutsam ist die Darstellung des parallelen Verlaufs der leiblichen und seelischen Wachstums- und Altersvorgänge im Gespräch Atossas mit Darius. Die Fußverletzung des Großkönigs muß, wenn auch im Text nur von einer starken Verrenkung des Fußes die Rede ist, nach den Erfahrungen der heutigen Unfallchirurgie eine Knöchelverrenkung mit Bruch gewesen sein. Das Brustgeschwür der Königin darf weder als Krebsgeschwulst noch als langsam wachsender gutartiger Tumor gedeutet werden; es handelte sich zweifellos um ein Eitergeschwür, das spontan durchgebrochen war.

Leider erfahren wir bei Herodot nicht, welche Mittel Demokedes angewandt hat oder von welchen Theorien er sich leiten ließ. Immerhin setzt die erfolgreiche Behandlung eines Verrenkungsbruches und eines Brustgeschwürs ein hervorragendes praktisches Können und Erfahrung in der Wund- und Knochenchirurgie voraus.

Die Anfänge der westgriechischen Heilkunde

Es gibt keine historischen Dokumente, mit deren Hilfe wir die Quellen der westgriechischen Medizin genau verfolgen könnten. Wir sind bei diesem Unterfangen allein auf spätere Zeugnisse, Analogieschlüsse und Spekulationen angewiesen. Am Beginn der westgriechischen Heilkunde stehen die Namen zweier Ärzte: Demokedes und Alkmaion von Kroton. Woher hatten sie ihr Wissen und ihre Kenntnisse bezogen?

Galen hat die »Ärzte aus Italien« in ihrer Bedeutung den Vertretern der berühmten Medizinschulen von Kos und Knidos (siehe Seite 91) an die Seite gestellt. Tatsächlich hat der hellenische Kolonisationsraum in Unteritalien und Sizilien von Demokedes an durch etwa zwei Jahrhunderte eine Reihe berühmter Ärzte hervorgebracht.

Es ist aber nicht möglich, innerhalb der westgriechischen Heilkunde eine bestimmte Schule, gebunden an einen Ort oder an eine Zunftgemeinschaft, abzugrenzen. Man kann nur einen allgemeinen Entwicklungsgang der Medizin in Westgriechenland nachzuzeichnen versuchen. Sicherlich ist die Blütezeit Krotons in der zweiten Hälfte des 6. Jahrhunderts v. Chr. für die aufstrebende westgriechische Heilkunde von großer Bedeutung gewesen. Der englische Historiker Edward A. Freeman (1823–1892) nannte schon Kroton eine »Stadt der Athleten und Ärzte«. Milon, der berühmteste Athlet des Altertums – er errang sechsmal von 532–512 v. Chr. in Olympia den Sieg im Ringkampf – und Feldherr Krotons im Kampf gegen die Sybariten, war Pythagoreer; in seinem Hause versammelten sich die Ordensangehörigen; er wurde später – wie schon berichtet – der Schwiegervater des Demokedes. Unter dem Einfluß der Pythagoreer wandelte sich die altgriechische Athletik zu einer gymnastischen Kunstfertigkeit. Gleichzeitig schenkte man diätetischen Fragen vermehrte Aufmerksamkeit. Neben Pythagoras selbst war hierbei der Gymnasiarch (Trainer, »Sportarzt«?) Ikkos von Tarent, der 472 v. Chr. in Olympia im Fünfkampf gesiegt hatte, führend: zwischen Nahrungsaufnahme und Leistung mußte eine Harmonie hergestellt werden.

So haben neben und mit dem Pythagoreismus Gymnastik und Diätetik die westgriechische Heilkunde prägen geholfen. Die Unfallchirurgie auf den Sportplätzen wurde wie zu anderen Zeiten die Kriegschirurgie der große Lehrmeister der Ärzte. Aber nicht nur die beste Sofortbehandlung der verletzten Sportler, sondern auch ihre Wiederherstellung durch eine nachgehende Behandlung sowie alle mit dem Training zusammenhängende Fragen beschäftigten die Ärzte. So entwickelten sie bestimmte Vorstellungen über den normalen und gestörten Ablauf der Körperfunktionen.

Heilkunde, Naturphilosophie und Gymnastik standen in der Magna Graecia in einem ständigen gegenseitigen Austausch von Erkenntnissen und Erfahrungen. Der Asklepioskult hingegen hat auf die Entwicklung der westgriechischen Medizin keinen Einfluß nehmen können, da die Asklepieien in diesem Raum erst in einer späteren Epoche gegründet worden sind. Auf jeden Fall ist die westgriechische Medizin unabhängig von den ionischen Medizinschulen von Kos und Knidos entstanden, deren Ursprung auch im Dunkeln liegt. Das schließt nicht aus, daß sich diese drei Zentren hellenischer Medizin später gegenseitig beeinflußt haben, wenn sie auch ihre eigenen Wege gingen.

Alkmaion, der erste Physiologe

Alkmaion, der »jung war, als Pythagoras alterte«, war wohl auch jünger als Demokedes. Beide wirkten noch zu Pythagoras' Zeiten in Kroton, beide dürfen jedoch nicht zum engeren Kreis der Pythagoreer gezählt werden. Während von Demokedes nichts Schriftliches überliefert ist – es ist ungewiß, ob er überhaupt ein medizinisches Werk verfaßt hat –, sind von Alkmaion einige Fragmente erhalten geblieben. Sein Buch »Über die Natur« dürfte das erste medizinisch-naturwissenschaftliche Werk der Hellenen gewesen sein. War Demokedes ein großartiger Praktiker, so erkennen wir in dem Philosophen und Arzt Alkmaion von Kroton (um 500 v. Chr.) einen Naturforscher ersten Ranges, den ersten Experimentalbiologen.

Sektionen und vor allem Vivisektionen an Tieren haben Alkmaion wichtige anatomische, physiologische und psychologische Entdeckungen beschert. Er war der erste, der ein Auge herausschnitt und zergliederte. Alkmaion untersuchte den Bau von Auge und Ohr und fand, daß von den Sinnesorganen Bahnen zum Gehirn ziehen. Er lehrte, daß sich im Gehirn das Zentrum für die Sinneswahrnehmungen und das Denken befindet. Seine Entdeckung fand aber keine allgemeine Anerkennung, da Aristoteles und andere Philosophen daran festhielten, daß das Herz der Sitz des Denkens und der Nervenfunktionen sei.

In diesem Zusammenhang stellte Alkmaion den fundamentalen Unterschied zwischen Mensch und Tier fest: der Mensch unterscheide sich von den übrigen Wesen dadurch, daß er allein denkt, während die anderen Wesen zwar Sinneswahrnehmungen haben, aber nicht denken. Alkmaion blieb aber bei dieser Feststellung nicht stehen und untersuchte auch den Unterschied zwischen Menschen und Göttern: »Von den unsichtbaren und von den vergänglichen Dingen haben sichere Erkenntnis nur die Götter; den Menschen aber ist nur vergönnt, Schlüsse zu ziehen.«

Wie alle Naturphilosophen beschäftigte sich Alkmaion nicht nur mit der Natur des Menschen, sondern auch mit dem Kosmos. Er lehrte, die Sonne sei flach; die Sterne hielt er, weil sie beseelt seien, für Götter. Schließlich meinte Alkmaion, »daß die Seele von sich selber bewegt werde und in ewiger Bewegung begriffen sei; daher sei sie unsterblich und gleiche den göttlichen Wesen (das heißt den Gestirnen)«.

In der Entwicklung der wissenschaftlichen Heilkunde bildete Alkmaions Theorie der Gesundheit und Krankheit eine wichtige Station: Gesundheitsbewahrend sei die Isonomie (Gleichgewicht, Gleichberechtigung) der Kräfte, des Feuchten, Trockenen, Kalten, Warmen, Bitteren, Süßen usw., die Alleinherrschaft (Monarchie) dagegen sei bei ihnen krankheiterregend. Denn verderblich wirke die Alleinherrschaft des einen Gegensatzes. Und zwar ließen sich die Krankheitsfälle, was die Ursache angehe, auf das Übermaß von Hitze oder Kälte zurückführen, was die Veranlassung, auf Übermaß oder Mangel an Nahrung, was die Örtlichkeit, so würden Blut, Mark oder Hirn betroffen; doch entstünden hier auch Krankheiten aus äußeren Veranlassungen, z. B. durch die Beschaffenheit des Wassers oder des Landes oder durch Anstrengung oder Folterungen oder dergleichen. Die Gesundheit dagegen beruhe auf der gleichmäßigen Mischung der Qualitäten.

Alkmaions Lehre von den Kräften ist der früheste für uns faßbare Ausgangspunkt der antiken Säftelehre, von der noch eingehend die Rede sein wird. Der Gesundheitsbegriff Alkmaions hängt eng mit seiner Lehre von den Gegensätzen als Prinzipien zusammen. Er knüpft unmittelbar an die Gegensätze an, die bei den Ioniern seit Anaximandros eine Rolle spielten. »Er (Alkmaion) behauptet nämlich, daß die Vielheit der menschlichen Dinge im Grunde auf zwei hinauskomme; damit meint er die Gegensätze, aber nicht, wie die Philosophen (die Pythagoreer), bestimmte Gegensätze, sondern ganz beliebige, wie Weiß und Schwarz, Süß und Bitter, Gut und Böse, Groß und Klein«, schrieb Aristoteles in seiner »Metaphysik«.

An Alkmaions Konzeption imponiert, wie er Begriffe aus dem Rechtswesen und der Politik (Gleichgewicht, Alleinherrschaft) in seine naturphilosophischen Gedankengänge hineinnimmt und mit naturwissenschaftlichen Anschauungen verbindet. Durch Alkmaion hat die Medizin eine Wesensbestimmung der inneren Krankheiten erhalten und damit den Charakter einer Wissenschaft.

Fliesst oder steht alles?

Wer an Heraklit (Herakleitos von Ephesos, 535–475 v. Chr.) denkt, dem fällt als erstes der berühmte Kernspruch »Alles fließt« (Panta rhei) ein, der allerdings nicht von Heraklit selbst, sondern von späteren Philosophen geprägt worden ist. Heraklit hat seine Lehre vom »ewigen Fluß aller Dinge«, dem auch der Mensch unterworfen ist, in einigen Aphorismen niedergelegt:

»Wer in denselben Fluß steigt, dem fließt anderes und wieder anderes Wasser zu.«

»Wir steigen in denselben Fluß und doch nicht in denselben; wir sind es und wir sind es nicht.«

Nach Heraklit ist es »unmöglich, zweimal in denselben Fluß zu steigen«. Das Wesen der Dinge ist Dynamik, alles ist Bewegung. Das Sein ist in steter Veränderung begriffen. »Die Sonne ist neu an jedem Tage« lautet ein weiterer Aphorismus: eine neue Sonne entzündet sich an jedem Morgen aus den Ausdünstungen des Meeres, da die alte Sonne bei ihrem Untergang am vorangegangenen Abend wirklich erloschen ist.

Für Heraklit ist das Feuer der Urstoff aller Dinge: »Alles ist Austausch des Feuers und das Feuer Austausch von allem, gerade wie für Gold Waren und für Waren Gold eingetauscht wird.« Feuer ist das unruhige Element, das sich in Wasser und Erde und wieder zurückwandelt: »Der Weg auf und ab ist ein und derselbe.«

Aus der Wandelbarkeit aller Dinge ergibt sich deren Relativität: »Meerwasser ist das Reinste und das Scheußlichste, für Fische trinkbar und heilsam, für Menschen ungenießbar und verderblich.« – »Der weiseste Mensch wird im Vergleich mit Gott wie ein Affe erscheinen, an Weisheit, Schönheit und allem anderen.« – »Krankheit macht die Gesundheit süß, Übel das Gute, Hunger die Sättigung, Ermüdung das Ausruhen.«

»Harmonie durch Gegensätze« und »Kampf als Weltprinzip« sind weitere Hauptsätze der heraklitischen Lehre. Alles wird geleitet vom ewigen Logos, dem Weltgesetz oder der Weltvernunft, der identisch mit der Gottheit ist. Heraklit geht es dann um das Problem »der Mensch und der Logos«, die Einordnung des Menschen als geistiges Wesen in den Kosmos. Er erklärte die Seele für unsterblich, denn nach ihrer Trennung vom Leibe kehre sie in die Allseele zurück. Von der Seele selbst sagte Heraklit: »Der Seele Grenzen kannst du nicht ausfindig machen, wenn du auch alle Wege absuchtest; so tiefgründig ist ihr Wesen.«

In einem Fragment, von dem man nicht weiß, ob es von Heraklit selbst stammt oder ihm von den Stoikern zugeschrieben wurde, ist der Zusammenhang von Leib und Seele gleichnishaft dargestellt: »Wie die Spinne, die in der Mitte ihres Gewebes sitzt, es merkt, sobald eine Fliege einen Faden ihres Gewebes zerstört und daher schnell dorthin läuft, als wenn sie sich über die Zerstörung ihres Fadens grämte, so eilt die Seele des Menschen, wenn ein Teil seines Körpers verletzt ist, schnell dorthin, als ob sie durch die Verletzung des Körpers gekränkt sei, mit dem sie fest und in einem bestimmten Verhältnis verbunden ist.«

Heraklit ist schon in der Antike »der Dunkle« genannt worden, weil er seine Lehre in widerspruchsvoll erscheinenden, schwer verständlichen Aphorismen niedergelegt hat. Dazu trug auch bei, daß er sich – Aristokrat von Geist und Geblüt – in die Einsamkeit zurückzog und über seine ehemaligen Mitbürger mit bitterer Verachtung urteilte: »Die Epheser sollten sich samt und sonders, Mann für Mann, aufhängen und den Unmündigen ihre Stadt überlassen, sie, die den Hermodoros, ihren besten Mann, weggejagt haben, indem sie sagten: ›Von uns soll keiner der Beste sein; wenn aber doch, dann anderswo und bei anderen!‹«

Für die Dichter und Denker vor ihm fand er keine besseren Worte: »Vielwisserei bringt noch keinen Verstand. Sonst hätte sie den Hesiod klug gemacht und den Pythagoras und den Xenophanes und Hekataios!« Heraklit nannte Pythagoras einen Betrüger, der durch unlautere Praktiken Ruhm geerntet hat.

Es ist nur zu gut zu verstehen, daß es von Heraklit, einer der markantesten Persönlichkeiten der griechischen Geistesgeschichte, hieß, »er sei bei keinem der Philosophen in die Schule gegangen, sondern ein Meister durch sein Genie und seinen Fleiß geworden«. In einer Legende über das Sterben des Heraklit wird erzählt: Als der Sechzigjährige an Wassersucht erkrankte, grub er sich tief in Rinderdung ein – vielleicht um die »tödliche Kälte« zu überwinden oder um durch die Wärme des Dungs die Rückverwandlung des Wassers zu erreichen.

Aus den oben genannten Gründen, aber auch, weil er als Physiker galt, haben sich die Medizinhistoriker nur am Rande mit

Heraklit beschäftigt. Die Bedeutung seiner Lehre für die Wissenschaftswerdung der Medizin liegen auf der Hand. Der Berliner Chirurg August Bier (1861–1949), der sich in seinen späteren Jahren ganz der Naturphilosophie gewidmet hat, hatte sich offen zum harmonischen System des Heraklit bekannt, den er »seinen Helden« nannte. Nach Bier hat Hippokrates die heraklitische Philosophie in die praktische Medizin eingeführt.

War für die Weltanschauung Heraklits der »stete Wechsel« das Charakteristikum, so stand in der Philosophie der Eleaten das »unveränderliche Sein« im Mittelpunkt.

Mittelsmann zwischen den milesischen Denkern und den Eleaten war Xenophanes von Kolophon (565–473 v. Chr.), der noch den Anaximandros gehört hatte und selber Lehrer des Parmenides gewesen ist. Ähnlich wie Pythagoras brachte Xenophanes ionisches Wissen aus dem Osten nach dem westlichen Großgriechenland. Um 540 v. Chr., als die Meder seine Vaterstadt Kolophon – wie Ephesos und Milet an der Westküste Kleinasiens gelegen – eroberten, zog Xenophanes als Rhapsode durch die griechischen Lande, bis er endlich in Elea (südlich von Paestum) eine neue Heimstatt fand. Xenophanes ist einmal als »Theologe der Aufklärung« in die Geschichte der griechischen Philosophie eingegangen. Er wandte sich ebenso gegen die heiter-naive Götterwelt Homers wie gegen die düsteren Vorzeitmythen Hesiods: »Alles haben Homer und Hesiod den Göttern angedichtet, was nur immer bei den Menschen Schimpf und Schande ist: Stehlen, Ehebrechen und sich gegenseitig Betrügen.« An die Stelle der vielen Götter mit Menschengestalt setzte Xenophanes eine Gottheit, die in der Gesamtheit der Dinge verkörpert ist; er lehrte, daß »das All eins ist und immer gleich sei«.

Xenophanes wetterte auch gegen die unsinnige Vergötterung der Athleten: »Wenn einer auch in den landesüblichen Wettkämpfen den Preis davontrüge und von seinen Mitbürgern hoch geehrt würde, wäre er doch nicht soviel wert wie ich. Denn besser als die rohe Kraft von Männern und Rossen ist meine Weisheit. Fehlt doch jenem Kult jede innere Berechtigung. Daher ist es völlig ungerecht, die rohe Kraft höher zu werten als die köstliche Weisheit. Und wenn einer auch als tüchtiger Faustkämpfer unter seinen Landsleuten aufträte oder im Fünfkampf oder als Ringer sich auszeichnete oder durch die Schnelligkeit seiner Füße – was ja unter den Wettkämpfen der Männer als Zeichen besonderer Kraft gilt –, so würde dadurch doch die Wohlfahrt der Stadt in keiner Weise gefördert.«

Als Naturphilosoph ist Xenophanes nicht so bekannt wie als Metaphysiker geworden. Er sah in Erde und Wasser die Urstoffe, aus denen alles wird. Seine wissenschaftliche Grundeinstellung wird in folgendem Satz deutlich: »Die Götter haben den Sterblichen nicht von Anfang an alles offenbart, sondern erst nach und nach finden diese suchend das Bessere.«

Der eigentliche Begründer der eleatischen Philosophenschule war Parmenides (etwa 540–480 v. Chr.), der ein Lehrgedicht über »Die Natur« veröffentlicht hat. Seine Ontologie (Lehre vom Seienden) gipfelt in der Feststellung: »Nur dem Sein kommt Existenz zu. Das Nichtseiende ist jedoch nicht.« Daraus ist zu folgern, daß es erstens kein Werden und Vergehen gibt und daß zweitens Denken und Sein ein und dasselbe sind. Parmenides erfaßte das Sein, das er mit der Masse einer wohlgerundeten Kugel verglich, lediglich durch Denken. Die nicht begreifliche Sinneserkenntnis verwarf er, denn sie erschließe nur eine Scheinwelt.

Im zweiten Teil seines Lehrgedichtes nahm Parmenides zu einigen physikalischen und physiologischen Fragen Stellung. Er unterschied zwei Elemente: das Feuer (das Warme) und die Erde (das Kalte). Aus ihnen entstehen durch Vermischung die Dinge der sinnlichen Wahrnehmung. Verminderung der Wärme bedeutet Schlaf und Greisenalter, ihr völliges Entweichen den Tod.

Sein Schüler Zenon der Ältere (um 460 v. Chr.) verteidigte die Lehre seines Meisters mit einem so kunstvollen Scharfsinn, daß er als Vater der Dialektik gilt. Mit seinen Trugschlüssen versuchte er die Realität der Erscheinungswelt und der Bewegungen zu widerlegen. Von seinen spitzfindigen Formulierungen sind der »Wettlauf zwischen Achilleus und der Schildkröte« und die Behauptung »Der fliegende Pfeil ruht« am bekanntesten geworden. Aristoteles hat die »Beweise« des Zenon als Trugschlüsse entlarvt.

Melissos von Samos, nur wenig jünger als Zenon, als Staatsmann ein Gegner des Perikles, verfocht als letzter der Eleaten die Lehre des Parmenides noch schärfer. Das Sein ist nach Melissos ewig, unendlich, einheitlich, unbewegt und leidlos. In der hippokratischen Abhandlung »Über die Natur des Menschen« wird Melissos unter voller Nennung seines Namens wegen seiner unfruchtbaren Gedanken abgekanzelt.

Die Problematik des »Werdens und Vergehens«, die von Heraklit anerkannt und von den Eleaten für den Bereich der Wirklichkeit abgelehnt wurden, hat dem menschlichen Denken neue Gebiete erschlossen und zur Begründung neuer philosophischer Systeme geführt, die auch in der Medizin einen nachhaltigen Niederschlag fanden.

Der Faust des Altertums

Die Stadt Selinunt (Selinus) im südwestlichen Sizilien gab um 450 v. Chr. zwei Silbermünzen zur Erinnerung an die Sanierung der versumpften Ebene von Selinunt durch Empedokles heraus. Das Vierdrachmenstück (Tetradrachmon; dem früheren Taler entsprechend) zeigt auf der Vorderseite eine Quadriga, gelenkt von Artemis, neben ihr der bogenschießende Apollon; auf der Rückseite sind der opfernde Flußgott Selinos, ein Hahn als Opfertier, ein kleiner Stier als Symbol der »bösen Gewässer« und ein Eppichblatt als Münzwappen von Selinunt abgebildet. Auf der Vorderseite des kleineren Zweidrachmenstückes (Didrachmon) sieht man, wie Herakles mit einer Keule einen Stier bändigt, während auf der Rückseite der Flußgott Hypsas an einem Altar opfert; davor eine Schlange, ein abziehender Sumpfvogel und ein Eppichblatt.

Diogenes Laertios berichtete in seiner um 275 n. Chr. niedergeschriebenen Philosophengeschichte, »schlechte Ausdünstungen« eines Flusses hätten die Stadt Selinunt derart verseucht, daß viele Einwohner starben und die Frauen Fehlgeburten oder Mißgeburten hatten. Man berief den berühmten Arzt Empedokles zur Abhilfe. Er ließ zwei benachbarte Flüsse ableiten, so daß der Sumpf vor der Stadt austrocknete. Daraufhin erlosch die Seuche, die wohl eine Malaria gewesen war. Als sich Empedokles später einmal wieder in Selinunt zeigte, wurde er wie ein Gott verehrt.

Auch seine Heimatstadt Akragas (Agrigent) im Süden Siziliens sanierte Empedokles (495–435 v. Chr.), indem er in den Felskamm hinter der Stadt eine Lücke einschneiden ließ, »damit der gesundheitbringende Nordwind die fieberschwangeren Dünste der Ebene weit ins Meer hinausblase«. Nach seinem Tode errichtete man ihm zum Dank eine Bildsäule.

Über Empedokles werden auch zahlreiche Wunderheilungen erzählt. Er war eine der merkwürdigsten und widersprüchlichsten Gestalten der griechischen Kulturgeschichte. So wunderbar wie seine Taten erscheinen auch sein Leben und Sterben in der Legende: Aus einer vornehmen Familie stammend soll er zwar die ihm angetragene Königswürde ausgeschlagen, sich aber aktiv am politischen Leben der griechischen Kolonie beteiligt haben. Gegen Ende seines Lebens veranlaßten Parteikämpfe Empedokles, der stets auf der Seite der Demokraten gestanden hatte, nach dem Peloponnes auszuwandern, dort ist er wohl gestorben. Gegner verbreiteten die Kunde, er habe sich selbstmörderisch in den Krater des Ätna gestürzt, um als ein zu den Göttern Entrückter zu erscheinen.

Wer war nun dieser Empedokles? Der französische Religionshistoriker Ernest Renan (1823–1892) nannte ihn eine Mischung von Newton (englischer Naturforscher, 1642–1727) und Cagliostro (italienischer Scharlatan, 1743–1795). Für Sigerist war er »ein hervorragender Repräsentant einer Zeit, in der es noch keine Spezialisierung gab und der einzelne Gelehrte oder Naturwissenschaftler noch den ganzen Wissensstoff überblickte und auf vielen verschiedenen Gebieten tätig sein konnte«. Allerneueste Forschungen von englischer und deutscher Seite wollen Empedokles trotz seiner physikalischen und physiologischen Entdeckungen als Schamane gewertet wissen. Nach Burkert »fasziniert Empedokles durch das Ineinander rationaler Naturerklärung und religiöser Prophetie, getragen von der Ausdruckskraft einer leidenschaftlichen Persönlichkeit«. Der englische Altertumswissenschaftler E. R. Dodds erklärt in seinem Buch »Die Griechen und das Irrationale (Berkeley/Los

Angeles 1964): »Empedokles repräsentierte den Typ des Schamanen, der die noch nicht differenzierten Funktionen eines Magiers und Naturforschers, Dichters und Philosophen, Predigers, Heilers und öffentlichen Beraters in sich vereinigte.« Das sind Gedankengänge, die den Medizinhistoriker aufs erste befremden, wenn er auch zugeben muß, daß in der Person des Empedokles eigentlich unvereinbare Züge nebeneinanderliegen. Sollte sich Empedokles im Laufe seines Lebens vom Rationalisten zum Irrationalisten oder umgekehrt gewandelt haben?

Fangen wir mit dem Naturphilosophen und Naturforscher an. Nach Empedokles ist die ganze Welt aus den vier Elementen Erde, Wasser, Luft und Feuer aufgebaut, die aus kleinsten, in sich gleichartigen Teilchen (Urteilchen) bestehen. Alle Dinge unterscheiden sich nur durch Menge und Art der Kombination der Urteilchen der vier Grundstoffe. Beim Tod trennen sie sich. Die Elemente werden bewegt – also vereinigt und getrennt – durch die Prinzipien »Liebe« und »Streit«. Auf diese Weise entsteht ein unaufhörlicher Kreislauf der Elemente.

Ähnlich wie den Kosmos dachte sich Empedokles die Lebewesen entstanden. Dabei nimmt er eine stufenweise Entwicklung an, was Enthusiasten zu der Behauptung veranlaßte, er sei ein Vorläufer Darwins gewesen. Dazu und zu ähnlichen Ansichten ist zu sagen: Viele Theorien griechischer Naturphilosophen scheinen moderne Erkenntnisse und Entdeckungen vorweggenommen zu haben. Jedoch handelt es sich in der Überzahl um intuitive Erkenntnisse oder Spekulationen über Beobachtungen, die wohl Parallelen zu wissenschaftlichen Forschungsergebnissen von heute aufweisen, aber schon damals keine allgemeine Anerkennung fanden.

Empedokles, der »reine Physiker«, entdeckte, daß sich das Licht mit übersinnlicher Geschwindigkeit fortpflanzt; genau wie die Eleaten leugnete er den leeren Raum. Ein großer Wurf gelang Empedokles mit seiner »Porenlehre«: alle sichtbaren Körper seien von unsichtbaren, ganz feinen, nach Weite und Form verschiedenen »Poren« durchzogen; außerdem gingen von allen sichtbaren Stoffen unsichtbare »Ausflüsse« aus, die in die »Poren« anderer Stoffe einzudringen vermögen, wenn sie ihnen nach Größe und Gestalt entsprächen. Mit Hilfe dieser

Porentheorie hat Empedokles den Magnetismus, die Mischung verschiedener Flüssigkeiten und einige Vorgänge der pflanzlichen und animalischen Physiologie zu erklären versucht.

Nach Empedokles gibt es eine doppelte Atmung: durch die Nüstern und durch die Haut. Hierbei bringt er den Vorgang der Ein- und Ausatmung mit der rhythmischen Bewegung des Blutes in einen ursächlichen Zusammenhang. Ebenso wie seine Atemlehre hat Empedokles auch seine Sinnesphysiologie – besonders den Hör- und Sehvorgang – und seine Embryologie auf den Grundgedanken der Elementenlehre und der Porentheorie aufgebaut. Er ging von dem Grundsatz aus, daß Gleiches durch Gleiches wahrgenommen wird: »Denn mit der Erde (in uns) sehen wir die Erde, mit dem Wasser das Wasser, mit der Luft die göttliche Luft, aber mit dem Feuer das vernichtende Feuer, mit der Liebe die Liebe, den Streit mit dem traurigen Streite.« Mit der ungleichen Zusammensetzung der Augen erklärte er die unterschiedlichen Sehschärfen, so sähen die Augen, die weniger Feuer enthalten, bei Tag besser.

Der Embryo sei im Mutterleib schon belebt, aber noch ohne Atem. Für die Entstehung der Knochen ließ er vier Teile Feuer, zwei Teile Erde, einen Teil Luft und einen Teil Wasser zusammenkommen. Das Auge hingegen sei nur aus Feuer und Wasser zusammengesetzt. Im Blut sind die vier Elemente am besten vermischt, in ihm hat auch das Denken seinen Sitz. Da das meiste Blut im und um das Herz herum vorhanden ist, erscheint bei Empedokles das Herz als das Zentralorgan des Körpers. Er hat wie viele alte Philosophen zwischen Wahrnehmen und Denken nicht unterschieden.

Der Mystiker Empedokles mit seinem »Entsühnungen« genannten Werk scheint einer ganz anderen Welt als Empedokles, der Physiker, anzugehören. Er beschreibt die Seelenwanderung – »Ich war ja einst schon Knabe, Mädchen, Strauch, Vogel und aus dem Meere emportauchender stummer Fisch« – und den allmählichen Aufstieg bevorzugter Seelen – »Zuletzt aber werden sie zu Sehern, Sängern und Ärzten und Führern unter den erdbewohnenden Menschen, und von da wachsen sie empor zu Göttern, an Ehren Reichsten«. Das Schlachten von Tieren verdammte Empedokles mit drastischen Worten »Wollt ihr nicht endlich ein Halt gebieten dem scheußlichen Morden? Fühlt ihr nicht, daß ihr einander zerfleischt im finsteren Wahne?«

Sich selbst wähnte Empedoklos als Heiland: »Ihr Freunde, die ihr die mächtigste Stadt am gelben Akragas bewohnt, den Burgberg hinauf, nur auf gute Werke bedacht, ehrwürdiger Schutz der Fremdlinge, ihr, die ihr keine Schlechtigkeit kennt, seid mir gegrüßt! Ich wandele unter euch als unsterblicher Gott, nicht mehr als Mensch, von allen geehrt, wie es sich gebührt, Binden und blühende Kränze ums Haupt. Wenn ich mit ihnen, Männer und Frauen, in die blühenden Städte komme, erweist man mir Verehrung. Die Menschen aber folgen mir zu Tausenden, um zu erfragen, wo der Pfad zum Heile führt. Die einen möchten Orakelsprüche haben, die anderen fragen wegen allerlei Krankheiten, um ein heilsames Wort zu vernehmen. Werden sie doch schon lange von argen Schmerzen gequält.« Das ist der Typ des sakralen Arztes in Reinkultur.

Die andere Seite des Empedokles sieht so aus: ein eitler Fanatiker, Mystiker und Prophet, der in Purpurgewändern auftrat und wohl einige der Legenden über sich selbst geschaffen hat. Er muß aber tatsächlich vermocht haben, Ungewöhnliches zu leisten. Mit den folgenden, an seinen Schüler Pausanias gerichteten Worten stellte er sich als Herr der gesamten Natur vor: »Kennenlernen wirst du alle Heilmittel, so viele es gibt als Abwehr gegen Krankheit und Alter, denn für dich allein werde ich dies alles erfüllen. Zur Ruhe bringen wirst du der unermüdlichen Winde Gewalt, die sich auf die Erde losstürzen und mit ihrem Wehen die Saaten ausdörren. Und umgekehrt wirst du, wenn du willst, Winde herbeiführen, die den Schaden wieder gutmachen. Machen wirst du aus dunklem Regenschauer den Menschen förderliche Trockenheit, machen aber auch aus sommerlicher Dürre baumernährendes strömendes Naß, das dem Himmel entströmt; und aus dem Hades wirst du wieder heraufführen gestorbenen Mannes Kraft.«

Empedokles, der Arzt, schöpfte sicherlich manche Anregungen aus der medizinischen Tradition, besonders aus Alkmaion. Er wirkte aber dann seinerseits wieder stark auf die medizinische Literatur der folgenden Zeiten. Wie Doktor Faustus war er der Naturforschung und der Magie in gleicher Weise ergeben.

Der zweite und der dritte Mann

Nach Empedokles versuchte als zweiter Philosoph Anaxagoras von Klazomenai (509–428 v. Chr.) die Kluft zwischen den Lehren des Herakleitos und der Eleaten gedanklich zu überbrücken. Sein Hauptlehrsatz lautete: »In allem ist ein Teil von allem.« Danach gibt es nicht nur einige Elemente, sondern unendlich viele Urstoffe, die in allen Dingen enthalten sein müssen: denn wir nehmen doch Speise einfacher Art und von einerlei Form zu uns – wie Brot und Wasser –, und aus diesen bilden sich Haare, Venen, Arterien, Fleisch, Sehnen, Knochen und die anderen Teile. Anaxagoras sagt: »Wie könnte aus Nichthaar Haar und aus Nichtfleisch Fleisch werden!« Das gestaltende Prinzip, das die Ordnung des Weltganzen gewährleistet, ist der Geist, »das feinste und reinste von allen Dingen«. Anaxagoras war der erste Denker, der Geist und Materie grundsätzlich unterschieden hat.

Seine aufgeklärten Ansichten – zum Beispiel: Die Sonne sei kein göttliches Wesen, sondern eine glühende Gesteinsmasse – brachten ihn mit den altgläubigen Athenern in Konflikt. Um das Jahr 462 v. Chr. war Anaxagoras und wie es hieß mit ihm die ionische Philosophie aus seiner kleinasiatischen Heimat nach Athen gekommen, das damit zum ersten Male als philosophische Bildungsstätte von Hellas in der Geistesgeschichte erscheint. Hier gehörten der Politiker Perikles und der Dichter Euripides zu seinen Freunden. Ein gewisser Diopeithes, fanatischer Anhänger des bigotten Altglaubens, brachte 432 v. Chr. ein zunächst gegen Anaxagoras gerichtetes Gesetz ein, wonach Gottlosigkeit (Asebie) in Prozessen verfolgt werden konnte. Der bekannte athenische Politiker Kleon vertrat die Anklage gegen Anaxagoras, der zu einer hohen Geldstrafe verurteilt wurde – nur das Eintreten des Perikles soll ihn vor der Todesstrafe gerettet haben – und nach Lampsakos am Hellespont in die Verbannung gehen mußte. Das dürfte der erste Prozeß im Abendland gewesen sein, in dem die Staatsgewalt gegen die freie Forschung auftrat.

Wissenschaftstheoretisch höchst bedeutsam sind die Thesen des Anaxagoras »Infolge der Schwäche unserer Sinne sind wir nicht imstande, die Wahrheit zu erkennen« und »Die sichtbaren Dinge bilden die Grundlage der Erkenntnis des Unsichtbaren«. Das soll heißen: Die Dinge, wie sie wir mit unseren Sinnen wahrnehmen, sind nicht die wahre Wirklichkeit; zu dieser vermögen wir nur mittels des Verstandes, der durch die sichtbaren Dinge hindurchdringt, vorzustoßen. Als Beweis für seine Behauptungen führte er folgendes Experiment an: wenn wir zwei Gefäße mit Farben nehmen, das eine voll schwarzer, das andere voll weißer Farbe, und dann aus dem einen Gefäß in das andere tropfenweise Farbe hineinträufelten, dann würden unsere Augen die allmähliche Veränderung nicht unterscheiden können, obgleich sie in Wirklichkeit stattfände.

In medizinischer Hinsicht sind im besonderen folgende Lehrmeinungen des Anaxagoras bemerkenswert: Der Mensch sei das klügste der Lebewesen, weil er Hände habe. – Das Gehirn bilde sich zuerst in der Frucht. (Anaxagoras legte bei seinen Tiersektionen den Grundstock zur Gehirnzergliederung.) – Die meisten akuten Krankheiten entstünden dadurch, daß die Galle – er unterschied zwei Arten: die gelbe und die schwarze – in das Blut oder in die Organe (Lunge, Rippenfell usw.) dringe. Diese Theorie kehrt mit zäher Stetigkeit in der Pathologie späterer Autoren immer wieder.

Während Empedokles und Anaxagoras Dualisten waren – sie stellten einer Mehrheit von Seienden ein von ihnen gesondertes, sie bewegendes Urprinzip gegenüber –, war der »dritte Mann«, Leukippos, ein konsequenter Monist: für ihn sind die Urteilchen, die Atome, von sich aus in ewiger Bewegung begriffen. Leukippos ist einer der großen Unbekannten in der Philosophiegeschichte; man hat zeitweilig sogar seine Existenz ganz leugnen wollen. Heute kann man von seinem Lebensweg so viel mit Sicherheit behaupten: er wurde in Milet geboren, ging dann über das Meer nach Elea, wo er Schüler des Zenon wurde, und zog schließlich nach 450 v. Chr. in die thrakische Stadt Abdera. Hier gründete er eine Philosophenschule; sein berühmter Schüler, der ihn bald überflügelt haben dürfte, war Demokritos. Bereits im 4. Jahrhundert v. Chr. war es unmöglich, unter den Schriften der »älteren Abderiten« zwischen den Verfassern Leukippos und Demokritos zu unterscheiden. Fest steht aber, daß Leukipp die Atomlehre begründet hat, die von Demokrit ausgebaut und auf fast allen Wissensgebieten angewandt wurde. Der deutsche Medizinhistoriker Paul Diepgen (1878–1966) nannte Demokrit »Begründer des physikalischen oder quantitativen Denkens der Ärzte« gegenüber der Elementen- und Qualitätenlehre des Empedokles.

Demokrit aus Abdera (460–370 v. Chr.), der weite Bildungsreisen nach Ägypten, Babylonien und Persien unternommen hat, ist ein erstaunlich vielseitiger Autor gewesen. Es sind etwa dreihundert Fragmente aufgefunden worden, die von Physik, Psychologie, Erkenntnislehre, Physiologie und Ethik handeln; zum Teil haben sie den Charakter der alten Spruchweisheiten. »Maßhalten« ist das Prinzip seiner Ethik: »Da flehen die Menschen die Götter an um Gesundheit und wissen nicht, daß sie die Macht darüber selber besitzen. Durch ihre Unmäßigkeit arbeiten sie ihr entgegen und werden so selber durch ihre Begierden zu Verrätern an ihrer Gesundheit.« – »Wer den Bauch zur Quelle seiner Lüste macht und das Maß beim Essen und Trinken und im Liebesgenuß überschreitet – für all solche Menschen dauern die Freuden nur kurz: nur eben so lange, wie sie essen und trinken. Die Leiden danach aber sind mannigfacher Art und währen lange Zeit. Denn diese Begierde kommt nach demselben Ding immer wieder, und wenn sie erlangt haben, wonach sie begehren, ist die Lust daran rasch verflogen. Sie haben nichts Gutes davon als einen kurzen Genuß. Und dann – haben sie wieder das gleiche Verlangen.« – »Das Tier weiß, wieviel es bedarf, der Mensch nicht.«

Demokrit behauptete, daß nicht nur der Leib, sondern auch die Seele aus Atomen bestünde. Die kugelförmigen »Seelenatome« seien ihrer Natur nach ständig in Bewegung und rissen den ganzen Körper mit sich. In der Luft befänden sich ebenfalls viele solcher Seelenatome; daher beruhe auf der Ein- und Ausatmung Leben und Sterben.

Der weise Abderit, einer der Langlebigsten des Altertums,

hat sich in seinen Aphorismen auch mit dem Alter befaßt: »Kraft und Schönheit sind der Jugend Güter – des Alters Blüte aber ist Besonnenheit.« – »Der Greis war einmal jung, ob der Jüngling aber das Greisenalter erreichen wird, ist ungewiß. So ist das abgeschlossene Gut besser als das noch in der Zukunft liegende und unsichere.« – »Die Menschen, die vor dem Tode fliehen, laufen ihm nach.«

Aufklärer und Weisemacher

In der Komödie »Wolken« des Aristophanes (450–385 v. Chr.) schwebt Sokrates in einem Hängekorb über der Erde, um die reinste Luft und damit zugleich die höchste Intelligenz einzuatmen. Mit dieser Szene wird einmal Sokrates – völlig zu Unrecht als Vertreter der sophistischen Bildung – und zum anderen die Pneumalehre des Diogenes von Apollonia (um 430 v. Chr.) karikiert. Er gehörte zu den Eklektikern im Gefolge der vorsokratischen Naturphilosophen, die aus den Lehren der alten Denker auswählten, was sie für richtig hielten, und versuchten, es trotz mancher Widersprüche zu einem System zu vereinen. Für Diogenes von Apollonia ist wie für Anaximenes der Grundstoff der Welt die Luft, die nun Denkvermögen besitzt und mit Zeus gleichgesetzt wird. Von der vernunftbegabten Luft hängt demnach das körperliche und das seelisch-geistige Leben ab. Die Luft ist bei Diogenes von Apollonia auch der Träger der Sinneswahrnehmungen, sie wird mit dem Blut in den Gefäßen zu allen Körperteilen geleitet. Ihm verdanken wir eine der ältesten griechischen Beschreibungen des Gefäßsystems; allerdings bildet bei ihm nicht das Herz, sondern zwei Hauptadern, die Milzader und die Leberader, den Ausgangspunkt der Blutgefäße. Eine Schädigung der Gesundheit kann nach Diogenes von Apollonia auf zweierlei Weisen entstehen: erstens, wenn Menge, Temperatur und Feuchtigkeit der zugeführten Luft dem Körper nicht zuträglich sind; zweitens, wenn die Luftzirkulation im Körper oder die Mischung der äußeren Luft mit der inneren durch Entzünden der Adern gestört ist.

Während in der ersten Periode (600–450 v. Chr.) der vorsokratischen Philosophie die Natur (Physis), der Makrokosmos, im Mittelpunkt des Denkens gestanden hatte, rückte in der zweiten Periode (450–390 v. Chr.) der Mensch als erkennendes und handelndes Wesen in das Zentrum des Interesses. Der Mensch sowohl als Individuum als auch als Glied der Gesellschaft (soziales Wesen) wurde nun der Gegenstand der Spekulationen, die von den Sophisten verbreitet wurden.

Die Sophistik beherrschte als mächtige Geistesbewegung das Zeitalter der griechischen Aufklärung, das ähnlich wie das europäische Aufklärungszeitalter in der zweiten Hälfte des 18. Jahrhunderts die Befreiung von altväterlichem Aberglauben und Vorurteil brachte. Bruch mit der Tradition, Kritik und Vernunft, Vertrauen auf den »gesunden Menschenverstand«, Erziehung und Bildung kennzeichneten den neuen Weg.

Die Sophisten (»Weisemacher« oder »Lehrer der Weisheit«) zogen als Wanderlehrer durch das Land. Für ein hohes Honorar übernahm ein Sophist drei bis vier Jahre lang die Erziehung eines oder mehrerer Jünglinge wohlhabender Eltern. Die vermittelte Bildung war dreifacher Art: die formale Geistesbildung durch Grammatik, Rhetorik und Dialektik; die enzyklopädische Geistesbildung durch Arithmetik, Geometrie, Astronomie und Musik; die politisch-staatsbürgerliche Bildung. Damit wurden die Sophisten die Begründer der Pädagogik (»die rechte Weise, den Knaben zu führen«).

Neben den praktischen Zielen der Lebenskunst und Lebensbeherrschung beschäftigten sich die Sophisten mit dem Erkenntnisproblem: Was kann der Mensch durch Denken erkennen? Der Schöpfer dieser Problemstellung war Protagoras aus Abdera (etwa 481–411 v. Chr.), der bedeutendste unter den Sophisten. Er ist nach Platons Zeugnis als »Lehrer der Weisheit« über vierzig Jahre mit großem Erfolg durch Griechenland, Unteritalien und Sizilien gereist. In Athen, dem geistigen Zentrum der Sophisten, genoß er höchstes Ansehen und verkehrte mit Perikles und Sokrates. Im Revolutionsjahr 411 v. Chr. wurde Protagoras wegen seiner Schrift »Von den Göttern« der Gottlosigkeit angeklagt und zum Tode verurteilt. Er konnte zwar fliehen, ertrank aber auf der Überfahrt nach Sizilien.

Seine Schriften wurden auf dem Marktplatz von Athen öffentlich verbrannt. Altgläubige Kreise hatten vor allem den Anfang seines Buches beanstandet: »Von den Göttern vermag ich nichts festzustellen, weder, daß es sie gibt, noch, daß es sie nicht gibt, noch, was für eine Gestalt sie haben; denn vieles hindert ein Wissen darüber: die Dunkelheit der Sache und die Kürze des menschlichen Lebens.«

Ein Satz des Protagoras gehört noch heute zum Zitatenschatz der Gebildeten in aller Welt: »Der Mensch ist das Maß aller Dinge, der seienden, daß sie sind, der nichtseienden, daß sie nicht sind.« Danach scheint jegliches Ding für jeden so zu sein, wie ein jeder es wahrnimmt – zum Beispiel: »Den Frierenden ist der Wind kalt, den Nichtfrierenden nicht.« Subjektivismus, Relativismus und Skeptizismus sind die notwendigen Folgen dieser Theorie. An die Stelle der objektiven Wahrheit tritt das subjektive Meinen. Mit einer aufrüttelnden Schonungslosigkeit gingen die Sophisten die religiösen, sittlichen, gesellschaftlichen und wissenschaftlichen Probleme an. Alle menschlichen Einrichtungen wurden in Frage gestellt. Die Aufhebung jeder Wissenschaft, deren wesentlichstes Merkmal die Allgemeingültigkeit ist, schien die letzte Konsequenz der Sophistik zu sein. In Wirklichkeit aber resultierte ein Ausbau der Einzelwissenschaften. Das gilt auch für die Medizin, die sich erst in der kritischen Aufklärungsperiode des 5. Jahrhunderts v. Chr. voll als Wissenschaft entfalten konnte. Die grundlegenden Theorien und Methoden mußten nüchtern revidiert werden. Dazu gehörte auch eine Abgrenzung des Arztbegriffes. Nach Platon soll Protagoras die Ärzte als »an den Körpern Bescheid Wissende« bezeichnet haben. Er verglich den Sophisten mit dem Arzt: jener ändere in der Erziehung die Seele durch Worte so wie dieser den Körper durch Medikamente ändere. Schließlich mußte man sich in der Medizin mit der »Entdeckung des Subjektiven« durch Protagoras auseinandersetzen. Das Problem der Individualität – zum Beispiel in bezug auf Konstitution und Anatomie des einzelnen Kranken – erforderte einen Kompromiß mit der naturphilosophischen Elementenlehre.

Sobald sich die Medizin im Umbruch des 5. Jahrhunderts v. Chr. als »ärztliche Kunst« konsolidiert hatte, konnte sie zu einer klaren Abgrenzung gegen Naturphilosophie und Sophistik schreiten. Die medizinische Literatur war nicht mehr länger das Nebenprodukt von Naturphilosophen und Sophisten, sondern wurde von jetzt an von praktischen Ärzten geschrieben. Das heißt aber nicht, daß die Ärzte nun der Philosophie und Religion feindlich gegenüberstanden, sondern, daß unfruchtbare Spekulationssucht und hemmender Aberglauben durch praktische Vernunft, klare Beobachtung und sichere Erfahrung abgelöst wurden.

Diätetik hält Leib und Seele zusammen

Das hellenische Ideal der leib-seelischen Harmonie – Kraft, Schönheit und Gesundheit des Körpers, Tüchtigkeit des Geistes, Tugend und Würde der Seele – erforderte eine Lebensführung, die in einer umfassenden Pflege des Leibes und der Seele gipfelte. In der Leibespflege teilten sich Heilkunst (Medizin) und Turnkunst (Gymnastik).

Die Diätetik, die Lehre von der Lebensweise, umfaßt mehr als nur die Ernährung des Gesunden und des Kranken (= Diät im heutigen Sinn); sie regelt Arbeit und Ruhe, Gymnastik und Sport, Bäder und Massage, Schlafen und Wachen, Ausscheidungen und Absonderungen einschließlich der Ordnung des Geschlechtslebens, Anregungen des Geistes und Gemütes. Eine solche Lebensordnung verlangt einerseits eine Orientierung an großen Vorbildern und andererseits die aufgeschlossene Mitarbeit eines jeden einzelnen.

Die ältesten faßbaren Vertreter einer medizinischen Diätetik waren die westgriechischen Ärzte, insbesondere die Pythagoreer. Mit Hilfe der diätetischen Therapie versuchten sie die Heilung innerer Krankheiten. Dabei erwies sich als größte Schwierigkeit, die richtigen Maßstäbe zu setzen, damit sich die Behandlung nicht ins Uferlose ausdehnte.

Nachdem Alkmaion als Anlaß innerer Erkrankungen sowohl Fehler der Ernährung als auch des körperlichen Verhaltens gefunden hatte, entwickelte sich die Diätetik in zwei Hauptrichtungen: erstens Ernährungsvorschriften und Methoden zur Stei-

Abb. I, 1: Äskulap

Abb. I, 2: Ärztliche Behandlung in Griechenland

gerung der Ausscheidungen (Abführen, Erbrechen, Schwitzen usw.), zweitens Heilgymnastik.

Die Gymnasien waren Turnplätze oder -hallen, in denen die Jugend zu ehrgeizigen Wettkämpfern und abgehärteten Kriegern ausgebildet wurden. Erst als um 400 v. Chr. die allgemeine Wehrpflicht durch Söldnertruppen abgelöst wurde, entwickelten sich die Gymnasien aus Turnschulen zu allgemeinen Erziehungsstätten, an denen auch Philosophie, Literatur, Musik und andere Wissenschaften bzw. Künste gelehrt wurden. Die Gymnasten oder Pädotriben (Turnlehrer, Vorturner oder Trainer) kümmerten sich nicht nur um die körperliche Ausbildung, sondern auch um die ganze Lebensweise, besonders um die Ernährung, sowie um die Erste Hilfe bei Sportunfällen. In manchen Beziehungen deckten sich ihre Aufgaben und Tätigkeiten mit denen der heutigen Sportärzte. Beim Ringen und Boxen kam es besonders häufig zu Verletzungen, vor allem im Bereich des Schädels, sowie zu Verrenkungen und Knochenbrüchen der Gliedmaßen. Einzelne Gymnasten beschränkten sich nicht auf die Erste Hilfe, sondern versuchten sich auch in der Behandlung innerer Leiden.

Der späte Sophist Flavius Philostratos (gest. 264 n. Chr.) nannte die Gymnastik eine Weisheit und Kunst, die wie die Medizin der Heilung von Krankheiten diene, wobei sie Diät, Massage und Leibesübungen bevorzuge.

Der Gymnast Herodikos von Selymbria, ein Zeitgenosse Platons, vertrat die Ansicht, daß zwischen der Nahrungsaufnahme des Menschen und seiner körperlichen Arbeit ein Ausgleich bestehen muß, wenn die Gesundheit erhalten werden soll. Dieser Gedanke tauchte in einigen hippokratischen Schriften wieder auf. Herodikos verordnete mit Vorliebe ermüdende Spaziergänge und suchte Fieber durch Laufen, Ringen und Massage zu vertreiben. Seine Kur bei Wassersucht bestand aus Abführen, Erbrechen, Auflegen von lauwarmen Rindsblasen und Schlagen der Geschwulst mit gefüllten Schläuchen. Platon kritisierte in seiner »Politeia« (Der Staat) die Sinnlosigkeit einer Diät als Lebensinhalt: »Dieser Herodikos war Lehrer der Ringkunst, wurde dann kränklich und vermengte die gymnastische Kunst mit der ärztlichen Kunst. So quälte er zuerst namentlich sich selber, später auch viele andere Menschen. Er machte sich das Sterben lang. Seiner unheilbaren Krankheit ging er zwar nach, konnte sie aber nicht heilen. So brachte er sein Leben mit Heilversuchen zu, ohne irgendeine andere Tätigkeit zu haben, litt, wenn er von seiner gewohnten Lebensweise abwich, und erreichte ein hohes Alter, da sein Wissen dem Tode Widerstand leistete.«

Auch Aristoteles äußerte sich ähnlich: »Viele Menschen sind gesund in der Art, wie man es von Herodikos sagt, welche niemand wegen ihrer Gesundheit glücklich preisen möchte, weil sie auf alles oder doch das meiste von dem verzichten müssen, wozu der Mensch da ist.«

Aus dieser Zeit ist noch der Name eines zweiten Gymnasten überliefert, der für die Heilkunst von Bedeutung war: Ikkos von Tarent. Selbst ein aktiver Sportler, der sein ganzes Training auf den Sieg in Olympia abgestellt hatte – er gewann um 470 v. Chr. in Olympia im Fünfkampf (Pentathlon: Laufen, Springen, Diskuswerfen, Speerwerfen, Ringen) –, verfocht er das Maßhalten in jeder Beziehung während der Vorbereitung auf Wettkämpfe. Ihn erwähnte Platon in den »Gesetzen« mit Sympathie für seine Haltung. Bis dahin hatten die Athleten geglaubt, durch eine möglichst eiweißreiche Kost (Fleisch, Hülsenfrüchte) und Enthaltung von Brot für die richtige Körperfülle und ein Höchstmaß von Kraft sorgen zu müssen; die Folge dieser einseitigen Ernährung war gewesen, daß viele Athleten sogar untauglich zum Militärdienst wurden. Ikkos von Tarent lehrte dagegen eine harmonische, mäßige Lebensweise und lebte sie auch vor. So kann er als ein Vorläufer der Naturheilmethode, der »kunstgerechten Anleitung zum naturgemäßen Leben«, gelten. Daß die Lehren des Herodikos und des Ikkos von den Ärzten ihrer und späterer Zeiten beachtet wurden, beweisen viele Passagen in den Schriften der Hippokratiker.

II

Die klassische Medizin der Griechen

Auf die Ursachen muss man zurückgehen

Das »Goldene Zeitalter« der griechischen Kultur, das 5. Jahrhundert v. Chr., in dem Künste und Wissenschaften höchste Vollkommenheit erreichten, war in politischer und wirtschaftlicher Hinsicht keineswegs rosig, geschweige denn golden: Die erste Hälfte des Jahrhunderts war von den Perserkriegen ausgefüllt. Als es 448 v. Chr. endlich zum Frieden kam, stand Athen wohl an der Spitze des Attischen Reiches, aber der Staat war verschuldet und geschwächt, die Bürger verarmt und notleidend, viele Wohnungen und öffentliche Bauten zerstört. Als Perikles 443 v. Chr. als Stratege die Führung des Staates übernahm, begann ein fünfzehnjähriger Aufschwung Athens: mittels einer »produktiven Arbeitslosenfürsorge« wurde die Wirtschaft restauriert, Alte und Invaliden erhielten Renten, der Zinsfuß wurde von achtzehn Prozent auf zwölf Prozent gesenkt, die Ausfuhr von Handelsgütern und die Einfuhr von Lebensmitteln wurden gesteigert, bescheidene Wohnungen und prachtvolle öffentliche Bauten errichtet. Dieses »Wirtschaftswunder« war nur durch eine ausgedehnte Sklavenwirtschaft möglich: von den etwa 300 000 Einwohnern Attikas waren rund 100 000 Sklaven.

Bereits 431 v. Chr. flammte der Rivalitätskampf zwischen Sparta und Athen wieder auf und beherrschte bis 404 v. Chr. das politische Leben. Der Peloponnesische Krieg war allerdings kein »totaler Krieg«; vor allem das geistige und kulturelle Leben büßten nichts von ihrer Lebendigkeit ein: es ist die Zeit, in der Sokrates lehrte, Sophokles, Euripides und Aristophanes ihre

Bühnenwerke schufen, das Erechtheion, der zweitgrößte Tempel auf der Akropolis, errichtet wurde, Thukydides die Geschichte dieses Krieges schrieb und Hippokrates heilte und lehrte. Das alles ist um so erstaunlicher, als zu den Lasten des Krieges noch die Opfer durch eine Seuche (»attische Pest« – siehe Seite 234) kam, die im zweiten Kriegssommer (430 v. Chr.) ausbrach, bis 421 v. Chr. alljährlich wiederkehrte und insgesamt etwa 20 000 Tote forderte.

Das ist das Panorama der Zeit, die in der Medizin den Durchbruch zur wissenschaftlichen Heilkunde brachte. Die Wissenschaft der hellenischen Kultur unterschied sich vom archaischen Wissen nicht bloß durch den Umfang des Stoffes, sondern eigentlich in erster Linie durch die Methoden, die Wege des Forschens. Am Anfang stand der wache Wissenstrieb der Griechen mit seinen beständigen Fragen und Zweifeln. Der Kulturhistoriker Richard Harder (1896–1957) unterschied vier Grundmethoden der griechischen Wissenschaft: Blick aufs Ganze, Ursache, Analyse, Synthese. Getragen wurde die Wissenschaft von Menschen mit innerer Freiheit und Beglückung durch das Forschen. Es ist nicht schwer, in der nun entstehenden medizinischen Literatur Belege für die wissenschaftlichen Grundmethoden zu finden.

Das ätiologische Denken (Ätiologie: ganz allgemein »die Lehre von den Ursachen«, im besonderen in der Medizin »die Lehre von den Krankheitsursachen«) dringt vom nächsten Anlaß zu den Gründen und schließlich zur letzten Ursache vor. So waren die vorsokratischen Naturphilosophen vorgegangen, als sie über die Entstehung der Welt und der Natur nachdachten. Auch Thukydides forschte in seinem Geschichtswerk kritisch nach den Ursachen des Peloponnesischen Krieges. Jetzt waren auch die Ärzte soweit, das medizinische Denken auf die natürlichen Ursachen der Krankheiten zu lenken. Exakte Beobachtungen, die sich in beständigen Erfahrungen niederschlugen, und Reflexionen über diese Kenntnisse führten zu Krankheitstheorien. Von einer wirklich wissenschaftlichen Medizin können wir erst von dem Moment an sprechen, als den Ärzten die Übereinstimmung des medizinischen Denkens mit der klinischen Wirklichkeit gelang. Die phantastischen Spekulationen der archaischen Medizin wurden durch nachweisbare Krankheitslehren ersetzt; sie bildeten die Basis für Prognose und Therapie.

Diese Denkprozesse, deren Beginnen sich einer exakten Festlegung entzieht, fanden ihren endgültigen Niederschlag in den Schriften des Corpus Hippocraticum (siehe Seite 86). Dazu nur einige Beispiele: Die Berücksichtigung der ganzen Natur hat der Verfasser der Schrift »Über Luft, Wasser und Ortslage« (»Über die Umwelt«) klar herausgestellt: »Wer der ärztlichen Kunst in der richtigen Weise nachgehen will, der muß folgendes tun. Erstens muß er über die Jahreszeiten und über die Wirkungen nachdenken, die von jeder einzelnen ausgehen können. Denn sie gleichen einander in keiner Weise, sondern unterscheiden sich sehr, sowohl untereinander wie in der Art ihres Übergangs. Ferner muß er sich über die Winde Gedanken machen, über die warmen und die kalten, und zwar vor allem über die allen Menschen gemeinsamen, aber auch über die jedem Lande eigentümlichen. Er muß auch über die Wirkungen der Gewässer nachdenken; denn wie sie sich im Geschmack und Gewicht unterscheiden, so ist auch die Wirkung eines jeden sehr verschieden. Wenn also jemand in eine Stadt kommt, die er nicht kennt, so muß er sich genau überlegen, wie ihre Lage zu den Winden und zum Aufgang der Sonne ist. Denn es bedeutet nicht dasselbe, ob eine Stadt nach dem Nordwind oder ob sie nach dem Südwind zu liegt, und auch nicht, ob sie nach Sonnenaufgang oder nach Sonnenuntergang gelegen ist. Das muß man sich so gut wie möglich überlegen; ferner, wie es mit den Gewässern steht, ob die Menschen sumpfiges und weiches Wasser trinken oder hartes, das von felsigen Höhen fließt, oder salziges und schwerverdauliches. Weiter die Beschaffenheit des Bodens, ob er kahl und wasserarm ist oder dichtbewachsen und bewässert und ob das Gelände in einer Mulde liegt und stickig ist oder hochgelegen und kalt. Und schließlich, wie die Bewohner leben, ob sie gern trinken und frühstücken und sich nichts zumuten oder ob sie Sport und körperliche Anstrengungen lieben, kräftig essen und wenig trinken.« Die Bioklimatologie unserer Tage unterstreicht wie der anonyme Verfasser dieser Schrift die Bedeutung von Jahreszeit, Klima, Wetter, Boden und Wasser für Gesundheit und Krankheit des Menschen.

»Auf die Ursachen muß man zurückgehen und auf den Anfang der Ursachen«, heißt es im zweiten Buch der »Epidemien«. Das Buch »Über die heilige Krankheit« beginnt mit einer Polemik gegen die magische Auffassung und Behandlung der Epilepsie: »Mit der sogenannten heiligen Krankheit verhält es sich folgendermaßen: sie ist nach meiner Ansicht keineswegs göttlicher oder heiliger als die anderen, sondern wie die anderen Krankheiten, so hat auch sie eine natürliche Ursache, aus der sie entsteht. Die Menschen aber haben angenommen, sie sei eine göttliche Schickung, weil sie ihnen fremdartig vorkam und sie sich darüber wunderten, daß sie in keiner Weise anderen Krankheiten gleicht. Nun bleibt zwar in der Unmöglichkeit, sie zu erkennen, ihr göttlicher Charakter erhalten, aber in den vielen Möglichkeiten, wie man glaubt, sie heilen zu können, geht er verloren. Man versucht nämlich, sie mit Reinigungen und Besprechungen zu heilen.« Es wird richtig erkannt, daß die Krankheit vom Gehirn ausgeht. Die Ursache wird in Vererbung, Konstitution und Witterung gesehen.

Die Analyse durch Zählen, Wägen und Messen findet sich in mehreren Schriften, wie die Angabe der Blutmengen, die eine Frau während der Menstruation und im Wochenbett täglich verliert (»Über Frauenkrankheiten«).

Für die Synthese im Ganzheitsdenken, indem stets der ganze Organismus des Kranken als Teil der Natur und damit des Kosmos betrachtet wird, können die oben zitierten Sätze aus der Schrift »Über die Umwelt« auch als Beispiel gelten.

Das Corpus Hippocraticum

»Un chaos« klagte der französische Medizinhistoriker und Philologe Emile Littré (1801–1881) im ersten Band seiner Hippokrates-Ausgabe über die ungeordnete Textüberlieferung der Hippokratischen Schriftensammlung. Dreißig Jahre arbeitete er an dem zehnbändigen Werk »Œuvres Complètes d'Hippocrate« (Paris 1829/61), das den griechischen Text und die französische Übersetzung mit Kommentar bringt. Obwohl die Hippokrates-Edition von Littré den modernen Ansprüchen nicht mehr ganz genügt, ist sie bis heute die umfangreichste und beste geblieben; daneben gibt es mehrere deutsche Übersetzungen, aber noch immer keine vollständige in das Englische.

Diese Sammlung von 53 Schriften in 72 Rollen oder Büchern vermittelt einen Überblick über Praxis und Theorie der Medizin des 5./4. Jahrhunderts v. Chr. Die ältesten Abhandlungen wurden etwa 430 v. Chr. verfaßt, die weiteren folgten bis 322 v. Chr., dem Todesjahr des Aristoteles, der die hippokratischen Schriften schon gekannt hat. Nur einige Schriften aus der späteren Zeit bis 50 n. Chr. wurden im 2. Jahrhundert n. Chr. nachträglich in das Corpus Hippocraticum aufgenommen (»unterschoben«). Bakcheios von Tanagra, ein Arzt um 200 v. Chr., der Verfasser des ersten Kommentars und Glossars der Hippokratischen Schriftensammlung, hat damit die erste Nachricht von diesem Werk gegeben.

Das Corpus Hippocraticum ist in jeder Hinsicht bunt gemischt: nicht nur, daß die Verfasser – ihre Zahl ist unbekannt – aus verschiedenen Zeiten stammten, sie gehörten auch mehreren Medizinschulen an; Inhalt und Qualität der Schriften sind ebenfalls weit gespannt – neben erstklassigen Abhandlungen findet man flüchtige Notizen und Auszüge; nicht alle Schriften wenden sich an Ärzte, manche sind offensichtlich für Laien bestimmt gewesen; die Themen reichen von der ärztlichen Ethik über Krankengeschichten und Therapieanweisungen bis zu chirurgischen, gynäkologischen und pädiatrischen Fachschriften.

Die »hippokratische Frage«: Welche Schriften können einwandfrei dem historisch belegten Arzt Hippokrates (siehe Seite 107) zugeschrieben werden? ist heute noch genauso ungelöst wie im Altertum, als dieses Problem erstmalig auftauchte. Die im Corpus Hippocraticum vertretenen Ansichten und Lehren widersprechen zum Teil einander. Nur in einem Punkt sind alle Abhandlungen gleich: sie sind im ionischen Dialekt, der Sprache der griechischen Literatur, abgefaßt, obwohl die meisten Verfasser Dorer gewesen sein dürften.

Man nimmt an, daß den Grundstock der Schriftensammlung die Bibliothek der Medizinschule von Kos gebildet hat, die Werke des Hippokrates und anderer koischer Ärzte enthielt. Es ist denkbar, daß auch Schriften der konkurrierenden Schule von

Knidos aufgenommen wurden. Alle diese Schriften, die, wie im Altertum üblich, anonym waren, gelangten nach 300 v. Chr. nach Alexandreia. Ptolemaios I. Soter (»Retter« oder »Heiland«), der von 323 v. Chr. als Satrap und ab 304 v. Chr. bis 285 v. Chr. als König über Ägypten herrschte, hatte die Hauptstadt Alexandreia glanzvoll ausgebaut, die nun zum Zentrum der griechischen Kultur emporstieg. Durch die Gründung des Museions (Museum, Musensitz), einer Gelehrtenakademie, die der wissenschaftlichen Forschung diente, und einer riesigen Bibliothek zog der König die berühmtesten Gelehrten, Dichter und Künstler an seinen Hof.

Das Corpus Hippocraticum, wie wir es heute kennen, lag zu Anfang des 3. Jahrhunderts v. Chr. den alexandrinischen Gelehrten und Bibliothekaren vor, die feststellen sollten, welche Schriften Hippokrates selbst zuzuschreiben seien. Dieser Versuch mißlang, da exakte Anhaltspunkte und Unterscheidungsmerkmale fehlten. Immerhin erhielten hier die einzelnen Schriften ihre charakteristischen Titel, unter denen sie noch heute bekannt sind.

Von den antiken Papyrusrollen existieren heute nur noch ganz wenige Fragmente. Im 2. Jahrhundert n. Chr. erschienen zwei große Hippokrates-Ausgaben, auf denen die Texte der mittelalterlichen Hippokrates-Handschriften fußen. Der erste Druck der Werke des Hippokrates wurde 1526 in Venedig in griechischer Sprache hergestellt. Die berühmteste der älteren Editionen ist die des Metzer Arztes Anutius Foesius (1528–91) um 1590 in Frankfurt am Main, die eine sehr gute lateinische Übersetzung, zahlreiche kritische Anmerkungen und ein Verzeichnis der Fachausdrücke enthält.

Der griechische Grammatiker Erotianus, ein Zeitgenosse Kaiser Neros (54–68 n. Chr.), Verfasser eines Hippokratesglossars, bezeichnete einunddreißig der Schriften als »echt«, das heißt, von Hippokrates selbst verfaßt. Galen (129–199 n. Chr.), der letzte überragende Arzt der Antike, ein rückhaltloser Verehrer des Hippokrates, den er »Vater der Medizin« nannte, sah nur noch dreizehn Abhandlungen als echt hippokratisch an. An der »hippokratischen Frage« entzündeten sich durch alle Jahrhunderte bis zur Gegenwart lebhafte Diskussionen von Philologen und Medizinhistorikern. Gelegentlich sank die Zahl der als echt anerkannten Schriften auf Null ab. Ludwig Edelstein ist von der radikalen Skepsis, die er 1935 geäußert hat: »Mit Hippokrates haben die Schriften nichts gemein, nicht einmal Lehren finden sich in ihnen, die der historische Hippokrates vertrat« später abgerückt. Die meisten Hippokratesforscher halten heute folgende Bücher für echt: »Epidemien« (Buch I und III), »Prognostikon« (Prognosenbuch), »Über die Heilige Krankheit« (Epilepsie), »Über Luft, Wasser und Ortslage« (»Über die Umwelt«) und Teile der chirurgischen Schriften. Demnach müßte Hippokrates ebenso bedeutend wie als Internist auch als Chirurg gewesen sein. Die genannten Schriften zeichnen sich alle durch klare Wissenschaftlichkeit und einen meisterhaften Stil aus. Die Versuche, neben Hippokrates noch andere Ärzte als Verfasser von Schriften dieser Sammlung zu bestimmen, schlugen bis auf einen fehl: das Buch »Über die Natur des Menschen«, in dem die Viersäftelehre (siehe Seite 110) dargestellt wird, ist höchstwahrscheinlich von Polybos, dem Schwiegersohn des Hippokrates, niedergeschrieben worden.

Der Dresdner Medizinhistoriker Ludwig Choulant (1791 bis 1861) hat die Schriftensammlung nach ihrem Inhalt in acht Gruppen eingeteilt: 1. Ärztliche Kunst. 2. Krankheitszeichen. 3. Physiologie. 4. Diätetik. 5. Pathologie. 6. Chirurgie. 7. Therapie. 8. Verschiedenes.

Die alten Ärzteschulen

Wer bei Berichten über Ärzteschulen der Antike an Universitäten, Akademien oder Fachschulen im modernen Sinn denkt, ist einem zwar weitverbreiteten, aber falschen Analogieschluß erlegen. Wir dürfen nicht vergessen, daß die frühgriechischen Ärzte keine »Akademiker«, sondern bis zur Zeit des Hippokrates »Handwerker« waren. Die Medizin entwickelte sich – wie schon mehrmals erwähnt – erst im Laufe des 5. Jahrhunderts v. Chr. zu einer Kunst und Wissenschaft. Davor wurde das heilkundliche Wissen und Können vom Vater durch mündliche und praktische Unterweisung den Söhnen und Lehrlingen aus anderen Familien weitergegeben. Sicher hat es wie in anderen Handwerken Familien gegeben, in denen der ärztliche Beruf durch viele Generationen gepflegt wurde. Die Asklepiaden waren weder Asklepiospriester noch vereidigte Angehörige einer vorherrschenden Ärztezunft. Nach der kritischen Deutung von Ludwig Edelstein bedeutete die Bezeichnung »Asklepiaden« ganz allgemein »Ärzte«, wobei man nicht mit Sicherheit sagen kann, ob sich jene frühen Ärzte selbst so genannt haben oder ob erst spätere Autoren diese Bezeichnung eingeführt haben.

Je erfolgreicher und bekannter ein Arzt war, um so mehr Schüler, die für den Unterricht ein Honorar zu zahlen hatten, sammelten sich um ihn. An einzelnen Orten standen die Ärzte, denen der weitere Ausbau der Heilkunde besonders am Herzen lag, in einem engeren Kontakt, der seinerseits die Entwicklung medizinischer Theorien begünstigte. Gemeinsame Ansichten und Interessen ließen diese Ärzte sich samt ihren Schülern enger zusammenschließen, ohne daß hierfür eine besondere Organisation oder Vereinigung geschaffen wurde. Auf diese Weise entstanden die Medizinschulen in der griechischen Antike. Die berühmtesten waren der Überlieferung zufolge die von Kos, Knidos, Rhodos, Kyrene (in Libyen) und Kroton. Seltsamerweise hatte Athen, im 5. Jahrhundert v. Chr. das kulturelle Zentrum Griechenlands, weder damals noch später eine bekannte Medizinschule. In der geographischen Peripherie Griechenlands – in den Städten der Westküste Kleinasiens, Nordafrikas, Unteritaliens und Siziliens, die schon Pflegestätten der naturwissenschaftlichen Forschung gewesen waren – wuchsen die Medizinschulen zu medizinischen Zentren, aus denen die berühmtesten Ärzte der damaligen Zeit kamen.

Kyrene auf der nordafrikanischen Halbinsel Kyrenaika, wo schon mykenische Ritter die Streitwagengeschwader der libyschen Fürsten bei ihren Angriffen auf Ägypten organisiert hatten, war in der Mitte des 7. Jahrhunderts v. Chr. als dorische Kolonie von Thera (heute Santorin), einer Stadt und Insel der Kykladen, gegründet worden. Hier soll neben einer bekannten Philosophenschule auch eine Medizinschule bestanden haben, von der aber keine literarische Überlieferung existiert. Für diese Annahme spricht vielleicht die Tatsache, daß Kyrene seinen

Reichtum einer Heilpflanze verdankte, die sogar das Stadtwappen und Münzen zierte: Silphium, heute als eine Steckenkrautart (Ferula asa foetida) identifiziert, liefert von der angeschnittenen Wurzel einen Milchsaft, der eingedickt als Asant oder Teufelsdreck ein beliebtes Allheilmittel der hippokratischen Ärzte war. Schon zu Plinius' Zeiten (23–79 n. Chr.) war die Pflanze in Kyrene ausgerottet.

Kroton und andere Städte Unteritaliens sollen eine italische, verschiedene Städte Siziliens eine sizilische (sikelische) Ärzteschule besessen haben. Ob tatsächlich in diesem Raum zwei voneinander getrennte Medizinschulen bestanden haben, wird heute von vielen Medizinhistorikern angezweifelt, die den umfassenderen Begriff einer westgriechischen Heilkunde vorziehen. Eine solche – man denkt hierbei vor allem an Alkmaion – könnte in ihren Anfangsstadien sogar die Voraussetzung für die ostgriechischen Schulen von Kos und Knidos gebildet haben.

Die Geschichte der Schule von Rhodos ist in Dunkel gehüllt; sie dürfte nur von kurzer Dauer gewesen sein. Galen verdanken wir einen Hinweis in seinem Buch »De methodo medendi« (»Über Heilweisen«): »Auch bestand früher ein nicht geringer Wetteifer, da die Ärzte in Kos und Knidos darauf ausgingen, einander durch die Menge ihrer Erfindungen zu übertreffen. Denn in doppelter Linie blühte damals noch dieses Geschlecht der in Asien ansässigen Asklepiaden, nachdem es in Rhodos erloschen war. Es führten aber mit ihnen jenen edlen Wettstreit, den Hesiod lobte, auch die Ärzte aus Italien: Philistion, Empedokles und deren Gefährten. Und es entstanden diese drei bewunderungswürdigen Ärztekreise, die miteinander wetteiferten: Vom Glück begünstigt besaß die meisten und besten Vertreter der koische Kreis. Doch recht nahe kam ihm auch der von Knidos. Aber auch der italische war nicht geringer Aufmerksamkeit wert.«

Kos und Knidos

Der Südwestküste Kleinasiens vorgelagert, inmitten der Inselgruppe der südlichen Sporaden (Dodekanes = Zwölfinselland) zwischen Samos und Rhodos liegt die Insel Kos; ihr gegenüber ist die Bucht von Kerme (auch Golf von Kos) tief in das karische Festland eingeschnitten. Den nördlichen Strand der Küstenbucht beherrschte die Stadt Halikarnassos (heute: Bodrum), die Heimat Herodots. An der Südseite des Golfes besetzte im Altertum die Hafen- und Handelsstadt Knidos die äußerste Spitze der langgezogenen knidischen Halbinsel. Die alten Häfen von Kos und Knidos waren siebenunddreißig Kilometer voneinander entfernt, also bei günstigem Wind in wenigen Stunden Segelfahrt zu erreichen. Beides waren dorische Siedlungen, die zusammen mit Halikarnassos und Ialysos, Kameiros und Lindos, drei Stadtstaaten auf Rhodos, den dorischen Sechsstädtebund (Hexapolis) bildeten. Knidos war der »Vorort« des Bundes; hier wurden in einem gemeinsamen Heiligtum auf dem Vorgebirge Triopion Poseidon, Demeter und Apollon verehrt und die Bundesfestspiele abgehalten.

Kos und Knidos mögen in manchen Beziehungen Rivalen und Konkurrenten gewesen sein, sie waren aber auch vielfach aufeinander angewiesen. Das volkreiche Knidos holte viele Bodenfrüchte auf dem Seeweg vom fruchtbaren Kos, was einfacher war als der Transport auf Tragtieren aus dem Hinterland der Halbinsel über unwirtliches Bergland. Die Nahrungsmittel brauchte Knidos nicht nur zum eigenen Konsum, sondern auch zur Verproviantierung der Schiffe, die hier regelmäßig auf der Fahrt vom östlichen Mittelmeer nach der Ägäis und dem Schwarzen Meer anlegten. Die unvergleichliche Lage am Knick der großen Seehandelsstraße und der Vorzug von einem nördlichen und einem südlichen Hafenbecken, die durch einen Damm zwischen der ursprünglichen Triopioninsel und der Stadt auf dem Festland voneinander getrennt waren, so daß je nach Windrichtung der eine oder der andere Hafen angelaufen werden konnte, machten Knidos zu einer reichen Handelsstadt. Der eigene Export umfaßte Schreibrohr, das sogar dem ägyptischen überlegen gewesen sein soll, Zwiebeln, Weißpapelbeeren (für Parfüme), »knidische Körner« (Früchte des Seidelbasts, ein uraltes Heilmittel) und Beerenwein sowie verschiedene Industrieprodukte (Töpferwaren, Kleinplastiken). Für viele andere Artikel war Knidos ein bevorzugter Umschlagplatz. Als diese

Handelsstraße im Mittelalter ihre Bedeutung verlor, verödete Knidos und ist schließlich ganz verlassen worden.

Bei den englischen Ausgrabungen in der Mitte des 19. Jahrhunderts durch Charles Thomas Newton (1816–1894) wurden verschiedene Anlagen freigelegt, die inzwischen zum größten Teil wieder verschwunden sind, jedoch keine Spur von der Medizinschule und des Asklepieion gefunden. Im kulturellen und geistigen Leben von Knidos und Kos nahmen Ärzte, die ihre Herkunft vom Asklepiossohn Podaleirios ableiteten, eine einflußreiche Stellung ein. Die Ärzteschule von Knidos dürfte älter als die von Kos sein. Beide Ärzteschulen bestanden aber schon, als der Asklepioskult nach Kos und Knidos eingeführt wurde. Anfangs überragte das fortschrittlich-städtische Knidos das konservativ-bäuerliche Kos wie auf allen anderen Gebieten auch in der Heilkunde. Aus der Mitte des 6. Jahrhunderts v. Chr. ist uns zum erstenmal der Name eines knidischen Arztes überliefert: Kalliphon, der Vater des berühmten Demokedes (siehe Seite 58). Nicht als Gründer, aber als der bedeutendste Vertreter der knidischen Schule gilt Euryphon (um 460 v. Chr.), der die verlorengegangenen »Knidischen Sentenzen« verfaßt haben soll.

Dies und vieles andere über die frühen Ärzte der Antike weiß man erst seit der Entzifferung des Papyrus Nr. 137 des Britischen Museums, der 1891 aus Ägypten nach London gebracht worden war. Der englische Altphilologe Frederic George Kenyon (1863–1952) erkannte sofort die Bedeutung dieses Werkes eines unbekannten griechischen Mediziners aus der Wende 1./2. Jahrhundert n. Chr. Griechisch herausgegeben wurde es 1893 durch den deutschen Philologen Hermann Diels (1848 bis 1922). Die Papyrusrolle war ursprünglich etwa $3^1/_2$ Meter lang und 23 Zentimeter hoch und aus 21 Streifen von je 15 Zentimeter Breite zusammengeleimt. Der Text umfaßt 1910 Zeilen mit je etwa dreißig Buchstaben. Die Rolle wurde zwecks bequemerer Bearbeitung in elf Blätter zerschnitten und zwischen Glasscheiben aufgespannt.

Am Anfang der Handschrift fehlt ein Stück, so daß Titel des Werkes und Name des Verfassers verlorengegangen sind. Der Text endet mitten in einer Zeile, ist also unvollendet geblieben.

Eine deutsche Ausgabe erschien 1896 unter dem Titel »Anonymus Londinensis. Auszüge eines Unbekannten aus Aristoteles/Menons Handbuch der Medizin und aus Werken anderer älterer Ärzte«. Diels nahm an, die Rolle stamme nicht von einem geübten Schreiber, sondern von einem Medizinstudenten, der sich das Werk zu seinem persönlichen Gebrauch abgeschrieben hatte.

Dem anonymen Verfasser lag unter anderem die »Iatrika« des Menon vor, der für seinen Lehrer Aristoteles (384–322 v. Chr.) den medizinischen Teil einer großen Enzyklopädie ausgearbeitet hat; die »Iatrika« ist leider verschollen. Der vorliegende Auszug gliedert sich in folgende Teile: 1. Begriffsbestimmungen. 2. Lehrmeinungen alter griechischer Ärzte. 3. Physiologische Kenntnisse (von 300 v. Chr. bis zur Zeit um Christi Geburt); der dritte Teil fußt demnach bestimmt nicht auf Menons Werk.

Euryphon von Knidos

Im Anonymus Londinensis heißt es über die Krankheitsursachen: »Die einen nämlich sagten, die Krankheiten entstehen aus den Überschüssen, welche aus der Nahrung kommen, die anderen aber als Folgen der Grundstoffe des Körpers. Die, welche als Anfang und Grundlage der Krankheiten die Überschüsse annehmen, lehren folgendermaßen: Euryphon von Knidos meint, daß die Krankheiten in folgender Weise entstehen: wenn der Leib, sagt er, die erhaltene Nahrung nicht entleert, so entstehen Überschüsse, welche nach dem Kopfe zu emporsteigend die Krankheiten herbeiführen. Wenn jedoch der Unterleib fein und rein ist, geht die Verdauung vor sich, wie sichs gehört; wenn dies aber nicht geschieht, so tritt das Erwähnte ein.«

Euryphon, ein älterer Zeitgenosse des Hippokrates, wurde durch die Legende mit dem großer Koer verbunden: beide sollen an das Krankenbett des Königs Perdikkas II. von Makedonien (um 454–413 v. Chr.) gerufen worden sein, um dessen »Schwindsucht« zu heilen. Hippokrates erkannte, daß dem Siechtum des Königs eine Liebessehnsucht zu Phila, der Nebenfrau seines Vaters, zugrunde lag. Diese Erzählung ist wie fast alles, was vom Lebenslauf des Hippokrates überliefert wird, in keiner Weise historisch gesichert, unwahrscheinlich und deshalb in das Reich der Märchen und Fabeln zu verweisen. Diese Legenden beweisen nur, daß spätere Biographen bemüht waren, der dankbaren Nachwelt eine reichlich ausgeschmückte Lebensgeschichte zu präsentieren: lauter Dichtung, kaum etwas Wahrheit.

Von den »Knidischen Sentenzen« lagen Galen noch beide Auflagen vor. Aus ihnen geht hervor, daß die Knidier den örtlichen Charakter der Krankheiten stark betonten. Nach Galen haben sie sieben Krankheiten der Galle, zwölf der Harnblase, vier der Nieren, zwölf Arten von Harnzwang, vier von Gelbsucht, vier von Tetanus, drei von Lungenschwindsucht, vier Bräunen etc. unterschieden. Die vielen Krankheitsbilder, die mittels einer verfeinerten Diagnostik aufgestellt wurden, versuchte man weitgehend zu schematisieren. Auf diese Weise sollten feste Normen für die Praxis gefunden werden. Zweifellos bemühten sich die knidischen Ärzte um eine wissenschaftliche Begründung der Medizin. Da aber ihre anatomischen und physiologischen Kenntnisse dazu nicht ausreichten, mußten sie diese durch vielerlei Spekulationen ersetzen. Entsprechend ihrer Krankheitsauffassung pflegten die knidischen Ärzte vor allem die örtliche Therapie: chirurgische Eingriffe mit dem Messer und Glüheisen sowie verschiedene andere mechanische Praktiken; bei chronischen Krankheiten waren Milch, Molken, Abführmittel und die »rohe Lösung« (auf verschiedene Weise zu Mehl verarbeitete Gerste mit verschiedenen Zusätzen) die bevorzugten Verordnungen. Die Knidier waren in der Anwendung ihrer Mittel nicht zimperlich und schreckten auch vor Gewaltkuren nicht zurück: bei Gebärmuttervorfall wurde die Kranke für vierundzwanzig Stunden mit dem Kopf nach unten an einer Leiter aufgehängt und danach rücklings fallen gelassen!

Eine Reihe von Schriften des Corpus Hippocraticum sind auf Grund der darin vertretenen Ansichten eindeutig auf knidischen Ursprung zurückgeführt worden, zum Beispiel »Über Krankheiten«, »Über innere Leiden«, »Über die Siebenzahl«

sowie die Abhandlungen über Frauenkrankheiten und Geburtshilfe. Man hat der Ärzteschule von Knidos vorgeworfen, den kranken Menschen zugunsten des Krankheitsbegriffes sowie die Prognose und Arzneitherapie vernachlässigt zu haben. Gerade diese Faktoren wurden von Hippokrates und der Schule von Kos besonders gepflegt; hier galt der Gesamtzustand des Kranken mehr als der Krankheitssitz. Sudhoff hat 1927 angedeutet, daß sich die Gegensätzlichkeit der koischen und der knidischen Ärztelehre – wobei die beiden Ärzteschulen durchaus nicht ständig in einem gegenseitigen Kampf gestanden haben müssen, sondern auch ein lebhafter Gedanken- und Erfahrungsaustausch stattgefunden haben kann – teilweise aus deren verschiedenseitiger Herkunft erkläre: »Vielleicht gehörte Kos mehr in den ägyptischen, Knidos mehr in den babylonischen Kulturzusammenhang, um die Sache auf einen ganz kurzen Nenner zu bringen.«

Eins steht fest: die lokalistische Krankheitsauffassung und die Frauenheilkunde der Ärzteschule von Knidos haben wesentlich zu den theoretischen Voraussetzungen beigetragen, auf denen operative Chirurgie, Gynäkologie und Geburtshilfe nach 300 v. Chr. in Alexandrien aufgebaut werden konnten. Für die dynamische Auffassung, die Euryphon vom Wesen der Heilkunde hatte, spricht es, daß er in der Zeit seine Lehrmeisterin sah.

Herodikos von Knidos führte die Lehre seines Meisters Euryphon von den Nahrungsüberschüssen als Krankheitsursachen weiter: wenn die Menschen ohne Bewegung die Nahrung zu sich nehmen, wird diese nicht verdaut und löst sich in Überschüssen auf. Aus diesen bilden sich zweierlei Flüssigkeiten, eine sauere und eine bittere; je nach Vorherrschen des einen oder anderen Saftes entstehen verschiedene krankhafte Zustände. Aber auch die Lokalisierung der Säfte hat eine Auswirkung auf die Art der entstehenden Krankheit: es ist ein Unterschied, ob der vorherrschende Saft in den Kopf, in die Leber oder in die Milz geht. Der sauere und bittere Saft sind zweifellos mit Schleim und Galle identisch, die später immer wieder als Krankheitsstoffe in den medizinischen Theorien auftauchten. Die knidische »Zweisäftelehre« gehört zu den medizinischen

Abb. I, 3: Einrenkung des Unterkiefers

Abb. I, 4: Kleiner Ölkrug und Ölgefäß
Abb. I, 5: Äskulap-Heiligtum bei Epidauros

Grundlehren, aus denen schließlich die vorherrschende »Viersäftelehre« (siehe Seite 110) hervorgegangen ist.

Nur am Rande sei vermerkt, daß in den recht unglaubwürdigen Hippokratesbiographien behauptet wird, Hippokrates sei zu Herodikos von Knidos in die Lehre gegangen, nachdem er bei seinem Vater den ersten ärztlichen Unterricht erhalten habe.

Noch ein dritter knidischer Arzt verdient es, vorgestellt zu werden: Ktesias, dessen Vater und Großvater gleichfalls knidische Ärzte gewesen waren, trat in das Heer der zehntausend griechischen Söldner des jüngeren Kyros ein, der mit ihrer Hilfe seinen Bruder, den weichlichen Perserkönig Artaxerxes II. Mnemon (404–359 v. Chr.), stürzen wollte. In der Schlacht bei Kunaxa nördlich von Babylon (401 v. Chr.) siegten zwar die Griechen, aber da Kyros selbst fiel, mußten sie den gegenstandslos gewordenen Feldzug aufgeben und den Rückzug nach Griechenland antreten, der in der »Anabasis« des Xenophon (430 bis 354 v. Chr.) seinen literarischen Niederschlag fand. Ktesias wurde von den Persern gefangengenommen und mußte siebzehn Jahre dem König und der allmächtigen Königinmutter Parysatis, bei denen er wegen seiner ärztlichen Tüchtigkeit in hoher Gunst stand, dienen. Das Leben am persischen Hof mit seinen Intrigen und sinnlichen Perversitäten verlangte von Ktesias diplomatisches Geschick, um nicht das gleiche Schicksal wie einer seiner Vorgänger, Apollonides von Kos, Leibarzt des Königs Artaxerxes I. Makrocheir (465–424 v. Chr.), zu erleiden: der koische Arzt, der durch die Heilung einer schweren Wunde des Feldherrn Megabyzos großes Ansehen erlangt hatte, wurde schließlich wegen seines Verhältnisses mit der hysterischen Schwester des Königs, Amytis, hingerichtet.

Ktesias benutzte den Aufenthalt in Persien zu ausgedehnten geographischen, ethnographischen und historischen Studien über Persien, Indien und Mesopotamien. Nach seiner Rückkehr in die griechische Heimat machte er sein Wissen in den zwei Werken »Indika« und »Persika«, von denen nur Fragmente erhalten sind, seinen Landsleuten zugänglich. Wie Demokedes über hundert Jahre vor ihm befreite sich Ktesias durch List aus dem »goldenen Käfig« des persischen Königshofes: er verschaffte sich einen diplomatischen Auftrag nach Sparta und kehrte von dieser Reise nicht mehr nach Persien zurück.

Ktesias wies unter anderem darauf hin, daß die tödliche Wirkung des Helleborus albus (weiße Nieswurz) zur Zeit seines Vaters und Großvaters auf eine fehlerhafte Dosierung zurückzuführen sei und daß die Ärzte erst die gefahrlose Anwendung lernen müßten. Er kritisierte auch die Ansicht des Hippokrates, daß sich ein Oberschenkel nach rezidivierenden Verrenkungen mit dauerhaftem Erfolg im Hüftgelenk einrenken ließe.

Vor und nach Hippokrates

Die Anfänge der Ärzteschule von Kos liegen genauso im dunkeln wie die der anderen Schulen. Sicher ist, daß sie nicht von der Tempelmedizin und dem Asklepioskult abstammt, der erst in der Mitte des 4. Jahrhunderts v. Chr. in Kos eingeführt wurde. Eher ist anzunehmen, daß das Heiligtum anfänglich vom Ruf der weltlichen Medizinschule zehrte.

Die heutige Hauptstadt Kos am Nordostende der gleichnamigen Insel wurde erst im Jahre 366 v. Chr. angelegt. Die alte Hauptstadt hatte an der Kamara-Bucht im Südwesten der Insel gelegen. Dreieinhalb Kilometer südwestlich des neuen Kos lag auf einer Anhöhe etwa neunzig bis hundert Meter über dem Meere der Zypressenhain des Apollon Kyparissos, der für das 5. Jahrhundert v. Chr. bezeugt ist. Erst um 350 v. Chr., also nach dem Tode des Hippokrates (460–377 v. Chr.), wurde der Altar für den Asklepioskult errichtet. In der ersten Hälfte des 3. Jahrhunderts v. Chr. folgten ein Tempel und weitere kleinere Bauwerke der mittleren Terrasse (Terrasse II), im 2. Jahrhundert v. Chr. entstanden die monumentalen Bauten der oberen Terrasse (I): Tempel, Hallenanlage, Stützmauer und die große Freitreppe; noch hundert Meter darüber lag das alte Quellhaus Burinna. Die Anlage der unteren Terrasse (III) ist in mehreren Abschnitten vom 3. bis zum 1. Jahrhundert v. Chr. erbaut worden. Im 1. Jahrhundert n. Chr. schließlich wurden die Kuranlagen der dritten Terrasse vollendet. Nach der endgültigen Fertigstellung muß das Asklepieion mit seinen drei Terrassen und monumentalen Treppen eine imposante Wirkung auf die Besucher ausgeübt haben. Vom 3. Jahrhundert v. Chr. an entwickelte sich Kos dank seiner landschaftlichen Schönheit und Heilquellen immer mehr von einer religiösen Kultstätte zu einem Modebad für die »oberen Zehntausend« der Antike.

Entdeckung und Ausgrabung des Asklepieions von Kos sind das Verdienst des deutschen Altphilologen Rudolf Herzog (1871–1953), der sich, angeregt durch seine Doktorarbeit über den koischen Dichter Herondas (um 250 v. Chr.), diese Aufgabe selbst gestellt hatte. Herzog entdeckte 1902 das bereits seit Jahrhunderten von Einheimischen und Fremden gesuchte Asklepiosheiligtum und konnte die Anlage in den folgenden Jahren mit Hilfe des Deutschen Archäologischen Instituts und anderer Institutionen ausgraben.

Noch einmal: Hippokrates konnte das Asklepiosheiligtum von Kos genauso wenig gekannt haben wie Napoleon I. den Eiffelturm! Wieweit seine Nachfolger mit dem Kurbetrieb im Asklepieion verbunden waren, ist ungewiß. Sicherlich sind die Asklepiospriester in der Ausübung der Tempelmedizin eines Tages von weltlichen Ärzten abgelöst worden, wobei gleichzeitig die kultisch-religiöse Behandlung durch physikalische Praktiken (Bäder usw.) ergänzt und später ganz ersetzt wurde.

Von den Vorgängern des »großen« Hippokrates (Hippokrates II. in der Ahnenfolge der sieben Ärzte mit dem Namen Hippokrates, griech. = Rossebändiger) sind zuerst seine Vorfahren zu nennen, wie sie in verschiedenen, natürlich wenig authentischen Stammbäumen erscheinen. Hippokrates II. soll der siebzehnten oder zwanzigsten Generation des Asklepios angehört haben, und zwar aus der Linie des Podaleirios. Sein Vater war der Arzt Herakleides, seine Mutter hieß Phainarete und führte ihre Abstammung bis auf Herakles zurück. Der väterliche Großvater war Hippokrates I., ebenfalls ein Arzt; dessen Großvater Nebros wurde zusammen mit seinem Sohn Krisos von den delphischen Priestern um 584 v. Chr. zu Hilfe gerufen, als sie von den Einwohnern Kirrhas bedrängt wurden. An Aineios, den Großonkel des Hippokrates II., erinnert ein in Athen aufgefundener Marmordiskos mit Namen, sitzendem

Bild und Epigramm. Das sind eindeutige Zeugnisse, daß die koischen Ärzte schon zu Ende des 6. Jahrhunderts v. Chr. hochgeschätzt wurden. Nur wenig älter als Hippokrates II. dürfte der schon genannte Apollonides von Kos (siehe Seite 97) gewesen sein.

Unter den ärztlichen Nachkommen des Hippokrates sind zunächst seine Söhne Thessalos und Drakon sowie sein Schwiegersohn Polybos zu erwähnen; alle drei waren namhafte Wanderärzte und als Schriftsteller am Corpus Hippocraticum beteiligt. Thessalos ging später als Leibarzt des Königs Archelaos (413 bis 399 v. Chr.) nach Makedonien; sein Sohn war Hippokrates III.

Hippokrates IV., Sohn des Drakon, war Leibarzt der schönen Roxane, Gemahlin Alexanders des Großen. Nach dessen Tod folgte er der unglücklichen Witwe und ihrem Kinde in die Internierung nach Makedonien. Dort wurden alle drei im Jahre 311 v. Chr. von Söldnern des Diadochen Kassander ermordet.

An dieser Stelle sei eine Wertung Sudhoffs eingeflochten, auch wenn sie der Darstellung der Persönlichkeit des großen Hippokrates vorauseilt: »Einen Hippokrates hat Kos nicht wieder hervorgebracht und Knidos keinen Euryphon mehr, aber die Sonne des Ewigärztlichen hat über Kos und vielleicht auch über Knidos noch lange geleuchtet, als die Fackel des wissenschaftlichen Fortschrittes längst schon nach Alexandreia hinübergetragen war . . .«

Auf Wanderschaft und in der Stadt

In den hippokratischen Schriften werden häufig Orte und Landschaften in Thrakien, Thessalonien, Kleinasien, Libyen, Ägypten, am Schwarzen und Asowschen Meer sowie im Lande der Skythen (südrussische Steppe) genannt. In diese Länder muß Hippokrates selbst oder andere Verfasser gekommen sein. Es wurde schon erwähnt, daß der Wanderarzt als früheste Form ärztlicher Tätigkeit in Griechenland anzusehen ist. Als Handwerker, der seinen Lebensunterhalt durch die Behandlung Kranker bestreiten mußte, konnte er nur in größeren Städten seßhaft werden. Die meisten Ärzte waren gezwungen, von Ort zu Ort zu ziehen und ihre Dienste als Heilkundige anzubieten. Das erscheint uns heute als recht unstandesgemäß, war aber in der Frühzeit und auch noch in der klassischen Zeit üblich. Erinnern wir uns: der Arzt konnte sein Handwerk oder seine Kunst überall und zu jeder Zeit ohne Nachweis einer Ausbildung, Prüfung oder behördlichen Zulassung ausüben. In gesellschaftlicher Hinsicht stand er auf gleicher Stufe wie die anderen Handwerker. Was den einzelnen Arzt unter seinen Kollegen herausheben konnte, war sein Ruf, begründet auf seinem Wissen, Können und Geschick.

Der Wanderarzt war zumeist von einem oder mehreren Dienern oder Schülern begleitet. Die Diener waren Freie oder Sklaven, auf jeden Fall untergeordnete Heilgehilfen, die dem Meister zur Hand gingen. Wenn ein Ort ein einträgliches Geschäft versprach, mietete der Arzt einen Laden oder ein ganzes Haus, möglichst auf dem Marktplatz. Ein Raum, in dem die mitgeführten Geräte und Instrumente ausgepackt wurden, erhielt dadurch die Funktion des Beratungszimmers. Hier empfing der Arzt die Kranken, die oft in Begleitung von Verwandten oder Bekannten zu Untersuchung und Behandlung erschienen. Der Patient wollte nicht allein sein mit dem Arzt: alle sollten sehen, wie tapfer er die Pein der Behandlung ertragen konnte – war es aber doch zu arg, dann war es gut, von den Zuschauern hilfreichen Zuspruch zu erhalten. Dem Arzt lag auch daran, vor einem möglichst großen Publikum seinen Wert zu beweisen, um weiterempfohlen zu werden. Deshalb mußte der Arzt ein beredter Mann sein, der seine Ansichten über die Krankheiten und sein Vorgehen gut erklären kann. Hatte ein Arzt erst einen guten Ruf, dann durfte er gewiß sein, daß er in jedem Ort mit einem großen Zulauf von Patienten rechnen konnte.

Wenn einmal ein Arzt zufällig zur Behandlung eines anderen Arztes kam, zog er sich keineswegs zurück, sondern versuchte den Konkurrenten durch blendendes Auftreten und hochtrabende Redensarten auszustechen. Die Gunst des Publikums entschied, wer von den beiden den Platz räumen mußte.

Bettlägerige und höhergestellte wohlhabende Kranke besuchte der Arzt in deren Heim. Hier ließ er, falls erforderlich, einen Diener oder Schüler als Krankenpfleger zurück. Dieser mußte den Patienten weiter beobachten und die Anordnungen des Meisters ausführen.

Wie die niedergelassenen Ärzte ihre Werkstatt (iatreion) einrichten sollten, ist in den Schriften »Der Arzt« und »Über die ärztliche Werkstatt« erläutert. Dem Anfänger wird geraten: »Erstens muß man einen richtigen Platz für das Haus haben. Das wird der Fall sein, wenn weder Wind an ihn herankommt und stört, noch Sonne oder zu große Helligkeit lästig wird. Das Licht soll sehr hell für die behandelnden Ärzte, aber nicht unangenehm für die Behandelten sein. Vor allem muß man das Licht vermeiden, durch das die Augen krank werden können... Die Stühle aber sollen in der Höhe möglichst gleichmäßig sein, so wie sie für die Patienten passend sind. Irgend etwas aus Erz soll man abgesehen von den Instrumenten nicht verwenden; denn es scheint mir plumpe Wichtigtuerei zu sein, sich solcher Geräte zu bedienen. Das Wasser muß man dem Patienten trinkbar und klar reichen. Was man zum Abwischen braucht, sei rein und weich, für die Augen Leinentücher, für die Wunden Schwämme; denn dergleichen scheint ganz von selbst eine gute Hilfe zu gewähren. Alle Instrumente müssen handlich zum Gebrauch nach Größe, Gewicht und Feinheit sein.«

Für die Annahme, der Arzt habe in seinem Hause auch Patienten stationär aufgenommen, liegen keine Beweise vor. Es ist aber nicht ausgeschlossen, daß frisch Operierte, die von auswärts gekommen waren, im Iatreion noch einige Zeit gepflegt und behandelt wurden. Die »kleine Chirurgie« – Aufschneiden von Abszessen, Wundverbände, Einrenken verstauchter Gelenke, Schienung gebrochener Knochen usw. – nahm in der täglichen Praxis des griechischen Arztes einen großen Platz ein, denn es gab im klassischen Hellas keine Fachärzte.

Der Eindruck des Arztes

»Das Auftreten des Arztes denke ich mir so: dem Aussehen nach wird er gut von Farbe und wohlgenährt sein, soweit es seine Natur zuläßt. Denn bei der Masse stehen die Ärzte, die nicht in diesem Sinne in gutem körperlichen Zustand sind, in dem Ansehen, daß sie auch für andere nicht gut sorgen können. Ferner soll seine Aufmachung reinlich sein; er trage anständige Kleidung und brauche gute und unaufdringliche Salben. Denn alles dieses empfinden die Kranken angenehm, und darauf muß man achten. Sein Charakter sei besonnen, was sich nicht nur in seiner Verschwiegenheit, sondern auch in seiner durchaus geordneten Lebensführung zeigen soll; denn das ist besonders vorteilhaft für ein gutes Ansehen. Er verhalte sich wie ein Ehrenmann. Als solcher sei er allen Menschen gegenüber zugleich ernst und freundlich; denn allzu beflissenes Entgegenkommen wird verachtet, auch wenn es ganz nützlich ist. Er sei nicht zu freigebig mit seiner Person; denn dasselbe sieht man an denselben Personen nur dann gern, wenn sie sich rar machen. Seine Miene sei nachdenklich ohne Strenge; denn ein allzu selbstbewußter Mensch erweckt den Eindruck, menschenfeindlich zu sein. Wer aber immer gleich zum Lachen geneigt und allzu vergnügt ist, wird für einen unfeinen Menschen gehalten; davor muß man sich nicht zum wenigsten hüten. In jedem Umgang mit Menschen zeige er sich als ein rechtlicher Mann, denn in vielen Fällen muß ihm Rechtlichkeit zur Seite stehen. Die Kranken haben ja recht enge Beziehungen zum Arzt; denn sie geben sich den Ärzten in die Hand, und diese kommen zu jeder Zeit mit Frauen, Mädchen und dem wertvollsten Besitz in Berührung. All dem gegenüber muß man Selbstbeherrschung üben. So soll sein Charakter und seine körperliche Beschaffenheit sein.« Das ist der Wortlaut einer Vorschrift über das Auftreten des Arztes in der hippokratischen Schrift »Über den Arzt«.

In der Abhandlung »Über den Anstand« wird das vorbildliche Verhalten am Krankenbett geschildert: »Beim Eintreten sei man bedacht auf die Art, sich zu setzen, auf würdige Haltung, auf passende Kleidung, auf sittlichen Ernst, knappe Sprache, ruhiges Handeln, auf die Betreuung des Kranken und die Fürsorge für ihn, auf die Erwiderung der Einwände, auf die innere Ruhe beim Eintritt von Schwierigkeiten, auf den Tadel bei Störungen, auf die Bereitwilligkeit zu Hilfeleistungen. Dabei behalte man die erste Anordnung im Kopfe, man lasse sich im übrigen in nichts irremachen in dem, was zur Hilfeleistung vorgeschrieben ist.«

Die Verfasser dieser Hinweise haben schon sehr gut gewußt, daß es vom Auftreten des Arztes abhängt, ob sich zwischen ihm und dem Patienten ein ersprießlicher Kontakt ausbildet. Wissen und Können allein machen den guten Arzt noch nicht aus; Benehmen und Charakter müssen auch tadellos sein. Ein Arzt, der bei seinen Patienten Furcht, Abwehr und Abneigung auslöst, hat es schwer, seine Kunst »an den (kranken) Mann zu bringen«.

Wie alle Handwerker konnten sich die Ärzte – sofern sie keine öffentlich besoldeten »Stadtärzte« waren – für ihre Dienstleistung bezahlen lassen. Schon damals erwies sich die Honorarfrage als wunder Punkt im ärztlichen Leben. Heraklit nahm gewissermaßen ein Stück Molière voraus, als er gegen die »nichtswürdigen Ärzte« wetterte, die ihre Patienten mit »Schneiden und Brennen« quälen und dafür noch Geld fordern.

In den hippokratischen »Vorschriften«, einer ärztlichen Sittenlehre, werden die Ärzte ermahnt, sich bei ihrer Honorarforderung »nur von dem Beweggrund leiten zu lassen, daß sie dadurch die Mittel zu ihrer weiteren Ausbildung gewinnen. Auch sollten sie dabei nicht zu unmenschlich vorgehen, auf das Vermögen und die Verhältnisse des Kranken Rücksicht nehmen, zuweilen auch unentgeltlich Hilfe leisten und daran denken, daß das Andenken an eine gute Tat mehr wert ist als ein augenblicklicher Vorteil. Bietet sich die Gelegenheit, einem Fremdling oder einem Armen zu helfen, so möge man dies nicht versäumen; denn wo Liebe zum Menschen ist, da ist auch Liebe zur Kunst.«

Was ist der Kranke?

Das Verhältnis Arzt – Kranker spiegelt auch die gesellschaftliche Stellung des Kranken, die im Laufe der Zeit einem ständigen Wandel unterworfen ist. Manche primitiven Stämme ließen ihre Kranken im Stich, so daß sie moralisch-gesellschaftlich tot waren, ehe sie physisch starben. In allen archaischen Kulturen, in Mesopotamien nicht anders als im frühen Hellas, war der Kranke ein Opfer böser Dämonen oder ein Sünder, dem die Götter die Krankheit als Strafe geschickt hatten.

Auch als im klassischen Griechenland die religiös-dämonistischen Vorstellungen von der Krankheit rationalen Überlegungen Platz machen mußten, blieben die Kranken mit dem Makel der Minderwertigkeit behaftet. Kranke, Schwächlinge und Invalide paßten nicht in eine Gesellschaft, deren Ideal die Kalokagathie (griech. = »Schöngutheit«) war: der körperlich und geistig tüchtige, schöne und gesunde Mensch.

Schwache Kinder wurden nicht nur in Sparta umgebracht. Unheilbare Kranke sollte kein Arzt behandeln. Den Ärzten wird in der hippokratischen Schrift »Über die Kunst« geraten, »sich von der Behandlung derjenigen Personen fernzuhalten, welche von der Krankheit schon überwältigt sind, da man wohl weiß, daß hier die ärztliche Kunst nichts mehr vermag«. Noch der Philosoph Zenon (etwa 336–264 v. Chr.), der Begründer der Stoa, soll sich wegen eines gebrochenen Fingers erhängt haben. Hippokrates schreibt in seiner Abhandlung »Über die Heilige Krankheit« von den Epileptikern: »Die Kranken, die schon mit der Krankheit vertraut sind, merken vorher, wenn ein Anfall kommt, und fliehen aus der Gesellschaft der Menschen, und zwar, wenn ihr Haus in der Nähe ist, nach Hause, anderenfalls an möglichst einsame Stellen, wo recht wenige sehen können, wie sie hinfallen, und sie verhüllen sich sofort. Das aber tun sie, weil sie sich wegen ihres Leidens schämen, und nicht, wie die verbreitete Meinung ist, aus Furcht vor der Gottheit.« Das Schlimmste an der Epilepsie, aber auch an anderen Krankheiten, war nicht das Leiden an sich, sondern daß der Kranke in seiner gesellschaftlichen Stellung entwertet und gelähmt wurde.

Die Haltung des Arztes gegenüber den Kranken wird von mehreren Motiven bestimmt: eins – und nicht das geringste – ist wirtschaftlicher Natur; der Arzt muß von den Honoraren seiner Patienten leben können. Ebenso sehr wie der Patient auf den Arzt ist auch der Arzt auf den Patienten angewiesen. Der Komiker Philemon der Jüngere (um 300 v. Chr.) formulierte diesen Sachverhalt glasklar: »Wie schlecht ergeht es jedem Arzt, wenn sich niemand schlecht fühlt.« Neben dem Erwerb des Lebensunterhaltes – wobei die Ansprüche der einzelnen Ärzte mal größer, mal kleiner sind – steht das Streben des Arztes nach Ansehen und Ruhm. Um sich einen guten Ruf zu schaffen, behandelte der griechische Arzt zuweilen sogar unentgeltlich, besonders Arme und Fremde. Nach diesen realistischen Motiven sind die idealistischen zu nennen: die Anteilnahme am Leiden des kranken Menschen und ganz allgemein die Liebe zur ärztlichen Kunst und darüber hinaus zur Natur in ihrer Vielfalt.

Die »kühle Distanz«, die den frühgriechischen Menschen im gegenseitigen Umgang von den Altertumswissenschaftlern nachgesagt wird, darf nicht ohne weiteres auf das Verhältnis der Ärzte zu ihren Patienten übertragen werden. Viele Belege sprechen dafür, daß die griechischen Ärzte um 400 v. Chr. alle Kranken, auch die Sklavenpatienten, ohne Vorurteil und mit menschlicher Anteilnahme behandelt haben dürften. Nach Kudlien darf das von Platon im »Staat« und in den »Gesetzen« entworfene Bild einer besonderen Sklaven-Praxis durch Sklavenärzte nicht für bare Münze genommen werden; seine Beschreibung entsprach keineswegs der historischen Realität. Hier muß man sich vielmehr an die hippokratischen Schriften »Epidemien« halten, in denen die Ärzte Freie und Sklaven unterschiedslos behandeln.

Im obenstehenden Zitat (siehe Seite 103) aus der Schrift »Über den Arzt« wurde bereits erklärt, daß die Kranken recht enge Beziehungen zum Arzt haben, dem sie sich in die Hand geben. Schon damals haben die Ärzte erkannt, daß eine erfolgreiche Behandlung nur auf dem Fundament des Vertrauens gedeihen kann. Dieses Vertrauen verpflichtet den Arzt seinerseits. Im ersten Band der »Epidemien« stehen die ewig gültigen Sätze: »Auf zweierlei kommt es bei der Behandlung der Kranken an: zu nützen oder wenigstens nicht zu schaden. Die Kunst umfaßt drei Elemente: die Krankheit, den Kranken und den Arzt. Der Arzt ist der Diener der Kunst. Der Kranke muß gemeinsam mit dem Arzt die Krankheit bekämpfen.«

Insel und Stadt Kos beziehen ihren Ruhm von Hippokrates »dem Großen«, der 460 v. Chr. auf der Insel geboren wurde. Vielleicht ist Hippokrates in der »alten Stadt«, der damaligen Hauptstadt der Insel, am Kamara-Golf zur Welt gekommen. Gestorben ist Hippokrates dreiundachtzig Jahre alt im Jahre 377 v .Chr. in Larissa in Thessalien. Neugriechischen Berichten zufolge soll sein Grabmal bis zum Jahre 1807 nachweisbar gewesen sein.

Wie verlief das Leben dieses hochberühmten Mannes, der größeren Ruhm als jeder andere Arzt auf der Welt erlangt hat? Wollte man sich auf die einwandfrei belegten Daten und Fakten beschränken, müßte man als Hippokrates-Biograph zwischen Geburts- und Sterbejahr ein großes Fragezeichen setzen. Schon bald nach seinem Tode interessierten sich Historiker und Schriftsteller für sein Leben und Wirken. Da aber keine sicheren Nachrichten über Hippokrates aufzutreiben waren, ging man der mündlichen Tradition nach. So entstand die Hippokrates-Legende, in die sicherlich auch einige wahre Tatsachen verwoben sind; wir wissen leider nicht, was in den überlieferten Lebensgeschichten des Hippokrates Wahrheit oder Dichtung ist.

Platon ist der einzige Zeitgenosse, der Hippokrates erwähnt; zumindest, soweit wir davon wissen. Im Dialog »Protagoras« fragt Sokrates einen jungen Mann, der zufällig auch Hippokrates heißt und Schüler des Sophisten Protagoras werden möchte: »Zum Beispiel: wenn dir's einfiele, zu deinem Namensbruder, dem Koer Hippokrates, zu gehen aus Asklepios' Familie, und wenn dich dann einer fragte: Sag mir, Hippokrates, du willst dem andern Hippokrates Lohn zahlen? Warum? Und was ist er denn? – Nun, was würdest du antworten? – Ich würde sagen (entgegnete er), weil er ein Arzt ist. – Und was willst du bei ihm werden? – Auch ein Arzt!«

Im Dialog »Phaidros« vergleicht Sokrates die Rhetorik mit der Medizin, für die beide man die Natur kennen müsse; auf die Frage des Sokrates, ob man ohne Kenntnis der Natur des Ganzen die Natur der menschlichen Seele erkennen könne, antwortet Phaidros: »Wenn man dem Asklepiaden Hippokrates glauben darf, so kann man ohne diese Methode auch über den menschlichen Körper nichts erfahren.« Im weiteren Verlauf des Gespräches verweist Sokrates noch einmal auf die Autorität des Hippokrates: »Darauf schaue nun, was denn Hippokrates und der wahre Logos über die Natur sagen.« Hier wird der große Arzt geradezu mit dem Logos (griech. = Wort, Gedanke, Sinn, Vernunft) gleichgesetzt.

Aristoteles, der erst sieben Jahre alt war, als Hippokrates starb, erwähnte in seinen »Politika«, daß Hippokrates als Arzt groß, aber von Statur klein gewesen sei. Der obenerwähnte Aristoteles-Schüler Menon nennt Hippokrates neben neunzehn anderen Ärzten der Antike.

Ebenso unbekannt wie die Lebensgeschichte sind uns auch die Gesichtszüge des Hippokrates. Es gibt keine authentischen Porträts oder Statuen von Hippokrates. Die koischen Münzen mit dem Kopf des Hippokrates stammen aus dem 1. Jahrhundert n. Chr. Wir wissen nicht, welche Vorlagen der Künstler benutzt hat; daher kann man nicht sagen, ob das Porträt lebensähnlich ist. Alle bisher gefundenen Büsten sind Kopien hellenistischer Werke, die sich kaum identifizieren lassen. Das gilt auch für die 1940 in der Nekropole der Isola sacra bei Ostia entdeckte Büste.

Daß Hippokrates wie damals üblich ein Wanderarzt gewesen ist, fällt nicht schwer zu glauben, da die ihm zugeschriebenen Bücher »Über die Umwelt« und »Epidemien« nur ein weitgereister Arzt verfaßt haben kann. Sicher trieb ihn der Wissens- und Forschungsdrang in die Fremde. Die Insel Kos bot wohl wegen der gesunden Lebensbedingungen und der geringen Bevölkerungszahl nicht genügend Studienmöglichkeiten. Es kann aber auch sein, daß die Unruhe durch den Peloponnesischen Krieg den großen Arzt aus der Heimat vertrieb. Kos wurde als strategisch wichtige Insel bald von den Athenern, bald von den Spartanern besetzt. Jeder Besitzwechsel war mit Zerstörungen und Greueltaten verbunden.

Wer war Hippokrates? Nach Edelstein einer von vielen Ärzten der klassischen Zeit, der erst von den alexandrinischen Ärzten des 3. Jahrhunderts v. Chr. aus der Schar seiner Zeitgenossen herausgehoben worden ist. Kudlien wendet sich gegen die Heroisierung des Hippokrates als »Begründer der wissenschaftlichen Medizin«. Hippokrates hat begonnen, der Medizin eine eigenständige, reiche, von Ärzten selbst geschriebene Literatur zu geben. Er war nach den Worten von Kudlien nur ein Glied, wenn auch ein besonders starkes und wirkungsvolles, im Kampf um eine spezifische ärztliche Kunst. Sigerist schloß eine Betrachtung über »Die Welt des Hippokrates« (1951) mit den Sätzen: »Wir wissen wenig von Hippokrates. Die Schriften, die unter seinem Namen überliefert wurden, sind das Werk einer großen Generation. Da sie seinen Namen tragen, wird er verehrt als der Vater der abendländischen Heilkunde und hat er einen ungeheuren Einfluß ausgeübt. Und wie Alexander immer wieder Eroberer und Staatengründer zeugen wird, Brutus Tyrannenmörder, so wird auch Hippokrates immer wieder große Ärzte erzeugen.«

Vier Säfte sollen es sein

Liebgewonnene Vorstellungen aufzugeben, fällt uns allen schwer. So finden wir in medizinhistorischen Abhandlungen Behauptungen wie »Hippokrates hat gelehrt, daß ...« und »Hippokrates hat gesagt, daß ...« oder ähnliche. Ebenso wird Hippokrates immer wieder als »Begründer der wissenschaftlichen Medizin« bezeichnet. Der Leser wird das alles für bare Münze nehmen, was tatsächlich nur die persönliche Meinung der betreffenden Autoren ausdrückt. Strenggenommen können wir nur sagen, in der und der hippokratischen Schrift steht das und das. Einmal ist wie schon des öfteren erwähnt die Zuordnung der einzelnen Schriften zu bestimmten Ärzten problematisch; zum anderen werden nicht in allen Büchern des Corpus Hippocraticum die gleichen Lehrmeinungen vertreten. Das ist auch nicht verwunderlich, wenn wir bedenken, wie viele Autoren aus verschiedenen Jahrhunderten an dieser Schriftensammlung beteiligt gewesen sind. Es ist nicht zulässig, eine einzelne Theorie auszuwählen und sie als Grundanschauung aller hippokratischen Schriften vorzustellen.

Eine dieser Theorien war die Viersäftelehre, die von Galen und den Arabern weiter ausgebaut wurde und bis zum 18./19. Jahrhundert das medizinische Denken beeinflußte. Den ersten Ausgangspunkt dieser Lehre bildete Alkmaions Lehre von den Gegensätzen. Anfangs nahm man eine unbeschränkte Zahl von Säften an, die eine Krankheit verursachen konnten. Eine Zweisäftelehre (Galle und Schleim) ist in der Schrift »Über die Heilige Krankheit« und eine Dreisäftelehre (Galle, Schleim und Blut) in den Büchern »Über die Umwelt« und »Epidemien« I und III aufgeführt.

In der um 400 v. Chr. von Polybos verfaßten Schrift »Über die Natur des Menschen« werden zum erstenmal die vier Kardinalsäfte als Ursachen von Gesundheit und Krankheit bezeichnet: »Der Körper des Menschen hat in sich Blut und Schleim und gelbe und schwarze Galle, und das ist die Natur seines Körpers, und dadurch hat er Schmerzen und ist gesund. Am gesundesten ist er, wenn diese Säfte im richtigen Verhältnis ihrer Kraft und ihrer Quantität zueinander stehen und am besten gemischt sind. Schmerzen hat er, wenn etwas von ihnen zu viel oder zu wenig vorhanden ist oder sich im Körper absondert und nicht mit dem Ganzen vermischt ist.«

Die Erkenntnis, daß Gesundheit auf einem Gleichgewicht und Krankheit auf einer Störung dieses Gleichgewichtes beruhen, ist von den hippokratischen Ärzten aus der vorsokratischen Naturphilosophie übernommen worden. Als Träger dieses Gleichgewichtes boten sich die Körpersäfte an, die von den Ärzten täglich beobachtet werden konnten: Blut bei Verletzungen, Aderlaß und Monatsregel der Frau; Schleim im Speichel; Nasensekret bei Schnupfen und im Auswurf bei Husten; Galle im Erbrochenen und im Stuhl. Da die Dreisäftelehre unbefriedigend war, suchte man nach einem vierten Saft. Zwei Säftepaare mit entgegengesetzten Eigenschaften würden die idealen Träger eines Gleichgewichtes abgeben. Wahrscheinlich hat bei diesen Überlegungen die Lehre des Empedokles von den vier Elementen (Feuer, Wasser, Luft und Erde) Pate gestanden. Einen weiteren Gesichtspunkt hat der Schweizer Medizinhistoriker Walter Müri beigesteuert: Erst nach der Mitte des 5. Jahrhunderts v. Chr. trennten die Griechen vom Sommer den

Herbst als eigene vierte Jahreszeit ab. Die Differenzierung zwischen heller und schwarzer Galle könnte man sich als analogen Vorgang denken.

Die »schwarze Galle«, die es weder im gesunden noch im kranken Organismus gibt, ist schon in den frühesten Quellen der antiken Literatur mit der Gemütskrankheit Melancholie verbunden. Ob dieser mythisch-hypothetische Saft auch eine reale Wurzel hat, etwa die Fehldeutung von schwarzgefärbtem Stuhl, Harn und Erbrochenem bei stärkeren Blutbeimengungen, läßt sich nicht mit Bestimmtheit behaupten.

Die Hippokratiker haben die vier Kardinalsäfte zu den Elementarqualitäten, Jahreszeiten, Organen und Lebensaltern direkt in Beziehung gesetzt. Nach einer Analyse von Erich Schöner kann man folgendes Viererschema aufstellen:

	Blut warm und feucht Herz Frühling Kindesalter	
gelbe Galle warm und trocken Leber Sommer Jugend		Schleim kalt und feucht Gehirn (Kopf) Winter Greisenalter
	schwarze Galle kalt und trocken Milz Herbst Mannesalter	

Dieses Viererschema liegt allerdings in keiner Schrift des Corpus Hippocraticum vollständig vor; nur einige der hier zusammengestellten fünf Faktorengruppen sind jeweils in den einzelnen Abhandlungen aufgeführt; alle zusammengeführt ergeben dann das große Viererschema. Die Verknüpfung der vier Körpersäfte mit den vier Elementen und Temperamenten geschah erst später.

Die richtige Mischung (Eukrasie) der vier Körpersäfte garantiert Gesundheit, eine fehlerhafte Mischung (Dyskrasie) ruft Krankheit hervor. Da es in dieser Krankheitslehre (Pathologie) um Säfte (lateinisch = humor) geht, wird sie zur Obergruppe der Humoralpathologie gezählt. Diese bestechende Hypothese der Krankheitsbilder, die die Ärzte beobachten konnten, war die damals bestmögliche, da es an ausreichenden anatomischen, physiologischen und physikalisch-chemischen Kenntnissen fehlte.

Krisis und Lysis

Mit der Säftelehre wollten die Hippokratiker das Wesen der Krankheiten bestimmen. Blieb noch die Frage nach den Krankheitsursachen. Wodurch konnte die harmonische Mischung der vier Kardinalsäfte gestört werden? Bei der Beantwortung dieser schwierigen Frage blieben fast alle Autoren der hippokratischen Schriften auf dem festen Boden der Beobachtung und Erfahrung. Die angeschuldigten Ursachen lassen sich unschwer in drei Gruppen einteilen:

1. Äußere Umwelteinflüsse – Jahreszeiten, Wetter, Klima, Luft, Boden, Wasser.
2. Fehlerhafte Lebensweise – Ernährung, Überanstrengung, Verletzungen, Beruf, Kleidung.
3. Vererbung und Veranlagung.

Auf Grund ihrer Beobachtung der akut-fieberhaften Krankheiten entwickelten die hippokratischen Ärzte eine Lehre vom Krankheitsverlauf. Für die Hippokratiker ist die Krankheit ein biologischer Vorgang: der Kampf zwischen der krankmachenden Schädigung und dem Organismus des Kranken.

Beim gewöhnlichen Schnupfen ist das Nasensekret anfangs dünnflüssig, hell und beißend, wird später dicker und gelblichgrün und verschwindet schließlich ganz. Der Auswurf bei der Lungenentzündung verändert sich ebenfalls: zuerst ist er dünn und wässerig mit hellen Blutbeimengungen, später dick und zäh, von rostroter bis brauner Farbe.

Aus diesen Beobachtungen leiteten die Griechen drei Stadien der Krankheiten ab. Im ersten Stadium ruft eine der angeführten Krankheitsursachen eine qualitative und quantitative Veränderung eines Körpersaftes hervor; der schädliche Saft ist »roh und scharf«, noch nicht »gekocht«; dabei sprach man von einem Stadium der Apepsie (»Nichtgekochtsein«). Die jeweiligen Absonderungen (Nasenschleim, Auswurf, Urin, Stuhl) zeichnen sich durch eine entsprechende Eigenschaft aus. Um das Gleichgewicht wiederherzustellen, muß der »verdorbene Saft« aus dem Körper vertrieben werden. Zu diesem Zweck mobilisiert der Organismus im zweiten Stadium seine Abwehrkräfte; diese Reaktion geht mit Fieber einher. Jetzt kann der fehlerhafte Saft durch Kochung (Pepsis) reif und unschädlich gemacht und damit auf die Austreibung vorbereitet werden. Auf diese Weise entsteht Eiter aus Blut und erhält der Urin einen rötlichen Satz. Das dritte Stadium, die Krisis (griech. = Scheidung), bringt die Entscheidung, ob es zur vollkommenen Heilung, zum Umschlag in ein chronisches Leiden oder zum Tod kommt. Von einer Krisis im engeren Sinn spricht man, wenn die Ausscheidung durch Schweiß, Harn usw. schnell und gründlich erfolgt; eine langsame, allmähliche Ausscheidung nennt man Lysis (griech. = Lösung). Bei zögernder oder mangelhafter Ausscheidung kommt es zu örtlichen Ablagerungen (Apostasen) des Krankheitsstoffes oder in noch ungünstigeren Fällen zu Versetzungen (Metastasen); es ist dann eine neuerliche »Kochung« nötig, um endlich die Ausscheidung zu bewirken. Gelingt dies nur unvollkommen oder gar nicht, so wird die Krankheit chronisch beziehungsweise unheilbar.

Die griechischen Ärzte haben auch beobachtet, daß die dramatische Krise mit Schweißausbruch, Kreislaufversagen und Fieberabfall bei manchen Krankheiten regelmäßig an bestimmten Tagen auftraten. Eine Lungenentzündung dauert sieben Tage, ein Typhus einundzwanzig Tage. So entstand die Lehre von den »kritischen Tagen«, bei der die Vierzahl und besonders die Siebenzahl und ihre Vielfachen die Hauptrolle spielen. Der Autor von Buch I der »Epidemien« weiß folgendes zu berichten: »Die Krankheiten, die an geraden Tagen auf den Höhepunkt ihres Anfalls kommen, haben ihre Krisen an geraden Tagen. Dagegen die, deren ärgste Anfälle an ungeraden Tagen erfolgen, haben ihre Krise an ungeraden. Es kommt aber die erste Periode bei denen, die an geraden Tagen zur Krise kommen, am 4., 6., 8., 10., 14., 20., 24., 30., 40., 60., 80. und 120. Tag. Dagegen bei den Kranken, die an ungeraden Tagen zur Krise kommen, ist die erste Periode am 3., 5., 7., 9., 11., 17., 21., 27. und 31. Tag. Man muß aber auch wissen, wenn die Krise zu einem anderen Zeitpunkt erfolgt, als ich beschrieben habe, daß dann Rückfälle eintreten werden. Es können dann vielleicht auch tödliche Rückfälle eintreten. Man muß aber wohl bedenken und gegenwärtig haben, daß in diesen Zeiten die Krisen zum Leben oder zum Tode führen oder entscheidende Wendungen zum Besseren oder Schlimmeren bringen werden. Man muß auch beachten, in welchen Perioden irreguläre Fieber und vier-, fünf-, sieben- und neuntägige Fieber zur Krise kommen.«

Die grundsätzlich richtige Beobachtung, daß viele fieberhafte Krankheiten (zum Beispiel die verschiedenen Arten der Malaria) einen zyklischen Verlauf haben, führte zu Spekulationen, die an die alte Zahlenmystik der Mesopotamier und der Pythagoreer erinnert. Die Ärzte konnten mittels dieser Erkenntnis die zu erwartenden Krisen vorausberechnen und ihre Prognose über den Krankheitsausgang aufstellen.

Mit diesem Wissen gaben sich die griechischen Ärzte noch nicht zufrieden. Wer oder was bewirkte, daß die krankhafte Störung wieder ausgeglichen und das Gleichgewicht der Säfte wiederhergestellt wurde? Gab es doch Spontanheilungen von Krankheiten, die auf einer Selbsthilfe des Organismus beruhen mußten. Von dieser Warte besehen imponierte die Krankheit nicht nur als Leiden (pathos), sondern auch als Arbeit (ponos).

Für die Hippokratiker war die Physis (Natur) eines jeden Menschen für Gesundheit und Krankheit verantwortlich. »Die Naturen sind der Krankheiten Ärzte« und »Die Natur ist ohne Unterricht geblieben und hat nichts gelernt und tut trotzdem ihre Schuldigkeit« lauten zwei hippokratische Merksätze. Unter »Natur« verstand man die Gesamtheit des Organismus. Eine besondere »Naturheilkraft« wie spätere Autoren haben die Hippokratiker noch nicht angenommen. Die Heilbestrebungen bildeten nur eine der Äußerungen des Lebens.

In einigen hippokratischen Schriften wird als der wesentliche Bestandteil der Physis das »innewohnende Feuer« (auch »eingepflanzte Wärme«) bezeichnet, das in der linken Herzkammer lokalisiert wurde. Deshalb sei das Herz so heiß und müsse durch die Atmung abgekühlt werden. Nach der Ansicht des Schweizer Medizinhistorikers Charles Lichtenthaeler (Professor der Medizingeschichte an der Universität Hamburg) stammt der Begriff der »eingepflanzten Wärme« aus der Religion; analog dem »heiligen Feuer« verschiedener Religionsgemeinschaften beschütze sie das Individuum vor Krankheit und Tod.

Kranke und Krankheitsbilder

»Kriton auf Thasos bekam, während er herumlief, starken Schmerz im Fuß, der von der großen Zehe ausging. Am gleichen Tage legte er sich nieder, bekam Kälteschauer und Übelkeit, dann wurde ihm wieder etwas wärmer, zur Nacht delirierte er. Am zweiten Tag bekam er eine rötliche Schwellung mit Spannung am ganzen Fuß und am Knöchel, schwarze Bläschen, heftiges Fieber, Raserei; etwas ungemischter, galliger Stuhl ging ab. Am zweiten Tag nach Ausbruch der Krankheit starb er.«

Das ist eine der Krankengeschichten, die wahrscheinlich Hippokrates selbst während seiner praktischen Tätigkeit auf der Insel Thasos in der nördlichen Ägäis im ersten Buch der »Epidemien« niedergeschrieben hat. Der Bericht ist kurz, denn der Kranke erlag schon nach zwei Tagen einer Sepsis (Allgemeininfektion). Andere Krankengeschichten verfolgen den Krankheitsverlauf durch mehrere Wochen.

Die hippokratischen Ärzte beobachteten zweierlei äußerst sorgfältig: erstens die Krankheitszeichen der einzelnen Kranken und zweitens die atmosphärischen Bedingungen (Wetter, Klima, Jahreszeit). Manche Krankheitsbilder sind von ihnen unübertrefflich einprägsam beschrieben worden. Hierbei ging es weniger darum, zu einer Krankheitsdiagnose zu kommen, also der Krankheit einen Namen zu geben, als ein Bild von der Reaktionsweise des Kranken, seinem Kräftezustand und den Reserven zu gewinnen. Kein Symptom wurde als nebensächlich oder unerheblich betrachtet. Man ermittelte gewissermaßen den »Tatbestand« der Krankheit. Die koischen Ärzte ließen sich aber nicht wie die Ärzte der Schule von Knidos dazu verleiten, die Krankheiten nach unwesentlichen und zufälligen Merkmalen zu klassifizieren. Die Hippokratiker interessierten sich mehr für das kranke Individuum als für die Krankheit. Wie auf allen Gebieten der Kunst und Wissenschaft bildete damals auch in der Medizin der Individualismus den vorherrschenden Wesenszug. Der amerikanische Medizinhistoriker Owsei Temkin (Direktor des Institutes für Geschichte der Medizin der Johns Hopkins University in Baltimore) charakterisierte die hippokratische Krankheitsauffassung mit folgenden Sätzen: »Krankheit ist die Vielfalt der Erkrankungen, und jeder Erkrankungsfall bezieht sich auf den ganzen Menschen. Jeder Erkrankungsfall ist vom anderen verschieden, alle allgemeinen Aussagen, die von den Person-Zeit-Ort gebundenen Umständen absehen, sind gefährlich, alle Krankheitstypisierung ist fruchtlos, denn entweder erfaßt der Typus den Einzelfall nicht – und auf dessen volle Erkenntnis kommt es an –, oder die Typen sind unendlich an Zahl, mühsames und unsinniges Geschäft, sie sämtlich mit Namen zu belegen und als Typen beschreiben zu wollen.«

Während die koischen Ärzte die inneren Krankheiten grundsätzlich als Allgemeinerkrankungen betrachteten, faßten die Knidier die Krankheiten als tatsächliche Wesenheiten auf, die an einem bestimmten Ort des Organismus zutage treten, also als Lokalerkrankungen. Trotzdem unterschieden auch die Hippokratiker Krankheiten und haben sie grob lokalisiert. Die überkommenen Krankheitsbilder werden von ihnen weiter benutzt, aber nicht schärfer differenziert oder gemehrt. Das Buch der Prognosen (Prognostikon) schließt mit der Mahnung: »Man soll aber den Namen keiner Krankheit, die hier nicht niedergeschrieben ist, vermissen; denn alle Krankheiten, die in den obenerwähnten Zeiten zur Krise kommen, kann man an denselben Zeichen erkennen.«

Im Epidemienbuch I wird eine Mumpsepidemie auf Thasos glänzend geschildert, ohne daß der Autor einen besonderen Namen für die so gut charakterisierte Krankheit hat; er spricht einfach von »Schwellungen in der Ohrgegend«, die nicht vereitern. Einige Krankheitsbilder haben noch heute die gleichen Namen wie damals: »Sie hüstelten schwach und häufig, indem sie den reifen Auswurf in kleinen Stößen mühsam aushusteten. Bei denen, die die Krankheit am heftigsten befiel, kam der Auswurf auch nicht im geringsten zur Reifung, sondern blieb roh. Im Rachen hatten die meisten von ihnen von Anfang bis zu Ende Schmerzen; er war gerötet und entzündet, bei wenig dünnem, scharfem Ausfluß. Sie wurden rasch elend und verfielen, hatten während der ganzen Zeit auf gar nichts Appetit und keinen Durst; viele redeten irr unmittelbar vor dem Tod. Soweit über die Schwindsucht.«

Die alte, schon im Mittelhochdeutschen übliche Bezeichnung »Schwindsucht« oder »Auszehrung«, die noch heute im Volksmund gebraucht wird, ist erst nach der Entdeckung der Tuberkelbakterien durch Robert Koch (1882) von der Bezeichnung »Tuberkulose« endgültig abgelöst worden. Die Hippokratiker, die noch nichts von Bakterien und Tuberkeln wußten, haben auch erkannt, daß die heimtückische Lungentuberkulose gern auch den Kehlkopf befällt und Darmsymptome zeigen kann. Ebenso war bekannt, daß manche Konstitutionen besonders zur Tuberkulose neigen, die lange Zeit verborgen sein kann und meistens tödlich endet.

Sehr verbreitet waren die Leitbilder Katarrh, Rheuma und Wechselfieber. Der Katarrh (griechisch = herabfließen) ist eine Schleimhautentzündung mit Austritt einer wäßrigen Flüssigkeit, die fast überall im Körper auftreten kann (Augen, Nase, Ohr, Bronchien, Rachen, Harnröhre, Darm usw.). Rheuma (griechisch = Fluß) bezeichnet das Fließen der Krankheitsstoffe im Körper. Die Schmerzen ziehen von einer Stelle zur anderen und können sich schließlich an einem bestimmten Platz festsetzen. Der Prototyp des Wechselfiebers ist die Malaria mit ihren periodischen Fieberanfällen und Schweißausbrüchen. Die Griechen kannten zwar noch nicht den Entwicklungszyklus der Malariaerreger, aber sie hatten beobachtet, daß man das Auftreten der Schüttelfröste fast genau auf die Stunde voraussagen kann und daß die Malaria im Herbst und nach Regenperioden häufiger vorkommt. Im Epidemienbuch I heißt es: »Von den Fiebern sind die einen anhaltend, die anderen treten am Tage auf und setzen nachts aus. Wieder andere treten nachts auf und setzen tags aus. Es gibt Zweieinhalbtage-,

Dreitage-, Viertage-, Fünftage-, Siebentage- und Neuntagefieber. Die heftigsten, wichtigsten, schwersten und gefährlichsten Krankheiten treten in der Form der anhaltenden Fieber auf. Das ungefährlichste, leichteste und langwierigste von allen ist das Viertagefieber, denn es ist nicht nur an und für sich von dieser Art, sondern schützt auch vor anderen schweren Krankheiten. Mit dem sogenannten Zweieinhalbtagefieber befallen den Kranken auch akute Krankheiten. Es ist unter den übrigen Fiebern das gefährlichste, und auch die Schwindsüchtigen und alle, die an anderen längeren Krankheiten leiden, erkranken vorzugsweise unter dieser Form des Fiebers.«

Vom Scheitel bis zur Sohle

In der medizinischen Terminologie sind noch heute folgende Fachausdrücke mit dem Namen des Hippokrates verbunden:

Angina Hippocratis – Retropharyngealabszeß (Abszeß im Bindegewebe zwischen hinterer Rachenwand und Wirbelsäule);

Digiti hippocratici – Trommelschlegelfinger (kolbige Anschwellung der Fingerendglieder bei Stauungen im Lungenkreislauf);

Facies hippocratica – die veränderten Gesichtszüge Sterbender (siehe Seite 119);

Mitra Hippocratis – mützenartiger Kopfverband mit zweiköpfiger Binde;

Morbus niger Hippocratis – Melaena (»schwarze Krankheit«: Bluterbrechen und teerfarbige Stühle bei Blutungen im Magen-Darmkanal);

Succussio Hippocratis – das »Aufschütteln« (siehe Seite 120);

Unguis hippocraticus – bläuliche Verfärbung der Nägel bei Lungenkrankheiten.

Diese Aufzählung gibt uns ein Bild davon, wie sorgfältig die griechischen Ärzte ihre Kranken beobachtet und untersucht haben. Mit allen Sinnen suchten sie zu einem Urteil über den Gesamtzustand des Patienten zu gelangen. Ohne die objektiven Symptome zu vernachlässigen, wurde der Kranke vom Scheitel bis zur Sohle untersucht. Bei inneren Erkrankungen wurde von

A bis Z, von Alter bis Zuckungen, alles beachtet. Diese subtile Diagnostik wurde aber nicht um ihrer selbst willen betrieben, sondern als hilfreiches Verfahren, um darauf Prognose und Therapie aufzubauen.

Über die Grundlagen der Diagnose sagt der Autor des ersten Buches der »Epidemien«: »Unsere Diagnose über die Krankheiten begründeten wir auf die Einsicht in folgende Faktoren: die allgemeine Natur aller Menschen und die besondere jedes einzelnen, die Krankheit, den Kranken, das Verordnete, den Verordnenden – denn daraus ergibt sich die Entwicklung der Krankheit zur Besserung und zur Verschlimmerung –, die Verhältnisse des Wetters und der jeweiligen Landschaft im ganzen und im einzelnen, die Gewohnheiten, die Lebensweise, die Betätigungen, das Lebensalter des einzelnen; Reden, Verhalten, Schweigen, Gedanken, Schlaf, Schlaflosigkeit, Art und Zeitpunkt der Träume; Raufen des Haares, Jucken, Tränen, Fieberparoxysmen, Stuhlgang, Urin, Auswurf, Erbrechen; Zahl und Art der Abfolgen der Krankheiten und ihrer Apostasen zum Schlimmen und zur heilsamen Krise; Schweiß, Schüttelfrost, Kälte, Husten, Niesen, Schlucken, Atmung, Aufstoßen, Blähungen, ob leise oder mit Geräusch, Blutungen, Hämorrhoiden. Aus diesen Zeichen und ihren Folgeerscheinungen muß man seine Schlüsse ziehen.«

Der Untersuchungsgang läßt bereits eine deutliche Dreiteilung erkennen: Betrachtung (Inspektion), Betastung (Palpation) und Behorchung (Auskultation).

Eine der bekanntesten Stellen des ganzen Corpus Hippocraticum ist die Schilderung der facies hippocratica im Prognosenbuch: »Folgendes muß man in den akuten Krankheiten beobachten: erstens das Gesicht des Kranken, ob es dem der Gesunden ähnlich ist, vor allem aber, ob es sich selbst ähnlich geblieben ist. So wäre es nämlich am besten; am schlimmsten aber ist das, was der Ähnlichkeit am stärksten entgegengesetzt ist. Das sieht folgendermaßen aus: die Nase ist spitz, die Augen sind hohl, die Schläfen eingefallen, die Ohren kalt und zusammengeschrumpft, die Ohrläppchen zurückgebogen, die Gesichtshaut ist hart, gespannt und schrumpelig und die Farbe des ganzen Gesichtes blaß oder schwärzlich ... Wenn der Kranke aber alle diese Fragen verneint und sich sein Aussehen innerhalb der angegebenen Zeit nicht bessert, dann muß man wissen, daß es ein Anzeichen des Todes ist ... Wenn das Augenlid oder die Lippe oder die Nase in Verbindung mit einem der anderen Zeichen runzlig oder bläulich wird, muß man wissen, daß der Kranke dem Tode nahe ist. Ein Todeszeichen ist es aber auch, wenn die Lippen auseinanderstehen und verzerrt, kalt und weiß sind.«

Hat das Auge alle Symptome aufgenommen, tritt die Hand in Aktion. Die griechischen Ärzte betasteten die einzelnen Organe, soweit sie durch die Haut zu erreichen sind, wie Leber, Milz, Gebärmutter und andere, um Veränderungen der Größe, Form, Lage und Konsistenz festzustellen. Besonders ausgebildet war die Untersuchung von Verrenkungen und Knochenbrüchen. Bei der Prüfung des Pulses begnügte man sich, die deutlichen Pulsunterschiede, vor allem stürmische Pulsationen zu konstatieren. Zur Beobachtung der Körperwärme wurde die Hand auf die Brust gelegt.

Mit dem Ohr ging man den Erkrankungen der Atmungsorgane nach. Die von den griechischen Ärzten geübte einfache Form des Abhörens ist erst zu Beginn des 19. Jahrhunderts zur modernen Auskultation weiterentwickelt worden; so lange schlummerte dieser geniale Grundgedanke im Schoße der Medizin! Bei Wasseransammlung in der Lunge hört man nach der modernen Terminologie »kleinblasige Rasselgeräusche«. Im zweiten Band »Über die Krankheiten« erklärt der knidische Autor: »Wenn man das Ohr an die Seite hält und während längerer Zeit horcht, so siedet es innen wie Essig.« Kurz darauf beschreibt er das Reibegeräusch bei trockener Rippenfellentzündung: »Es läßt sich ein Knirschen vernehmen, welches von einem Lederriemen herzurühren scheint.«

Noch heute wird von den Ärzten in aller Welt die Succussio Hippocratis geübt: Der Kranke wird auf einen Stuhl gesetzt; der Arzt schüttelt ihn mit beiden Händen an den Schultern und horcht, auf welcher Seite ein Plätschergeräusch zu vernehmen ist. Ursprünglich sollte durch die Erschütterung des Brustkorbes der Abfluß von Eiter aus dem Lungengewebe in die Bronchien erleichtert werden. Allmählich begann man die Succussio auch zur Diagnostik von Flüssigkeits- oder Eiteransammlungen in der Rippenfellhöhle heranzuziehen.

Schließlich bediente man sich auch des Geruches und des Geschmackes bei der Krankenuntersuchung. Damit konnte man besondere Eigenschaften von Schweiß, Auswurf, Erbrochenem, Urin, Stuhl, Wundsekret usw. ermitteln – zum Teil durch den Arzt, zum Teil durch den Patienten: »Die Nase nimmt bei Fiebernden viele treffliche Anzeichen wahr, denn die Unterschiede in den Gerüchen sind bei ihnen groß.« (»Über Vorhersagungen«, Buch II).

In besonderen Fällen griff der Arzt zu spezifischen Proben: Wenn der auf glühende Kohlen geschüttete Auswurf Schwindsüchtiger widrig riecht, ist mit seinem baldigen Tod zu rechnen. Ebenso ungünstig war es, wenn der Auswurf im Meerwasser untersank. Auch Belastungsproben gab es schon: »Wenn die Krankheitszeichen nicht deutlich zutage treten, so hat die Natur Zwangsmaßnahmen erfunden.« Die Patienten erhielten Abführ- oder Brechmittel oder mußten anstrengende Körperbewegungen ausführen; aus den Reaktionen des Kranken ließen sich Rückschlüsse auf seinen Zustand und das Grundleiden ziehen.

Alles für die Prognose

Die hippokratische Heilkunde war prognostisch orientiert. Allerdings hatte die Prognose damals einen viel weiteren Umfang: sie beschränkte sich nicht auf den zukünftigen Verlauf der Krankheit, sondern versuchte auch die Zusammenhänge des gegenwärtigen Zustandes und des bereits abgelaufenen Krankheitsgeschehens zu rekonstruieren. Die Prognose war nicht nur vorwärts, sondern auch rückwärts gerichtet. Sie war ein Blick »hinter die Dinge«, in die natürliche Ordnung alles gesunden und krankhaften Geschehens.

Die hippokratische Prognostik schloß die Diagnostik in sich ein; die Lehre von den kritischen Tagen (siehe Seite 113) und die Krankengeschichte gehörten zu ihren Voraussetzungen. Das wichtigste war jedoch das Beobachtungstalent des Arztes, an das hohe Anforderungen gestellt wurden. Alle Einzelheiten mußten minutiös beobachtet werden.

Zwei Umstände bedingten die große Bedeutung der Prognose: Erstens die vorherrschende Auffassung vom Wesen der Krankheit und ihrer Entstehung. Zweitens die äußeren Verhältnisse der ärztlichen Praxis: Wenn ein unbekannter Wanderarzt in einen Ort kam, konnte er sich mit einer korrekten Aussage über den gegenwärtigen und vergangenen Zustand des Kranken dessen Vertrauen und das seiner Angehörigen erwerben.

Ein großer Teil der hippokratischen Schriften hat ganz oder teilweise prognostischen Charakter. Das gilt in erster Linie für die ältesten Bücher des Corpus Hippocraticum: »Prognostikon« und »Epidemien« I und III. Die meisten Historiker und Philologen sind fest überzeugt, daß diese drei Abhandlungen vom selben Verfasser stammen und daß dieser Hippokrates selbst gewesen sein dürfte. Auch der erste Teil (Kapitel 1 bis 11) des Buches »Über Luft, Wasser und Ortslage« handelt davon, wie der Arzt durch Beachtung der klimatischen und geographischen Gegebenheiten Rückschlüsse auf die dort vorkommenden Krankheiten ziehen kann.

Das Prognosenbuch (Prognostikon) gilt allgemein als eins der reifsten und wertvollsten Dokumente der hippokratischen Heilkunde. Es beginnt mit einer Betrachtung über den Wert der Prognose: »Für den Arzt ist es nach meiner Ansicht sehr wichtig, daß er die Kunst der Voraussicht übt. Denn wenn er im Beisein der Kranken von sich aus das Gegenwärtige, das Vergangene und das Zukünftige vorauserkennt und vorhersagt und wenn er genauer ausführt, was die Kranken in ihren Aussagen übergehen, dann wird man um so mehr darauf vertrauen, daß er den Zustand der Kranken erkennt, und so werden die Menschen wagen, sich dem Arzt anzuvertrauen. Auch die Behandlung wird er am besten durchführen, wenn er aus den gegenwärtigen Leiden die zukünftigen vorhersieht ... So wird man mit Recht bewundert werden und ein guter Arzt sein. Denn man kann auch diejenigen, die die Krankheit überleben können, noch besser bewahren, wenn man sich von langer Hand alles, was kommen kann, überlegt, und man wird, wenn man vorher erkennt und voraussagt, wer sterben und wer am Leben bleiben wird, von der Verantwortung frei.«

Später erwähnt der Verfasser, daß er in dieser Schrift nur die Prognose bei akuten Krankheiten behandeln will. An ihr war der Arzt besonders interessiert, weil der Verlauf dieser Krankheiten eine schnelle Entscheidung von ihm forderte. Gegen Ende betont er die Allgemeingültigkeit der prognostischen Zeichen: »Der Arzt, der richtig vorauserkennen will, wer gesund werden und wer sterben wird und bei wem die Krankheit längere Zeit und bei wem sie kürzere Zeit dauern wird, muß alle Zeichen studieren und dann urteilen, indem er ihre Bedeutung voneinander abwägt, so wie es beschrieben worden ist, besonders für den Urin und den Auswurf. Man muß aber auch die Entwicklung der zur Zeit epidemisch im Lande auftretenden Krankheiten schnell erfassen und die Wetterlage nicht unberücksichtigt lassen. Jedoch muß man sich für jede Art von Zeichen klarmachen, daß in jedem Jahr und zu jeder Jahreszeit die schlimmen Zeichen Schlimmes und die guten Gutes bedeuten. Erweisen sich doch die vorstehend beschriebenen Zeichen in Afrika ebenso gut als wahr wie auf Delos und in Skythien.«

Von den beiden Büchern »Vorhersagungen« kommt das zweite dem »Prognostikon« qualitativ am nächsten, während das erste hauptsächlich Auszüge aus dem »Prognostikon« bringt. Die »Koischen Prognosen« enthalten über sechshundert kurze Prognosen, die aus anderen Büchern der Sammlung herausgezogen wurden.

Das Buch IV »Über Diät« (»Über Träume«) befaßt sich mit der Deutung von Träumen. Wie schon bei Herodot wird zwischen gottgesandten und natürlichen Träumen unterschieden. Nur die ersten haben den Charakter von Vorzeichen, die von Traumdeutern ausgelegt werden müssen. Die natürlichen Träume haben körperliche Ursachen wie zum Beispiel Überfüllung des Magens, Darmträgheit und dergleichen und gehören in den Zuständigkeitsbereich des Arztes. Diese Träume müssen medizinisch gedeutet werden. Hier löst der Versuch einer Prognose aus Träumen einen alten Aberglauben ab.

Entsprechend ihrer Krankheitslehre haben die Hippokratiker nicht so sehr die Krankheit wie den Kranken behandelt. Die Allgemein- und Ganzheitsbehandlung stand an der ersten Stelle, sie bildete das Fundament der therapeutischen Bemühungen des Arztes. Das gilt aber nur für die Schule von Kos. Die knidischen Ärzte, die die inneren Krankheiten als Lokalerkrankungen auffaßten, besaßen ein reicheres Arsenal spezifischer Arzneien.

Platon schreibt in seiner »Politeia« über die zügellosen Kranken: »Die Wahrheit ist nämlich, daß ihnen keine Medikamente, kein Brennen, Schneiden, Besprechen, kein Amulett und was dergleichen mehr ist, helfen wird, solange sie nicht dem Trunk, der Völlerei, den Liebesfreuden und dem Müßiggang entsagen.« Hier spricht Platon die Behandlungsarten der frühgriechischen Medizin an, die von Homer bis zum aufklärerischen 5. Jahrhundert v. Chr. üblich waren; gleichzeitig weist er auf die einzig erfolgversprechende Grundbehandlung hin: Änderung der falschen Lebensweise, die Diätetik im weitesten Sinn.

Zu dem schon genannten Grundsatz »Nützen oder wenigstens nicht schaden« trat ein zweiter: »Nichts zwecklos tun, nichts übersehen.« Trotz der Einsicht, daß die Heilung nur durch das Walten der Natur, also durch die Selbsthilfe des Organismus möglich sei, war der Arzt keineswegs überflüssig. Er hatte den Krankheitsverlauf zu überwachen und die Natur durch Regelung der Lebensweise zu unterstützen. Nur wenn die Heilung ausblieb oder verzögert war, die Reaktionen allzu stürmisch oder sonstwie nicht zweckmäßig waren, hatte die ärztliche Kunsthilfe unter Berücksichtigung der individuellen Eigentümlichkeiten im richtigen Zeitpunkt einzusetzen. Allerdings befaßten sich die Hippokratiker nur mit den voraussichtlich heilbaren Krankheiten, »denn wenn die Natur widerstrebt, so ist alles eitel«.

Ebenso war die Bekämpfung »heilsamer« Krankheitszustände verpönt. An verschiedenen Stellen des Corpus Hippocraticum findet man die Angabe, daß manche Krankheiten durch das Hinzutreten neuer Krankheitserscheinungen in ihrem Verlauf günstig beeinflußt werden können. Das bezog sich zum Beispiel auf das Auftreten von Hämorrhoiden und Hautausschlägen. Da heißt es: »Wenn bei Melancholie und Nierenleiden Hämorrhoiden hinzukommen, ist es gut.« Vor allem wurden plötzlich auftretende, starke Hautausschläge als heilsame Ausscheidungen angesehen.

Die Hippokratiker verzichteten in der Therapie auf ein bestimmtes System oder Prinzip. Es ist daher wenig sinnvoll, Hippokrates als Begründer der homöopathischen Ähnlichkeitsregel (Heilung durch Ähnliches) oder der grundsätzlichen Behandlung mit entgegengesetzten Mitteln (Fieber mit Kälte usw.) hinzustellen. Die hippokratischen Ärzte legten sich auf kein Behandlungsprinzip fest, sie ließen sich lediglich von Erfahrung und Intuition leiten. Auch in der diätetischen Therapie wurde jeder Schematismus vermieden; die Anordnungen wurden jeweils der Individualität des Kranken angepaßt.

Der Verfasser der relativ späten Schrift »Über altbewährte Heilkunst« klagte: »Darum ist die Behandlung viel komplizierter und bedarf größerer Sorgfalt. Man muß sich nämlich nach einem Maß umsehen. Als Maß aber wird man keine Zahl und kein Gewicht finden, auf die man sich beziehen könnte, um zu exakten Ergebnissen zu gelangen, sondern nur die körperliche Empfindung. Darum ist es schwierig, so exakte Erkenntnisse zu gewinnen, daß man nur kleine Fehler nach der einen oder der anderen Seite macht, und ich würde einen solchen Arzt sehr loben, der nur kleine Fehler macht; denn das vollkommen Richtige ist nur selten zu erkennen.«

In der hippokratischen Schriftensammlung findet man kein Buch, das eine umfassende Darstellung der Therapeutik enthält. Behandlungsmethoden jeglicher Art werden in fast allen Schriften erwähnt. Lediglich über die Diätetik gibt es einige spezielle Abhandlungen: In der Schrift »Über altbewährte Heilkunst« wird gegen die naturphilosophischen Hypothesen polemisiert und der Wert der Ernährung für Gesunde und Kranke herausgestellt. Der Titel der knidischen Schrift »Über Diät bei akuten Krankheiten« spricht für sich; das gilt auch für die drei Bücher »Über Diät«.

Bei akuten Krankheiten mit Fieber wird Fasten oder Beschränkung auf flüssige Nahrung empfohlen. Besonders beliebt war die Ptisane, eine Abkochung von Gerstengraupen; daneben wurden auch Schleimsuppen aus anderen Getreidesorten verordnet. Als Getränke dienten Honigwasser, Sauerhonig (Oxymel: eine Mischung aus Honig, Essig und Wasser), Milch und verschiedene Weinsorten. Durch die flüssigen Nahrungsmittel sollte einerseits die Verdauungstätigkeit entlastet und andererseits die Entleerung der verdorbenen Säfte erleichtert werden. Die Ausscheidung wurde außerdem durch milde Abführ- und Brechmittel sowie durch Blutentziehung (Aderlaß, Schröpfen) unterstützt.

Leider gibt es im Corpus Hippocraticum kein eigenes Werk über Arzneimittel und deren Anwendung. Es soll allerdings ein solches gegeben haben, das verlorengegangen ist. Wie dem auch sei, eine große Rolle hat die Pflanzenheilkunde in der hippokratischen Medizin nicht gespielt. Der griechische Arzneischatz war auf keinen Fall so groß und vielfältig wie der orientalische. Neben den einheimischen Heilkräutern wie Nieswurz, Seidelbastbeeren, Meerzwiebel, Baldrian, Wermut, Koriander usw. wurden auch einzelne aus dem Ausland bezogen (zum Beispiel Sesam, Cardamomum). Diese Arzneimittel wurden innerlich als Aufguß oder Abkochung oder äußerlich in verschiedenen Formen (Umschläge, Pflaster, Einreibungen, Stuhlzäpfchen) angewendet.

Die Ärzte bereiteten ihre Arzneien selbst. Ihre Zulieferer waren die Rhizotomen (Wurzelschneider) und die Pharmakopolen (Drogenhändler). Die Rhizotomen gingen dem Ausgraben und Einsammeln von Wurzeln und Kräutern nach, die sie zerlegten und aufbewahrten. Durch ihre Tätigkeit wurden die botanischen Kenntnisse erweitert und die Arzneimittelkunde bereichert.

Die Pharmakopolen verkauften Arzneikräuter als Hausierer oder in ortsfesten Buden. Sie genossen einen üblen Ruf, weil sie in marktschreierischer und schwindlerischer Manier nicht nur seriöse Drogen, sondern auch obskure Schönheitsmittel, Liebestränke, Geheimmittel und Gifte feilboten. Beide, Rhizotomen und Pharmakopolen, betätigten sich dreist als Kurpfuscher, wobei sie vor allem auf den Aberglauben des einfachen Volkes spekulierten.

Der hohe Ernst, mit dem sich die hippokratischen Ärzte ihrem Beruf widmeten, und die Schwierigkeiten, die sich ihnen dabei in den Weg stellten, charakterisiert der klassische Spruch zu Beginn der berühmten »Aphorismen« (ursprünglich sieben Bücher, denen viel später ein achtes hinzugefügt wurde): »Das Leben ist kurz, die Kunst ist lang, der rechte Augenblick rasch enteilt, der Versuch trügerisch, das Urteil schwierig.«

Mit Glüheisen und Lanzette

J. G. Bernstein schilderte in seiner »Geschichte der Chirurgie« (Leipzig 1822) plastisch die chirurgischen Leistungen des Hippokrates: »Äußerliche Krankheiten beschreibt er wie ein echter Kenner und Meister, kurz und deutlich; in seinen Gemälden herrscht Licht, in der Zeichnung Regelmäßigkeit, in der Stellung der Gedanken genaue Ordnung, in der Bestimmung des Erfolges Wahrheit und Aufrichtigkeit. Nie stößt man auf Hypothesensucht und Windschnitte, die einen ehrlichen Mann nicht kleiden. Fern von der Art vieler unserer Zeitgenossen von Erfindungen und Beobachtungen zu schwatzen, die man nie gemacht hat, oder in Kleinigkeiten, in Verschwendungskünsten groß zu sein, trieb er die Kunst selbst mit der nachahmungswürdigsten Behutsamkeit, entwarf die Pflichten und Kenntnisse eines Wundarztes sorgfältig, beschrieb Gerätschaften und Operationen bis auf die kleinsten Vorteile und Handgriffe genau und ward eben dadurch der Nachwelt wichtig. Man erstaunt, wie bestimmt er alles, was zur glücklichen Kur beitragen kann, erklärt.«

Die Chirurgie und zwar besonders die Unfallchirurgie bildete einen Glanzpunkt in der hippokratischen Medizin. Ihr überraschend hoher Stand ist nur als Ergebnis einer jahrhundertelangen Entwicklung zu erklären. Die chirurgischen Schriften gehören zu den besten der Sammlung; man hat sie lange Zeit Hippokrates selbst zuschreiben wollen. Sorgfältige Beobachtung gepaart mit einer nüchternen Stellungnahme führte zu einer mustergültigen Diagnostik und Therapie der Knochenerkrankungen und -verletzungen, zu einer rationellen Wundbehandlung und zu einer zweckmäßigen Verbandkunst.

Das Brennen mit dem Glüheisen gehört wie Verbinden und Schienen zum ältesten therapeutischen Rüstzeug der Chirurgie. Gerade diese Methode fand im Rahmen der Humoralpathologie eine breite Verwendung – zum Beispiel um Körpersäfte, vor allem übermäßigen Schleim, auszutrocknen oder um Eiter zu vernichten. Das vielgeübte Brennen und Schneiden löste wohl nicht zuletzt wegen der damit verbundenen Schmerzen eine ablehnende Stellungnahme der Kranken aus.

Fachärzte gab es allerdings im antiken Griechenland nicht. Die Ärzte waren Internisten und Chirurgen in einem. Eine gewisse Geschicklichkeit in chirurgischen Dingen wurde von allen Ärzten gefordert; sie sollten merken, »daß Eiter in einer Wunde oder in einem Abszeß ist, Brüche und Verrenkungen erkennen, beim Sondieren am Kopf erkennen, ob der Knochen gebrochen ist, einen Katheter in die Blase einführen können, das Vorhandensein eines Steines in der Blase erkennen, bei der Succussio merken, daß eine Eiteransammlung besteht, beim Schneiden und Brennen den richtigen Ort, Tiefe und Länge einhalten«.

Die Hippokratiker mußten mit einem einfachen, vielseitig verwendbaren Instrumentarium auskommen. Mechanik und Physik erreichten erst später einen Entwicklungsstand, der die Konstruktion spezieller chirurgischer Geräte ermöglichte. Ebenso wie das Fehlen technischer Hilfsmittel hemmte der Mangel an anatomischen Kenntnissen die volle Entwicklung einer operativen Chirurgie.

Die »blutige« Chirurgie erschöpfte sich in einfachen Eingriffen mit dem Skalpell. Die hippokratischen Ärzte wagten sich allerdings auch an schwierigere Eingriffe wie Trepanation des Schädels, Punktion der Brusthöhle zur Ableitung von Eiter oder Eröffnung eines Nierenabszesses. Dem Hippokratischen Eid (siehe Seite 131) zufolge überließen die Ärzte den Blasensteinschnitt den »Wirkern dieser Maßnahme«. Es muß also einen Stand niederer Heilkundiger gegeben haben, mit denen die Hippokratiker nicht konkurrieren wollten. Man hat den

Verzicht auf den Steinschnitt auch damit erklären wollen, daß dieser Eingriff in der Regel durch eine anschließende Entzündung zum Verlust der Zeugungsfähigkeit geführt habe, wozu sich die Ärzte nicht hergeben wollten.

Um Amputationen oder andere große Operationen risikolos ausführen zu können, hätte man die Gefäßunterbindung als zuverlässigste Methode der Blutstillung kennen müssen. Blutungen stillten die hippokratischen Ärzte mit verschiedenen Kräutern, Kälte, Hochlagerung, Druckverbänden und auch mit dem Glüheisen. Man bekämpfte Blutungen sogar mit einem Aderlaß bis zur Ohnmacht.

Die konservative Wund- und Knochenchirurgie entwickelten die Hippokratiker bis zur Perfektion. Verletzungen im Krieg und beim Sport gaben ein hervorragendes Anschauungsmaterial ab. Ruhe und richtige Lagerung waren die Grundprinzipien der Wundbehandlung. Frische Wunden ließ man erst tüchtig ausbluten, dann wurden sie genäht oder einfach trocken verbunden. Bei Riß-Quetschwunden galt die Eiterung als wünschenswert und wurde noch gefördert.

Mit Knochenbrüchen und Verrenkungen befaßten sich drei Bücher: »Über Knochenbrüche«, »Über Gelenke« und »Über die Einrenkung«. Aus den hervorragenden Abhandlungen geht hervor, wie erfahren und geschickt die Hippokratiker in der Diagnostik und Therapie dieser Verletzungen waren. Sie hatten recht gute Kenntnisse vom Skelett und eine vortreffliche Technik bei Verbänden und Einrenkungen. Der Verfasser des Buches »Über Knochenbrüche« spricht nicht nur voll Ironie von der Scharlatanerie mancher Ärzte, sondern bekennt auch mit Freimut eigene Fehler. Über allem aber besticht diese Schrift durch ihre klare Sachlichkeit. Wir lesen im ersten Kapitel: »Einen gebrochenen Arm zu behandeln ist keine sehr ernste Sache, das kann sozusagen jeder Arzt. Trotzdem sehe ich mich dazu veranlaßt, mehr darüber zu schreiben, weil ich weiß, daß Ärzte wegen bestimmter Stellungen beim Verbinden des Arms sich den Ruf besonderer Kunstfertigkeit erworben haben, obwohl man sie deswegen vielmehr für unwissend halten sollte. Aber so beurteilt man vieles in dieser Kunst. Denn obwohl die Leute noch gar nicht erkennen können, ob das Fremdartige nützlich ist, loben sie es mehr als das Vertraute, von dem sie doch schon wissen, daß es nützlich ist, und das Seltsame mehr als das Einleuchtende. Ich muß nun also einerseits von allen Fehlern der Ärzte reden, vor denen ich warnen will, andererseits Lehren über die naturgemäße Behandlung des Armes geben. Denn diese Rede ist zugleich eine Unterweisung auch über die andern Knochen im Körper.«

Es gab Schienen, vor allem Hohlschienen, und mechanische Vorrichtungen aller Art zum Einrichten von Verrenkungen; auch die Streckung (Extension) war bekannt. Man unterschied angeborene und erworbene, vollständige und unvollständige Verrenkungen und wußte, daß sich veraltete Verrenkungen sehr schwer einrichten ließen.

Der alexandrinische Arzt Apollonios von Kition verfaßte um 60 v. Chr. einen vollständig erhaltenen Kommentar zur Schrift »Über Gelenke«, der wegen seiner eindrucksvollen Illustrationen ein wertvolles Zeugnis hippokratischer Chirurgie bildet.

Die anderen Fachgebiete werden später in einem größeren Zusammenhang dargestellt werden.

Es war nicht der Eid des Hippokrates

Was den Arzt aus allen anderen Berufen heraushebt, ist sein besonderes Berufsethos. Der Umgang mit dem kranken Menschen, der Eingriff in seine leibliche und geistig-seelische Sphäre erfordern eine gehobene sittliche Einstellung.

Die Verantwortung der Ärzte gegenüber Individuum und Gesellschaft ändert sich mit deren Struktur und Ansprüchen. Die Probleme des menschlich richtigen Handelns im ärztlichen Alltag lassen sich nicht für alle Zeiten endgültig lösen. Jeder Arzt, ob Praktiker oder Forscher, steht immer wieder vor neuen Situationen, die sich nicht einfach mit überkommenen Regeln meistern lassen. Allerdings gibt es im Bereich der ärztlichen Ethik auch unwandelbare Positionen; zu diesen gehört an erster Stelle die Achtung vor Leben und Person des Menschen.

Als zeitlos gültiges Dokument ärztlicher Ethik gilt der sogenannte »Hippokratische Eid«. Der Wiener Medizinhistoriker

Max Neuburger (1868–1955), der Gründer des Instituts für Geschichte der Medizin an der Universität in Wien, schrieb im ersten Band seiner »Geschichte der Medizin« (1906): »Was den Hippokratismus zum Gipfel der griechischen Medizin erhebt, ja selbst zum Jugendbrunnen der medizinischen Wissenschaft aller Zeiten macht, liegt nicht in Doktrinen oder Kenntnissen, sondern in der Auffassung des ärztlichen Berufes, in der ewig wahr bleibenden Methode des ärztlichen Denkens und Handelns!«

Der »Eid« hat in der Übersetzung von Hans Diller folgenden Wortlaut:

»Ich schwöre und rufe Apollon den Arzt und Asklepios und Hygieia und Panakeia und alle Götter und Göttinnen zu Zeugen an, daß ich diesen Eid und diesen Vertrag nach meiner Fähigkeit und nach meiner Einsicht erfüllen werde.

Ich werde den, der mich diese Kunst gelehrt hat, gleich meinen Eltern achten, ihn an meinem Unterhalt teilnehmen lassen, ihm, wenn er in Not gerät, von dem Meinigen abgeben, seine Nachkommen gleich meinen Brüdern halten und sie diese Kunst lehren, wenn sie sie zu lernen verlangen, ohne Entgelt und Vertrag. Und ich werde an Vorschriften, Vorlesungen und aller übrigen Unterweisung meine Söhne und die meines Lehrers und die vertraglich verpflichteten und nach der ärztlichen Sitte vereidigten Schüler teilnehmen lassen, sonst aber niemanden.

Ärztliche Verordnungen werde ich treffen zum Nutzen der Kranken nach meiner Fähigkeit und meinem Urteil, hüten aber werde ich mich davor, sie zum Schaden und in unrechter Weise anzuwenden.

Auch werde ich niemandem ein tödliches Mittel geben, auch nicht, wenn ich darum gebeten werde, und werde auch niemanden dabei beraten; auch werde ich keiner Frau ein Abtreibungsmittel geben.

Rein und fromm werde ich mein Leben und meine Kunst bewahren.

Ich werde nicht schneiden, sogar Steinleidende nicht, sondern werde das den Männern überlassen, die dieses Handwerk ausüben.

In alle Häuser, in die ich komme, werde ich zum Nutzen der Kranken hineingehen, frei von jedem bewußten Unrecht und jeder Übeltat, besonders von jedem geschlechtlichen Mißbrauch an Frauen und Männern, Freien und Sklaven.

Was ich bei der Behandlung oder auch außerhalb meiner Praxis im Umgang mit Menschen sehe und höre, das man nicht weiterreden darf, werde ich verschweigen und als Geheimnis bewahren.

Wenn ich diesen Eid erfülle und nicht breche, so sei mir beschieden, in meinem Leben und in meiner Kunst voranzukommen, indem ich Ansehen bei allen Menschen für alle Zeit gewinne; wenn ich ihn aber übertrete und breche, so geschehe mir das Gegenteil.«

Man kann am »Eid« zwei Teile unterscheiden. Der erste ist sozusagen ein Vertrag zwischen Lehrer und Schüler. Der zweite Teil, der eigentliche ethische Kodex, betrifft die Pflichten des Arztes gegenüber seinen Patienten. Ein positives Gelöbnis (»Rein und fromm werde ich mein Leben und meine Kunst bewahren«) wird von sechs Verboten umrahmt.

Was den »Eid« schon äußerlich von den anderen Schriften des Corpus Hippocraticum abhebt, ist sein tiefreligiöser Ton. Im »Eid« wird die Heilkunst als Geheimwissenschaft dargestellt, während manche hippokratische Abhandlungen ausdrücklich für Laien gedacht waren. Dem Schweigegebot des »Eides« steht die Veröffentlichung von Krankengeschichten mit voller Namensnennung (zum Beispiel in den »Epidemien«) gegenüber. Verbot der Fruchtabtreibung, der Beihilfe zum Selbstmord und des operativen Eingriffs findet man in keiner hippokratischen Schrift; im Gegenteil, die Hippokratiker haben operiert und haben Abtreibungsmittel verabreicht!

Auf diese Diskrepanzen wies Ludwig Edelstein als erster hin. Für ihn war der »Eid« ein Manifest der Pythagoreer aus dem 4. Jahrhundert v. Chr. Es ist aber nicht auszuschließen, daß der »Eid« anderer, vielleicht älterer Herkunft ist. Zweifellos handelt es sich um das esoterische Dokument eines religiös streng gebundenen, kleinen und abgeschlossenen Kreises unter den griechischen Ärzten. Weder der »Hippokratische Eid« noch andere medizinische Eide waren jemals für die angehenden Ärzte obligatorisch. Dieser Eid hat mit der Schule von Kos nichts zu tun und ist nie von hippokratischen Ärzten geschworen worden.

Aus vorchristlicher Zeit liegen keine Hinweise auf den »Eid« vor. Dem römischen Arzt Scribonius Largus (1. Jahrhundert n. Chr.) verdanken wir im Vorwort zu seinen »Compositiones medicamentorum«, einer Rezeptsammlung, die früheste Bezugnahme auf den »Eid«. Die Humanität des aufstrebenden Christentums stimmt mit der Ethik der Pythagoreer auffallend überein. Das ist die Zeit, in der höchstwahrscheinlich erst die anderen berufsethischen Schriften des Corpus Hippocraticum entstanden sind und eine Hippokrates-Renaissance einsetzte.

Erst im Laufe der weiteren Entwicklung wurde der Hippokratische Eid allgemeingültig und Mittelpunkt der medizinischen Ethik aller Völker und Zeiten. Ihm fühlten sich unter Abwandlung der Anrufungsformel Christen, Juden und Araber vom ausgehenden Altertum und Mittelalter über Renaissance und Aufklärung bis zum 19. und 20. Jahrhundert verpflichtet. Der Kern des »Eides« spricht auch den Arzt von heute unmittelbar an.

Die übrigen Schriften über ärztliche Sittenlehre (Deontologie) brauchen hier nicht gesondert aufgeführt zu werden, da sie erstens jüngeren Datums sind und zweitens von der gleichen Einstellung zum Kranken wie der »Eid«, die »Aphorismen« und alle anderen Abhandlungen getragen sind. Nur aus der Schrift »Über Winde«, die unzweifelhaft sophistischen Ursprungs und sicher nicht von Hippokrates verfaßt worden ist, sei ein Ausspruch zitiert, weil diese Abhandlung aus dem 5. Jahrhundert v. Chr. stammt und die humanitäre Gesinnung der frühgriechischen Ärzte betont: »Denn der Arzt sieht Schreckliches, berührt Unangenehmes und bereitet sich aus fremden Leiden eigene Sorgen.«

Platon und die Medizin

Mit Arzt und Heilkunde befaßte sich Platon (427–347 v. Chr.) in vielen seiner Schriften. Im Dialog »Timaios«, einem Alterswerk des aristokratischen Philosophen aus Athen, entwarf er ein Bild von der Naturkunde seiner Zeit. Einige Abschnitte sind ganz der Physiologie und der Medizin gewidmet. Wie alle bedeutenden Philosophen Griechenlands hat sich Platon sein ganzes Leben hindurch für die Heilkunde interessiert. Wir wissen, daß er Hippokrates bewundert hat und daß er auch von anderen Ärzten beeinflußt wurde.

Trotzdem haben Platons Lehren in der zeitgenössischen Medizin keinen Niederschlag gefunden. Erst in späterer Zeit ist das von seinen Schülern und Nachfolgern weiterentwickelte Gedankengut in die Medizin eingegangen. Das ist unschwer zu erklären: Platon hat philosophische und nicht medizinische Schriften verfaßt. Er verwendet Arzt und Heilkunde, die an sich allgemeines Interesse besitzen, um seine eigenen Gedanken zu erläutern und zu begründen. Platon geht es hier um anschauliche Vergleichsmodelle, wobei er manchmal – wie bei der Beschreibung der Tätigkeit der »Sklavenärzte« – den Boden der Wirklichkeit verlassen haben dürfte. Ein Umstand muß noch bedacht werden: wie viele Denker hat Platon in seinen späteren Werken andere Ansichten vertreten als in seiner Jugend.

Für Platon gibt es über die Welt des Werdens kein Wissen, sondern nur eine glaubwürdige Ansicht. Die Naturlehre erhebt nach Platon keinen Anspruch auf Wahrheit, sondern bloß auf Wahrscheinlichkeit. Seine ursprüngliche Auffassung von der Einheit der Seele hatte Platon schon im »Staat« zugunsten der Überzeugung, die Seele sei ein mehrgliedriges Ganzes, aufgegeben. Im »Timaios« unterscheidet er drei Gruppen von Beweggründen für das menschliche Handeln und ordnet sie bestimmten Seelenteilen zu, denen er verschiedene Sitze im Leib zuschreibt. Der Geist (Vernunftzwecke), der unsterbliche und edelste Seelenteil, hat seinen Sitz im Gehirn; den Mut (Verlangen nach Ehre und Ruhm) siedelt er im Herzen an; die Begierden (niedrige Triebe und Leidenschaften) verbannt er in die Leber.

Besonders intensiv beschäftigte sich Platon mit der Atmung, die für den antiken Menschen mit Seele und Leben eng verbunden war. Er nimmt eine Nasen- und Hautatmung an, die im Wechsel erfolgen; die Luftbewegung setzt er mit der eingepflanzten Wärme in Beziehung. Für Platon ist entgegen aller praktischen Erfahrung die Atmung genauso ein mechanischer Prozeß wie die Herzbewegung, auf den der Mensch keinen Einfluß nehmen kann.

Von der Verdauung hat Platon folgende Vorstellung: während die feste Nahrung zur Gänze in den Magen gelangt, wird ein Teil der flüssigen Kost durch die Lungen aufgenommen und von ihr zu den Nieren weitertransportiert. Der Verdauungsprozeß selbst ist ein Kochprozeß unter Einwirkung des inneren Feuers. Der Darm dient nur dem Abtransport der Abfallprodukte.

Obwohl Platon im Herzen den Knotenpunkt der Adern sieht, weiß er nichts von der Blutbewegung durch die Herztätigkeit und von einem geschlossenen Blutkreislauf; er unterscheidet auch noch nicht zwischen Arterien und Venen.

Die Krankheitslehre Platons läßt drei Möglichkeiten einer Krankheitsentstehung zu:

1. Mißverhältnis in der Mischung der vier Elemente Wasser, Erde, Feuer und Luft.
2. Störung der Substanzerneuerung durch fehlerhafte Ernährung.
3. Störungen der Atmung oder schädlicher Einfluß von Galle oder Schleim.

Bei einem Teil dieser Gedankengänge folgt Platon den Lehren des Philistion von Lokroi. Eigenständiger sind Platons Vorstellungen über den Tod, der ihm schon früh als Trennung von Leib und Seele erschienen war. Die Seele ist durch Gehirn und Rückenmark an den Leib gekettet; »Halteseile«, deren Natur nicht erörtert wird, verlaufen zu den sterblichen Seelenteilen Herz und Leber. Im Tode reißt das Seelenband: die unsterbliche Vernunftseele entweicht, während Mut und Begierde mit dem Leib untergehen.

Platon hat sich nicht nur über den Vorgang der Krankheitsentstehung Gedanken gemacht, sondern auch über die vorangehenden Ursachen. In mehreren Dialogen schuldigt er Unmaß in Essen, Trinken und Geschlechtsgenuß verbunden mit Müßiggang, also eine falsche Lebensweise, als vorherrschende Krankheitsursachen an. Änderung der Lebensführung (diaita) ist die einzig mögliche Therapie. Hier wird besonders deutlich, daß Platon den Arzt in erster Linie als Erzieher zur Tugend sieht. Der Arzt, den Platon im »Politikos« (»Der Staatsmann«) mit dem königlichen Herrscher vergleicht, soll den Kranken zu einer guten Lebensweise überreden. Weil das Gute für Körper und Seele die Gesundheit ist, erscheint diese in den »Gesetzen« an der ersten Stelle der leiblichen Güter.

Daraus ergibt sich nach Platon für den Arzt die staatsbürgerliche Pflicht, den uneinsichtigen Kranken, der seine Lebensführung nicht ändern will, nicht mit allen Mitteln der Heilkunst am Leben zu erhalten. Diese Ansicht hat Platon im siebenten Brief, den er etwa 353/52 v. Chr. an Freunde in Syrakus geschrieben hat, klar formuliert: »Wenn einer einem kranken Menschen, der gesundheitswidrig lebt, zu raten hat, was darf er anderes tun, als zuerst dessen Lebenshaltung zu ändern und dann erst, wenn jener ihm darin gehorchen will, ihm weitere Anweisungen geben. Will er aber nicht gehorchen, so werde ich nur den, der auf weitere Behandlung verzichtet, als wahren Arzt und als rechten Menschen bezeichnen und dafür den, der sich das bieten läßt, als schwachen Menschen und schlechten Arzt.«

Die Rolle des Arztes im platonischen Erziehungssystem zeigt, wie eng bei Platon Heilkunst und Ethik verflochten sind.

Aristoteles und die Medizin

Nachhaltiger als Platon beeinflußten Aristoteles und seine Schule die Heilkunde. In seinem gewaltigen Schrifttum hat dieses Universalgenie fast alle Gebiete der Medizin, angefangen von der Anatomie und Vererbungslehre über die praktischen Spezialfächer bis zur Pharmakologie und Hygiene behandelt. Mit Aristoteles erreichte die philosophische Durchdringung der medizinischen Fragen einen neuen Höhepunkt.

Aristoteles wurde 384 v. Chr. in Stageiros (deshalb die häufige Bezeichnung als »Stagirite«) auf der Halbinsel Chalkidike als Sohn des Nikomachos, Angehöriger der knidischen Medizinschule und Leibarzt des König Amyntas III. von Makedonien (389–369 v. Chr.), des Großvaters Alexanders des Großen, geboren. Früh verwaist kam er im siebzehnten Lebensjahr nach Athen und trat in die Akademie Platons ein. Diese älteste Philosophenschule Athens war von Platon um 387 v. Chr. vor den Toren der Stadt gegründet und vierzig Jahre bis zu seinem Tod (347 v. Chr.) geleitet worden. So lange blieb auch Aristoteles an der Akademie. Dann zog er nach Assos an der kleinasiatischen Küste und gründete dort eine eigene Schule. Aber schon 343 v. Chr. ging er nach Mitylene auf Lesbos. Hier erreichte ihn der Ruf nach Pella an den Hof des Königs Philipp II. von Makedonien als Erzieher des damals dreizehnjährigen Königssohnes Alexander. Drei Jahre lang konnte Aristoteles den künftigen Herrscher in philosophischem Geist erziehen. Auf diese Einwirkung ist zweifellos die Vorliebe Alexanders, der doch Sproß eines halbbarbarischen Volkes war, für die hellenische Kultur und dadurch deren Ausbreitung im späteren Großreich zurückzuführen.

335 v. Chr. zog Aristoteles wieder nach Athen und gründete eine eigene Philosophenschule, das Lykeion im Hain des Apollon Lykeios. Die Schüler hießen Peripatetiker (peripatos, griech.: gedeckter Wandelgang in einem Gymnasion), weil sie oft im Herumwandeln wissenschaftliche Probleme diskutierten. Hier konnte sich Aristoteles über zwölf Jahre der Forschung und Lehre widmen. Seine große Privatbibliothek wurde das Vorbild der berühmten Bibliotheken von Alexandreia und Pergamon. Nach dem Tode Alexanders des Großen (323 v. Chr.) wurde er ähnlich wie Sokrates sechsundsiebzig Jahre zuvor der Gottlosigkeit angeklagt; er floh nach Chalkis auf Euboia und starb dort 322 v. Chr. an einem chronischen Magenleiden.

Aristoteles war wohl medizinisch gebildet, hat aber die Heilkunde nie praktisch ausgeübt. Leider sind gerade die medizinischen Schriften des Aristoteles verlorengegangen. Trotzdem kennen wir die aristotelische Anatomie und Physiologie aus seinen naturwissenschaftlichen Abhandlungen recht gut. Hervorgehoben seien hier bloß seine glänzenden entwicklungsgeschichtlichen Betrachtungen sowie die Begründung der allgemeinen Anatomie, derzufolge die vier Elemente die gleichartigen Stoffe des Körpers (Adern, Knochen, Haut, Fleisch, Fett, Blut usw.) bilden. Seine Embryologie ist das Ergebnis kritischrealer Naturbeobachtung, in diesem Fall das Studium der Entwicklung des Hühnchens im Ei.

Bei Aristoteles finden wir zum erstenmal die systematische Verknüpfung der vier Elemente mit den vier Qualitätenpaaren: »Da es vier Ureigenschaften gibt und diese sechs Verbindungen eingehen können, wobei aber die Gegensätze sich nicht paaren lassen (warm und kalt kann sich ja nicht am gleichen Gegenstand finden, ebensowenig trocken und feucht), so wird es ersichtlich nur vier Verbindungen geben, warm und trocken, warm und feucht, kalt und feucht, kalt und trocken, und dies läßt sich sehr sinnvoll verknüpfen mit den vier einfachen Körpern unserer Erfahrung, Feuer und Luft und Wasser und Erde. Feuer ist ja warm und trocken, Luft warm und feucht, Wasser kalt und feucht, Erde kalt und trocken.«

An einer anderen Stelle wird die große Bedeutung, die Aristoteles den vier Elementarqualitäten beimaß, deutlich: »Ersichtlich entscheiden diese Eigenschaften geradezu über Tod und Leben, dazu Schlaf und Wachsein, Blüte und Verfall, Krankheit und Gesundheit. Warm, kalt, trocken, feucht sind die Grundkräfte der natürlichen Urkörper.«

In keiner Schrift des Aristoteles wird die Viersäftelehre ausdrücklich vertreten, wenn auch Blut, Schleim, gelbe Galle und schwarze Galle häufig genannt und Elementen, Qualitäten, Organen, Farben usw. zugeordnet werden. So ist das Gehirn nach Aristoteles feucht und kalt, während Herz und Leber warm sind. Die Schule des Aristoteles hat noch das große Verdienst, ein Viererschema der Temperamente begründet zu haben.

Das von Aristoteles zusammengetragene naturwissenschaftliche Tatsachenmaterial ist für die medizinische Forschung von größtem Wert gewesen. Doch hat seine Methodik des Denkens – deduktive Beweisführung und teleologische Betrachtungsweise – Naturwissenschaftler und Ärzte der folgenden Jahrhunderte in die Irre geführt. Dazu gehört auch, daß Aristoteles und viele seiner Nachfolger die Resultate der Sektion von Tierleichen einfach auf die menschliche Anatomie übertragen haben. Diese Kritik soll aber nicht vergessen machen, daß wir in Aristoteles den eigentlichen Begründer der Biologie des Abendlandes zu sehen haben.

Am Ende der etwa zweihundert Jahre währenden Lehrtradition der westgriechischen Heilkunde steht Platons Freund Philistion von Lokroi (erste Hälfte des 4. Jahrhunderts v. Chr.), der Hofarzt des Tyrannen Dionysios II. von Syrakus. Er war es, der die auf Empedokles beruhende Pneumatheorie – das Pneuma durchdringt als Träger des Lebens die ganze Welt, auch den menschlichen Organismus – nach Athen brachte. Nachdem Platon während seiner ersten sizilischen Reise (388 v. Chr.) mit Philistion zusammengetroffen war, besuchte dieser ungefähr zwanzig Jahre später die platonische Akademie in Athen. Auf diese Weise wird verständlich, wie empedokleische Gedankengänge in die Schriften des Platon, des Aristoteles, der anderen Peripatetiker und der späteren Stoiker gelangt sind.

Nach Philistion besteht der Körper aus vier Grundstoffen, die jeweils mit einer Grundqualität versehen sind: das warme Feuer, die kalte Luft, das feuchte Wasser, die trockene Erde. Die Krankheiten hätten eine dreifache Ursache: 1. Überfluß oder Mangel eines Elementes. 2. Körperbeschaffenheit (Veranlagung, Diathese). 3. Äußere Einflüsse. – Gesundheit entstünde, wenn der ganze Körper richtig atme und die Luft ungehindert durchgehe: denn nicht nur durch Mund und Nase, sondern auch durch die Hautporen dringe die Luft in den Körper.

In der Therapie legte Philistion den Hauptwert auf die Ernährung. Für seine Verdienste um die Botanik erhielt das Klebkraut (Labkraut) die Bezeichnung Philistion. Er hat auch eine Schrift über Chirurgie verfaßt; von ihr ist nichts erhalten geblieben als die Nachricht, er habe eine Maschine zum Einrichten verrenkter Glieder erfunden.

In Griechenland selbst bemühten sich die Ärzte der nachhippokratischen Zeit (4. Jahrhundert v. Chr.) um eine theoretisch-spekulative Begründung der hippokratischen Erfahrungsheilkunde. Sie wurden deshalb von Galen und späteren Historikern Dogmatiker oder Logiker genannt, ohne daß es zu einer einheitlichen Schulbildung gekommen war. Unmittelbare Schüler des großen Hippokrates waren Dexippos von Kos und Apollonios. Dexippos modifizierte die Lehre von der Lungenpassage der Getränke dahingehend, daß nur der feinste Teil der Getränke tauartig die Luftröhre passiere; der Kehldeckel (Epiglottis) habe die Aufgabe, diese feinsten Teile von dem Getrunkenen abzusondern. Die Krankheiten führte er auf Überschüsse an Galle und Schleim zurück; wenn diese schmelzen und flüssig werden, entstünden daraus Lymphe und Schweiß. Fiebernde erhielten von Dexippos und Apollonios nur ganz wenig zu essen und zu trinken. Ihr Zeitgenosse Petronas von Aigina ließ die Kranken reichlich trinken und schwitzen, indem er sie mit vielen Gewändern bedeckte.

Chrysippos von Knidos (geb. um 380 v. Chr.), ein Schüler des Philistion, verwarf Abführmittel und Aderlaß (weil das Blut Sitz der Seele sei) und empfahl Brechmittel, Pflanzenmittel, Einläufe und das »Binden der Glieder« (Umwicklung von Armen und Beinen, um das Blut zurückzuhalten). Er war ein entschiedener Anhänger der pneumatischen Pathologie.

Von den griechischen Ärzten des 4. Jahrhunderts v. Chr. erlangte Diokles von Karystos, einer Landstadt des südlichen Euboia, den größten Ruhm. Der als Sohn des Arztes Archidamos geborene Ionier hat wohl die meiste Zeit seines Lebens in Athen verbracht. Dafür sprechen zwei Tatsachen: Erstens nannten ihn die Athener den »jüngeren Hippokrates«, und zweitens verfaßte er seine Schriften, von denen nur spärliche Fragmente auf uns gekommen sind, nicht im ionischen, sondern im attischen Dialekt. Seine Lebenszeit ist umstritten; manches spricht dafür, daß er als jüngerer Zeitgenosse Platons in der Mitte des 4. Jahrhunderts v. Chr. gelebt und Beziehungen zur Akademie gehabt hat. Jedenfalls war er in seinen medizinischen Ansichten wie Platon stark von Philistion beeinflußt.

Diokles hat zwar anscheinend als erster ein Anatomiebuch verfaßt, aber die Anatomie kaum schöpferisch bereichert. Seine Stärke war die Diätetik. Einem Fragment sind die folgenden Sätze entnommen: »Die Pflege der Gesundheit beginnt mit dem Aufwachen. Die Nahrung, die man am Abend vorher zu sich genommen hat, sollte dann schon vom Magen in den Darm übergegangen sein. Ein junges Individuum oder eines in mittleren Jahren sollte dann unmittelbar vor Sonnenaufgang einen

Spaziergang von zehn Stadien (ein Stadion entspricht etwa 165 Metern) machen, im Sommer jedoch nur von fünf, und ältere Leute werden sowohl im Winter wie im Sommer noch weniger weit gehen. Nach dem Aufwachen sollte man nicht sofort aufstehen, sondern warten, bis die Schwere und Benommenheit des Schlafes sich verflüchtigt haben. Nach dem Aufstehen sollte man Nacken und Kopf gründlich massieren, um die Steifheit, die das Kissen verursacht hat, zu vertreiben. Dann reibe man den ganzen Körper mit Öl ein ... Man soll das Zahnfleisch massieren, um die Zähne zu kräftigen oder einfach die Zähne innen und außen mit den Fingern reiben und dabei etwas feines Pfefferminzpulver verwenden und die Zähne von Speiseresten befreien ... Lange Spaziergänge vor den Mahlzeiten entleeren den Darm, bereiten ihn auf Nahrungsaufnahme vor und geben ihm mehr Kraft für die Verdauung ... Nach dieser physischen Anstrengung ist es Zeit zum Mittagessen, das im Sommer aus Hafergrütze mit einem Getränk aus Weißwein, etwas Honig und Wasser bestehen sollte – oder aus einem anderen Brei, der keine Blähungen verursacht, nahrhaft und leicht verdaulich ist. Wer auf solche Speisen nichts gibt, soll kaltes Brot essen. Außerdem soll man etwas gekochtes Gemüse, wie zum Beispiel Gurken, zu sich nehmen ... Magere sollen dunklen und schweren Wein trinken und nach dem Essen weißen. Dicke sollen immer Weißwein trinken, und zwar immer mit Wasser vermischt ... Auf dem Rücken schlafen ist immer ungesund.«

Die Physiologie des Diokles ist deutlich von der westgriechischen Heilkunde geprägt; überhaupt ist bei ihm eine innige Verschmelzung koischer und italischer Theorien festzustellen. Diokles ragt aber deutlich über seine Vorgänger hinaus, wenn er nach dem Krankheitssitz fragt und die Behauptung aufstellt, das Fieber sei nur die Folge anderer Krankheitsvorgänge.

Das »Wurzelschneidebuch« des Diokles ist das älteste Kräuterbuch der Griechen; er hat mit ihm der medizinischen Botanik neue Bahnen gewiesen. Trotz mancher spekulativer Irrwege blieb er in seiner praktischen Tätigkeit auf dem Boden unvoreingenommener Erfahrung. Diese Haltung wird ihm den Ehrentitel eines »zweiten Hippokrates« eingetragen haben.

Sein Schüler Praxagoras von Kos (Blütezeit um 340/320 v. Chr.), Haupt der koischen Schule, hat als einer der ersten klar zwischen Arterien und Venen unterschieden; allerdings behauptete er, daß nur die Venen Blut führen, während die Arterien ausschließlich mit Luft angefüllt sein sollten. Auch er versuchte die einzelnen Krankheiten in den verschiedenen Organen zu lokalisieren: Fieber in die Hohlvene, Geisteskrankheiten ins Herz usw. Von großer praktischer Bedeutung war, daß Praxagoras als erster griechischer Arzt Pulsveränderungen als diagnostisches Hilfsmittel benutzte. Als Chirurg soll er recht verwegene Eingriffe (zum Beispiel bei Darmverschluß) vorgenommen haben.

Als größter aller Aristotelesschüler gilt Theophrastos von Eresos auf Lesbos (374–288 v. Chr.), Nachfolger von Aristoteles als Vorsteher des Lykeion. Seine »Pflanzengeschichte« (neun Bücher) diente noch vielen späteren Autoren als wichtige Quelle über die Arzneimittellehre.

Im Bestreben, das Wesen der Physis zu entschleiern, verfielen die Dogmatiker einer unheilvollen Systemsucht und versuchten, die überkommenen Erfahrungstatsachen in ihre Denkschablonen zu zwängen. So entfernten sich die Ärzte im Laufe des 4. Jahrhunderts v. Chr. geistig immer mehr von Hippokrates und der Schule von Kos; sie traten vielmehr in die Fußstapfen der Schule von Knidos, für deren Anhänger die Medizin keine Kunst, sondern eine erlernbare Wissenschaft darstellte. Allerdings zeitigte dieses Vorgehen auch positive Resultate: man trachtete tiefer in Bau und Funktion des gesunden Menschen einzudringen, um darauf die Krankenbehandlung aufzubauen. So haben Anatomie und Physiologie in dieser Zeit gewissermaßen den Anlauf zu ihrem Aufschwung nehmen können, der dann in Alexandreia im 3. Jahrhundert v. Chr. stattfand.

III

Die griechische Medizin in Alexandreia

Die Schulen von Alexandreia

Alexandreia, von Alexander dem Großen 331 v. Chr. westlich des Nildeltas gegründet, fast dreihundert Jahre lang führendes Handels- und Kulturzentrum des hellenistischen Ostens, ist für die Geschichte der Medizin in zweifacher Hinsicht bedeutungsvoll: einmal vollzog sich hier die Redaktion des Corpus Hippocraticum durch die Gelehrten des Museions, zum anderen erlebte hier die griechische Medizin ihren zweiten Höhepunkt.

Die günstigen äußeren Verhältnisse, die von den ptolemäischen Herrschern der wissenschaftlichen Forschung und Lehre in Alexandreia geboten wurden, zogen auch viele Ärzte an. Trotz der demütigenden Niederlage der Griechen durch die Makedonier bei Chaironeia im Jahre 338 v. Chr. und der politischen Entmachtung Athens war die attische Hauptstadt noch einige Zeit das wissenschaftliche Zentrum geblieben. Erst nach dem Tode des Diokles verlor Athen seine Bedeutung für die Medizin.

Den Ruhm Alexandreias als medizinische Pflegestätte begründeten die griechischen Ärzte Herophilos und Erasistratos, die eigene Schulen hinterließen.

Herophilos von Chalkedon in Bithynien (um 335–280 v. Chr.) hatte seine medizinische Bildung bei Chrysippos von Knidos und Praxagoras von Kos erhalten; so konnte er von den Lehren beider Medizinschulen profitieren. Um 300 v. Chr. wurde er von Ptolemaios I. als Leibarzt nach Alexandreia berufen. Hier war es ihm vergönnt, neben seiner ärztlichen Praxis ausgedehnte anatomische und physiologische Forschungen zu betreiben. Der mächtige Herrscher räumte alle Schwierigkeiten aus dem Wege, die bis dahin die Sektion menschlicher Leichen verhindert hatten. Herophilos dürfte – von einzelnen Ausnahmen abgesehen – der erste Arzt der Antike gewesen sein, der menschliche Leichen zergliedert hat. Nach einem Bericht des Schriftstellers Tertullian (etwa 160–220 n. Chr.) soll er rund sechshundert Leichen seziert haben. Es wird auch berichtet, daß damals in Alexandreia sogar Vivisektionen an zum Tode verurteilten Verbrechern ausgeführt wurden. Auf jeden Fall waren dort alle Voraussetzungen für eine freie Entfaltung der Anatomie gegeben.

Leider sind die Schriften des Herophilos bis auf wenige Fragmente verlorengegangen. Was wir über seine Kenntnisse und Lehren wissen, entstammt den umfangreichen Zitaten späterer Schriftsteller, die die Originalwerke noch gekannt haben. Herophilos erforschte vor allem die Schädelhöhle und beschrieb die Hirnhöhlen, Großhirn und Kleinhirn sowie die Blutleiter der Hirnhaut. Er erkannte den Zusammenhang der Nerven mit dem Gehirn und Rückenmark; den Sitz der Seele verlegte er in die vierte Hirnhöhle (unter dem Kleinhirn); auch das Auge hat er als erster eingehend beschrieben. Erwähnenswert ist noch, daß er Arterien und Venen aufgrund ihres anatomischen Baues genau unterschieden hat; die Arterien sind nach Herophilos für Blut und Pneuma bestimmt, die Venen nur für das Blut. Herophilos darf als Begründer der systematischen Anatomie gelten, da er sich als erster nicht mit der Beschreibung der einzelnen Körperteile und Organe begnügte, sondern ihre Beziehungen zueinander festzustellen versuchte.

Wenn auch Herophilos das Hauptgewicht auf Beobachtung und Erfahrung legte, zeigt seine Physiologie, daß er sich von theoretischen Spekulationen nicht ganz befreien konnte. Der Ablauf der Körperfunktionen wird nach seiner Ansicht von vier Kräften beherrscht: die ernährende Kraft in der Leber, die erwärmende Kraft im Herzen, die empfindende Kraft in den Nerven und die denkende Kraft im Gehirn.

In der Pathologie interessierten Herophilos vor allem die Symptome, aus denen er Diagnose und Prognose ableiten wollte; die wechselnde Beschaffenheit des Pulses fesselte ihn besonders; seine Pulslehre fußte auf den Erkenntnissen des Musiktheoretikers Aristoxenos (Mitte des 4. Jahrhunderts v. Chr.) aus Tarent, der in Athen die Schule des Aristoteles besucht hatte. Zur Messung der Pulszahl bediente sich Herophilos der Wasseruhr.

Herophilos war nicht nur in der wissenschaftlichen Forschung, sondern auch in der ärztlichen Praxis sehr fruchtbar. Er pflegte ganz besonders die Arzneimittelkunde; die Arzneien nannte er »Hände der Götter«. Seine anatomischen Kenntnisse befähigten ihn zum Ausbau der Gynäkologie und Geburtshilfe; sein Hebammenlehrbuch blieb mehrere Jahrhunderte in Gebrauch. Die vorbildliche Einstellung des Herophilos bekundet sein Ausspruch: »Vollkommen ist nur der Arzt, wenn er in Theorie und Praxis vollendet ist.«

Der zweite grosse Alexandriner

Etwas jünger als Herophilos war Erasistratos (310–250 v. Chr.), geboren in Julis auf der Kykladeninsel Keos als Sohn des Arztes Kleombrotos. Sein Lehrer Metrodoros war ein Schüler des Chrysippos von Knidos. Sonst ist über Erasistratos nur bekannt, daß er eine Zeitlang Leibarzt am Hofe des Königs Seleukos I. Nikator von Syrien (312–281 v. Chr.) in Antiocheia gewesen ist, sich danach in Alexandreia niedergelassen hat und schließlich in Samos wegen eines »unheilbaren Geschwürs« (Krebs?) mit Gift seinem Leben ein Ende bereitet hat.

Mehr noch als die Anatomie bereicherte Erasistratos die Physiologie durch seine Forschungen. Als erster unterschied er zwischen Empfindungs- und Bewegungsnerven, die beide aus der Marksubstanz des Gehirns entsprängen. Er erkannte scharfsinnig, daß die intellektuellen Fähigkeiten in den Hirnwindungen lokalisiert sind: »Bei den Menschen ist das Hirn viel reicher an Windungen als bei allen Lebewesen, weil der Mensch alle an Intelligenz übertrifft.« Ebenso ahnte er schon die Bedeutung des Kleinhirns für die Koordinationstätigkeit: »Bei Tieren, die zu schnellem Lauf geschickt sind, wie Hirsch und Hase, findet sich eine größere Zahl von Kleinhirnwindungen als bei anderen Tieren.«

Ganz auf dem Boden der knidischen Schule stehend strebte Erasistratos nach einer naturwissenschaftlich begründeten Medizin und geriet zwangsläufig in Opposition zu den Hippokratikern. Seine Physiologie ist durch mechanistische Erklärungen gekennzeichnet. Er erweist sich hierin als Schüler des peripatetischen Philosophen und Physikers Straton aus Lampsakos (330 bis 270 v. Chr.); den auf Aristoteles zurückgehenden Begriff »horror vacui« für den angeblichen Abscheu der Natur vor dem leeren Raum übertrug Erasistratos auf den menschlichen Organismus. Damit erklärt er zum Beispiel Atmung und Wachstum. Die Systeme der blutführenden Venen und der pneumaführenden Arterien sind in ihren feinsten Ausläufern durch »Synastomosen« verbunden, die normalerweise verschlossen sind. Wenn eine Arterie verletzt wird, entweicht zuerst das Pneuma; danach strömt gemäß dem Gesetz des »horror vacui« Blut aus den Venen in die Arterie, aus der erst dann Blut herausströmen kann.

Daß Erasistratos und seinen Nachfolgern die Entdeckung des Blutkreislaufes nicht gelang, lag weniger am Fehlen physikalischer Erklärungsmöglichkeiten als an ihrer Grundvorstellung von der Blutversorgung; sie verglichen diese mit einem Bewässerungssystem, bei dem das Wasser von der trockenen Erde aufgesogen wird. Gesundes Blut galt als Nahrung, die von den Organen, in die das Blut einströmte, verbraucht wird. Bei dieser Hypothese war die Frage nach dem Verbleib des Blutes eindeutig gelöst, so daß der Gedanke eines ständigen Kreislaufes des Blutes durch den Körper gar nicht aufkommen konnte.

Erasistratos gewann auch grundlegende Erkenntnisse über Bau, Funktion und Krankheiten der Leber. Er erklärte die Wassersucht als Folge einer Leberverhärtung, die die Passage des Blutes durch die Leber verhindere; dadurch werde das Blutwasser in den Bauch und unter die Haut zurückgestaut.

Die Krankheitslehre des Erasistratos läßt ebenfalls eine Loslösung von der traditionellen Säftelehre und eine Hinwendung zu einer Solidarpathologie erkennen. Er richtete seine Aufmerksamkeit auf die Entstehung der Krankheitssymptome und auf die Ermittlung des Sitzes des Leidens in den Körperteilen. Die häufigste Ursache der Krankheitserscheinungen war nach Erasistratos die »Plethora« (»Vollblütigkeit«): Überfüllung der Gefäße mit Nahrungsstoffen, wodurch es zu einer Behinderung der normalen Organfunktionen kommt. Diese Auffassung war das Resultat seiner Beobachtung von anatomischen Organveränderungen bei verschiedenen Krankheiten.

Seine Behandlungsmethoden richteten sich einmal gegen die allgemeine Plethora mit Fasten, Abführ-, Brechmitteln usw., zum anderen gegen die leidenden Körperteile mit Schröpfen, Brennen, Einwickelungen der Glieder. Den Aderlaß lehnte er ab, weil er schlecht zu dosieren sei; ebenso vermied er komplizierte Arzneimischungen.

Die Operationskunst hat Erasistratos wesentlich gefördert. Er soll bei Leberleiden den Bauch aufgeschnitten haben, um Arzneimittel direkt auf die Leber auftragen zu können, hingegen hielt er Punktionen bei Wassersucht für wertlos. Seine Erfindung des S-förmigen Katheters beweist seine genaue Kenntnis vom anatomischen Verlauf der männlichen Harnröhre.

Wie bei Herophilos können wir die Beschreibung des Erasistratos mit einem seiner Aussprüche abschließen: »Wer richtig heilen will, muß sich in dem, was zur ärztlichen Kunst gehört, üben und darf keines der das Leiden begleitenden Symptome ununtersucht lassen, sondern er muß darauf achten und danach forschen, bei welcher Disposition jedes einzelne Leiden auftritt.«

Zwei medizinische Sekten

Den Schülern und Nachfolgern von Herophilos und Erasistratos gelang es nicht, die Leistungen ihrer Meister zu wiederholen oder gar zu übertrumpfen; sie hatten Mühe, den einmal erreichten Standard der Medizin zu halten. Ähnlich wie die Nachfolger des Hippokrates hielten sie starr an den Dogmen ihrer Lehrer fest, so daß auch sie als Dogmatiker bezeichnet werden könnten. Die Herophileer und Erasistrateer bekämpften sich gegenseitig mit ausdauerndem Eifer und einer ungewöhnlichen

Schärfe; man kann daher besser von zwei medizinischen Sekten als von Medizinschulen sprechen.

Die Herophileer und die Erasistrateer vermochten zwar die Heilkunde um praktische Kenntnisse in verschiedener Hinsicht zu vermehren, doch blieben ihnen neue theoretische Erkenntnisse von Belang verwehrt. Die wissenschaftliche Forschung, die von den Gründern der beiden Sekten mit Elan aufgegriffen worden war, stagnierte. Die Nachfolger der beiden großen Alexandriner verwässerten und verfälschten deren Lehren und verloren sich in spitzfindigen Spekulationen. Darum erübrigt es sich, näher auf die Anhänger der beiden Sekten einzugehen.

Die Herophileer begnügten sich im wesentlichen damit, die Schriften des Hippokrates und des Herophilos zu zitieren und zu kommentieren. Prognostik und Therapie betrieben sie unter Aufgabe des festen Bodens der praktischen Erfahrung rein spekulativ.

Bakcheios von Tanagra (um 200 v. Chr.), der bereits erwähnte Hippokrateskommentator, schrieb unter anderem »Erinnerungen an Herophilos und seine Schule«, die aber nicht erhalten sind. Wir wissen aber, daß die Herophileer zusammen mit den anderen Ärzten und Gelehrten von Ptolemaios VIII. Euergetes II., König von Alexandreia und Kyrene (170–116 v. Chr.), inoffiziell Physkon (Schmerbauch) genannt, aus Haß gegen seinen Bruder und Mitregenten Ptolemaios VI. Philometor (170–145 v. Chr.) aus Alexandreia vertrieben wurden. Die über ganz Hellas zerstreuten Herophileer vereinigten sich in der Mitte des 1. Jahrhunderts v. Chr. in Menos Karu bei Laodikeia (Nordsyrien) zu einer zweiten Schule, die im Laufe des ersten nachchristlichen Jahrhunderts endgültig erlosch. Zu den späteren Herophileern zählen Alexandros Philalethes (um Christi Geburt), dessen Werk über die Lehrmeinungen der Ärzte von dem Autor des »Anonymus Londinensis« als Hauptquelle verwendet wurde, ebenfalls Dioskurides Phakas, Leibarzt der Kleopatra und Verfasser von vierundzwanzig bedeutenden Werken, und Demosthenes Philalethes (um 40 n. Chr.) aus Massilia (Marseille), der angesehenste Augenarzt des Altertums.

Die Erasistrateer erlangten als eigene Sekte erst später als die Herophileer Ansehen; sie hielten sich, vor allem in Rom, bis in das 2. Jahrhundert n. Chr. Erasistratos verehrten sie wie einen unfehlbaren Gott und verhöhnten alle anderen medizinischen Schulen. Anatomie und Physiologie sollten nach ihrer Meinung von den Ärzten den Naturforschern überlassen werden. Des Erasistratos' Lehre von der Plethora und das Aderlaßverbot übertrieben sie maßlos. So artete die Therapie der Erasistrateer in eine geistlose Schablone aus.

Die Empiriker

Als Reaktion auf den sterilen Dogmatismus der Herophileer und Erasistrateer entstand im 3. Jahrhundert v. Chr. in Alexandreia eine dritte Schule, die der Empiriker. Sie ließen in der Medizin nur nüchterne Beobachtung und Erfahrung gelten.

Der römische Enzyklopädist Aulus Cornelius Celsus (um 30 n. Chr.), ein medizinischer Laie, verfaßte eine Kompilation über die Medizin, der die Medizinhistoriker einen großen Teil ihres Wissens über die alexandrinischen Ärzte verdanken. Über die Gründung der Empirikerschule schrieb Celsus: »Von der Zeit des Hippokrates über Diokles von Karystos, Praxagoras von Kos und Chrysippos von Knidos bis auf Herophilos und Erasistratos unterschied man in der Medizin drei Behandlungsarten, die diätetische, die pharmazeutische, die chirurgische. Gerade die berühmtesten Autoren, die der diätetischen Richtung huldigten, versuchten sich an höheren Zielen, die zur Erkenntnis der Natur streben sollten, weil die Medizin ohne Erkenntnis der Natur ihnen schwächlich und verstümmelt erschien. Dann aber trat Serapion auf und lehrte als erster, daß eine nur rationale Richtung nichts mit der Medizin zu tun habe, die lediglich auf praktischer Übung und auf Versuchen fuße. Serapion, Apollonios, Glaukias und später noch Herakleides und weitere, die keineswegs nur mittelmäßige Männer waren, nannten sich nach eigenem Bekenntnis Empiriker. Diese Empiriker befaßten sich zwar auch mit den offenbaren Krankheitsursachen als etwas Notwendigem, aber von der Frage nach den verborgenen Ursachen und den naturgemäßen Vorgängen behaupteten sie, daß sie überflüssig seien, weil die Natur ja unbegreiflich bleibe. Denn daß sie nicht ergründet werden könne, werde offenbar durch die Zwietracht derer, die darüber stritten. In diesen Dingen käme es weder unter den Philosophen, noch unter den Ärzten zu einer Einigung. Warum auch solle jemand Hippokrates mehr glauben als Herophilos, oder diesem lieber als Asklepiades. Wenn Theoretisieren es vermöchte, so könnten die Philosophen die größten Ärzte sein, aber die Philosophen sprudelten zwar von Worten über, jedoch von der Heilkunst fehle ihnen jede Kenntnis. Wenn also ein offenbarer Grund uns nicht einmal Erkenntnis bringen kann, wie sollen es alsdann zweifelhafte Gründe tun! Und so sollte man lieber bei dem Hilfe suchen, was uns die Erfahrung bei den Krankenbehandlungen ebenso gelehrt hat, wie bei allen übrigen Künsten. Denn weder ein guter Landmann, noch ein guter Steuermann werde aus gelehrten Disputationen geschaffen, sondern nur durch Berufsausübung. Die Heilkunst sei nicht durch Theorie erfunden worden, sondern erst nach Erfindung der Medizin habe man nach Theorien gesucht.«

Celsus hat uns noch folgende Aussprüche der Empiriker überliefert, in denen ihr Ideengang klar hervortritt: »Es kommt nicht auf das an, was die Krankheiten verursacht, sondern auf das, was sie vertreibt.« – »Die Krankheiten werden nicht durch Beredtsamkeit, sondern durch Arzneien geheilt.«

Während Celsus den Serapion aus Alexandreia (um 200 v. Chr.) als Begründer der Empirikerschule nennt, hat nach Galen der Philinos aus Kos (um 250 v. Chr.), ein Schüler des Herophilos, den ersten Anstoß zur Bildung dieser Sekte gegeben. Ein dritter Pionier dieser Bewegung war Glaukias aus Taras (um 170 v. Chr.).

Die Empiriker ließen drei Grundlagen der Heilkunde gelten: 1. eigene Beobachtung; 2. Überlieferung fremder Beobachtungen; 3. Analogieschluß (Übergang von dem einen Ähnlichen zu dem anderen Ähnlichen). Glaukias faßte diese Erfahrungsquellen unter der Bezeichnung empirischer »Dreifuß« zusammen.

Die positiven Leistungen der Empiriker lagen auf dem Gebiet der Symptomatologie (Lehre von den Krankheitszeichen),

Pharmakologie und Chirurgie. Der Arzneimittelschatz wurde durch sie beträchtlich vergrößert; ebenso nahm das Wissen von Giften und Gegengiften einen großen Aufschwung. Der bedeutendste Vertreter der Empirikerschule war Herakleides von Taras (Tarent; um 75 v. Chr.), der zahlreiche Versuche mit Arzneimitteln anstellte. Sein Lieblingsmittel war das Opium, dessen Gebrauch als Beruhigungs- und Schlafmittel von ihm umsichtig geregelt wurde. Herakleides befaßte sich auch mit chirurgischen und diätetischen Fragen.

Gesinnungsmäßig können der empirischen Schule die Laien und Dilettanten zugezählt werden, die sich teils aus echtem Interesse, teils aus egoistischen Gründen mit der Lehre von den Heilkräutern und Giften abgaben. Zur ersten Gruppe gehörten der Rhizotom Krateuas (70 v. Chr.), der am Hof des Königs von Pontos gelebt und ein berühmtes Kräuterbuch verfaßt hat, sowie Nikandros von Kolophon (2. Jahrhundert v. Chr.), der die umfangreichsten Werke des ganzen Altertums über Toxikologie geschrieben hat; er hat als erster die medizinische Verwendung von Blutegeln empfohlen.

Furcht vor Mordanschlägen oder meuchelmörderische Absichten veranlaßten viele Potentaten des Mittleren Ostens zu Versuchen mit Giften und Gegengiften. Der letzte König von Pergamon, Attalos III. Philometer, der nur fünf Jahre (138 bis 133 v. Chr.) regierte und Rom zum Erben seines Reiches einsetzte, das als erste römische Provinz des Ostens den Namen »Asia« erhielt, war schon zu seinen Lebzeiten als vielseitiger Gelehrter bekannt. Er lebte in ständiger Angst vor den Nachstellungen seiner Feinde. Das mag ihn auch bewogen haben, in seinen Gärten eigenhändig giftige Gewächse wie Bilsenkraut, Nieswurz, Schierling und andere anzubauen und zu sammeln, um ihre Kräfte zu studieren. Attalos soll auch die Wirkung der Gifte an Verbrechern erprobt haben. Da er schon im dreißigsten Lebensjahr nach kurzer Krankheit starb, ist es durchaus denkbar, daß er das Opfer eines Selbstversuches wurde.

Den größten Ruhm als Amateurtoxikologe errang Mithridates VI. Eupator (um 113–63 v. Chr.), König von Pontos (Landschaft am Südostrand des Schwarzen Meeres), der skrupellose und grausame Gegner der Römer in Kleinasien. Er experimentierte an Untertanen und Verwandten mit Giften und Gegengiften. Nach langen Versuchen stellte er ein Universalgegengift aus vierundfünfzig Ingredienzien zusammen, das als »Antidotum Mithridaticum« viele Jahrhunderte zum medizinischen Heilschatz gehörte. Mithridates nahm täglich erst das Antidot, dann Gift ein, um sich vor Vergiftungen zu schützen. Dem Gegengift mengte er das Blut pontischer Enten bei, weil diese mit Vorliebe Giftpflanzen fraßen und deshalb giftunempfindlich seien. Durch ständige Steigerung der Dosis von Gift und Gegengift soll der König schließlich eine Immunität gegen Gifte erlangt haben. Als Mithridates von seinen Verwandten in Stich gelassen mit achtundsechzig Jahren seinem Leben mit Gift ein Ende machen wollte, gelang ihm dies nicht, so daß er sich von einem Getreuen den Gnadenstoß geben lassen mußte.

Trotz der Vorherrschaft Roms über Griechenland, Kleinasien und Ägypten behielt die alexandrinische Medizinschule auch im römischen Weltreich noch lange ihre hervorragende Stellung. Auch die römischen Herrscher schätzten die Gelehrtenschule: nachdem die Bibliothek des Museions beim Angriff Caesars auf Alexandreia 47 v. Chr. in Flammen aufgegangen war, schenkte Antonius 37 v. Chr. seiner Geliebten Kleopatra als Ersatz große Bestände der Bibliothek von Pergamon. Erst im 2. Jahrhundert n. Chr. wurde Rom das Zentrum der Medizin, die aber ihren griechischen Charakter behielt. Das Museion im hellenistischen Alexandreia blieb aber auch dann noch bis zu seiner Zerstörung durch die Araber im Jahre 643 die Hohe Schule der Medizin.

Die alexandrinischen Chirurgen

Von allen klinischen Spezialgebieten hat die Chirurgie durch die Tätigkeit der alexandrinischen Ärzte den größten Fortschritt erfahren. Da aber die Zeugnisse der hellenistischen Chirurgie sehr spärlich sind, ist eine zusammenhängende Darstellung der Entwicklung der Chirurgie in dieser wichtigen Periode der Medizingeschichte nicht möglich.

Zu den Vorbedingungen für den Aufbau der operativen Chirurgie in Alexandreia gehörten neben der alten Wundchirurgie einerseits die Errungenschaften der Ärzteschulen von Kos und Knidos und andererseits die von der Schule des Aristoteles ausgehenden Impulse; diese betrafen einmal die Physik, insbesondere die Mechanik, dann die Anatomie und Physiologie. Die Neuerungen im technisch-handwerklichen Bereich führten auch zu einer Verbesserung der in der Knochenchirurgie verwendeten Maschinen wie der Streckgeräte und der Einrichtungsapparate. Ebenso wurden die chirurgischen Instrumente wesentlich verfeinert und vermehrt. Physiker und Techniker schufen auf diese Weise eine wichtige Voraussetzung für die weitere Entwicklung der Operationskunst.

Die von der peripatetischen Schule angeregte anatomische Forschung lieferte den Ärzten die Kenntnis von den einzelnen Krankheitssitzen im Körper. Ein gewissenhafter Operateur mußte davor zurückschrecken, blindlings in unbekannte Regionen mit seinem Skalpell vorzustoßen. Erst die Vertiefung des anatomischen Wissens ermöglichte neue Operationsverfahren. Jeder Fortschritt in der Anatomie ließ bald einen solchen in der Chirurgie folgen.

In der Operationstechnik selbst kommt dem Problem der Blutstillung eine zentrale Bedeutung zu. Die einschlägigen Mittel der Hippokratiker – Kälte, blutstillende Arzneimittel, Hochlagerung, Druckverband, Glüheisen – reichen bei großen Operationen und Verletzungen von Schlagadern nicht immer aus. Man empfahl sogar den Aderlaß zur Bekämpfung von Blutungen: durch das künstliche Abziehen von Blut sollte der Zustrom von Blut zur Blutungsstelle unterbunden werden. Hierbei wurde tatsächlich »der Teufel mit dem Beelzebuben ausgetrieben«.

Die Vornahme der Gefäßunterbindung ist eine Pionierleistung der alexandrinischen Chirurgie. Wir wissen nicht, von welchem Arzt und zu welcher Zeit dieser Fortschritt erzielt wurde. Die aufgefundenen Fragmente lassen uns diesbezüglich im Stich. Daneben wurden andere Methoden der Blutstillung weiterentwickelt: feste Tamponade, Essigumschläge und diverse Rezepte blutstillender Mittel. Erasistratos empfahl bei Blutungen das Abschnüren der Extremitäten.

Die Versuche der Alexandriner mit der Anwendung der Narkose führten anscheinend zu keinen befriedigenden Resultaten. Man wollte mit einem Auszug aus der Alraunwurzel (Mandragora) eine allgemeine Empfindungslosigkeit herbeiführen. Am Problem der richtigen Dosierung – weder effektlose Unterdosierung noch lebensgefährliche Überdosierung – dürfte das Verfahren gescheitert sein. Immerhin bemühten sich die Ärzte, die operativen Eingriffe schmerzfrei zu gestalten.

Der deutsche Medizinhistoriker Markwart Michler (Gießen) hat sämtliche chirurgischen Zeugnisse von zweiundvierzig alexandrinischen Ärzten – von Herophilos bis zu den von Celsus genannten römischen Chirurgen – gesammelt und ausgewertet. Auf seiner minutiösen Arbeit basieren diese Ausführungen.

Ausgangspunkt der alexandrinischen Chirurgie war die Gesamtheilkunde, deren Therapeutik die Diätetik, Pharmakologie und Chirurgie umfaßte. Die voralexandrinische Chirurgie zeigte keinen einheitlichen Entwicklungsstand: während die konservative Wund- und Knochenchirurgie weitgehend perfektioniert war, steckte die Operationskunst noch in den Anfängen.

Die frühe Aufspaltung der alexandrinischen Medizin in drei Sekten (Herophileer, Erasistrateer, Empiriker) spiegelt sich in der Entfaltung der Chirurgie wider. Die Herophileer haben die operative Gynäkologie und Geburtshilfe ausgebaut. Die Erasistrateer wandten sich der operativen Chirurgie zu und verbesserten die alte Wundchirurgie. Nur die Empiriker sind als Feinde der Anatomie weder in der Chirurgie noch in der Gynäkologie mit eigenständigen Leistungen hervorgetreten, sie blieben bei den Praktiken der Hippokratiker. Als vierte Gruppe müssen hier die frühalexandrinischen Knochenchirurgen erwähnt werden, die keiner der drei Schulen zugeordnet werden können; sie entwickelten die mechanische Chirurgie.

Die Ärzte, die sich im ersten Jahrhundert der alexandrinischen Chirurgie (also von 300–200 v. Chr.) chirurgisch betätigten, waren noch keine Spezialärzte; von vielen liegen neben chirurgischen auch internistische und pharmakologische Fragmente vor. Erst die Zunahme des Fachwissens und die Vielzahl der Operationsverfahren dürften einzelne Ärzte veranlaßt haben, sich ganz auf die Chirurgie zu spezialisieren.

Nur neun alexandrinische Ärzte wurden bereits von antiken Autoren als Chirurgen bezeichnet, und das auch erst nach 200 v. Chr. Ihnen können die sechs Ärzte zugezählt werden, die sich nach den Worten von Celsus durch neue Erfindungen in der Chirurgie hervorgetan haben. Mit einer Ausnahme (Ptolemaios, der Eristrateer, um 200 v. Chr.) schweigen die Quellen über die Schulzugehörigkeit der verbleibenden vierzehn Chirurgen.

Erasistratos selbst haben wir bereits als Bauchchirurgen kennengelernt. Nach einem »stummen« Zeitraum von etwa hundertfünfzig Jahren trat der Erasistrateer Menodoros (erste Hälfte des 1. Jahrhunderts v. Chr.) auf; er schnitt bei Schädelbrüchen die eingedrückten Knochenstücke heraus – ein bedeutender Fortschritt gegenüber den Hippokratikern, die warteten, bis die Bruchstücke herausgeeitert waren; heute werden die eingedrückten Fragmente auf das Niveau des Schädeldaches angehoben, und dann läßt man sie wieder einheilen.

Der älteste und vielleicht auch der größte von den eigentlichen Chirurgen war Philoxenos (um 150/100 v. Chr.). Celsus schreibt über ihn: »Nachdem dann die Chirurgie später von den anderen Teilen der Medizin getrennt worden war und ihre eigenen Fachvertreter zu haben begann, machte sie auch in Ägypten Fortschritte, besonders durch Philoxenus, einen Autor, der in mehreren Bänden dieses Fach aufs sorgfältigste zusammenfaßte. »Philoxenos war ein sehr vielseitiger Chirurg; er betrieb neben der Wund- und Knochenchirurgie auch die Augen- und Bauchchirurgie. Philoxenos unterschied zwei Krebsarten: Die »verborgenen« Krebse ohne Geschwür, die er in der Gebärmutter und in den Därmen beobachtete, und die Krebse, die geschwürig zerfallen. Unter seinem Namen haben sich sehr viele Rezepte erhalten. Er dürfte die Praktiken der alten Wundheilkunde mit denen der fortschrittlichen Chirurgie zu einer einheitlichen Lehre vereinigt haben.

Der Chirurg Ammonios (um 50 v. Chr. bis 10 n. Chr.), der noch in Alexandreia wirkte, bildet den Übergang zu den römischen Chirurgen. Er hat die Blasensteinoperation um die Blasensteinzertrümmerung bereichert. Celsus berichtet darüber: »Wenn aber solch ein Blasenstein ziemlich groß ist und es den

Anschein hat, er könnte nur unter Zerreißen des Blasenhalses extrahiert werden, so muß man ihn zertrümmern. Ammonios, der Erfinder dieser Methode, hat deshalb den Beinamen ›Lithotomos‹ erhalten. Der Eingriff geschieht auf folgende Weise: Ein klammerförmiger Haken wird dem Stein so angelegt, daß er diesen auch unter Erschütterung leicht festhält, damit er nicht ins Blaseninnere zurückfällt. Dann nimmt man ein Instrument von mäßiger Stärke mit feiner, aber stumpfer Spitze. Dieses richtet man auf den Stein und zertrümmert ihn von der einen Seite her durch einen Schlag. Doch muß man sich peinlich in acht nehmen, daß das Instrument nicht in die Blase selbst gerät oder ein Steinfragment etwas verletzt.« Alle Versuche, das von Ammonios erfundene Instrument nachzubilden, sind fehlgeschlagen, ebenso ist es nie bei Ausgrabungen gefunden worden.

Ihren zweiten Höhepunkt nach Philoxenos erreichte die alexandrinische Chirurgie mit Meges aus Sidon in Phönikien (um 50 v. Chr. bis 10 n. Chr.); er hat ebenfalls auf allen Gebieten der Chirurgie gearbeitet. Meges hat sich besonders mit der Tumorchirurgie, Nabelerkrankungen und Fisteln befaßt; die Methode des Blasensteinschnittes verbesserte er durch Konstruktion eines speziellen Skalpells.

Die frühalexandrinischen Knochenchirurgen (250–200 v. Chr.) haben sich ganz der Unfallheilkunde gewidmet; ihr Arbeitsgebiet war vor allem die Behandlung von Knochenbrüchen und Verrenkungen mittels neuer mechanischer Geräte. Auf sie folgten acht Ärzte, die als »Organiker« (Organikoi) bezeichnet und in der antiken Literatur streng von den Chirurgen und von den Mechanikern unterschieden werden. Es muß sich bei ihnen um ärztliche Spezialisten gehandelt haben, die sich vorzüglich mit einer mechanisch verfeinerten Knochenchirurgie befaßten.

Sowohl die operative Chirurgie als auch die mechanische Chirurgie sind demnach unabhängig voneinander aus der voralexandrinischen Wundarzneikunde hervorgegangen, die eine durch Entwicklung der Operationstechnik, die andere durch Nutzung mechanischer Geräte. Die Erasistrateer und die eigentlichen Chirurgen vereinigten zum erstenmal in der Geschichte der Medizin in ihrer Praxis und Lehre die Wund- und Knochenchirurgie mit der Operationschirurgie. Damit war das umfassende Fach »Chirurgie« geboren, in das später noch die mechanische Chirurgie aufgenommen wurde.

Da die Organikoi ihre Arbeit auf ein enges Teilgebiet beschränkten, hatten sie keinerlei Entwicklungsmöglichkeiten; ihr Stand erlosch im ersten nachchristlichen Jahrhundert.

Falsch ist auf jeden Fall die Behauptung, die Chirurgie habe sich im hellenistischen Zeitalter in mehrere Teilgebiete aufgespalten. Tatsache ist vielmehr, daß sich innerhalb der damals vorhandenen Sekten verschiedene Zweige der Chirurgie entwickelt haben. Am Ende dieser Periode beginnt erst der Konzentrationsvorgang in Richtung einer umfassenden Chirurgie, zu der im Zeitalter der byzantinischen Medizin auch Frauenheilkunde und Augenheilkunde stießen.

IV

Die Medizin in Rom

Das etruskische Erbe

Gegen Ende September 1877 wurde in der Nähe von Piacenza ein etruskisches Lebermodell aus Bronze gefunden. Die Archäologen hielten den Fund für ein astrologisches Instrument zur Beobachtung von Himmelszeichen, weil die Oberfläche in sechzehn kleinere Abschnitte unterteilt und mit den Namen von Göttern beschriftet ist. Erst zu Beginn des 20. Jahrhunderts wurde das Lebermodell richtig als Leber erkannt und mit den babylonischen Tonmodellen für die Leberschau verglichen. Die deutlich dargestellten anatomischen Einzelheiten beweisen, daß eine Schafsleber das Modell abgegeben hat. Die Eingeweideschau durch den Haruspex, den etruskischen Opferpriester, diente sowohl medizinischen als auch politischen Prognosen. Auch nach Untergang des etruskischen Bundes blieb die Leberschau in Rom ein Reservat der etruskischen Haruspices. Gemäß der alten Vorstellung von der Entsprechung zwischen Mikro- und Makrokosmos glaubte man, die Gottheiten würden bestimmte Teile der Opfertiere mit besonderen Zeichen versehen; diese Anomalien konnte nur der Opferpriester erkennen und richtig deuten.

Schon 1836 waren beim Ablassen eines kleinen Sees des Monte Falterone rund siebenhundert Bronzefiguren entdeckt worden, von denen manche deutliche Darstellungen normaler oder krankhaft veränderter Körperorgane zeigen. Es muß sich um Weihegaben von Kranken oder Genesenen gehandelt haben.

Wer waren die Etrusker, die zusammen mit den Griechen

die Heilkunde im alten Rom geprägt haben? Als zwischen 900 und 800 v. Chr. die ersten Etrusker auf der Apenninischen Halbinsel auftauchten, stießen sie auf illyrische Stämme und Italiker, die um 1200 v. Chr. mit der »Großen Wanderung« ins Land gekommen waren. Die Herkunft der Etrusker war schon in der Antike ein Geheimnis und ist es bis heute geblieben; das gilt auch von ihrer Sprache, die noch nicht gedeutet werden konnte. Es stehen drei Hypothesen zur Diskussion:

- Nach Herodot verließ die Hälfte des lydischen Volkes wegen einer achtzehnjährigen Hungersnot unter Führung des Königssohnes Tyrrhenos die kleinasiatische Heimat und siedelte sich im Gebiet der Landschaft Toskana an.
- Der griechische Historiker Dionysios von Halikarnassos (um 30 v. Chr.) behauptete, daß die Etrusker seit frühesten Zeiten in Italien gelebt haben, also zur Urbevölkerung gehörten.
- Der deutsche Historiker Barthold Georg Niebuhr (1776 bis 1831) glaubte an eine Einwanderung der Etrusker aus dem Norden über die Alpen, weil etruskische Inschriften im Gebiet der Raetischen und Norischen Alpen entdeckt worden waren.

Viele Indizien deuten auf einen orientalischen Ursprung der Etrusker hin. Jüngst wurde festgestellt, daß sich die Blutgruppen der etruskischen Knochenfunde wesentlich von der Konstellation der Blutgruppen der übrigen Bevölkerung Italiens unterscheiden, während sie mit der Verteilung der Blutgruppen in Mittelanatolien eine große Ähnlichkeit aufweisen. Vielleicht gelingt es, auf diesem Wege mit Hilfe der modernen Serologie und der Statistik Klarheit zu schaffen.

Das Hauptsiedlungsgebiet der Etrusker lag zwischen den Flüssen Arno und Tiber und dem Tyrrhenischen Meer. Hier gründeten sie zwölf Städte, die einen losen Bund bildeten. Stadtkultur, Handwerk und Handel wiesen die Etrusker als überlegene Kulturträger gegenüber den bodenständigen Latinern aus, wenn auch die Etrusker ihrerseits größtenteils nur Vermittler griechischen Kulturgutes waren.

Zwischen dem 7. und 6. Jahrhundert v. Chr. dehnten die Etrusker ihren Machtbereich im Süden über ganz Latium und Campanien und im Norden über die Poebene bis zu den Alpen aus. Auch zu See trieben sie ihre Kolonisation voran. Zusammenstöße mit den konkurrierenden Karthagern und Griechen waren die unvermeidliche Folge. Nachdem die süditalischen Griechen den Etruskern bei Kyme 474 v. Chr. eine empfindliche Niederlage beigebracht hatten, schwand der etruskische Einfluß in Mittelitalien.

Rom (etruskisch: Ruma) ist ebenfalls eine etruskische Stadtgründung; davor hatte an dieser Stelle nur eine unbedeutende latinische Siedlung gestanden. Etruskische Könige herrschten bis zu ihrer Vertreibung um 500 v. Chr. in Rom. Die mächtige etruskische Stadt Veji (zwanzig Kilometer nordöstlich von Rom) wurde nach zehnjähriger Belagerung 396 v. Chr. von den Römern erobert und zerstört. Trotzdem konnten sich die übrigen etruskischen Städte nicht dazu aufraffen, eine schlagkräftige Verteidigungsgemeinschaft zu bilden. So geriet im 3. Jahrhundert v. Chr. eine Stadt der Etrusker nach der anderen in die Abhängigkeit von Rom. Die Etrusker in der Poebene unterlagen den eindringenden Galliern. Im Laufe der folgenden Jahrhunderte ging das etruskische Volk ganz in Rom auf.

Gold im Mund

Über die Ausübung der Heilkunst in Etrurien wissen wir herzlich wenig. Die Leberschau durch die Haruspices wurde schon erwähnt. Der griechische Botaniker Theophrastos behauptete, Aischylos habe in seinen Elegien erzählt, die Tyrrhener (= Etrusker) seien reich an Heilpflanzen gewesen. Sie sollen auch gute anatomische Kenntnisse besessen haben, die lateinischen Bezeichnungen femur (Oberschenkel), tibia (Schienbein), tussis (Husten), fractura (Knochenbruch) und fistula (Fistel) sind aus der etruskischen Sprache hervorgegangen.

Persönliche Hygiene und Heilbäder hatten schon einen hohen Stand. Viele Wasserleitungen und Abwasserkanäle wurden von den Etruskern erbaut und später von den Römern als Vorbilder benutzt. Die Kanalisation von Rom, die Cloaca maxima, wurde um 600 v. Chr. von etruskischen Bauleuten errichtet; auch der erste in Rom gebaute Aquaedukt (312 v. Chr.)

war ein Werk von etruskischen Architekten und Arbeitern. Die Heilbäder Etruriens (Chianciano, Del Sasso und andere) waren ähnlich wie die griechischen Asklepieien berühmte Zentren der etruskischen Heilkunst, die noch stark von magisch-religiösen Vorstellungen bestimmt wurde. Darstellungen auf Vasen geben davon Kunde.

Am besten sind wir über die Tätigkeit der etruskischen Zahnärzte informiert. Da sie Brücken und Gebisse ausschließlich mit Golddrähten befestigten – die Goldschmiedekunst hatte bei den Etruskern einen besonders hohen Stand erreicht –, haben diese zahnärztlichen Prothesen zwei Jahrtausende überstanden. Die aufgefundenen Zahnersatzstücke, die zum Teil auf gesunde Zähne aufgesetzt wurden, dienten vor allem kosmetischen Zwecken; ein guter Redner konnte sich schon damals keine Zahnlücken leisten. Ein künstliches Gebiß aus dem 7. Jahrhundert v. Chr. trägt neben menschlichen Zähnen, die vielleicht Sklaven oder Kranken gezogen worden waren, auch einen Ochsenzahn, der durch eine künstliche Einkerbung das Bild von zwei Menschenzähnen vortäuschen sollte.

Daß die Römer die Ausführung zahnärztlich-prothetischer Arbeiten von den Etruskern übernommen haben, legt ein römisches Gesetz aus dem 5. Jahrhundert v. Chr. nahe; durch dieses wird die Beigabe von Gold in Gräbern mit Ausnahme von goldenen Zahnprothesen verboten.

Sofern man bei den spärlichen Quellen überhaupt ein zusammenfassendes Urteil wagt, kann man sagen, daß die etruskische Heilkunde vornehmlich in die römische Volksmedizin eingegangen ist und daß sie Hygiene und Zahnheilkunde der Römer mitgeprägt hat.

Ein Römer ist nicht krank

Lucius Quinctius Cincinnatus, der römische Nationalheld des 5. Jahrhunderts v. Chr., gilt als das Urbild des alten Römers. Die Fabel erzählt, daß er 458 v. Chr. vom Pflug weggeholt und zum Diktator gemacht wurde, um ein von den Aequern eingeschlossenes Heer der Römer zu befreien. 439 v. Chr. wurde er wegen plebejischer Unruhen erneut zum Diktator bestellt. Wie Cincinnatus war die Masse der Römer in der Frühzeit: einfache Bauern und abgehärtete Krieger, nüchtern, tugendhaft und patriotisch. Die naturverbundene Lebensweise stärkte sicherlich die Gesundheit und verhinderte viele Krankheiten. Unter diesen Umständen war das Bedürfnis nach ärztlicher Hilfe nicht groß. Der Philosoph Seneca (4 v. Chr. bis 65 n. Chr.) meinte hierzu: »Die Medizin von einst war nur die Kenntnis einiger Kräuter, die das Blut einer Wunde stillten und die Wunden sich schließen ließen.« Wir dürfen annehmen, daß die altrömische Heilkunde aus altehrwürdigen Hausmitteln, primitiven chirurgischen Handgriffen und magisch-religiösen Prozeduren bestand. Diese Volksmedizin wurde vom »pater familias«, dem Familienoberhaupt, und von Frauen und Sklaven getragen. Einen Berufsstand von Heilkundigen gab es damals noch nicht, wenn man von den etruskischen Opferpriestern absieht.

Bei längerdauernden Krankheiten und jähen Seuchen konnten nur die Götter helfen, denen man sich mit Gebeten, Opfern und Sühnungen nähern mußte. Die religiösen Anschauungen hatten einen nüchternen, naturverbundenen Charakter. Die Götter hatten in erster Linie die Aufgabe, Haus und Stadt vor Gefahren zu schützen. Die römischen Naturgötter waren keinesfalls so differenzierte Persönlichkeiten wie die homerischen Götter. Wie alle Dinge und Erscheinungen der umgebenden Natur wurden auch Krankheiten und Krankheitsursachen personifiziert. Glaube und Aberglaube waren kaum zu trennen. Plinius berichtet, daß einmal hundertsiebzig alte Weiber als »Hexen« zur Abwehr von Krankheiten geopfert wurden. Bei Epidemien spendete man Göttermahlzeiten oder ließ durch einen hierzu eigens ernannten Diktator einen Nagel in den Tempel des Jupiter auf dem Capitol einschlagen.

Altitalischen Ursprungs ist die uralte römische Heilgöttin Carna, die Schützerin der Gesundheit, besonders der Eingeweide, und Bewahrerin der Kinder vor blutsaugenden Unholden; an ihrem Festtag, dem 1. Juni, wurden ihr die alten italienischen Nahrungsmittel Bohnenbrei und Speck geopfert.

Bona Dea (die »gute Göttin«), eine geheimnisvolle Heilgöttin, der nur Frauen opfern durften, wurde auch als Gemahlin oder Schwester des Faunus, des Gottes der freien Natur, Fauna genannt und als Göttin der Fruchtbarkeit verehrt; außerdem ist sie mit Fatua, der Göttin des Weissagens, identisch.

Dea Salus, die eigentliche Göttin der Gesundheit, ist sabinischer Herkunft; später wurde sie mit der griechischen Göttin Hygieia identifiziert; ihr war ein Heiligtum auf dem Quirinal geweiht.

Als Beschützer vor Seuchen galt auch Mars, ursprünglich ein altitalischer Bauerngott, der erst später den Charakter eines römischen Kriegsgottes erhielt.

Juno, die Gemahlin des höchsten Himmelsgottes Jupiter, war wie die griechische Hera die Göttin der Ehe und der Geburten; als solche wurde sie ebenso wie die Jagdgöttin Diana auch Lucina (»die ans Licht Fördernde«) genannt. Geschlechtsleben und Geburt standen unter dem Schutz einer ganzen Reihe von Gottheiten – eine Folge der bäuerlich-naturhaften Denkungsart der Römer bis zum 3. Jahrhundert v. Chr. Mindestens zwanzig Götter und Göttinnen hatten mit dem Wochenbett zu tun. Die prominenteste Göttin der Geburtshilfe war Carmenta; ihr zu Ehren wurden am 11. und 15. Januar die »Carmentalia« gefeiert. Der Gott Mutunus Tutunus spendete den Frauen Fruchtbarkeit und den Männern Geschlechtskraft. Auch die Neugeborenen hatten ihre besonderen Schutzgötter: Intercidona sorgte für den Nabel, Ossifraga für das Knochenwachstum.

Gegen das häufige Wechselfieber wurden die Dea Febris und Mephitis, die Göttin der gefährlichen Schwefeldämpfe, angerufen. Angitia war ursprünglich eine von den Marsern verehrte Göttin der Gegengifte, Meditrina eine oskische Göttin der Heilkunst.

Schon früh zeichnete sich ein Einfluß der griechischen Religion in Rom ab. Dem Heilgott Apollon wurde 461 v. Chr. anläßlich einer verheerenden Seuche in Rom ein Tempel geweiht. 293 v. Chr. wurde der Asklepioskult nach Rom importiert. In den Jahren 295 und 293 v. Chr. war die Stadt von einer fürchterlichen Plage heimgesucht worden. Der Dichter Ovid (43 v. Chr. bis 18 n. Chr.) schilderte in seinen »Metamorphosen« (»Verwandlungen«), wie die Römer die Hilfe des griechischen Heilgottes Asklepios suchten:

»Latiums Luft war einst mit gräßlichem Gifte behaftet;
Siechtum zehrte das Blut und bleichte die Leiber zum Abscheu.
Als man, müde zuletzt der Bestattungen, alle Versuche
Sterblicher eitel sah und eitel der Heilenden Künste,
Sucht man himmlische Hilf' und beschickt das Orakel des Phöbus,
Delphi, die mittelste Stadt der Welt, und fleht zu dem Gotte,
Daß er mit rettendem Spruch Abwehr der bekümmerten Lage
Wolle verleihn und der herrlichen Stadt Drangsale beende.
Siehe, die Stätte erbebt, und der Lorbeer bebt und der Köcher,
Den er trägt, und es läßt sich der Dreifuß also vernehmen
Aus dem verborgensten Raum und bewegt die geschreckten Gemüter:
›Was hier, Römer, du suchst, das hättest du näher gefunden,
Und an dem näheren Ort nun suche es! Nicht des Apollo,
Daß er euch lindre die Not, ihr bedürft des Sohnes Apollos.
Auf denn, Glück auf die Fahrt, und herbei holt meinen Sprößling!‹«

In Epidauros baten die Römer die Stadtväter, ihnen ihren Gott auszuleihen, der allein Hilfe bringen könnte. Während die Stadtväter lange beratschlagten, erschien einem der römischen Abgesandten der Heilgott im Traum. Freundlich sprach er: »Fürchtet euch nicht; ich werde mit euch kommen und mein hiesiges Standbild verlassen.« Allerdings wollte er in der Gestalt der Schlange die Reise antreten. Am nächsten Tag verließ die Schlange den Tempel und ging auf das Schiff der Römer. Nach sechs Tagen erreichte das blumenbekränzte Schiff Italien und segelte der Küste entlang und zuletzt den Tiber aufwärts bis Rom. Dort verließ die Schlange das Schiff und schwamm zur Tiberinsel, nahm wieder die göttliche Gestalt an und befreite das Volk von seinen Leiden.

Der Historiker Livius (59 v. Chr. bis 17 n. Chr.), der in einem Riesenwerk von hundertzweiundvierzig Bänden die gesamte römische Geschichte (»Ab Urbe Condita« = »Von der Gründung der Stadt«) behandelte, ergänzte, daß man in den Sibyllinischen Büchern die Weisung gefunden habe, Asklepios von Epidauros nach Rom zu bringen. Zur Erinnerung an die Ankunft des Heilgottes, der in Rom Aesculapius genannt wurde, legte man Steine in der Form eines Schiffbuges um die Insel; ein ägyptischer Obelisk diente als Mast. Der dem Heilgott gewidmete Tempel wurde dort 291 v. Chr. geweiht. Erst 194 v. Chr. erhielt die altrömische Gottheit Vediovis oder Veiovis, der Apollon gleichgestellt war, ebenfalls ein Heiligtum auf der Tiberinsel. In der Kaiserzeit wurden die kranken Sklaven einfach auf der Tiberinsel ausgesetzt. Deshalb erließ Kaiser Tiberius Claudius (10 v. Chr. bis 54 n. Chr.) ein Gesetz, das allen kranken Sklaven, die im Tempel des Aesculapius geheilt worden waren, die Freiheit schenkte. Der milde Kaiser Antoninus Pius (138–161 n. Chr.) ließ auf der Tiberinsel ein Hospital errichten.

Um 200 v. Chr. wurden die olympischen Götter offiziell von den Römern übernommen. Minerva, die Göttin der Weisheit, war unter anderem auch die Schutzgöttin der Ärzte. In der Kaiserzeit gewann der Kult der ägyptischen Heilgötter (Isis, Osiris, Serapis) größere Bedeutung.

Gegen die Griechenmedizin

Wenn auch des Plinius' Behauptung, in Rom habe es während der ersten sechs Jahrhunderte wohl eine Heilkunde, aber keine Ärzte gegeben, übertrieben klingt, kann nicht abgestritten werden, daß kein Interesse an einer wissenschaftlichen Medizin bestand.

Es ist sehr wahrscheinlich, daß die Haruspices der Königszeit (753–509 v. Chr.) ihre anatomischen Kenntnisse auch als Wundärzte genutzt haben. Für die Existenz eines einheimischen Ärztestandes in Latium, das ist die Landschaft um Rom, sprechen mehrere Tatsachen. Das Wort »Medicus« (Arzt) ist italischen Ursprungs und kommt bereits bei den ältesten römischen Schriftstellern vor. Dionysios von Halikarnassos erwähnt bei der Schilderung einer Epidemie des Jahres 451 v. Chr. auch Ärzte.

Die ersten römischen Könige erließen verschiedene Sanitätsgesetze, die einen Ärztestand zur Voraussetzung hatten. Numa Pompilius, der Sage zufolge nach Romulus der zweite König

Roms, befahl 715 v. Chr.: »Keine schwanger verstorbene Frau zu begraben, wenn ihr nicht zuvor die Frucht aus dem Leibe geschnitten wäre; wer dagegen handle, solle als Mörder angesehen werden.« Das ist der Ursprung der Bezeichnung »Kaiserschnitt« (sectio caesarea) – also der vom Kaiser befohlene Schnitt! Andere Gesetze setzten die Schwangerschaftsdauer auf zehn Monate fest, stellten Geisteskranke unter die Vormundschaft von Verwandten, bestraften die Behexung, wachten über den Lebensmittelhandel und verboten Frauen bei Strafe den Weingenuß. Im Aquilischen Gesetz aus dem 4. Jahrhundert v. Chr. wird der Arzt für den Tod eines operierten Sklaven verantwortlich gemacht, wenn er die Nachbehandlung vernachlässigt hat.

Alles in allem dürften die altrömischen Heilkundigen nicht sehr angesehen gewesen sein; sonst wären sie nicht im 3. Jahrhundert v. Chr. so rasch durch die aus Griechenland eingewanderten Ärzte, Heilgehilfen und Hebammen verdrängt worden.

Die Römer machten die erste Bekanntschaft mit der griechischen Medizin durch heilkundige Sklaven. Bald hielt sich jeder vermögende Bürger Roms einen Arztsklaven (servus medicus), der das Heilgeschäft zu besorgen hatte. Unter den eingewanderten Heilkünstlern waren kaum philosophisch gebildete Ärzte, sondern mehr zweifelhafte Individuen mit zweitrangiger Ausbildung. Ein Befähigungsnachweis wurde damals in Rom noch nicht gefordert. Jeder, der zur Ader lassen, Zähne ziehen und Hühneraugen operieren konnte, legte sich den Titel Medicus zu. In Buden zeigten diese »Ärzte« ihre Künste und boten Heilmittel feil. Das anfangs freundliche Entgegenkommen der Römer schlug bald in Abneigung und Fremdenhaß um.

Griechische Kultur, Kunst und Wissenschaft beherrschten immer mehr das römische Leben. Nur in Staatskunst, Rechtspflege, Kriegführung und Architektur bewahrten die Römer ihre Originalität. Der Niedergang der altrömischen Zucht und Sitte konnte nicht aufgehalten werden.

Der Staatsmann und Feldherr Marcus Porcius Cato (254 bis 149 v. Chr.), ein echter Römer alten Schlags, war ein erbitterter Feind des vordringenden Hellenentums. An seinen Sohn schrieb er: »Über diese Griechen werde ich an passender Stelle sagen, mein Sohn, was ich in Athen erfahren habe, und wie gut es ist, ihre Schriften einzusehen, aber nicht auswendig zu lernen. Ich werde dieses verfluchten, unbelehrbaren Gesindels schon Herr werden, und Du wirst einst bekennen, das hat ein Prophet gesagt. Wo dieses Volk mit seinen Büchern hinkommt, wird es alles zerstören, und besonders dann, wenn es seine Ärzte schickt. Sie haben sich gegenseitig geschworen, mit ihren Medizinen alle Barbaren umzubringen, aber sie nehmen noch teures Geld dafür, damit man ihnen trauen soll und sie desto leichter ihr unheimliches Spiel treiben. Auch uns rechnen sie zu den Barbaren und besudeln uns damit noch gemeiner, als wenn sie uns altmodisch nennen würden. Ich untersage Dir jeden Verkehr mit den Ärzten.«

Cato behandelte als altrömischer Hausvater seine Familie und Sklaven noch selbst nach volksmedizinischen Schriften. In seinem Buch »Über den Ackerbau« gibt er ein Bild von der Volksmedizin seiner Zeit: das Hauptmittel bei allen vorkommenden Krankheiten war der Kohl, der schon bei den Etruskern sehr beliebt gewesen war; auch Wein wurde sehr gern als Arznei gegeben. Ein großer Wert wurde Besprechungen und magischen Prozeduren beigemessen, auch bei Quetschungen und Verrenkungen; daneben besaß man aber schon beachtliche chirurgische Kenntnisse über Verrenkungen, Knochenbrüche, Geschwüre, Polypen und Mastdarmfisteln.

Der erste griechische Arzt in Rom, dessen Name überliefert ist, war Archagathos (»guter Anfang«), der 219 v. Chr. aus dem Peloponnes eingewandert war. Durch sein großes Geschick in der Behandlung von Wunden und Geschwüren errang er bei der Bürgerschaft Roms Anerkennung und Vertrauen. Man gab ihm den Beinamen »Vulnerarius« (Wundarzt), verlieh ihm das römische Bürgerrecht und richtete ihm eine Behandlungsstätte an einem belebten Platz der Stadt ein. Dadurch ermutigt wagte er immer größere Operationen. Sein rücksichtsloses Schneiden und Brennen trug ihm den Schimpfnamen »Carnifex« (Schinder) ein. Archagathos mußte schließlich Rom fluchtartig verlassen. Aber auch dieser Rückschlag vermochte nicht, die endgültige Einbürgerung der griechischen Medizin in Rom zu verhindern.

Die List, mit der Asklepiades von Prusa in Bithynien (Landschaft im nordwestlichen Kleinasien) die griechische Heilkunde den Römern schmackhaft machte, erinnert an die Geschichte vom »Troianischen Pferd«. Als der 124 v. Chr. geborene Arzt im Jahre 91 v. Chr. nach Rom kam, trat er zunächst als weltgewandter Redner auf. So gewann er die Freundschaft bedeutender Männer wie des Großkapitalisten Crassus und des Schriftstellers Cicero. Erst als Asklepiades einen festen Platz in der römischen Gesellschaft innehatte, ließ er die Maske als Rhetor fallen und betätigte sich als Heilkünstler.

Seine glänzenden Erfolge verdankte Asklepiades aber nicht nur seiner überzeugenden Persönlichkeit, sondern auch seiner anscheinend ganz neuartigen Heilmethode und den äußeren Verhältnissen. Wenn ein Römer krank wurde, mußte er sich einem heilkundigen Sklaven, irgendwelchen Kurpfuschern oder Kräuterweiblein anvertrauen. Ein unbefriedigender Zustand, so daß die Zeit reif wurde für eine klar begründete Heilkunde. Unter diesen Umständen gelang Asklepiades der Durchbruch als wissenschaftlich gebildeter Arzt. In der Tat trat er als radikaler Reformer auf, der gegen die hippokratische Lehre von der Physis und gegen die erstarrte Humoralpathologie der Alexandriner kämpfte.

Von den rund zwanzig, in bestem Griechisch verfaßten Schriften des Asklepiades sind nur einzelne Zitate in Werken späterer Autoren erhalten geblieben. Das meiste, was wir über Asklepiades und seine Nachfolger wissen, verdanken wir dem Kompilator Caelius Aurelianus (Ende des 5. Jahrhunderts n. Chr.), der ein achtbändiges Werk »Über akute und chronische Krankheiten« verfaßt hat.

Die Krankheitslehre des Asklepiades fußte auf der Atomtheorie, und zwar in der von Herakleides aus Heraklea am Schwarzen Meer (um 340 v. Chr.) und Epikuros (324–271 v. Chr.) modifizierten Form des Atomismus von Leukippos und Demokritos (siehe Seite 75). Das Neue lag darin, daß für Herakleides die Atome oder Urkörperchen zersplitterbar sind.

Nach der Lehre des Asklepiades sind Leib und Seele aus

unendlich vielen Urkörperchen zusammengesetzt; solange sie sich bewegen, lebt der Organismus. Die verschieden großen Urkörperchen bilden ein unterschiedlich dichtes Netz von röhrenförmigen Porengängen, in denen sich andere Urkörperchen rastlos bewegen, nämlich die, aus denen die Körpersäfte und das Pneuma bestehen. Alle Körpervorgänge verlaufen rein mechanisch nach physikalischen Gesetzen; es gibt keine zweckmäßigen, sinnvollen Naturkräfte. Asklepiades erklärt: »Natur ist nichts anderes als der Körper und dessen Bewegung.« So leugnet er eine Verdauung im Sinne der »Kochung«; die Nahrungsstoffe zerfallen roh in ihre kleinsten Bestandteile und werden dann durch die Poren im Körper verteilt. Die getrunkenen Flüssigkeiten lösen sich im Körper in Urkörperchen auf, gelangen – ohne die Nieren zu durchlaufen – in die Harnblase und schlagen sich dort wieder als Flüssigkeit nieder. Bei Asklepiades herrscht das physikalische Denken vor, während man von den Hippokratikern und Alexandrinern sagen kann, daß sie die Körpervorgänge vorwiegend chemisch betrachtet haben.

Krankheit ist nach Asklepiades letzten Endes auf eine Störung in der Bewegung der Atome zurückzuführen: »Durch Stockung der Urkörperchen werden die Krankheiten bewirkt. Ihre Stockung aber entsteht entweder infolge ihrer Größe oder ihrer Form, oder ihrer Menge oder ihrer übermäßig schnellen Bewegung oder durch Knickung der Poren ...« Veränderungen der Säfte und des Pneumas läßt er nur als Gelegenheitsursachen gelten. Gemäß dieser Anschauung sucht er nach dem Sitz der einzelnen Krankheiten in bestimmten Organen. Asklepiades hat sich damit von der Säftelehre abgewendet und eine ausgesprochene Solidarpathologie vertreten.

Glücklicherweise hat die ärztliche Beobachtungskunst des Asklepiades nicht unter seinen Theorien gelitten. Er unterschied klarer als je zuvor akute von chronischen Krankheiten und beschrieb vortrefflich die verschiedenen Arten von Wechselfieber, Wassersucht, Krämpfen und Geisteskrankheiten. Die hippokratische Lehre von den kritischen Tagen lehnte er ab.

Auch in der Therapie bezog er gegen die Hippokratiker Stellung. Deren Grundsatz »Die Natur ist die Heilerin der Krankheit« setzte er den Ausspruch entgegen: »Nicht nur, daß die

Natur nichts nützt, sie schadet sogar bisweilen.« Aufgabe des Arztes ist es, die Urkörperchen wieder in normale Bewegung zu setzen; das ist nur auf mechanisch-physikalischem und diätetischem Wege möglich. Diese naturgemäße Heilmethode fand bei den gebildeten Römern eine günstige Aufnahme, weil sie zusammen mit der theoretischen Begründung den Eindruck eines einheitlichen Systems erweckte.

Asklepiades bevorzugte drei Maßnahmen: Reibung, passive Bewegung und Wasser. Die Reibung (Friktion) ist eine alte Methode, die durch ihn nur aufs neue in den Heilschatz aufgenommen wurde. Die Wirkung dieser Massage ist von Intensität, Dauer und Anwendungsort abhängig. Regelmäßig verschrieb Asklepiades die Reibung bei der Nachbehandlung chronischer Leiden.

Die passive Bewegung kann im Gegensatz zur aktiven Bewegung (Gymnastik, Spaziergänge) auch bei Schwerkranken und Bettlägerigen ausgeführt werden. Die einschlägigen Maßnahmen (Getragenwerden in Sessel oder Sänfte, Spazierenfahren, Schaukeln in einem Schwebebett) bezwecken eine Erweiterung der Poren und dadurch eine Aufhebung der Stockung der Urkörperchen.

Das Wasser liebte Asklepiades als Heilmittel so sehr, daß man ihm den Beinamen »Kaltwasserarzt« gab. Mit der Verordnung von Wasseranwendungen (Waschungen, Duschen, Bäder) kam er ohne Zweifel den Neigungen seiner Zeit entgegen. Eine Kombination von Wasser und passiver Bewegung bildete das »Schaukelbad«, von dem aber keine Beschreibung existiert.

Asklepiades soll auch den Wein für ein unentbehrliches Heilmittel gehalten und über seine medizinische Anwendung eine besondere Schrift verfaßt haben. Da der Wein zu weite Poren verengen sollte, wurde er vor allem bei Erschlaffung der Gewebe, also bei Schwächezuständen verordnet. Der Wein wurde teils unvermischt, teils mit Wasser oder Salz versetzt oder angewärmt gereicht.

Außerdem griff Asklepiades zu folgenden Maßnahmen: Fasten, bestimmte Kostformen (zum Beispiel Fleischverbot bei Epilepsie oder Trockenkost bei Wassersucht); Luft, Licht und Musik bei Geisteskranken; äußere Mittel wie Pflaster, Riechmittel, Schröpfen. Mit Vorsicht wandte er Aderlaß und Einläufe an. Er benutzte sogar das Fieber als Heilmittel, vor allem bei Krampfleiden. Hingegen verwarf er jede übermäßige Verordnung von Medikamenten; er verabscheute ganz besonders den Gebrauch von Brech- und Abführmitteln.

Chirurgische Eingriffe führte er nur in Notfällen aus, zum Beispiel den Kehlkopfschnitt bei Erstickungsgefahr oder die Zerstückelung der Leibesfrucht. Daneben hat er die alte Wund- und Knochenchirurgie ausgeübt. Seine Zurückhaltung in der operativen Chirurgie war sicherlich durch die Kunde vom Wirken des Archagathos bedingt.

Oberster Leitsatz seines therapeutischen Handelns hieß: »Tuto, cito et jucunde« – der Arzt solle sicher, schnell und angenehm heilen. Er müsse für jede Krankheit zwei bis drei Mittel bereit haben.

Hingerissen von seinen Erfolgen verstieg sich Asklepiades zu marktschreierischen Handlungen und ließ sich als »vom Himmel Gekommener« feiern. So soll er einmal einen Leichenzug mit einem Scheintoten engagiert haben, den er dann unter theatralischen Umständen wieder zum Leben erweckte. Kein Wunder, daß er von späteren Ärzten als billiger Scharlatan hingestellt wurde. Seine kühne Behauptung, er wolle nicht für einen Arzt angesehen werden, wenn er jemals erkranken würde, hat sich allerdings bewahrheitet: er starb hochbetagt nach einem Sturz von der Leiter im Jahre 56 v. Chr.

Auf jeden Fall ist es das bleibende Verdienst des Asklepiades, im abweisenden Rom das Tor für die griechische Heilkunde aufgerissen zu haben. Der Bann war gebrochen, der ärztliche Stand erhielt endlich das ihm gebührende Ansehen. Asklepiades hat den Grundstein zur »methodischen Schule« gelegt, die während der folgenden zweihundert Jahre in der Heilkunde tonangebend war.

Die Methodiker

Asklepiades hatte die Klaviatur der physikalisch-diätetischen Therapie virtuos beherrscht. Im Schatten seiner imponierenden Persönlichkeit suchten seine Nachfolger nach Schablonen und straffen Regeln, an denen sie ihr ärztliches Denken und Handeln orientieren konnten. Die individuelle Leistung am Krankenbett sollte durch eine bequeme Technik ersetzt werden. Der unausbleibliche Triumph der Mittelmäßigkeit bahnte sich an. Wie auf allen Kulturgebieten strebte man auch in der Medizin danach, den beweglichen griechischen Geist in die starre Form des Römertums zu gießen.

Als Begründer der Methodikerschule (methodos, griechisch = der einfache Weg) gilt Themison von Laodikeia in Nordsyrien (um 50 v. Chr.), ein Schüler des Asklepiades, von dem er sich erst in vorgeschrittenem Alter löste und einen eigenen Weg beschritt. Der Kenntnis der Krankheitsursache wird nun für die praktische Krankenbehandlung jede Bedeutung abgesprochen, deshalb werden auch Anatomie und Physiologie ganz abgelehnt. Als Grundlage der Therapie genügt es, allgemeine Grundformen des Krankseins, die sogenannten »Kommunitäten«, zu beobachten. Themison unterscheidet drei Kommunitäten, die auf der Beschaffenheit der Porenwände beruhen:

1. Spannung (Straffheit, Kontraktion); die Körpergewebe sind stark zusammengezogen; dadurch, daß die Poren dichtgemacht sind, kommt es zu einer Verminderung der Körperausscheidungen bei heftigem Fieber.
2. Erschlaffung der Körpergewebe mit Vermehrung aller Absonderungen (Schweiß, Urin, Stuhl).
3. Gemischter Zustand: Spannung und Erschlaffung sowie Quantität der Ausscheidungen wechseln von einem Körperteil zum anderen.

Außerdem muß nach Themison die Verlaufsart der Krankheit beachtet werden: akute Krankheiten, bei denen der Zustand der Kontraktion vorherrscht, und chronische Krankheiten, bei denen zumeist die Erschlaffung überwiegt. Die Krankheiten durchlaufen drei Stadien: Zunahme – Stillstand – Abnahme.

Nach dem Prinzip der Kommunitäten richtet sich die Behandlung: es sind stets die dem Körperzustand entgegengesetzten Mittel anzuwenden. Als erschlaffende Mittel, die also beim Zustand der Spannung zu geben waren, galten: Blutentziehung, warme Bäder, Dämpfe, Fasten, Brechmittel, Abführmittel, harntreibende Mittel, schweißtreibende Mittel. Zu den verengenden, tonisierenden Maßnahmen zählten kalte Waschungen, kalte Luft, kräftigende Diät, Wein, Essig, Alaun. Bei einem gemischten Zustand sollte zuerst dem heftigeren Übel entgegengewirkt werden.

Mit diesem »einfachen Weg« wollte Themison den praktischen Bedürfnissen der in Rom tätigen Ärzte dienen und das Erlernen der Heilkunde erleichtern. Er kam damit dem praktisch-nüchternen Sinn der Römer und ihrer Vorliebe für das Formale entgegen.

Thessalos von Tralleis in Lydien (um 50 n. Chr.) baute die methodische Lehre praktisch weiter aus. Für ihn haben die Kommunitäten vollkommen die Bedeutung von »Hauptindikationen«, von denen sich allgemeingültige Behandlungsnormen ableiten lassen. Bei chronischen Krankheiten empfiehlt er eine umstimmende (»metasynkritische«) Therapie, durch die das ganze Verhalten des Körpergewebes vollkommen umgewandelt werden soll. Zunächst verordnet er zur Kräftigung eine stärkende Kost sowie Körperübungen und Massage; erst danach ging er zur eigentlichen umstimmenden Kur über: Wechsel zwischen verschiedenen Diäten, zeitweiliges Fasten, Erbrechen, Bäder, Arzneimittel.

Auch Thessalos verzichtete auf jede theoretische Grundlage für die Medizin. Darum genügten nach seiner Ansicht sechs Monate, um das Wesen der »Methode« zu erlernen. Das Hauptgewicht der ärztlichen Ausbildung legte er auf die Unterweisung am Krankenbett. Als Reformator des ärztlichen Unterrichts war er seiner Zeit voraus. Sein selbstbewußtes, anmaßendes Auftreten und seine scharfe Kritik an den Ärzten vor ihm trugen ihm den Ruf eines gewissenlosen Scharlatans ein. Nach Plinius soll er sich auf seinem Grabstein an der Via Appia als »Bezwinger der Ärzte« haben bezeichnen lassen. Galenos berichtet, daß Thessalos einen Brief an Kaiser Nero mit folgenden Worten begann: »Da ich mich einer neuen Sekte angeschlossen habe, und zwar der einzig wahren, da alle älteren Ärzte nichts Nützliches, weder zum Schutz der Gesundheit noch zur Bekämpfung der Krankheiten, geschaffen haben ...«

Der bedeutendste Vertreter der methodischen Schule, zugleich ihr Vollender, war Soranos von Ephesos (erste Hälfte des

2. Jahrhunderts n. Chr.), der größte Frauenarzt des Altertums. Obwohl er die Ansicht der anderen Methodiker über die Nutzlosigkeit der Lehre vom gesunden Körper für die praktische Medizin teilt, hält er das Wissen davon aber doch für notwendig, weil es »für die Wissenschaft zur Zierde gereiche«. Hierin erweist er sich als Schüler der Medizinschule von Alexandreia. In seinen Werken über Frauenkrankheiten und innere Medizin trennt er konsequent die Theorie von der Praxis. Meisterhaft grenzt er die einzelnen Krankheitsbilder voneinander ab. In der Behandlung hält er sich getreulich an die Grundsätze der methodischen Schule. Trotzdem gestand er den Ärzten für den einzelnen Fall genügend Spielraum zu. Indem er auf diese Weise den Schematismus der Methodiker auflockerte, führte er die methodische Schule zu einem neuen Aufschwung, der durch das ganze Mittelalter nachwirkte.

Die Pneumatiker

Nicht zufrieden mit dem medizinischen System der Methodiker, suchten einige Ärzte der römischen Kaiserzeit nach neuen Theorien. Dabei stießen sie auf die alte Lehre vom Pneuma, die in die stoische Philosophie eingegangen war.

Zenon aus Kition auf Zypern (332–262 v. Chr.) hatte um 310 v. Chr. in Athen die Schule der Stoa begründet. Nach der stoischen Ethik ist naturgemäßes Leben für den Menschen vernunftgemäßes Leben; darin besteht die einzige Glückseligkeit. Das Ziel der Tugend ist Leidenschaftslosigkeit. Dazu kommen zwei soziale Forderungen: Gerechtigkeit und Menschenliebe – auch für Sklaven und Barbaren.

In der stoischen Physik sind die wirkende Kraft und der leidende Stoff untrennbar miteinander verbunden im Pneuma; dieses durchdringt die ganze Welt hauchartig. Das Pneuma der Stoiker ist Weltseele, Weltvernunft, göttliche Kraft, schließlich die Gottheit selbst. Hier erweist sich die Stoa als materialistischer Pantheismus.

Die Entwicklung der stoischen Philosophie verlief in drei Perioden: ältere Stoa (3. Jahrhundert v. Chr.), mittlere Stoa

(2. und 1. Jahrhundert v. Chr.) und jüngere Stoa (1. und 2. Jahrhundert n. Chr.). In der Kaiserzeit war die Stoa bei den Römern von allen philosophischen Systemen am meisten angesehen und wurde zu einer Art »ethischen Religion«.

Poseidonios aus Apameia in Syrien (135–51 v. Chr.) war der einflußreichste Denker der mittleren Stoa. Zu den Hörern seiner Schule in Rhodos zählten auch Cicero und Pompeius. In seinem umfassenden Lehrgebäude verknüpft er die vier Elemente mit körperlichen und seelischen Eigenschaften und erklärt die Krankheiten aus einem Übermaß des Warmen, Kalten, Feuchten und Trockenen; Ursachen dieses Übermaßes sind verschiedene äußere Einwirkungen wie Atmung, Nahrung usw.

Athenaios von Attaleia in Kilikien (1. Jahrhundert v. Chr.), ein persönlicher Schüler des Poseidonios, begründete die pneumatische Schule, deren Physiologie und Pathologie vor allem auf der Pneumalehre aufgebaut war. Im Gegensatz zu den Methodikern legten die Pneumatiker auf ein wissenschaftliches Fundament ihrer Lehre den allergrößten Wert. Athenaios unterscheidet fünf medizinische Disziplinen; an erster Stelle steht die Physiologie, gefolgt von Pathologie, Diätetik, Arzneimittellehre und Therapeutik.

Die vier Elementarqualitäten sind nicht nur die stofflichen Grundbestandteile des Körpers, sondern bedingen alle Verschiedenheiten des Lebens (Geschlecht, Lebensalter, Säfte, Krankheiten usw.). Die oberste Regulation bewirkt aber das Pneuma, das durch die eingeatmete Luft immer von neuem ergänzt wird.

Gesundheit beruht auf einer normalen Mischung der Qualitäten. Zu einer Erkrankung kommt es durch die fehlerhafte Mischung der vier Elementarqualitäten, die eine Verderbnis des Pneuma und der Säfte zur Folge hat. Die Pneumatiker forschten nicht nur nach den offenbaren, sondern auch nach den verborgenen, unsichtbaren Ursachen, von denen eine ganze Skala angenommen wurde.

Die Diagnostik der pneumatischen Schule ist durch eine spitzfindig ausgebaute Pulslehre gekennzeichnet. In der Behandlung herrschten ähnlich wie bei den Methodikern die diä-

Abb. IV, 6: Römisches Operationsbesteck

Abb. IV, 7: Schröpfköpfe, Salbentopf und kleines Nilpferd

Abb. IV, 8: Altrömische Thermen

tetisch-physikalischen Maßnahmen vor, während die Arzneimittel weniger geschätzt wurden.

Athenaios konnte in Rom bald großes Ansehen und zahlreiche Anhänger gewinnen. Er forderte, daß die Heilkunde zum Jugendunterricht gehöre und daß jeder Mensch Arzt sein müsse. Abgestuft nach Geschlecht, Lebensalter und Jahreszeiten entwarf er detaillierte Lebensregeln. In der Jugenderziehung legte Athenaios größten Wert auf eine gleichmäßige Ausbildung von Geist und Körper. Die Mädchen sollten vornehmlich die zur Führung des Haushalts erforderlichen Kenntnisse erwerben.

Aretaios aus Kappadokien (um 50 n. Chr.) ist der einzige Pneumatiker, dessen Schriften fast vollständig erhalten sind: 1. Über die Ursachen und Kennzeichen der akuten und chronischen Krankheiten; 2. über deren Behandlung.

Seine meisterhafte Darstellung gewisser Krankheitsbilder, vor allem der Harnruhr (Diabetes), des Asthmas, der Migräne und der Darmruhr, erinnert an den Stil der hippokratischen Schriften. So schreibt er über den Diabetes, wobei er aber noch nicht zwischen Diabetes mellitus (Zuckerkrankheit) und Diabetes insipidus (Wasserharnruhr) unterscheidet: »Der Diabetes ist eine seltsame, nicht sehr häufige Erkrankung der Menschen, bei der es zu einem Zerfließen von Fleisch und Gliedern in den Urin kommt. Ihre Ursache ist kalter und feuchter Natur wie bei der Wassersucht. Der Verlauf ist der übliche, Nieren und Blase werden ergriffen; die Patienten hören nicht auf, Wasser zu produzieren; das Fließen hört nicht auf, als käme es aus einer geöffneten Wasserleitung. Die Krankheit verläuft dann chronisch; sie braucht eine lange Zeit zur Entstehung. Wenn sich das Krankheitsbild völlig eingestellt hat, lebt der Patient nur noch kurze Zeit; denn die Auflösung geht schnell, und der Tod tritt bald ein. Überdies ist das Leben unangenehm und voller Beschwerden, der Durst ist unstillbar; das übermäßige Trinken steht zu der riesigen Urinmenge in keinem Verhältnis; denn es wird immer noch mehr Urin ausgeschieden. Sie können weder vom Trinken noch vom Wasserlassen abgehalten werden. Wenn sie eine Zeitlang vom Trinken ablassen, so werden ihnen Mund und Körper trocken; die Eingeweide scheinen zu brennen; sie zeigen Übelkeit, Ruhelosigkeit und brennenden Durst und sterben binnen kurzem. Sie haben einen Durst, als wenn Feuer in ihnen brennte. Doch wie können sie vom Wasserlassen abgehalten werden? Oder wie kann die Scham stärker werden als die Pein?«

In der Therapie steht die Regelung der Lebensweise an der ersten Stelle. Nur wenn energisches Eingreifen angezeigt ist, verwendet Aretaios auch Opium, Brech- und Abführmittel, spanische Fliegen und Bibergeil (Castoreum). Die Blutentziehung nimmt er mittels Aderlaß, Blutegel und Schröpfköpfen vor. Bei heftigen Kopfschmerzen ließ Aretaios an der Stirn zur Ader oder suchte Nasenbluten auszulösen. Hierzu schnitt er Zähne in einen Gänsekiel, den er dann in der Nase so lange herumdrehte, bis die Blutung einsetzte. In seiner ethischen Haltung wächst Aretaios sogar über die Hippokratiker hinaus: bei Unheilbaren hat der Arzt, wenn ihm schon nichts anderes zu tun übrigbleibt, wenigstens sein Mitgefühl zu äußern.

Aus der Schule der Pneumatiker sind die berühmtesten Chirurgen der Kaiserzeit hervorgegangen: Archigenes, Leonides, Heliodoros und Antyllos (siehe Seite 229).

Die Eklektiker

Das System der Pneumatiker hatte von Haus aus einen eklektischen (auswählenden) Charakter. Es griff zum Teil auf die Hippokratiker, zum Teil auf die jüngeren Dogmatiker und Methodiker zurück. Einzelne Pneumatiker lösten sich von ihrer Schule und wählten aus den Lehren aller medizinischen Sekten das Gute und Brauchbare aus. Sie folgten damit zugleich der allgemeinen Neigung ihrer Zeit zum Eklektizismus, der sich seit dem 1. Jahrhundert v. Chr. auch in der Philosophie ausbreitete. Der Vorteil dieser Entwicklung lag darin, daß die Streitigkeiten der verschiedenen Schulen ein Ende fanden.

Den Eklektikern standen zwei Wege offen: einige widmeten sich Sondergebieten der Medizin, andere versuchten, die Heilkunde auf ein breiteres, tragfähiges Fundament zu stellen. Hier soll erst die zweite Ärztegruppe betrachtet werden.

Claudius Agathinos aus Sparta (1. Jahrhundert n. Chr.) gründete die eklektische Schule. Wie sein Lehrer Athenaios befaßte er sich eingehend mit der Pulslehre. Mit Vorliebe empfahl er kalte Bäder, auch bei Kindern und zu jeder Jahreszeit.

Archigenes aus Apameia, der ursprünglich ebenfalls ein Pneumatiker gewesen war, wirkte zur Zeit des Kaisers Trajan in Rom als ein sehr beliebter und bekannter Arzt. Für den Dichter Juvenal (etwa 60–140 n. Chr.) war Archigenes »der Arzt« schlechthin. Er war literarisch äußerst produktiv und vielseitig. Selbst der große Galenos hat vieles aus seinen Schriften entnommen. Obwohl Archigenes den Typ des galanten Modearztes verkörperte – er komponierte unter anderem ein Haarfärbemittel für Damen –, darf er nicht als Scharlatan abgewertet werden. So erreichte die Pulslehre durch ihn ihren höchsten Stand in der antiken Medizin. Er unterschied zehn Pulsgattungen und untersuchte Größe, Schnelligkeit, Stärke, Füllung, Häufigkeit, Härte, Rhythmus und Gleichmäßigkeit in der Aufeinanderfolge. Die hippokratische Lehre von den kritischen Tagen nahm er wieder auf.

Interessant ist seine Einteilung der Schmerzen, aus deren Qualität er den Sitz der Krankheit bestimmen wollte: ziehende, herbe, juckende, stechende, krümmende, dumpfe, unbändige, zusammenziehende.

Als Chirurg war Archigenes nicht weniger angesehen. Er erweiterte die Indikationsstellung für die Amputation von Gliedmaßen und verbesserte die Operationstechnik. Vor der Amputation legte er eine Abschnürbinde an; größere Blutgefäße unterband er, kleinere Blutungen wurden mit dem Glüheisen gestillt. Archigenes operierte auch den Brust- und Gebärmutterkrebs.

Rhuphos von Ephesos (Anfang des 2. Jahrhunderts n. Chr.) hat das Verdienst, den Einbau der Anatomie in die Heilkunde gefördert zu haben. Hierin erweist er sich als Alexandriner. Seine Schrift »Über die Benennung der Teile des menschlichen Körpers« war für den medizinischen Unterricht bestimmt. Nach seinen Worten hat er seine anatomischen Kenntnisse durch Sektion von Affen gewonnen, da die Zergliederung menschlicher Leichen wieder sehr selten geworden war. Um so höher sind seine Entdeckungen zu werten: die Sehnervenkreuzung und die Linsenkapsel des Auges.

Rhuphos hinterließ gute Beschreibungen der Nieren- und Blasenleiden, der Beulenpest und der Lepra. Für ihn war das Fieber ein großes Heilmittel, dessen künstliche Erzeugung wünschenswert sei. Er befaßte sich auch mit einzelnen Fragen aus der Chirurgie, Gynäkologie, Psychiatrie und Hygiene.

Der größte Eklektiker war aber Galenos, der ein grandioses Lehrgebäude der antiken Medizin errichtet hat (siehe Seite 196).

Arzneimittel ohne Zahl

Die spezialisierten Eklektiker befaßten sich vornehmlich mit der Arzneimittellehre, von der man am ehesten praktische Erfolge erwarten durfte. Zum Luxus und zur Verweichlichung der Kaiserzeit paßten nicht mehr die einfachen Maßnahmen der Diätetik. Geschäftstüchtige Ärzte versprachen mit einer Vielzahl von Arzneimitteln Gesundheit, Schönheit und Liebeskraft. Neben einer Reihe bewährter Arzneimittel wurden viele seltene und kuriose Mittel eingeführt, um die raffiniertesten Bedürfnisse zu befriedigen. So entstanden immer mehr Rezeptsammlungen, die teilweise ohne jeden wissenschaftlichen Wert waren und bloß als modische Auswüchse gewertet werden können. Manche dieser obskuren Rezepte haben trotzdem Jahrhunderte überdauert: das Antidot Philonium des Philon von Tarsos (um 50 v. Chr.), das unter anderem Opium und Bilsenkraut enthält, oder der Theriak des Andromachos des Älteren aus Kreta, Leibarzt des Kaisers Nero, ein aus mehr als sechzig Substanzen zusammengesetztes Universalgegengift, das auch bei Infektionskrankheiten verordnet wurde.

Antonius Musa, ein Freigelassener, der Kaiser Augustus durch eine Kaltwasserkur von einer schweren Leberkrankheit gerettet hatte und dafür in den Ritterstand erhoben worden war, hinterließ Geheimmittel gegen Augenleiden, Nasengeschwüre und Nierenschmerzen; er bevorzugte Zichorie und Endivie als Heilmittel.

Scribonius Largus, der 43 n. Chr. Kaiser Claudius auf seinem

Feldzug nach Britannien begleitet hatte und später als Hofarzt in Rom tätig war, veröffentlichte 47 n. Chr. ein ärztliches Taschenbuch mit zweihunderteinundsiebzig Rezepten für alle möglichen Leiden vom Kopf bis zu den Füßen. Als erster beschrieb er die Gewinnung von Opium richtig. Bei heftigen Kopfschmerzen empfahl er die Anwendung von Schlägen des schwarzen Zitterrochens: man sollte das lebende Tier direkt auf die schmerzende Stelle legen, bis diese betäubt ist. Damit hat Scribonius Largus die Elektrizität in die Therapie eingeführt! Allerdings ahnte er noch nicht den wahren Charakter der Wirkung. Erst 1772 wurde nachgewiesen, daß es sich um eine elektrische Erscheinung handelt.

Neben zahlreichen vernünftigen Rezepten, die Scribonius Largus entweder älteren Autoren entnommen oder selbst erprobt hatte, enthält das Werk auch viele abergläubische Volks- und Wundermittel, darunter zum Beispiel die Leber eines getöteten Gladiators. Manches Geheimmittel soll er für schweres Geld erstanden haben.

Mit dem Vorwort zu seinem Rezeptbuch erweist sich Scribonius als ethisch hochstehender Arzt. Er fordert, daß sich der römische Arzt, wenn es die Lage erfordert, als Bürger und Soldat zu bewähren und den Feind, ausgenommen mit Gift, auf jede Art und Weise zu verfolgen hat. Scribonius nimmt seinen Beruf sehr ernst, für ihn steht die Medizin unter den Forderungen Humanität und Mitleid.

Außerdem verlangt er die volle Berücksichtigung der Heilkraft der Arzneimittel. Bei ihm sind Diätetik, Pharmazie und Chirurgie nicht mehr drei Teile, sondern Stufen der praktischen Medizin: Man beginnt die Behandlung mit der Verordnung bestimmter Speisen. Kommt man damit nicht weiter, gibt man Medikamente als wesentlich stärkere und wirksamere Mittel. Bleibt noch immer der Erfolg aus, so entschließt man sich zum chirurgischen Eingriff.

Daß es oberflächliche Ärzte gibt, die diese Bezeichnung gar nicht verdienen, schreibt Scribonius dem allgemeinen Sittenverfall zu. Die Patienten sind nachlässig und kritiklos, nur an luxuriösen Dingen interessiert. So kann sich jeder Scharlatan einen Arzt nennen. Dabei gehen die Grundsätze der wissenschaftlichen Medizin verloren. Allerdings übersieht Scribonius keineswegs, daß auch ein sachlicher Faktor an der unheilvollen Entwicklung beteiligt ist: die ungeheure Erweiterung der Medizin macht diese für den einzelnen nicht mehr überschaubar. Der einseitige Spezialist, der nur ein kleines Teilgebiet beherrscht, ist kein rechter Arzt. Das Dilemma des Arztes ist, daß er einerseits dem einzelnen Kranken gerecht werden und andererseits mit dem wissenschaftlichen Fortschritt mitgehen soll.

Noch mehr auf eigener Beobachtung und Erfahrung basiert die fünfbändige Arzneimittellehre, die Pedanios Dioskurides aus Anazarba in Kilikien um 77 n. Chr. niedergeschrieben hat. Als Militärarzt im römischen Heer lernte er viele Länder und deren Heilpflanzen kennen. Dioskurides beschrieb alle damals bekannten Arzneimittel aus den drei Reichen der Natur, besonders aber die pflanzlichen, so anschaulich, daß der französische Botaniker Joseph Pitton de Tournefort (1656–1708) auf seinen Orientreisen fast alle von Dioskurides aufgeführten Pflanzen identifizieren konnte.

Frei vom Dilettantismus und Dogmatismus der meisten seiner Vorgänger schilderte er die einzelnen Heilpflanzen genau und machte ausführliche Angaben über Standort, Zubereitung, Aufbewahrung und Anwendung. Dioskurides ordnete die Pflanzen nach äußeren Merkmalen oder nach ihrer Wirkung und nicht einfach nach dem Alphabet, was damals das übliche war. Bemerkenswert ist die Aufzählung einiger metallischer Mittel (Quecksilber, Bleiazetat, Kalkwasser, Kupferoxyd usw.) zur äußeren Anwendung bei Krankheiten der Augen und der Haut.

Das Werk des Dioskurides blieb lange Zeit unübertroffen und bis zum 16. Jahrhundert das Standardlehrbuch über Arzneimittellehre an den Universitäten. Die älteste Handschrift ist der Dioskurides-Codex der Österreichischen Nationalbibliothek in Wien, das schönste aus der Spätantike erhaltene illustrierte Manuskript. Dieser Codex wurde um 512 n. Chr. im Auftrag der Bewohner von Honoratae, eines Stadtteils von Byzanz, für Prinzessin Juliana Anicia, Tochter des Kaisers Anicius Olybius und der Galla Placidia, die eine Kirche für den Märtyrer Polyeuktos gestiftet hatte, gemalt. Das Werk konnte 1569 durch den österreichischen Gesandten für Kaiser Maximilian II. (1564 bis 1576) in Konstantinopel gekauft werden. Der Text des »Wiener Dioskurides« geht allerdings auf verschiedene Autoren zurück und enthält nur unter anderem einen alphabetischen Auszug aus der Arzneimittellehre des Dioskurides. Ein Teil der Pflanzenbilder entstammt dem Kräuterbuch des Krateuas (siehe Seite 151). Das Originalwerk des Dioskurides war höchstwahrscheinlich gar nicht bebildert. Um das Studium dieses unschätzbaren Codex' einem größeren Kreis von Interessenten zu ermöglichen, wurde 1966 nach einer peinlichen Restaurierung ein Faksimiledruck angefertigt.

Die römischen Medizinschriftsteller

Als ältester Autor, der auch Medizinisches abgehandelt hat, ist der Censor Cato (siehe Seite 167) anzusehen. Der griechische Historiker Plutarch (um 46 n. Chr. bis 120 n. Chr.) berichtete in seinen vergleichenden Lebensbeschreibungen großer Griechen und Römer über Cato den Älteren: »Cato war jedoch nicht bloß den Philosophen der Griechen abgeneigt, sondern hatte auch auf die, welche die Arzneikunst in Rom ausübten, einen argen Verdacht. Ohne Zweifel war ihm die Antwort bekannt, die einst Hippokrates, als ihn der persische König für eine Unsumme Geld zu sich berief, gegeben hatte, daß er nie den Barbaren, den Feinden der Griechen, dienen werde. Daher behauptete er, dies wäre ein allgemeiner Eid für sämtliche Ärzte, und ermahnte seinen Sohn, sich vor allen in acht zu nehmen. Er hatte sich, wie er selbst sagt, eine Sammlung von Rezepten gemacht, und nach diesen verordnete er die Kur und Diät für die Kranken seines Hauses. Vom Fasten hielt er gar nichts, sondern gab ihnen Gemüse und ein wenig Fleisch von Enten, Tauben oder Hasen zu essen; denn diese Speisen hielt er für leicht und dem Kranken zuträglich, außer daß die, welche sie genießen, gewöhnlich viel darauf träumen. Er versichert noch, daß er durch diese Kur und Diät nicht nur sich selbst, sondern auch alle die Seinigen immer gesund erhalten habe. In dieser Beziehung scheint er sich jedoch geirrt zu haben; denn er verlor seine

Gemahlin und seinen Sohn. Er selbst konnte freilich bei seiner starken und festen Gesundheit am längsten aushalten, so daß er noch im hohen Alter des Genusses der Liebe fähig war und eine für seine Jahre unschickliche Heirat schloß, wozu folgendes Veranlassung gab.«

Marcus Terentius Varro (116–27 v. Chr.), einer der größten Gelehrten und wohl der fruchtbarste Schriftsteller Roms, war auch in medizinischen und hygienischen Dingen hervorragend beschlagen. In seinem Lehrbuch über Landwirtschaft entwarf er hygienische Vorschriften für den Bau von Landhäusern. Als eine »Pest« auf Korfu dem Heer und der Flotte des Pompejus tüchtig zusetzte, gelang es Varro durch Isolierung der Kranken, Renovierung der Wohnungen und kräftige Ventilation, die Seuche zu stoppen. Varro hat sogar schon die Erregung der Malaria durch unsichtbare Kleinlebewesen vorausgeahnt: in sumpfigen Gegenden sei achtzugeben ... »weil dort gewisse winzige Lebewesen gedeihen, welche mit den Augen nicht wahrgenommen werden können, auf dem Luftwege durch Mund oder Nase in den Körper gelangen und schwere Erkrankungen bewirken«.

Nach der Einbürgerung der griechischen Medizin in Rom blieb zwar der ärztliche Beruf zunächst noch wenig geachtet, während das allgemeine Interesse für die Medizin stetig anstieg. Cicero schildert in seinem Werk »Vom Wesen der Götter« ausführlich die Funktionen der einzelnen Körperorgane, nachdem er festgestellt hat: »Besser wird man schon verstehen, daß die unsterblichen Götter in besonderer Weise für die Menschheit gesorgt haben. Man braucht nur einen prüfenden Blick auf den Körperbau des Menschen zu werfen, auf die Gestaltung und Vollkommenheit seiner Natur.

Drei Dinge sind es nämlich, die das Leben der beseelten Wesen aufrechterhalten: Speise, Trank und Atem. Zu deren Aufnahme ist der Mund ganz hervorragend geeignet, weil ja nahe bei ihm die Nase beim Atmen mithilft. Die Speise wird den im Munde praktisch angeordneten Zähnen überlassen, von diesen gekaut und weichgemacht. Die scharfen Vorderzähne zerkleinern das Essen durch Beißen, die hinteren aber, die sogenannten Backenzähne, verarbeiten es kauend. Dieser Vorgang wird wohl auch noch durch die Zunge unterstützt.«

Über das Ohr zum Beispiel sagt Cicero: »Das Gehörorgan steht immer offen; wir brauchen es ja auch beim Ausruhen. Wenn es ein Geräusch vernommen hat, werden wir sogar aus dem Schlaf geweckt. Das Ohr hat einen gewundenen Eingang, damit nichts Ungehöriges hineingelangen kann, was ja bei einer einfachen und geraden Öffnung möglich wäre. Falls aber doch ein ganz kleines Tierchen hineinschlüpfen sollte, so ist dafür gesorgt, daß es am Ohrenschmalz wie am Vogelleim hängenbleibt. Außen aber ragen die sogenannten Ohrmuscheln hervor; sie sollen das eigentliche Sinnesorgan verbergen und schützen. Teils dienen sie aber auch dazu, daß die anklingenden Laute nicht abgleiten und irregehen, bevor der Gehörsinn von ihnen berührt worden ist. Sie haben einen harten und gleichsam hörnernen Eingang mit vielen Windungen, weil der Schall durch dieses Hin und Her verstärkt werden soll. Das gleiche bewirkt bei den Saiteninstrumenten die Schildkrötenschale oder das Horn. Aus gewundenen oder hohlen Räumen kommt nämlich jeder Ton verstärkt zurück.«

In der 44 v. Chr. entstandenen Schrift »Über das Greisenalter« rät Cicero: »Viele Greise sind aber doch so hinfällig, daß sie weder eine Berufsaufgabe noch eine Lebenspflicht ausführen können. Das ist aber keine besondere Schwäche des Alters, sondern das hängt allgemein mit der Gesundheit zusammen. Wie kränklich war doch der Sohn des Publius Africanus, dein Adoptivvater, von welch schwacher Gesundheit oder, besser gesagt, ganz ohne jede Gesundheit! Wenn das nicht der Fall gewesen wäre, so würde er ein zweites leuchtendes Vorbild für unseren Staat geworden sein. Denn zu der Geistesgröße seines Vaters war bei ihm noch die umfangreichere wissenschaftliche Bildung hinzugekommen. Darf man sich da wundern, daß Greise hier und da einmal schwach sind, wenn sogar junge Männer diesem Übel nicht entgehen können? Laelius und Scipio, ich sage euch, man muß sich gegen das Greisenalter wehren und seine Schwächen behutsam ausgleichen. Wie gegen eine Krankheit, so muß man auch gegen das Alter ankämpfen und auf die Erhaltung der Gesundheit achtgeben. Man darf nur noch leichte Leibesübungen betreiben, nur so viel Speise und Trank zu sich nehmen, daß die Kräfte aufgefrischt, nicht aber vergeudet werden. Man soll aber nicht nur dem Körper allein zu Hilfe kommen, sondern in noch höherem Maße dem Verstand und der Seele. Auch die Geisteskräfte erlöschen nämlich im Alter, wenn man nicht immer wieder wie bei einer Leuchte Öl nachgießt. Der Körper wird durch ermüdende Übungen belastet, der Geist aber durch Betätigung beschwingt.«

Seneca, der fast sein ganzes Leben lang an Schwindsucht gelitten hat, tadelt übermäßiges Baden und Schwitzen sowie das gleichzeitige Verschreiben von vielen Arzneimitteln. Mäßigkeit und Landluft verlängern das Leben. Besonders lobt er das milde Winterklima im Golf von Tarent und auf Sizilien. Luxus und Genußsucht machen krank. Den ihm von seinem Lehrer empfohlenen Vegetarismus hielt Seneca nur ein Jahr durch.

Vitruvius Pollio, ein Baumeister und Ingenieur zur Zeit des Kaisers Augustus, berücksichtigte in seinem Werk »Über Architektur« auch die Städte- und Wohnungshygiene. Für eine Stadt ist es günstig, wenn sie hoch liegt und weder Nebel und Winden noch zu großer Kälte oder Hitze ausgesetzt ist; Sümpfe darf es in der Nähe nicht geben, da von ihnen verderbliche Dünste aufsteigen. Kranke sollen windfreie Orte aufsuchen. Für die Beschaffenheit eines Ortes gibt Vitruvius einen einfachen Test an: in ungesunden Gegenden ist die Leber von geschlachteten Haustieren häufig grüngelb verfärbt. Bei der Besprechung der Gewässer, Bäder und Wasserleitungen weist er auf die Gefahren der bleiernen Wasserleitungsröhren hin und erinnert an die Krankheiten der Bleiarbeiter. Das Auftreten von Kröpfen bringt er ebenfalls mit dem Trinkwasser in Verbindung.

Vitruvius bestimmt die Verwendung der einzelnen Zimmer des Hauses nach dem Zutritt des Tageslichtes. Nahrungsmittel, Obst und Getränke sollen an schattigen Stellen aufbewahrt werden.

Der populärwissenschaftliche Schriftsteller Aulus Gellius veröffentlichte in seinem Werk »Attische Nächte« (um 175 n. Chr.) – der Titel rührt daher, daß er das Material dazu als Student in Athen an langen Winterabenden gesammelt hatte – viele Auszüge aus sonst verlorenen Schriften. Nach seiner Meinung sollte jeder Laie ein Mindestmaß an medizinischen Kenntnissen besitzen. Er bringt als Früchte seines eifrigen Lesens Notizen über Geburt von Fünflingen, die Lebensfähigkeit von Siebenmonatskindern, Fehlgeburten, die Pflicht des Stillens und anderes.

Die weltberühmte »Naturgeschichte« (naturalis historia) des Gaius Plinius Secundus major (der Ältere), geboren 23 n. Chr. in Como, gestorben 79 n. Chr. beim Ausbruch des Vesuvs, besteht aus siebenunddreißig Büchern, von denen das zwanzigste bis zweiunddreißigste Buch den Heilmitteln gewidmet sind. Das gewaltige Sammelwerk wurde von Plinius kritiklos aus über zweitausend Büchern exzerpiert. Im späten Altertum und durch das ganze Mittelalter bis in die Neuzeit hinein war Plinius die unbestrittene Autorität in der Naturforschung. Heute ist das Monumentalwerk eine einzigartige Fundgrube für Historiker der Naturwissenschaften und Kunst. Nach der Bibel ist die Naturgeschichte des Plinius das älteste Druckwerk der Welt (Erstdruck: Venedig 1469).

Sein Neffe, Plinius der Jüngere (62–113 n. Chr.), ein geschätzter Anwalt und Staatsmann, hat in einem Brief an seinen Freund Macer geschrieben, wie sein Onkel neben seiner Tätigkeit als Offizier und Staatsbeamter noch so viele Bücher verfassen konnte: »Du wirst Dich noch mehr wundern, wenn Du erfährst, daß er eine Zeitlang als Sachwalter Prozesse führte, im sechsundfünfzigsten Jahre starb und in der Zwischenzeit durch die wichtigsten Ämter und der Fürsten Freundschaft in Anspruch genommen und abgehalten wurde. Allein sein Geist war scharf, sein Fleiß unglaublich, sein Schlaf äußerst kurz. Schon mit den Vulkanalien (dem 23. August) fing er, nicht der guten Vorbedeutung, sondern der Studien wegen, tief in der Nacht an zu arbeiten, im Winter um ein Uhr, spätestens um zwei Uhr, mitunter um Mitternacht. Schlafen konnte er jederzeit, zuweilen beim Studium entschlummerte und erwachte er wieder. Vor Tagesanbruch ging er zum Kaiser Vespasian – denn auch dieser benutzte die Nächte –, von da an das ihm aufgetragene Geschäft. Zu Hause angekommen, widmete er die noch übrige Zeit dem Studium. Nach dem Frühstück, das er leicht und mäßig nach Art der Alten genoß, legte er sich im Sommer, wenn er Muße fand, in die Sonne, ließ sich ein Buch vorlesen und machte Anmerkungen und Auszüge, denn ohne solche zu machen, las er nichts; auch pflegte er zu sagen, kein Buch sei so schlecht, daß es nicht etwas Nützliches enthalte. Nach Sonnenuntergang badete er gewöhnlich kalt, darauf genoß er etwas und schlief ein wenig. Bald, als wäre der neue Tag angebrochen, studierte er wieder bis zur Hauptmahlzeit. Auch dabei wurde ein Buch vorgelesen und wurden Notizen gemacht . . . So lebte er in Geschäften und im Geräusch der Stadt; auf dem Lande blieb nur die Zeit des Badens von Studien ausgenommen, und wenn ich das Baden sage, so meine ich das eigentliche Bad; denn während des Reibens oder Abtrocknens hörte oder diktierte er etwas. Auf Reisen, gleichsam erlöst von anderen Sorgen, betrieb er nichts als das Studium; neben sich einen Schnellschreiber mit Buch und Schreibtafel, dessen Hände im Winter in Handschuhen steckten, damit selbst des Himmels Strenge dem Studium keine Zeit entzöge. Aus diesem Grunde ließ er sich auch zu Rom in einer Sänfte tragen. Ich weiß noch, wie er mich einmal beim Spazierengehen traf und sagte: ›Die Stunde brauchtest du nicht zu verlieren.‹ Denn als verloren betrachtete er jede nicht den Studien gewidmete Zeit.«

Außer der Naturgeschichte hat Plinius noch fünfundsechzig Bücher über andere Gebiete verfaßt, die aber alle verlorengegangen sind.

Bei der Beurteilung der Naturgeschichte des Plinius müssen wir zwei Tatsachen berücksichtigen: Erstens war Plinius weder Naturforscher oder Arzt, sondern Feldherr und Staatsmann; zweitens ließ er sich bei der Betrachtung der Natur von dem Gedanken leiten: Alles ist des Menschen wegen zu seiner Nutznießung geschaffen. Der Versuch zu zeigen, inwieweit die Natur dem Menschen dienstbar und nützlich ist, führte Plinius prompt auf das Glatteis des Aberglaubens und der Zauberei.

Eigene Beobachtungen und Forschungen konnte er nicht mitteilen. Sein Arbeitstempo brachte es mit sich, daß viele Angaben oberflächlich, manche sogar falsch sind. Er hat sich auch nicht gescheut, einige Quellenwerke wörtlich abzuschreiben.

Ähnlich wie Cato war Plinius der wissenschaftlichen Medizin und den griechischen Ärzten feindlich gesinnt: »Die Würde des Römers erlaubt es nicht, daß er von der Medizin Profession mache, und diejenigen Römer, welche sie zu erlernen anfangen, sind feile Überläufer zu den Griechen!« Er preist die römische Volksmedizin seiner Zeit, in der neben bodenständigen Mitteln und Methoden auch solche griechischen und orientalischen Ursprungs enthalten waren. Dadurch wurde sein Werk zu unserer wichtigsten Quelle über die antike Volksmedizin.

Charakteristisch für Plinius ist seine Einteilung der Heilkräuter: 1. Kräuter, die auf wunderbare Weise entdeckt wurden (durch Götter oder Halbgötter); 2. Kräuter, die von einzelnen Völkern verwendet werden; 3. Kräuter, die von Tieren aufgefunden wurden.

Hier noch ein Rezept als Beispiel: »Gegen die großen Schmerzen der Blase und der Steine helfen der Harn von einem wilden Eber und dessen Harnblase, als Speise gegessen, besser noch, wenn beides erst durch Rauch mürbe gemacht worden ist; die Blase muß gekocht gegessen werden und zwar von Frauen die einer Sau. Man findet auch in ihren Lebern Steine oder Verhärtungen, die Steinen ganz ähnlich und weiß wie im gemeinen Schwein sind, zermalmt und in Wein getrunken aber die Blasensteine abführen sollen. Dem Eber selbst wird sein Harn so beschwerlich, daß er, wenn er ihn nicht von sich gegeben, nicht Kräfte genug zur Flucht hat und wie gefesselt gefällt wird; er soll ihm Brennen verursachen. Alte, in Wein getrunkene Hasennieren führen die Blasensteine ab. In den Schweineschinken befinden sich, wie wir oben erwähnt haben, Gelenke, deren ausgekochte Brühe für den Harn gut ist. Alte, zerriebene Eselnieren heilen, in ungemischtem Wein gegeben, Blasenleiden. Auch die Flechten (Warzen) an den Füßen der Pferde führen Steine ab, wenn man sie in Wein oder Most vierzig Tage hindurch trinkt; dienlich ist auch die Asche vom Pferdehuf in Wein oder Wasser, desgleichen in Met der Mist von Ziegen, besonders von wilden, und die Asche von Ziegenhaaren; für Karbunkeln an den Schamteilen das Gehirn und das Blut von wilden oder zahmen Schweinen.«

Plinius der Jüngere berichtete in einem Brief an den Historiker Tacitus über den Tod seines Onkels, damals Befehlshaber der Flotte in Misenum am Tyrrhenischen Meer, folgendes: »Am 22. August gegen Mittag trat jener furchtbare, von Erdbeben und Aschenregen begleitete Ausbruch ein, der der ganzen Küste eine andere Gestalt gab. Eine Wolke in Gestalt einer riesenhaften Pinie erhob sich wie ein mächtiger Stamm mit flach verbreiteten Ästen vom Vesuv aus. Plinius ging sofort auf einem leichten Fahrzeug unter Segel, um die Katastrophe in der Nähe zu beobachten. In Erkenntnis der drohenden Gefahr für die am Fuße des Berges liegenden Ortschaften, denen nur zur See ein Ausweg offenstand, zog er größere Schiffe heran, um die unglücklichen Bewohner retten zu können; er selbst eilte mit den Worten: ›Den Kühnen steht das Glück zur Seite‹ nach Stabiae, einem dortigen Freunde Hilfe zu leisten. Unter der Fahrt, während Asche und Steine auf sein Schiff fallen und die Mannschaft zagt, diktiert er seine Beobachtungen. Zu Stabiae hatte der Freund bereits alles zur Flucht für sich und die Seinigen vorbereitet, doch der Westwind gestattete nur das Ein-, nicht das Auslaufen, während die Gefahr mit jeder Stunde stieg. Plinius, um durch sein Beispiel zu ermutigen, badet, speist und begibt sich zur Ruhe, die Bewohner bleiben wach. Gegen Morgen werden Aschen- und Steinfall so stark, die Erderschütterungen so heftig, daß man Plinius weckt, aus Furcht, der Vorhof, an welchen sein Schlafgemach stößt, werde bald ganz verschüttet und kein Ausgang mehr übrig sein. Dazu drohte den Gebäuden der Einsturz und im Freien der immer dichtere Steinfall Verderben. Man beratschlagt und eilt mit Polstern über dem Kopf ans Ufer. Aber Wind und hohe See sind noch dieselben, man kann nicht fort. Es ist Tageszeit, aber hier noch finstere Nacht, von schauerlichen Blitzen durchzuckt. Jetzt verbreitet sich Schwefeldunst, Flammen brechen ganz in der Nähe aus der Erde; in wilder Flucht stürzen alle fort. Auch Plinius, der sich schon vorher unwohl fühlte, erhebt sich, von zwei Sklaven unterstützt, fällt wieder nieder und ist tot. Erst am dritten Tag fand man seinen Leichnam, einem Schlafenden mehr denn einem Toten ähnlich.«

Es ist allerdings anzunehmen, daß der Tod des Plinius nicht unmittelbar durch den Vesuvausbruch, sondern durch einen Herzschlag infolge einer weit vorgeschrittenen Koronarsklerose verursacht worden ist.

Es muß noch einmal Celsus (siehe Seite 149) erwähnt werden, der das Wissen seiner Zeit über Rhetorik, Philosophie, Jurisprudenz, Kriegskunst, Landwirtschaft und Medizin in einer großartigen Enzyklopädie zusammengetragen hat. Erhalten sind nur die acht Bücher über Medizin. Dieses in klassischem Latein abgefaßte Werk ist neben dem Corpus Hippocraticum und den Schriften Galens das wichtigste Quellenwerk der antiken Medizin. Es trug seinem Verfasser die Beinamen »lateinischer Hippokrates« und »Cicero der Medizin« ein. Mit Ausnahme der Einleitung (Prooemium) handelt es sich um eine Kompilation aus älteren medizinischen Schriften, die durch geistvolle Urteile und Erläuterungen besticht.

Während des Altertums und Mittelalters blieb Celsus ziemlich unbekannt. Erst nach der ersten Druckausgabe (Florenz 1478) wurde Celsus »entdeckt«. Er war übrigens der erste medizinische Schriftsteller des Altertums, dessen Werk gedruckt wurde. Bis 1800 erschienen mindestens fünfunddreißig lateinische Ausgaben und mehrere Übersetzungen.

Viel Zeit und Papier wurde für die Beantwortung der Frage, ob Celsus Arzt oder Nichtarzt gewesen sei, aufgewendet. Die meisten Indizien sprechen dafür, daß Celsus kein zünftiger Arzt gewesen ist. Daran ändert auch nichts die Tatsache, daß er Krankheiten und Operationen meisterhaft beschrieben hat. Celsus war zweifellos ein hochgebildeter Mann, der sich mit der Heilkunde aus Liebhaberei literarisch und als Großgrundbesitzer mit vielen Sklaven auch praktisch beschäftigt hat.

In der Einleitung schildert Celsus die Entwicklung der Medizin von Asklepios bis Asklepiades. Bei aller Hochachtung für die älteren Ärzte bleibt er unbefangen und kritisch, selbst gegenüber Hippokrates.

Das erste Buch enthält eine Diätetik für Gesunde und Kranke. Von den vielen Anweisungen können hier nur einige als Beispiele zitiert werden: Bewegung und Abwechslung sind der Schlüssel zur Gesunderhaltung; dabei sind aber alle Extreme und plötzliche Übergänge zu vermeiden. – Der Beischlaf soll weder zu oft noch zu selten ausgeübt werden; er darf weder

Schwäche noch Schmerz hinterlassen; er ist am Tage schädlicher als in der Nacht, es dürfen ihm weder Wachen noch Arbeit oder Mahlzeiten folgen. – Jeder Mensch soll auch seinen »schwachen Punkt« kennen und auf ihn achten. – Wer abmagern will, muß nüchtern in warmem Salzwasser baden, heiße Sonnenbäder nehmen, entweder übermäßig lange oder kurz schlafen, häufig Bewegung und anstrengende Leibesübungen treiben, täglich nur eine Mahlzeit zu sich nehmen und öfter Brech- und Abführmittel gebrauchen. – Bei Neigung zu Erkältungen empfiehlt er kaltes Wasser zum Ausspülen des Mundes und zu Übergießungen des Kopfes.

Im zweiten Buch werden die allgemeinen Ursachen der Krankheiten, ihre Anzeichen und Prognosen sowie die verschiedenen Behandlungsarten und der Nährwert der Lebensmittel dargestellt. Zeichen einer bevorstehenden ernsteren Erkrankung sind plötzliche starke Gewichtszu- oder -abnahme, Auftreten von Geschwüren, Temperaturerhöhung, Schlafsucht, örtliches Schwitzen, Speichelfluß, Übelkeit und Abgeschlagensein. Aderlaß ist bei fast allen Krankheiten und in jedem Alter angezeigt. Celsus teilt die Nahrungsmittel nach den verschiedensten Gesichtspunkten ein: milde und scharfe, schleimverdünnende und schleimerzeugende, blähende und blähungswidrige, erwärmende und kühlende, abführende und verstopfende sowie harntreibende, narkotische usw.

Das dritte Buch behandelt die allgemeine Krankheitslehre, Fieberlehre und einzelne besondere Erkrankungen. Celsus unterscheidet prinzipiell allgemeine und örtliche Krankheiten. Klassisch ist die Aufzählung der vier Kardinalsymptome der Entzündung: Rötung, Schwellung, Wärme, Schmerz. Bei den Geisteskrankheiten legt er das Schwergewicht auf die Psychotherapie: Zureden, Gespräche, Musik, Rezitationen. Die Gelbsucht bekämpft er durch Abführmittel, scharfe Speisen, herbe Weine, Bewegung, Massage, Schwimmen und Aufheiterung durch Vergnügungen.

Das vierte Buch ist den örtlichen Leiden gewidmet. Besonders ausführlich werden die mannigfachen Formen des Kopfschmerzes und die Magendarmkrankheiten besprochen. Gegen Magenschwäche empfiehlt Celsus kalte Übergießungen,

Abb. IV, 9: Verwundete Krieger auf dem Weg zum Verbandsplatz

Abb. IV, 10: Elfenbeinkästchen mit Schiebedeckel

Schwimmen, kalte Heilquellen, kalten Wein und Massage. Eine Trinkkur mit Eselsmilch soll viele für immer von der Gicht befreit haben. Über Nierenkrankheiten schreibt Celsus: »Wenn die Nieren erkrankt sind, so pflegen sie lange krank zu bleiben. Schlimmer ist der Fall, wenn häufiges galliges Erbrechen sich hinzugesellt. Der Kranke muß ruhen, weich liegen, den Leib offen erhalten, und, wofern der Stuhlgang angehalten ist, Klistiere bekommen, häufige heiße Sitzbäder nehmen und weder kalte Speisen noch kalte Getränke genießen. Der Patient muß sich aller salzigen, scharfen und sauren Dinge, auch des Obstes enthalten, reichlich trinken und bald den Speisen, bald den Getränken Pfeffer, Porree, Steckenkraut und weißen Mohn zusetzen, Dinge, die auf die Urinsekretion besonders stark einzuwirken pflegen. Sind Geschwüre in den Nieren vorhanden und haben sich dieselben noch nicht gereinigt, so bewähren sich dabei nützlich sechzig Stück abgeschälte Gurkenkerne, zwölf Kerne der wilden Pinie und soviel Anis, als man mit drei Fingern fassen kann, und etwas Safran. Diese Substanzen werden gerieben und auf zwei Tränke Weinmet verteilt. Hat man aber nur die Schmerzen zu lindern, so nehme man dreißig Gurkenkerne derselben Art, zwanzig ebensolche Pinienkerne, fünf Mandeln und etwas Safran, zerreibe diese und lasse sie mit Milch trinken. Äußerlich kann man auch mit Nutzen erweichende Umschläge auflegen und besonders solche, die die kranken Säfte nach außen ziehen.«

Den größten Teil des fünften Buches nimmt die Arzneimittellehre ein. Obwohl Celsus die diätetische Behandlung bevorzugt, sieht er Nutzen und Notwendigkeit der Arzneitherapie ein. Er teilt die einfachen Arzneimittel in sechzehn Gruppen ein – von den blutstillenden bis zu den hautreinigenden. Es überwiegen die pflanzlichen Mittel, selbstverständlich sind auch die Mittel der »Dreckapotheke« vertreten (zum Beispiel Spinngewebe, Katzenkot, Schwalbenblut, Ochsengalle, Regenwürmer in Öl gekocht, Fuchslunge, Schmutz von Sportplätzen).

Der Rest des fünften Buches sowie das sechste, siebente und achte Buch sind chirurgischen Inhalts. Celsus folgt bei seiner glanzvollen Darstellung der Chirurgie sowohl den Hippokratikern als auch den alexandrinischen Ärzten. Am eindrucksvollsten ist seine Beschreibung des Steinschnitts, der Staroperation und der plastischen Operationen. Man spricht heute noch in der Chirurgie von einem Zirkelschnitt nach Celsus bei Amputationen sowie von der Celsus-Methode der Plastik (Bedeckung eines Hautdefektes durch Heranziehen der beweglich gemachten Ränder). Das von Celsus angegebene Verfahren bei der Staroperation, das auf falschen anatomischen Vorstellungen beruht, blieb bis zum 18. Jahrhundert allgemein üblich: »Man nehme nun eine Nadel, die so scharf sein muß, daß sie bequem eindringen kann, aber nicht zu dünn sein darf, und durchstoße, ohne ein Blutgefäß zu verletzen, senkrecht die beiden äußersten Augenhäute in der Mitte zwischen dem Schwarzen des Auges und dem Schläfenwinkel des Auges in einer Höhe, die etwa der Mitte des Stares entspricht. Man soll die Nadel nicht ängstlich einsenken, da sie ja in einen leeren Raum eindringt. Daß sie in denselben eingedrungen ist, kann nicht einmal einem mittelmäßigen Operateur entgehen, da der Druck keinen Widerstand findet. Befindet sich die Nadel nun in dem leeren Raum, so muß man sie bis an den Star heranbringen, sie dort ein wenig drehen und nun den Star allmählich bis unter die Pupille herunterschieben. Ist er an der Pupille vorbei, so drücke man ihn stärker herunter, damit er unten sitzen bleibt. Sitz er fest, so ist die Operation beendet. Steigt er wieder auf, so muß er mit der Nadel zerschnitten und in mehrere Teile zerstückelt werden, die dann einzeln leichter zu versenken und, falls sie sich wieder loslösen sollten, dem Sehen weniger hinderlich sind. Hierauf ziehe man die Nadel in der Richtung des Einstichs wieder heraus und lege weiche, mit Eiweiß getränkte Wolle auf; darüber lege man entzündungswidrige Mittel und darüber einen Verband. Nun muß der Kranke ruhig liegen, fasten und sich mit milden Mitteln einreiben lassen.«

Im Rahmen der chirurgischen Bücher bespricht Celsus auch die Hautleiden, Augenkrankheiten und Geburtshilfe. Die Hautkrankheiten sind zwar sehr ausführlich, aber doch so undeutlich besprochen, daß sie heute kaum zu deuten sind. Auch in der dermatologischen Terminologie ist der Name des Celsus lebendig geblieben: Area Celsi ist ein umschriebener Haarausfall bei sonst normaler Kopfhaut. – Mit Kerion (»Honigwabe«)

Celsi bezeichnet man die fast ausschließlich bei Kindern auftretenden geschwulstartigen Eiterherde bei der Pilzinfektion der Kopfhaut (Kopfscherflechte). – Gegen Haarausfall rät Celsus häufiges Haareschneiden und Auftragen einer Mischung von Öl und Opium.

Celsus erwähnt auch die Collyrien (wörtlich: Brötchen) der römischen Augenärzte: Arzneimittelzylinder zum Einführen in Körperöffnungen (Augen, Fisteln, After, Harnröhre, Scheide); ursprünglich nur bei Augenkrankheiten verwendet (»Augenheilmittelstempel«, weil in sie der Name des Arztes, der Arznei und die Gebrauchsanweisung geprägt waren); zunächst von teigartiger Konsistenz, nach längerem Lagern hart. Insgesamt beschreibt Celsus dreißig Augenkrankheiten und einundzwanzig Augenoperationen.

Geburtshilfe und Gynäkologie kommen bei Celsus verhältnismäßig schlecht weg. Er betont die Gefahren des Wochenbetts und der geburtshilflichen Operationen; eine Wöchnerin bedürfe derselben Behandlung wie ein Verwundeter.

Verstreut in den einzelnen Büchern findet man Aussprüche des Celsus zur ärztlichen Ethik: Der erfahrene Arzt soll nicht gleich nach dem Betreten des Krankenzimmers den Puls fühlen, sondern sich zuerst mit heiterer Miene hinsetzen, nach dem Befinden des Kranken fragen, ihn beruhigen und erst dann die Untersuchung beginnen. – Beharrlichkeit und Konsequenz triumphieren oft über die Krankheit. Die Kühnheit hat häufig da Erfolg, wo die allzu große Vorsicht scheitert. – Der Scharlatan macht aus einem kleinen Übel ein großes, damit seine Leistung um so glänzender erscheine. – Der wahrhaft große Arzt gesteht auch einen Irrtum gern ein.

Sein Bild schwankt in der Geschichte

Zu Lebzeiten eine geachtete und geehrte Kapazität, im Mittelalter die höchste Autorität, seit der Renaissance immer mehr geschmäht und als eitler Schwätzer verunglimpft – das ist das Charakterbild des Galenos von Pergamon in der Geschichte. Wer war dieser Mann, den die Araber einen »Ärztefürsten«

und der deutsche Altphilologe Ulrich von Wilamowitz-Moellendorff (1848–1931) einen »unerträglichen Seichbeutel« nannten?

Galenos wurde 129 n. Chr. in Pergamon als Sohn des wohlhabenden Architekten und Mathematikers Nikon geboren. Vom Vater erhielt er den Namen Galenos, der »Friedliche«, von seiner Mutter erbte er das cholerische Temperament.

Er erhielt schon früh eine ausgezeichnete philosophische Bildung. Ein Traum veranlaßte den Vater, den Siebzehnjährigen Medizin studieren zu lassen. Das tat dieser zuerst in der Heimatstadt, nach dem Tode des Vaters in Smyrna, Korinth und vor allem in Alexandreia. Obwohl die große Zeit eines Herophilos und eines Erasistratos schon fast ein halbes Jahrtausend zurücklag, konnte man hier am besten die Anatomie erlernen. Allerdings wurden auch in Alexandreia zu dieser Zeit keine menschlichen Leichen mehr, sondern nur Tiere seziert. Mit achtundzwanzig Jahren kehrte Galenos nach Pergamon zurück und übte vier Jahre lang (157–161) das Amt eines Gladiatorenarztes aus. In dieser Stellung konnte er seine Kenntnisse in der Chirurgie sowie in der Diätetik und Gymnastik vertiefen.

Im Jahre 162 wagte Galenos den Sprung in die Weltstadt Rom. Durch glückliche Kuren, populäre Schriften und Vorträge gewann er die Gunst einflußreicher Persönlichkeiten. Er hielt öffentliche Vorlesungen über Bau und Funktion des menschlichen Körpers. Zu seinen Vorträgen, die er mit Vivisektionen von Schweinen und Ziegenböcken würzte, strömte die Elite der römischen Gesellschaft in hellen Scharen. Daneben trieb Galenos auch ernsthafte wissenschaftliche Studien.

Der kometenhafte Aufstieg zum berühmten Modearzt trug Galenos die Anfeindung seiner Kollegen ein, die er mit beißendem Spott bloßstellte. Er machte vor allem die Methodiker lächerlich und brüstete sich, keiner Schule anzugehören und nur dem »göttlichen Hippokrates« zu folgen. Sein selbstbewußtes, eitles Auftreten und der bedenkenlose Einsatz von Bluff und Lüge reizten seine Gegner so sehr, daß Galenos nach seinen eigenen Angaben um sein Leben bangen mußte.

Im Jahre 166 verließ der siebenunddreißig Jahre alte Galenos fluchtartig die Hauptstadt. Sein Handeln ist um so unverständlicher, als er gerade vor seinem größten Triumph stand: seine Gönner wollten ihn dem Kaiser als Leibarzt empfehlen. Was hatte ihn aus Rom vertrieben? Die Angst vor den Intrigen seiner Feinde oder vor der heranrückenden »Pest des Antonin« (siehe Seite 234)? Man wird den wahren Anlaß nie ergründen können.

Die Rückreise in die Heimat dehnte Galenos durch Studienaufenthalte in Campanien, auf Zypern, in Palästina und Phönizien lange aus. Im Sommer 167 nahm er in Pergamon die Praxis als Gladiatorenarzt wieder auf. Hier erreichte ihn der Ruf des Kaisers Mark Aurel und seines Adoptivbruders und Mitregenten Lucius Verus, wegen des neuerlichen Ausbruchs der Pest nach Aquileia (Venedig) zu kommen. Galenos zögerte seine Abreise immer wieder hinaus und traf erst zu Beginn des Jahres 169 in Aquileia ein. Vor der mörderischen Seuche flüchteten die Kaiser nach Rom; unterwegs starb Verus, höchstwahrscheinlich als Opfer der Seuche. Der Kaiser ließ Galenos nach Rom nachkommen.

Als Mark Aurel den berühmten Arzt auffordert, ihn auf dem Feldzug gegen die Markomannen an die Donau zu begleiten, versteht es Galenos, den Kaiser umzustimmen; er bleibt in Rom als ärztlicher Betreuer des jungen Prinzen Commodus. Die Tätigkeit bei Hof beansprucht Galenos nur wenig, so daß ihm viel Zeit für wissenschaftliche Arbeiten und Vorträge bleibt. Wie gut er die Zeit genutzt hat, das beweist sein umfangreiches Schrifttum.

Noch während des Markomannenfeldzuges ernennt Mark Aurel von der Donau her nach dem Tode seines Leibarztes Demetrios den Galenos zu dessen Nachfolger. Bald nach der Rückkehr des Kaisers im November 176 nach Rom heilt ihn Galenos von einer fieberhaften Magendarminfektion. Das Aufflackern der Kämpfe zwingt Mark Aurel und Commodus, wieder zu den Truppen nach Norden zu eilen. Am 17. März 180 stirbt der Philosophenkaiser im Feldlager von Vindobona (Wien) an der »Antoninischen Seuche«. Ob Galenos bei ihm gewesen ist, wissen wir nicht. Auch unter den folgenden Kaisern Commodus (180–192) und Septimius Severus (193–211) bleiben des Galenos Beziehungen zum Hof bestehen, wenn sie auch loser wurden. Seine Hauptaufgabe ist nach wie vor die tägliche Bereitung des beliebten Theriaks, der den Herrscher vor Vergiftungen schützen sollte. Über die letzten Lebensjahre des Galenos weiß man wenig. Im Jahre 192 traf ihn ein schwerer Schicksalsschlag: ein Feuer zerstörte seine Bibliothek; einzelne seiner Werke, die noch nicht vervielfältigt waren, gingen für immer verloren. Aus seinen Schriften geht hervor, daß er in seiner Jugend viele Krankheiten durchgemacht hat; später sei er mit Ausnahme der »Pest« in Aquileia stets bei bester Gesundheit gewesen. Um das Jahr 199, also mit siebzig Jahren, starb Galenos, ob in Rom oder in Pergamon, ist unbekannt.

Wie ein Vermächtnis klingen die Sätze, die Galenos im hohen Alter geschrieben hat: »So habe ich bis ins Alter Praxis geübt und nirgends bis heute in Therapie oder Prognose übel bestanden, wie viele andere Ärzte von höchstem Ruf. Wenn aber jemand gleichfalls durch Taten, nicht durch kunstvolle Reden berühmt werden will, der braucht nur mühelos in sich aufzunehmen, was von mir in eifriger Forschung während meines ganzen Lebens festgestellt worden ist.«

Das war sein System

Galenos war noch produktiver als alle seine Vorgänger und Nachfolger. In allen Lebenslagen hat er geschrieben oder diktiert. Der Umfang seiner Werke ist nicht zuletzt darauf zurückzuführen, daß er seine Erfahrungen weitschweifig und breit geschildert hat, wobei seine eitle Selbstgefälligkeit zutage tritt.

Sicher hat Galenos mehr als vierhundert Schriften verfaßt, nicht nur über Medizin, auch über Philosophie, Rhetorik, Grammatik und Mathematik. Einen großen Raum nehmen seine umständlichen Kommentare zum Corpus Hippocraticum ein, die aber unschätzbaren historischen Wert haben. Erhalten geblieben sind etwa hundertachtzig Schriften. Genau wie Hippokrates sind auch Galenos viele Schriften untergeschoben worden. Er hinterließ zwei »Eigenkataloge« oder Führer durch seine Werke: »Über die Ordnung der eigenen Werke« und »Über meine eigenen Werke«.

Fast jede Bibliothek von Rang besitzt Gelenos-Handschriften. Auch muß angenommen werden, daß noch manche unedierte Schriften des Galenos, vor allem in arabischen und hebräischen Übersetzungen, in Bibliotheken schlummern. Die erste griechische Gesamtausgabe des Galenos wurde 1525 in der Offizin des Aldo Manuzio in Venedig gedruckt (die sogenannte »Aldina«). Als Quellen hatten lateinische Übersetzungen arabischer Galentexte und griechisch-lateinische Übersetzungen aus dem 12. bis 14. Jahrhundert gedient, von denen Teile 1490 in Venedig als Inkunabeln erschienen waren. Die Aldina bildete die Übersetzungsvorlage für die von den Humanisten angestrebte Latinisierung des galenischen Gesamtwerkes. Das erste lateinische Gesamtwerk Galens ist die 1541 in Venedig erschienene »Juntina«. Heute wird gewöhnlich die Gesamtausgabe von Carl Gottlob Kühn (Leipzig 1821–33) in zweiundzwanzig Bänden benutzt; sie bringt den leider mit Druckfehlern und Entstellungen angereicherten griechischen Text nebst einer ebenfalls oft unrichtigen lateinischen Version. Eine moderne Gesamtausgabe des Galenos steht noch aus.

Galenos hat fast alle Gebiete und Fragen der Medizin literarisch bearbeitet. Um Antworten und Deutungen war er nie verlegen. Zweifellos war er ein gewiegter Dialektiker. Wo sein bzw. das Wissen nicht ausreichte, behalf er sich mit philosophischen Spekulationen. Galens Forschungen und Arbeiten waren vom Gedanken der Zweckmäßigkeit (Teleologie) geleitet. Er hielt sich an den Ausspruch des Aristoteles »Die Natur tut nichts ohne Zweck«. Galenos fragte nicht nach dem »Wie« und »Warum«, sondern nach dem »Wozu« der Lebensvorgänge. Dabei ging er von unbewiesenen Voraussetzungen aus und manipulierte danach das Endresultat seiner Forschungen. So lautete schließlich seine Fragestellung über ein bestimmtes Organ: »Warum muß es diesem oder jenem Zweck dienen?« Die Autorität Galens, die bis in das 16. und 17. Jahrhundert die Medizin beherrschte, beruhte auf seinen eindeutigen, über alle Zweifel erhabenen Aussagen; sein Ansehen bei Christen und Arabern wurde auch dadurch gehoben, daß er bereits monotheistische Gedanken aussprach.

Galenos schwebte vor, die Heilkunst in eine exakte Wissenschaft umzuwandeln. Die Behandlung sollte aus der Kenntnis der Krankheit und der Wirkungsweise der Heilmittel abgeleitet werden. Sein Ausgangspunkt war der von ihm leidenschaftlich verehrte Hippokrates. Was die Hippokratiker gelehrt hatten und was in den sechshundert Jahren seither dazugelernt wurde, vor allem in der Anatomie und Physiologie, dieses ungeheure Wissen wollte Galenos in einem System zusammenfassen. Wenn ihm das letzten Endes doch nicht gelungen war, bleibt die Tatsache unbestreitbar, daß er ein grandioses Lehrgebäude errichtet hat, in dem man das gesamte Wissen der antiken Medizin aufgehoben findet. Galenos war der umfassendste Eklektiker des Altertums, das ist das Geheimnis seiner Ausstrahlung und seines Erfolges. In ihm erreichte die antike Medizin ihren dritten und letzten Höhepunkt.

Lehrer von Jahrhunderten

Die Ärzte des Mittelalters und der Renaissance erlernten und lehrten die Medizin vornehmlich anhand der galenischen Schrift »Von der Heilkunst« (auch die »Kleine Kunst« genannt), die wie ein Kompendium die gesamten theoretischen und praktischen Grundsätze des Galenos enthält. Sie beginnt mit der Definition: »Die Medizin ist die Wissenschaft vom Gesunden, vom Kranken und von keinem von beiden« (gemeint ist die labile oder relative Gesundheit, das Zwischenreich zwischen Gesundheit und Krankheit). Damit teilt Galenos sein Programm mit: er will neben Physiologie und Diätetik bzw. Pathologie und Therapeutik auch die Prophylaxe (Praevention) behandeln.

In dem Werk »Von der Erhaltung der Gesundheit« erläutert Galenos seine Ansicht noch näher: »Es gibt zwar nur eine Wissenschaft vom menschlichen Körper, sie hat aber zwei hervorragende und besondere Teilgebiete, die sich in ihrer Auswirkung verschieden verhalten, da das eine den bestehenden Dauerzustand des Körpers bewahren, das andere ihn verändern will; das eine wird Gesundheitspflege, das andere Heilkunde genannt. Da der Zeit wie der Wertschätzung nach die Gesundheit vor der Krankheit kommt, müssen auch wir wohl zuerst darauf schauen, wie man sie bewahren kann, und erst in zweiter Linie, wie man die Krankheit am besten ausheilen kann.«

Wie aber wird man ein guter Arzt? Galenos Schrift »Der beste Arzt ist zugleich Philosoph« gibt die Antwort: »Den meisten Ärzten geht es gleich wie der Mehrzahl der Athleten: die Athleten wollen zwar in Olympia siegen, aber für das Training keine Mühe aufwenden – die Ärzte preisen Hippokrates und nennen ihn ihren Meister, bemühen sich aber um nichts weniger als um seine Nachfolge. So sagt Hippokrates, zum Verständnis der Medizin trage die Astronomie sehr viel bei wie auch die Geometrie, weil sie die notwendige Voraussetzung der Astronomie ist; aber die Ärzte beschäftigen sich überhaupt nicht mit diesen beiden Wissenschaften: im Gegenteil, wenn sich einer damit abgibt, so tadeln sie ihn. Ja, es steht noch viel schlimmer: Hippokrates erklärt ausdrücklich, die genaue Kenntnis des Körpers sei die Grundlage für jede medizinische Überlegung; die meisten Ärzte aber haben dieses Studium so gründlich betrieben, daß sie weder Substanz, Struktur, Bildung noch Größe der Organe kennen, ebensowenig ihre Verbindung mit den Nachbarorganen, ja nicht einmal ihre Lage. Versteht ein Arzt es nicht, die Krankheiten nach Gattungen und Arten zu bestimmen, so wird er auch die Indikationen für die Behandlung nicht erkennen: auch das steht bei Hippokrates, dort nämlich, wo er uns wissenschaftliches Studium vorschreibt. Aber die heutigen Ärzte haben darin gar keine Übung; deshalb machen sie ihren Kollegen, die sich darum bemühen, den Vorwurf, sie befaßten sich mit nutzlosen Dingen ... Also, wenn wir Hippokrates in Wahrheit nachfolgen, sind wir notwendig Philosophen; sind wir das aber, so ist es durchaus möglich, daß wir ihm ebenbürtig werden, ja ihn sogar noch übertreffen: dann nämlich, wenn wir seine vortrefflichen Schriften alle studieren und dazu das, was er nicht behandelt hat, selbst zu erforschen suchen.«

Galenos war sich seines Werkes und seiner Bedeutung als Bahnbrecher der wissenschaftlichen Medizin durchaus bewußt. Stolz verkündete er, ähnlich wie Trajan die Heerstraßen im Römischen Reich habe er die Bahn, die Hippokrates gebrochen hatte, erst geebnet und gangbar gemacht.

Vom Pneuma, dem Träger des Lebens, unterscheidet Galenos drei Manifestationen:
– das »Lebenspneuma« im Herzen, – das »psychische Pneuma« im Gehirn, – das »physische Pneuma« in der Leber.
Die drei Hauptorgane des Menschen haben folgende Funktionen: das Herz besorgt Blutbewegung und Wärmeregulierung, das Gehirn vermittelt Empfindungen und Bewegungen, die Leber ist an Blutbildung, Ernährung und Wachstum beteiligt.

Das alte Schema der vier Kardinalsäfte hat Galenos mit den vier Hauptfarben, Kardinalorganen, Elementarqualitäten, Elementen, Jahreszeiten usw. in Verbindung gebracht*:

	Blut – rot und süß warm und feucht Luft Herz Frühling Kindheit kontinuierliches Fieber	
gelbe Galle – bitter warm und trocken Feuer Leber Sommer Jugend Tertiana-Fieber männliches Prinzip		Schleim – weiß und salzig kalt und feucht Wasser Gehirn Winter Greisenalter Quotidiana-Fieber weibliches Prinzip
	schwarze Galle – scharf (sauer) kalt und trocken Erde Milz Herbst Mannesalter Quartana-Fieber	

* Nach Erich Schöner: Das Viererschema in der antiken Humoralpathologie. Franz Steiner Verlag, Wiesbaden 1964.

Nicht zulässig ist es jedoch, Galenos als Begründer der Lehre von den vier Temperamenten zu bezeichnen. Geschlossen kommen diese erst in der mittelalterlichen Literatur vor. Die von Galenos den einzelnen Säften zugeordneten geistig-seelischen Eigenschaften stimmen mit den üblichen Vorstellungen von den vier Temperamenten nicht überein.

Bei den festen Körperbestandteilen unterscheidet Galenos die »gleichartigen Teile« (Gewebe wie Fett, Muskulatur, Knochen usw.) von den »ungleichartigen Teilen« (die Organe wie Leber, Niere usw., die aus verschiedenen Geweben zusammengesetzt sind). Galens Anatomie war vielfach unrichtig, unvollkommen und ungenau. Ihm wird vor allem vorgeworfen, daß er sich nur auf die Ergebnisse der Zergliederung von Tieren (Affen, Schweine, Hunde, Ziegen usw.) gestützt und die Befunde kurzerhand auf den Menschen übertragen hat.

Galenos berichtet, daß er nur zweimal an menschlichen Skeletten anatomische Studien treiben konnte: einmal handelte es sich um eine angeschwemmte Leiche, das andere Mal um den Leichnam eines erschlagenen Räubers. Wohl hatte Mark Aurel den römischen Ärzten erlaubt, getötete Krieger des Feindes zu sezieren, doch konnten sie damit nichts anfangen, weil ihnen die anatomische Vorbildung fehlte. Immerhin muß Galenos ein ausgezeichneter Zergliederer gewesen sein, denn seine Muskellehre war die beste des Altertums.

In der Physiologie triumphiert Galens teleologischer Standpunkt ganz besonders: der Körper ist für die Seele geschaffen; die Organe sind die Werkzeuge der Seele. Großzügig experimentierte er mit den verschiedensten Tieren, um physiologische Fragen zu lösen. So hat er beispielsweise Rückenmark und Nerven durchschnitten und die daraufhin eintretenden Lähmungen beobachtet, Schichten des Gehirns abgetragen und das Herz bloßgelegt. Versuche über die Atemmechanik führten Galenos zu dem Ergebnis, daß bei ruhiger Atmung hauptsächlich das Zwerchfell, bei stürmischer aber noch zusätzlich die Zwischenrippenmuskeln tätig sind.

Es darf nicht verschwiegen werden, daß diese Vivisektionen Galens eingehender Beschreibung zufolge mit rücksichtsloser Grausamkeit durchexerziert wurden. Die Tiere wurden ohne

Betäubung auf Brettern gefesselt, die Öffnungen zum Hindurchstecken der Beine hatten. Jetzt konnten die Experimentatoren ans Werk gehen. So wurde zum Beispiel ein Stück des knöchernen Schädeldaches herausgemeißelt, um festzustellen, daß das Gehirn den Schädel nicht ganz ausfüllt und sich beim Schreien vorwölbt. Das freigelegte Herz wurde mit einer Feuerzange gequetscht, um die Ansicht über die Stimmbildung im Herzen zu widerlegen.

Alle diese Experimente haben keine wirklichen Fortschritte gezeitigt. Anzuerkennen ist bloß die verfeinerte Technik bei den Tierversuchen, besonders die Vermeidung von Schlagaderblutungen.

Wodurch man krank wird

Wenn alle festen und flüssigen Bestandteile des Körpers in richtiger Qualität und Quantität vorhanden sind, herrscht Gesundheit. Änderungen der Gleichgewichtslage, die Funktionsstörungen zur Folge haben, machen das Wesen der Krankheit aus. Galenos fügt zwischen Gesundheit und Krankheit noch ein Zwischenreich ein, wenn die Gleichgewichtslage nicht zu nachhaltig gestört ist; in diesem Zustand trägt der Mensch die Disposition zu gewissen Krankheiten in sich.

Die Krankheiten werden von Galenos in drei Gruppen eingeteilt:

1. Krankheiten der vier Kardinalsäfte.
2. Krankheiten der Gewebe.
3. Krankheiten der Organe.

Bemerkenswert ist, daß er den Anomalien des Blutes eine größere Bedeutung als den Veränderungen der anderen Säfte beimaß.

Den Ablauf des Krankheitsprozesses stellte sich Galenos so vor: Wenn auf eine vorhandene Veranlagung (Disposition) äußere Schädlichkeiten als Gelegenheitsursachen einwirken, entsteht eine besondere Krankheitsdiathese; verschiedene unmittelbare Ursachen bedingen schließlich den Ausbruch der Erkrankung; diese äußert sich in den Symptomen. Daran schließen sich die eigentlichen Krankheitsstadien an: Beginn, Zunahme, Höhepunkt, Abnahme.

Die alte Lehre von den kritischen Tagen wird von Galenos ebenfalls übernommen und zu einem ganzen System ausgebaut. Der siebente Tag gilt als der wichtigste, an ihm kommt es zu den gewaltigsten und günstigsten Entscheidungen. Galenos glaubt, daß diese zahlenmäßige Gesetzmäßigkeit des Krankheitsverlaufes auf den Einfluß der Himmelskörper zurückzuführen ist; der Mond bestimmt die akuten, die Sonne die chronischen Leiden. Auch die Stellung des Mondes in den einzelnen Tierkreiszeichen wird berücksichtigt.

Um bessere Prognosen stellen zu können, bemühte sich Galenos um den Ausbau der Diagnostik, vor allem der Pulsuntersuchung und der Harnschau. Seine subtile Analyse des Pulsschlages erinnert an die Pulslehre der chinesischen Medizin.

Galenos fügt den vier klassischen Anzeichen der Entzündung ein fünftes hinzu: die gestörte Funktion. Grundsätzlich ist der Ausgang entweder Zerteilung oder Ausschwitzung von Serum, Eiterung, Fäulnis.

Fieber ist eine abnorme allgemeine Wärmesteigerung, ausgelöst durch Arterienverstopfung, örtliche Entzündung oder Fäulnis der Säfte. Es gibt zwei Hauptgruppen: das kontinuierliche (anhaltende) und das intermittierende (wechselnde) Fieber, von denen wiederum verschiedene Arten unterschieden werden.

Die spezielle Pathologie Galens enthält neben willkürlichen Spekulationen auch viele richtige Beobachtungen und klare Einsichten. Galenos weiß, daß Stimmlosigkeit sowohl durch Verletzung des Gehirns, Rückenmarks, Brustkorbes oder Bauches als auch durch eine örtliche Erkrankung des Kehlkopfes erzeugt werden kann. Schärfer als seine Vorgänger trennt er die Lungenentzündung von der Rippenfellentzündung ab. Von der Lungenschwindsucht unterscheidet der Pergamener eine entzündliche, geschwürige und schleichende Form. Ihm war auch die Ansteckungsgefahr bekannt, denn er sagt: »Bei Schwindsüchtigen bestehen faulige Aushauchungen im Zimmer, das sie bewohnen, und stinkender Geruch. Erfahrungsgemäß verfallen diejenigen in Schwindsucht, die mit Schwindsüchtigen zusammen im Bett schlafen, lange zusammen wohnen, mit ihnen essen oder trinken oder deren Kleider und Wäsche gebrauchen, bevor deren Schädlichkeit beseitigt worden ist.«

Mit den Krankheiten des Verdauungsapparates befaßte sich Galenos besonders ausführlich. Hier einige seiner Feststellungen: Übelkeit ist der mißlungene, Erbrechen der vollendete Versuch der Natur, den Magen von schädlichen Dingen zu reinigen. – Brechreiz oder Erbrechen kommen nicht nur bei Magen-Darmleiden, sondern auch bei plötzlichem Schreck, Geisteskrankheiten, Gehirnverletzungen und Seekrankheit vor. – Eingeweidewürmer bilden sich im Darm unter dem Einfluß der Wärme aus faulenden Massen. – Gelbsucht ist keine Krankheit, sondern nur ein Symptom als Folge von Verstopfung der Gallenwege, Entzündung oder Geschwülsten.

Folgende Krankheiten werden von Galenos ebenfalls gut geschildert: Zuckerkrankheit, Gicht, Nierensteine, Epilepsie, Lähmungen, Wassersucht, Hämorrhoiden, Geisteskrankheiten.

Wie man gesund wird

Oberster Grundsatz der Therapie des Galenos ist die Anerkennung der Naturheilkraft, der vier Teilkräfte unterstehen: die anziehende Kraft, die anhaltende Kraft, die umwandelnde Kraft, die ausscheidende Kraft; die wichtigste unter ihnen ist die ausscheidende Kraft, die die Austreibung des schuldigen Stoffes bewirkt. Der Arzt hat demgemäß sein Hauptaugenmerk auf die Ausleerung der Schädlichkeiten zu richten.

Das zweite Hauptgesetz der Behandlung betrifft die Bekämpfung der Krankheiten durch entgegengesetzt wirkende Mittel (zum Beispiel: Wärme durch Kälte). Die Heilverfahren werden im Einzelfall nach bestimmten Indikationen gewählt:

- Beseitigung der vorhandenen Ursache;
- Korrektur des überwiegenden Körpersaftes;
- Bekämpfung der Besonderheiten bestimmter Krankheiten.

Vor jeder Behandlung muß der Arzt erst entscheiden, ob das Leiden überhaupt heilbar ist. Die Therapie soll immer zugleich eine allgemeine und eine individualisierende sein. Als echter Eklektiker läßt Galenos sowohl diätetisch-physikalische Methoden als auch Arzneimittel gelten. In seinen Schriften findet man das ganze Arsenal der damals bekannten Heilmittel.

Gewisse chronische Leiden lassen sich nach Galenos nicht mit Arzneien, wohl aber mit einer richtig gewählten Diät beeinflussen. Leibesübungen und Beschäftigung im Freien empfiehlt Galenos den Schwachen und Rekonvaleszenten. Bei Lungenschwindsucht ist Luftveränderung – Seereisen, Gebirgsaufenthalt – das beste Heilmittel. Gymnastische Übungen kommen bei Fettsucht und Reizzuständen der Geschlechtsorgane in Betracht. Ableitung der Säfte und Ausleerung schädlicher Stoffe erfolgt durch Aderlaß, Schröpfköpfe, Blutegel, Abführ-, Brech-, Schwitz- und harntreibende Mittel. Galenos wandte sich jedoch gegen eine übermäßige Anwendung der Blutentziehung.

Galenos stellte fest: »Das Volk verlangt Arzneimittel«, also gab er diesen Wünschen nach und vermehrte den Arzneischatz beträchtlich. Er trug in seinen Schriften eine solche Menge von teilweise höchst komplizierten Arzneimittelkompositionen zusammen, daß dadurch seine diätetischen Verordnungen in den Hintergrund gedrängt wurden und er späteren Ärzten geradezu als »Vater der Pharmazie« galt. Begünstigend war noch der großzügige Import von Medikamenten aus dem Orient.

Für Galenos war alles, was im Organismus eine Veränderung hervorbringt, ein Arzneimittel im Gegensatz zum Nahrungsmittel, das die Substanz nur vermehrt. Er unterscheidet drei Klassen von Arzneimitteln: 1. Arzneimittel, die durch die Elementarqualitäten des Warmen, Kalten, Trockenen und Feuchten wirken. 2. Arzneimittel, die Haupt- und Nebenwirkungen äußern; die süßen, bitteren, scharfen, erweichenden usw. Mittel. 3. Arzneimittel mit besonderer Wirkungsweise wie Brech-, Abführmittel, Gegengifte usw.

Die Qualität eines Heilmittels wird jedoch nur aus der Reaktion des Organismus auf das Mittel bestimmt. Bezüglich der Wirksamkeit stellt Galenos vier Grade auf, die rein spekulativer Natur sind. Nach ihrer Herkunft teilt Galenos die Arzneistoffe ein in pflanzliche, mineralische, animalische und solche Stoffe, die aus dem Meer oder salzigen Gewässern stammen.

Xenokrates von Aphrodisias (um 70 n. Chr.) wird von Galenos scharf angegriffen, weil er alle erdenklichen menschlichen und tierischen Organe und Ausscheidungen zu Heilzwecken verwendet haben soll: »Ich bekenne offen, daß sehr viele tierische Substanzen und Flüssigkeiten vorhanden sind, über welche mir keine Erfahrungen zu Gebote stehen. Eine Anzahl derselben ist ekelhaft, verabscheuungswürdig und verboten. Ich weiß auch nicht, wie Xenokrates, zumal er nicht zu Olims, sondern zu unserer Väter Zeiten lebte, über dieselben schreiben konnte, da im Römischen Reich Menschenfresserei verboten war. Und doch beschrieb er, wie aus eigener Erfahrung, mit großer Dreistigkeit, welche Leiden durch Genuß von Menschenhirn, -fleisch, -leber oder aber von Schädel-, Waden- und Fingerknochen, teils gebrannt, teils ungebrannt, oder endlich durch Genuß von Blut geheilt werden könnten. Es sind dies Teile, deren Anwendung, wenn auch ungesetzlich, so doch nicht so sehr ekelhaft ist. Das ist aber der Fall in bezug auf das Einnehmen von Schweiß, Urin, Menschenblut, Menstrualblut, besonders aber von Dünger, und doch schreibt Xenokrates, welche Wirkung Dünger haben kann, wenn er auf die Wunden und in den Rachen geschmiert und herabgeschluckt würde. Er spricht auch vom Einnehmen des Ohrenschmalzes. Ich würde es nie über mich gewinnen, solches Zeug zu schlucken, selbst um den Preis, nie krank zu werden. Das Widerwärtigste von all diesem ist aber der Dünger und dem ähnlich das Trinken des Menstrualblutes. Kein natürlich empfindender Mensch wird es über sich gewinnen, Derartiges kennenzulernen, ebensowenig, was mäßiger scheußlich ist, nämlich die äußerliche Anwendung von Dünger auf kranke Körperteile oder von Samenflüssigkeit. Xenokrates unterscheidet mit größter Genauigkeit, wie Sperma an sich und wie das nach dem Beischlaf aus der Scheide herausfließende Sperma zu wirken vermag.« Später fährt Galenos fort: »Ferner würde ich mich nie entschließen, der Liebestränke, der Traummittel Erwähnung zu tun, selbst wenn mir in bezug auf diese reichliche Erfahrung zu Gebote stände, ebensowenig wie der krankmachenden Medikamente, von welchen lächerlicherweise behauptet wird, daß sie imstande seien, die Urteilskraft der Gegner zu besiegen, eine Fehlgeburt zu bewirken, die

Empfängnis zu verhindern und dergleichen. Von diesen entzieht sich ein Teil der Möglichkeit, ihre Wirkung durch Erfahrung kennenzulernen, der andere Teil, bei dem dies möglich wäre, bringt das Leben der Kranken in Gefahr. Ich wundere mich deshalb, wie man, bei allen Göttern, bei vernünftiger Überlegung dazu gelangt sein kann, solches zu schreiben.«

Trotzdem meint Galenos bei der Besprechung der »Dreckapotheke«: »Doch muß ein guter Arzt das alles (das heißt die volksmedizinischen Gebräuche) wissen, ohne daß er dergleichen in der Honoratiorenpraxis zu verwenden braucht. Ich habe es wenigstens nie getan, da mir bessere Mittel zur Verfügung standen. Auf der Reise, der Jagd oder auf dem Lande, wo nichts Besseres zur Verfügung steht, oder bei den Bauern, die abgehärtet sind wie die Packesel, kann man zuweilen in die Lage kommen, Dünger medizinisch zu gebrauchen.«

Galens medikamentöse Vielgeschäftigkeit hat die Heilmittellehre viele Jahrhunderte lang beeinflußt. Noch heute werden die in der Apotheke hergestellten Zubereitungen und Auszüge als »galenische Arzneimittel« (Galenica) bezeichnet im Gegensatz zu den chemischen Erzeugnissen des Laboratoriums.

Obwohl Galenos während seiner Beschäftigung als Gladiatorenarzt in erster Linie chirurgisch tätig gewesen ist, hat er sich in der Chirurgie wenig hervorgetan. Auch die Geburtshilfe ist bei Galenos nicht ausführlich dargestellt. Die gynäkologischen Beschwerden wurden fast immer als Folgen einer Allgemeinerkrankung aufgefaßt und dementsprechend angegangen. Verhängnisvoll wirkte sich seine Lehrmeinung aus, die Unterdrückung des Geschlechtstriebes führe durch Zersetzung der Geschlechtsabsonderungen zu schweren Erkrankungen; auf diese Weise erhielten Beischlaf und Onanie den Rang ärztlich empfohlener Heilmittel.

Die Schrift »Wie Simulanten zu entlarven sind« zeugt von der scharfen Beobachtungsgabe Galens. Aus eigener Erfahrung gibt er einige körperliche und geistig-seelische Anzeichen an, die dem Arzt die Differenzierung der Simulation von echten Krankheitszuständen ermöglichen.

Galens Eintreten für die prophylaktische Medizin wurde schon kurz erwähnt (siehe Seite 200). Seine Verdienste als Gesundheitslehrer sind nicht geringer als die als medizinischer Systematiker. Auch auf dem Gebiet der Hygiene war er kaum originell, doch beherrschte er es meisterhaft bis in die kleinsten Einzelheiten. Aus ihm schöpften vor allem die Verfasser der mittelalterlichen Gesundheitsregeln.

Alles, was zur Erhaltung der Gesundheit dienlich ist, wird von Galenos geschildert: Ernährung, Wasseranwendungen und Bäder, Massage und Gymnastik, Spiele, Muße und Arbeit, Wachen und Schlafen, Geschlechtshygiene. Temperamentvoll wendet er sich gegen den von den Germanen übernommenen Brauch, Neugeborene in kaltem Wasser zu baden: »Ich habe mein Buch nicht für Germanen, auch nicht für Bären und wilde Schweine geschrieben, sondern für Griechen oder wenigstens für solche Menschen, die griechische Denkweise haben. War es jemals erhört, das kleine, noch von der Gebärmutter warme Kind in kaltes Wasser zu werfen, als ob es glühendes Eisen wäre? Kommt das Kind mit dem Leben davon, so mag es denn sein, daß dadurch seine natürliche Stärke geprüft und noch durch die Berührung des kalten Wassers vermehrt worden ist. Aber welche vernünftige Mutter, welche nicht ganz eine Skythin ist, wird an ihrem Kinde einen Versuch wagen, der, wenn er nicht gelingt, nichts weniger als den Tod zur Folge hat, um so viel mehr, da aus diesem Versuche gar kein Vorteil entstehen kann. Für einen Esel oder ein anderes lasttragendes Vieh mag es ein Vorteil sein, so einen steinharten Rücken zu haben, der gegen Kälte und Schmerz gefühllos ist, aber was nützt dies dem Menschen?«

Andererseits klagt Galenos die gesundheitswidrige Verweichlichung der Gesellschaft seiner Zeit an. Die germanische Seife erklärte Galenos als die beste, weil sie am fettesten sei; darauf folge die gallische, die erweichend wirke und den Schmutz von Körper und Kleidern entferne.

Galenos, der vielgerühmte und vielgescholtene Arzt der ausgehenden Antike, soll hier noch ein letztes Mal selbst zu Wort kommen: »Das Ziel der Heilkunst ist Gesundheit, der Endzweck der Besitz dieser Gesundheit. Notwendig ist daher für die Ärzte die Erkenntnis, durch welche Mittel man die geschwundene Gesundheit wiedererlangt, die vorhandene aber schützt.

Die Medizin ist die Wissenschaft der Gesunden und der Kranken. Den Körper, dem die Gesundheit innewohnt, die Ursache dafür, die Anzeichen davon – dies alles nennen die Griechen gesund. Wenn unser Körper aber unempfindlich wäre, wie der Diamant oder ähnliches, so brauchte er keine Kunst, die ihn zu schützen hätte. Denn wenn er nichts empfände und nicht verändert würde, würde er beständig von sehr guter Beschaffenheit sein. Aber weil er Reize empfängt, weil er verändert und verschlechtert wird, bedarf er des Schutzes. Nun wird aber die Art der Hilfsmittel, das heißt der erhaltenden Ursachen, an Zahl gleich sein den Arten der Veränderungen. Verändert aber wird der Körper einerseits aus Notwendigkeit, andererseits nicht aus Notwendigkeit. Notwendigkeit aber nenne ich, was in keiner Weise vermieden werden kann; alles übrige ist nicht notwendig. Notwendig ist, daß wir uns in der umgebenden Luft bewegen, daß wir essen, trinken, wachen und schlafen. Der Kampf mit Menschen oder wilden Tieren, Krieg und Jagd, sind dagegen keinerlei Notwendigkeit. In den einzelnen Dingen, die notwendigerweise unseren Körper verändern, werden wir zugleich die Gesamtheit der heilsamen Ursachen finden. Die eine kommt aus der Berührung mit der umgebenden Luft, eine andere aus Bewegung und Ruhe, eine dritte aus Schlafen und Wachen, die vierte aus der Nahrung, eine fünfte aus der Ausscheidung und der Resorption, die sechste endlich aus den Affekten der Seele. Von diesen allen nämlich muß der Körper in irgendeiner Weise berührt werden. Aber alle sind nur Arten einer bestimmten Materie heilsamer Ursachen. Werden sie zweckmäßig angewandt, so sind sie erhaltend und dienlich, unzweckmäßig angewandt aber sind sie schädlich und krankheitserregend.«

Lehrer und Lehre der Medizin

Genauso wie in Hellas war auch in Rom die ärztliche Praxis ein freies Gewerbe, das jedermann offenstand. Keine staatliche Prüfung oder Aufsicht regelte die Ausbildung der künftigen Ärzte. Wer sich dazu befähigt hielt, konnte als Arzt praktizieren. Es gab keine scharfe Trennungslinie zwischen Arzt und Kurpfuscher. Der geniale oder gerissene Scharlatan konnte einen größeren Zulauf an Patienten erreichen als der Absolvent einer Medizinschule. Die absolute Lehr-, Lern- und Berufsfreiheit führte schließlich zum wissenschaftlichen und ethischen Verfall des Arzttums. Als in der späten Kaiserzeit staatliche Auflagen für Medizinstudenten und Ärzte erlassen wurden, konnte die unheilvolle Entwicklung nicht mehr rückgängig gemacht werden. Die politischen, sozialen und ethischen Umwälzungen rissen die Medizin mit in den Strudel der Zersetzung.

Der medizinische Unterricht spielte sich in Rom vor und nach Christi Geburt nicht anders ab als in Griechenland zu Zeiten des Hippokrates: entweder privat durch einzelne Ärzte oder öffentlich in Medizinschulen. Jeder Arzt konnte als Lehrer der Medizin auftreten, indem er Lehrlinge ausbildete. Der ärztliche Unterricht war reine Privatsache, er wurde gegen ein verabredetes Honorar oder armen Schülern unentgeltlich erteilt. Die Schüler waren im Iatreion während der Sprechstunde zugegen und begleiteten den Meister auf seinen Krankenbesuchen.

Die Ärzteschulen waren gewöhnlich mit allgemeinen höheren Bildungsanstalten verbunden wie in Alexandreia, Athen, Antiocheia, Massilia (Marseille), Lugdunum (Lyon), Nemausus (Nîmes), Burdigala (Bordeaux), Arelate (Arles) und Caesaraugusta (Saragossa). An diesen Schulen wurden hauptsächlich die medizinischen Hilfswissenschaften gepflegt. Die Lehrer waren zumeist Theoretiker ohne Verbindung zur ärztlichen Praxis. So artete der Unterricht in ödes Theoretisieren und in spitzfindige Diskussionen aus. Teilweise lehrten an diesen Medizinschulen auch Praktiker, die für eine Ergänzung der Büchergelehrsamkeit durch eine praktische Ausbildung sorgten. Der ganze Unterricht war keineswegs planmäßig aufgebaut. Was der einzelne lernte, hing von äußeren Umständen und Zufällen, aber auch von seiner Wißbegierde ab.

Die Dauer des Medizinstudiums war ebenfalls nicht normiert. Während Galenos eine universelle Bildung des Arztes und ein Studium von elf Jahren forderte, hielt der Methodiker

Thessalos sechs Monate zur Erwerbung der notwendigen medizinischen Kenntnisse für ausreichend. Die Ausbildung begann schon früh, zwischen dem elften und fünfzehnten Lebensjahr. Neben den medizinischen Fächern wurden auch Philosophie, Dialektik, Rhetorik, Grammatik, Arithmetik und Astrologie gelesen.

Der ärztliche Unterricht begann mit der Anatomie, die aus Büchern oder an Hand zergliederter Tierleichen vorgetragen wurde. Rhuphos aus Ephesos hat die anatomische Unterrichtsmethodik in seiner Schrift »Über die Benennung der Körperteile« beschrieben: »Willst du also auch die Medizin von den Benennungen ausgehend lernen, und zwar zuerst, wie man einen jeden Körperteil benennen soll, dann das andere, soweit der mündliche Ausdruck zu folgen vermag? Oder dünkt es dir etwa hinlänglich, wenn ich dich auf das, was du erlernen sollst, wie ein Taubstummer deutend verweise? Mir scheint so etwas keineswegs besser, denn sowohl ein Selbstunterricht als das Lehren eines anderen in dieser Weise ist weder leicht faßlich noch leicht durchführbar. Ich denke mir das so. Indem du zuhörst und diesen Knaben betrachtest, wirst du zuerst die sichtbaren Dinge wahrnehmen, dann werden wir versuchen, dich darin zu unterrichten, wie man die inneren Teile benennen soll, indem wir ein Tier zerlegen, das dem Menschen am meisten ähnelt. Denn wenn auch dessen Gebilde denen des Menschen nicht durchaus ähneln, so hindert dies doch keineswegs, wenigstens das Hauptsächlichste eines jeden zu lehren. In alten Zeiten allerdings hat man dergleichen erfolgreicher an Menschen gelehrt.«

Galenos betonte den Wert des Anschauungsunterrichts: »Die Jünglinge müssen die Dinge nicht bloß ein- oder zweimal, sondern oft sehen, denn nur wenn man sie recht häufig betrachtet, erlangt man eine gründliche Kenntnis derselben.«

Sehr eifrig wurden Arzneimittellehre und Arzneizubereitung betrieben. Botanische Exkursionen und kolorierte Kräuterbücher ergänzten die Unterweisungen. Die Beschaffung guter Arzneimittel war nicht immer einfach. Der Arzt mußte in der Lage sein, Verfälschungen zu erkennen. Man mußte damit rechnen, daß die gerissenen orientalischen Lieferanten und

Händler die unbeliebten Römer über das Ohr zu hauen versuchten.

Die praktische Ausbildung der Schüler am Krankenbett ging nicht ohne Belästigung der Patienten ab. Der Dichter Martial (etwa 40–102 n. Chr.) klagt in einem Epigramm: »Ich war krank. Du kamst deshalb sofort zu mir; aber hundert Schüler begleiteten Dich. Hundert eiskalte Hände legten sich mir auf den Leib. Bis dahin hatte ich kein Fieber gehabt, Symmachus, da erst bekam ich es.«

Wie schon mehrfach erwähnt, waren in Rom die Ärzte anfangs meistens Sklaven oder Freigelassene, erst später wandten sich auch frei geborene Bürger der Heilkunst zu. Reichbegüterte Römer ließen oft Sklaven medizinisch ausbilden, um durch sie die übrigen Sklaven ärztlich betreuen zu lassen; bisweilen wurden sie zu verbrecherischen Zwecken – Mord, Giftmischerei – mißbraucht. Der Kaiser Domitian (81–96 n. Chr.) verbot in einem Erlaß, der 1934 auf einem Stein in der Unterstadt von Pergamon entdeckt wurde, den Ärzten und Lehrern, Sklaven gegen Zahlung eines Honorars zu unterrichten und sich dadurch im Widerspruch zu jeder wissenschaftlichen Haltung zu bereichern. Erst unter Kaiser Severus Alexander (222–235 n. Chr.) wurde der medizinische Unterricht eine öffentliche Angelegenheit: es wurden den Ärzten öffentliche Hörsäle zugewiesen und besoldete Lehrer der Heilkunde eingestellt, die armen Studenten, die vom Staat Unterstützungen erhielten, unentgeltlich Unterricht erteilen mußten. Mit dieser Aufgabe wurden später auch die öffentlich besoldeten Gemeindeärzte betraut.

Die Zügellosigkeit des Studentenlebens veranlaßte den Kaiser Valentinian (364–375 n. Chr.), Vorschriften über die Lebensführung der Medizinstudenten herauszugeben. Sie durften bestimmten Verbindungen nicht beitreten, keine Bordelle besuchen und ihren Umtrunk nicht länger als zehn Uhr abends halten. Verstöße wurden mit Prügel und im Wiederholungsfall mit Ausschluß vom weiteren Studium bestraft. Das Studium mußte mit dem zwanzigsten Geburtstag abgeschlossen sein. Die Präfekten hatten vor der Zulassung zum Studium eine Unbedenklichkeitsbescheinigung auszustellen und während des Studienganges jährliche Berichte über den Studienerfolg an den Kaiser abzuliefern.

Arzt und Bürger

Die Ärzte erreichten in Rom erst in der Kaiserzeit größeres gesellschaftliches Ansehen. Gaius Iulius Caesar (100–44 v. Chr.) verlieh 46 v. Chr. allen in Rom praktizierenden freien Ausländern das römische Bürgerrecht. Zweifellos sollten dadurch gut ausgebildete freie Ärzte aus Griechenland zur Einwanderung veranlaßt werden. Kaiser Augustus (63 v. Chr. bis 14 n. Chr.) stellte alle freigelassenen Ärzte rechtlich den römischen Vollbürgern gleich. Gelegentlich einer Hungersnot ließ er alle Fremden und Sklaven mit Ausnahme der Ärzte unter ihnen aus Rom ausweisen.

Unter den Kaisern Vespasian (69–79 n. Chr.), Traian (98–117) und Hadrian (117–138) erhielten die Ärzte die volle »Immunität«, die folgende Privilegien umfaßte:

- Befreiung von den Ehrenämtern (Leitung der Sportplätze, Priesteramt, Amt des Ädilen);
- Befreiung von persönlichen Ämtern (Betätigung als Richter, Übernahme von Gesandtschaften, Vormundschaft, Kauf von Getreide und Öl für Rechnung der Stadt);
- Befreiung von Vermögensabgaben (Steuern, Einquartierungslast);
- Befreiung von der Militärdienstpflicht.

Außer der Befreiung von sämtlichen öffentlichen Lasten erhielten die Ärzte unter Vespasian noch folgende Vorrechte:

- Korporationsrecht: Wie andere Berufe konnten sich die freien Ärzte in Standesverbänden, den »Collegia medicorum«, vereinigen. Das Kollegium der Ärzte in Rom verehrte Minerva als Patronin. Als Versammlungslokal diente eine »schola«. Eine Inschrift berichtet von einer Sterbekasse eines solchen Kollegiums. Aus diesen Kollegien gingen die mittelalterlichen Gilden und Innungen hervor.
- Asylie: Die Ärzte konnten in Heiligtümern zu kultischen Zwecken Koporationen bilden; an den heiligen Stätten galten die Mediziner als unverletzlich.

– Schutz der Ärzte gegen Beleidigungen; Geldstrafen für den Täter.

Die Reaktion auf die großzügigen Vergünstigungen blieb nicht aus: einerseits Überfüllung des Ärztestandes und andererseits Unzufriedenheit der übrigen Bürger, denen die Lasten für die freigestellten Ärzte aufgebürdet wurden. Kaiser Antoninus Pius (138–161) mußte sich daher zu einem »numerus clausus« entschließen: Die volle Immunität wurde auf fünf bis sieben, höchstens zehn Ärzte in jeder Stadt eingeschränkt; in ihren Genuß kamen in erster Linie die Gemeindeärzte, die es nach griechischem Vorbild seit dem 2. Jahrhundert n. Chr. im Römischen Reich gab und die die Armen der Stadt kostenfrei behandeln mußten. Beim Verlassen der Heimatgemeinde verlor der Arzt seine Immunität; damit sollte die Abwanderung der Ärzte in die großen Städte unterbunden werden. Nur bei berühmten Ärzten wurden Ausnahmen gewährt; sie konnten auch in fremden Orten die Immunität erhalten.

Kaiser Septimius Severus (195–211) übertrug schließlich die Immunitätsverleihung den stimmberechtigten Bürgern und Grundbesitzern. Diese Art einer behördlichen Genehmigung kann als Vorläufer der heutigen staatlichen Bestallung (Approbation) gelten.

Die öffentlich besoldeten Gemeinde- und Stadtärzte erhielten unter den Kaisern Valentinian und Valens den Titel »archiatri populares« im Gegensatz zu den Hofärzten, den »archiatri palatini«. Seit wann die Leibärzte der römischen Kaiser als Archiater bezeichnet wurden, ist ungewiß. Den Titel Archiater (»Oberarzt«) sollen als erste die Leibärzte der Seleukiden in Antiocheia getragen haben. Die Bezeichnung ging dann allgemein auf die beamteten Ärzte der griechischen Städte über. Auf jeden Fall war der Archiater – egal ob als Stadt- oder Hofarzt – aus der Masse der gewöhnlichen Medici herausgehoben. In der römischen Kaiserzeit wurde der Titel Archiater zunächst nur einzelnen Leibärzten der Kaiser verliehen. Einer der ersten Träger des Titels war C. Stertinius Xenophon aus Kos, Leibarzt des Kaisers Claudius; obgleich er von seinem kaiserlichen Herren hoch dekoriert und belohnt wurde, vergiftete er ihn 54 n. Chr., angestiftet von der Kaiserin Agrippina der Jüngeren.

Von den sieben Hofärzten bezog nur der eigentliche Leibarzt ein Gehalt; die anderen erhielten Naturalien wie Getreide und Öl. Die Hofärzte gehörten zu den Hofbeamten zweiten Ranges und wurden mit »Spektabilität« (»Herrlichkeit«) angeredet. In byzantinischer Zeit kamen noch weitere Ehrentitel hinzu wie »vir perfectissimus« (Exzellenz) und »dux« (Fürst). Die emeritierten Hofärzte wurden mit dem Titel Exarchiater (kaiserlicher Hofarzt a. D.) bedacht.

Den Titel Archiater führten außer den Hof- und Stadtärzten noch die Vorstände der ärztlichen Kollegien und Schulen sowie die Ärzte der öffentlichen Gymnasien und der Vestalinnen. Daneben gab es noch eine ganze Reihe von Ärzten in öffentlichen Diensten: Die Gladiatorenärzte mußten die Gesundheit der Gladiatoren überwachen; dazu gehörte vor allem eine Regelung der Kost, in der Gerstenspeisen überwogen, welche eine Kräftigung der Muskulatur garantieren sollten. Bei den Tierkämpfen waren besondere Zirkusärzte zugegen, die den Verletzten Erste Hilfe leisten mußten. Es gab ferner Theaterärzte, Ärzte für das Personal der Bibliotheken und der öffentlichen Gärten.

Praktiker und Spezialisten

Mit den griechischen Ärzten bürgerte sich auch das Iatreion in Rom ein, das hier taberna oder medicina genannt wurde. Es handelte sich um eine Bude oder einen Geschäftsladen; in diesen Räumen behandelten und operierten die Ärzte in aller Öffentlichkeit. Plautus (etwa 254–184 v. Chr.), der bedeutendste römische Komödiendichter, schildert, daß die medicina ebenso wie der Barbierladen ein vielbesuchter Ort war, an dem sich die Müßiggänger herumtrieben. Das in Pompeji ausgegrabene »Haus des Chirurgen« (um 200 v. Chr.) gibt einen Einblick in die Verteilung der Räume.

Hingegen ist das Valetudinarium (valetudo, lateinisch = Gesundheit) eine ureigene Schöpfung der Römer. Es ist als Krankenanstalt für Sklaven gegen Ende des ersten vorchristlichen Jahrhunderts auf den Landgütern und in größeren Stadthaushalten entstanden. Nicht aus humanitären, sondern aus rein materiellen Gründen – die Sklaven stellten für ihre Besitzer einen beträchtlichen Kapitalwert dar – hatte man sich entschlossen, kranke und verletzte Sklaven wieder gesundzupflegen. Hierfür richtete man eigene Räume oder Gebäude ein. Behandlung und Pflege übernahmen entsprechend vorgebildete Sklaven.

Näheres ist über Lage und Einrichtung dieser Valetudinarien nicht bekannt. Sicher ist nur, daß sie private Einrichtungen der Grundbesitzer waren, um die sich der Staat nicht kümmerte.

Der Schriftsteller Columella (1. Jahrhundert n. Chr.) erwähnt sie mehrmals: An einer Stelle empfiehlt er, »wenn jemand – wie das oft sich ereignet – bei der Arbeit verletzt wird und einen Schaden davonträgt, so soll er sich verbinden lassen; wenn aber ein anderer schwer krank wird, so soll man ihn sogleich in das Valetudinarium bringen und anordnen, daß ihm im übrigen eine richtige Pflege zuteil wird«. Man soll aber auch Simulanten in das Valetudinarium aufnehmen, »denn es ist besser, einen durch die Arbeit Ermüdeten unter Aufsicht ein oder zwei Tage sich ausruhen zu lassen, als mit Zwang ihn durch allzuviel Arbeit wirklich zu schädigen«. Schließlich rät Columella, die Valetudinarien stets – auch wenn sie nicht belegt sind – in einem sauberen und ordentlichen Zustand zu halten und die Küchen- und Vorratsmeister beim Abwiegen und Zuteilen der Nahrung zu überwachen.

Die Valetudinarien standen nur den Sklaven offen. So finden wir die paradoxe Situation, daß es Krankenanstalten für Sklaven, aber nicht für römische Bürger gab. Diese mußten sich, wenn sie bettlägerig waren, in ihrer eigenen Wohnung vom Arzt besuchen und behandeln lassen. Die Iatreien oder Medicinae dienten nur der ambulanten Behandlung. Daß es in diesen Ordinationsräumen auch Krankenzimmer zur stationären Aufnahme von Kranken gegeben haben soll, wird heute von den meisten Autoren verneint. Immerhin sind Asklepieion, Iatreion und Valetudinarium als drei Vorläufer des Krankenhauses anzusehen.

Die Einrichtung des Valetudinarium wurde in den gut ausgerüsteten Gladiatorenkasernen und in den festen Lagern des römischen Grenzheeres übernommen.

Im vorchristlichen Rom gab es nur zwei Arten von Heilkünstlern: die allgemein praktizierenden Ärzte und die operierenden Chirurgen. Die Trennung dieser beiden Gruppen war sehr streng. Galenos, der in seiner Heimat beide Fächer ausgeübt hatte, berichtet: »Da ich aber in Rom lebte, mußte ich der Sitte der Hauptstadt viele Zugeständnisse machen und den sogenannten Chirurgen das meiste von diesen Dingen überlassen.« Chirurgen und Praktiker standen in bestem Einvernehmen und zogen sich gegenseitig zu Rate. Daneben gab es noch die ärztlichen Sophisten, das waren Theoretiker, die sich nur wissenschaftlichen Erörterungen widmeten, ohne selbst auch nur einfache Krankheiten kurieren zu können.

In der Kaiserzeit breitete sich das Spezialistentum erst richtig aus. Die Überfüllung des Ärztestandes führte nicht nur zu einem bedenklichen Verfall der ärztlichen Sitten, sondern auch zu einem lächerlichen Spezialistenunwesen. Diese Spezialisten waren aber zumeist keineswegs wie heute hervorragende Fachleute auf einem besonderen Gebiet, sondern lückenhaft ausgebildete Scharlatane und Konjunkturritter. Wer das Zeug dazu hatte, konnte mit wenig Wissen in kürzester Zeit ein großes Vermögen erwerben.

Zu den seriösen Fachärzten sind die Internisten (»clinici«), Augenärzte, Frauenärzte, Hautärzte, Ohrenärzte und Zahnärzte zu zählen. Am meisten wissen wir aus Inschriften, Büchern und Steinstempeln von den Augenärzten. Besonders groß dürfte die Zahl der Augenärzte in den nordwestlichen Provinzen Gallien, Germanien und Britannien gewesen sein, denn dort fand man über zweihundert Augenarztstempel. Mit diesen Siegelsteinen aus Nephrit, Serpentin oder Schiefer prägten die Augenärzte ihren Namen, den Namen des Arzneimittels und die Anwendungsweise in die Collyrien (siehe Seite 195). Im Kölner Boden wurde sogar ein gestempeltes Collyrium mit folgender Inschrift gefunden: »Des Gaius Cassius Doryphorus Vitriolsalbe zur Behebung von Augenleiden«.

Nicht alle Augenärzte behandelten ihre Patienten medikamentös und operativ; viele wandten nur eine dieser Behandlungsweisen an. Außerdem gab es noch einseitigere Spezialisten, zum Beispiel für das Starstechen oder für die Behandlung des Trachoms.

Frauenärzte gab es wohl, doch nur wenige; Geburtshilfe und Gynäkologie übten die Hebammen und die aus diesem Stand hervorgegangenen Ärztinnen aus. Ihre Lehrer waren männliche Ärzte, die auch die einschlägigen Lehrbücher verfaßten.

Manche Spezialisten gaben sich nur mit bestimmten Körperteilen, Krankheiten oder Heilmethoden ab. So gab es Fachleute für Haare, Fisteln, Wassersucht, Schwindsucht, Brüche, Milch-, Wein- oder Nieswurzkuren, Wasserspezialisten, Diätetiker und Traumdeuter. Martial zählte folgende Pseudospezialisten auf: »Cascellius zieht Zähne aus oder ergänzt sie, Hyginus brennt die in die Augen wachsenden Wimpernhaare weg, Fannius heilt das geschwollene Zäpfchen, ohne zu schneiden, Eros beseitigt die Brandmale aus der Haut der Sklaven, und Hermes ist der beste Arzt für Bruchschäden.«

Galenos spottete, es gäbe bald mehr Ärzte als Körperteile, und schlug zusätzlich einen »medicus analis« (Afterarzt) vor. Als antiker Vorläufer der Naturheilkundigen des 19. Jahrhunderts kann Apollonios von Tyana (2–98 n. Chr.) gelten, von dem es hieß: »Er kleidete sich in Linnen, aß Kraut und Obst und trank reines Quellwasser, ging barfuß und barhaupt, ließ Bart und Haar wachsen. Seinen Aufenthalt nahm er im Tempel des Asklepios, verschmähte jede tierische Nahrung und Wein.«

Ärzte des Heeres und der Flotte

Die Geschichte des militärärztlichen Standes in Rom beginnt mit Japyx, dem »Arzt des Heeres« der Troianer, als sie nach mannigfachen Irrfahrten an der Küste Latiums gelandet waren. Vergil berichtet in seiner »Aeneis«, daß Japyx den verwundeten Aeneas, den sagenhaften Ahnherrn des römischen Volkes, behandelt hat. Sein Versuch, den Pfeil mit der Zange aus dem Oberschenkel des verwundeten Aeneas zu ziehen, blieb allerdings erfolglos. In dieser Not kam die Göttin Venus, die Mutter des Aeneas, ihrem verwundeten Sohn zu Hilfe. Sie pflückte ein heilkräftiges Kraut und mischte es mit Ambrosiasäften und dem Heilbalsam Panacea in dem Fluß, an dessen Ufer der greise Arzt die Wunde auswusch. Sofort hörte der Schmerz auf, das Blut gerann, das Geschoß folgte der Hand freiwillig und glitt leicht heraus.

In republikanischer Zeit gab es noch keine geregelte Verwundetenversorgung beim Heer. Die kranken und verwundeten Soldaten waren auf die Hilfe ihrer Kameraden, mit denen sie das Zelt teilten, angewiesen. Sobald es die Lage erlaubte, wurden die Verwundeten nach Rom transportiert und zu Privatleuten in Pflege gegeben; hier hatten sich die Frauen und die Sklaven der pflegebedürftigen Soldaten anzunehmen.

Tacitus beschreibt in seinen »Annalen«, wie der Feldherr Germanicus (15 v. Chr. bis 19 n. Chr.) während der Kämpfe in Germanien (15 n. Chr.) die kranken Soldaten in ihren Zelten besuchte und wie seine Frau, die ältere Agrippina, an die kranken und verwundeten Soldaten Bekleidungsstücke verteilte. In der Biographie des Kaisers Severus Alexander steht, daß er auf seinen Feldzügen stets für eine ausreichende Zahl von Zugtieren zum Transport der Kranken und Verwundeten gesorgt hat.

Eine zusammenhängende literarische Darstellung des römischen Militärsanitätswesens – falls es eine solche überhaupt gegeben haben sollte – ist nicht erhalten geblieben. Neben einzelnen Anmerkungen verschiedener Schriftsteller sind Inschriften, vor allem auf Grabsteinen, unsere wichtigsten Quellen über diesen Gegenstand.

Die dreiunddreißig Meter hohe Trajanssäule auf dem Trajansforum in Rom, die zwischen 106–114 n. Chr. von dem Architekten Apollodoros aus Damaskus zu Ehren des Kaisers errichtet worden ist, trägt auf einem zweihundert Meter langen Reliefband Szenen aus dem Feldzug in Dakien (Siebenbürgen). Eine davon zeigt einen Militärarzt, der gerade einem Legionär einen Beinverband anlegt; eine andere einen Verwundeten, den zwei Kameraden unterstützen.

Eine Inschrift auf den zahlreichen Grabstelen, die gerade den Ärzten der Flotte errichtet worden sind, lautet: »Dem Titus Flavius Euprepes, Mitglied der kaiserlichen Flotte, stationiert zu Misenum. Er war Arzt und verdiente doppeltes Gehalt, lebte 25 Jahre und diente 5 Jahre. Sein Erbe, Publius Cassius Lucanus, hat ihm dieses Denkmal für seine Verdienste gesetzt.«

Aus den Inschriften wissen wir, daß es sehr junge und sehr alte Militärärzte gegeben hat und daß sie als einzige Angehörige des römischen Heeres das Recht hatten, während der Dienstzeit zu heiraten. Das alles deutet wohl darauf hin, daß ein Mangel an Militärärzten bestanden hat.

Die Laufbahn dürfte wenig attraktiv gewesen sein. Wir wissen zwar nichts über Auswahl, Ausbildung und Dienstzeit der römischen Militärärzte, doch steht fest, daß sie höchstens Rang, Sold und Verpflegung eines Unteroffiziers erhalten haben. Sie waren vom Waffen- und Wachdienst und von der Zahlung der Steuern befreit. Ärztliche Vorgesetzte gab es nicht, jeder Arzt unterstand direkt seinem Truppenführer. Für die Behandlung durften sie von den Soldaten kein Honorar fordern, doch durften sie sich die von ihnen selbst hergestellten Arzneien bezahlen lassen. In den Städten konnten die Militärärzte auch Privatpraxis ausüben, wodurch sie unter Umständen zu einträglichen Nebeneinnahmen kamen.

Ein geordnetes Militärsanitätswesen wurde erst von Kaiser Augustus eingeführt, als er nach der Schlacht bei Actium (31 v. Chr.) das Heer reorganisierte und ein stehendes Heer zur Sicherung der Reichsgrenzen schuf. Jede Legion (zu 6000 Mann) – zur Zeit des Augustus gab es ca. fünfundzwanzig Legionen – hatte einen Militärarzt. Jeder der zehn Kohorten (zu 600 Mann) der Legion waren vier Wundärzte zugeteilt. Ebenso hatten die Hilfstruppen in den Provinzen und in Rom die Kohorten der Prätorianer (Leibwache des Kaisers) und der Vigilen (Polizei und Feuerwehr) ihre Ärzte.

Durch die Stationierung der Truppen an den Grenzen des Reiches, das sich in der Kaiserzeit von Britannien und der Pyrenäenhalbinsel im Westen bis nach Armenien und Mesopotamien im Osten, von Rhein, Donau und Theiß im Norden bis Nordafrika, Ägypten und Arabien im Süden erstreckte, wurde die Einrichtung von Lazaretten in den Militärlagern erforderlich. Sie wurden genauso wie die Sklavenspitäler Valetudinarien genannt.

Das älteste römische Militärlazarett dürfte das in Carnuntum an der Donau, vierzig Kilometer östlich von Wien in der Nähe des heutigen Deutsch-Altenburg, ausgegrabene sein, das aus dem 1. Jahrhundert n. Chr. stammt. Carnuntum war damals eine der wichtigsten Militärstädte hinter dem Limes mit hunderttausend Zivilisten, zwei Legionen und etwas Kavallerie und Sitz des Hauptquartiers der römischen Donauflotte. Das erste Lazarett von Carnuntum wurde zusammen mit dem ganzen Lager im Markomannenfeldzug von 176 n. Chr. zerstört. Danach wurde das Militärlazarett wesentlich erweitert aufgebaut, das schließlich 350 n. Chr. von den eindringenden Germanen endgültig vernichtet wurde.

Auch in anderen römischen Garnisonsstädten wie Aliso (Haltern), Castra Vetera (Xanten), Novaesium (Neuß am Rhein), Bonna, (Bonn) und Pinnata Castra (Inchtuthill, Schottland) wurden Lazarette ausgegraben, die alle – wenn auch verschieden groß und mit einigen Abwandlungen – nach einem gemeinsamen Plan angelegt waren: Um einen geräumigen rechteckigen Innenhof gruppieren sich vier senkrecht aufeinanderstoßende Trakte mit verschieden großen Räumen, getrennt durch einen breiten Korridor verläuft eine äußere Zimmerreihe ebenfalls in viereckiger Anordnung. Die Zahl der Krankenzimmer betrug bis zu sechzig je nach Größe des Truppenlagers. Die größeren Räume dienten als Operationssäle, Apotheke, Speisesäle, Personal- und Wirtschaftsräume, Bäder und andere Nebenräume. Oft lag ein schmaler Vorraum zwischen zwei Krankenzimmern, die keine eigenen Türen zum Korridor hatten; man hat vermutet, daß hier der Krankenwärter für die beiden Zimmer geschlafen hat oder daß dadurch die Zugluft von den Krankenzimmern ferngehalten werden sollte.

Die großzügig angelegten römischen Militärlazarette bilden in hygienischer und baulicher Hinsicht eine fortschrittliche Lösung der Aufgabe, Anstalten zur stationären Behandlung einer größeren Zahl von Kranken zu errichten.

Über das Instrumentarium der römischen Truppenärzte sind wir ebenfalls durch zahlreiche Ausgrabungen orientiert. Bekannt ist der »Schatz von Bingen« im Heimatmuseum auf der Burg Klopp bei Bingen am Rhein: es handelt sich um sechzig verschiedene Instrumente (Skalpelle, Haken, Meißel, Pinzetten, Löffel, Nadelhalter, Wundspreizer, Knochenhebel) und medizinische Geräte (Schröpfköpfe verschiedener Größe, Blutbecken) aus dem Brandgrab eines römischen Legionsarztes, der im 1. Jahrhundert n. Chr. hier stationiert gewesen ist. Neben Urne und Instrumentarium enthielt das Grab, das 1925 zusammen mit etwa fünfzig weiteren Gräbern freigelegt worden ist, eine interessante Beigabe: ein kleines Nilpferd mit einer sich bäumenden gekrönten Schlange auf dem Rücken. Vielleicht ist diese Grabbeigabe ein Mitbringsel dieses römischen Militärarztes aus Alexandreia, seinem mutmaßlichen Studienort.

Heilkundige Frauen in Rom

Bei normalen Entbindungen standen den Gebärenden in Rom wie bei allen anderen Völkern einfache Hebammen bei, die ihre Kunst mit mehr oder weniger Geschick ausübten. Auf einer höheren Stufe standen die »obstetrices«, die einen fließenden Übergang zu den »medicae«, den Ärztinnen, bildeten. Manche Schriftsteller erwähnen beide Begriffe als gleichbedeutend.

Vom römischen Rechtslehrer Ulpian (um 200 n. Chr.) erfahren wir, daß bei einer gerichtlich angeordneten Feststellung der Schwangerschaft »fünf obstetrices, das heißt Ärztinnen, den Bauch anzusehen haben«. Er führt auch an, welches Honorar und welche Strafen bei Kindesunterschiebung diese Hebammen oder Ärztinnen zu erwarten hatten.

Das Betätigungsfeld dieser heilkundigen Frauen war die gesamte Geburtshilfe und Gynäkologie einschließlich der operativen Eingriffe; manche praktizierten auch die Kinderheilkunde und darüber hinaus die gesamte Medizin. Soranos gab eine detaillierte Darstellung von den Anforderungen, die der Beruf der Hebamme stellte. Sein Lehrbuch für Hebammen blieb für viele Jahrhunderte richtungweisend.

Galenos, Plinius, Martial und andere Autoren haben uns die Namen berühmter Frauen der Heilkunde überliefert; die meisten waren griechischer Herkunft. Schon unter den ersten griechischen Arztsklaven hatte es solche weiblichen Geschlechts gegeben. Galenos lobt besonders die Mittel einer Origineia und einer Favilla (Fabulla); er schreibt auch, daß gewisse Ärztinnen Spezialistinnen in der Behandlung hysterischer Leiden waren. Es gab auch »Fachärztinnen« für Krankheiten der weiblichen Schamteile – es handelte sich aber nicht um Geschlechtskrankheiten in unserem Sinn, das heißt durch den Geschlechtsverkehr übertragene Krankheiten. Schließlich berichtet die Grabinschrift einer Forella T. L. Melaniona, daß sie »Ärztin der weiblichen Brüste« gewesen sei.

Der Arzt Theodorus Priscianus (4. Jahrhundert n. Chr.) widmete sein Buch über Frauenkrankheiten einer Victoria, die er in der Vorrede als »liebste Gehilfin meiner Kunst« bezeichnete. Er fährt dann fort: »Und da diese Angelegenheiten einer ganz sorgfältigen Behandlung bedürfen, so habe ich ein besonderes Büchlein über die Heilung von Frauenkrankheiten geschrieben; ich sage ein besonderes Buch, und ein Buch, das nicht der großen Öffentlichkeit zugänglich ist. Ich will dich nun zwar mit meinen Kenntnissen unterstützen, du aber, die du den Vorteil der Geschlechtsgleichheit (mit deinen Patientinnen) hast und die du leicht zur Mitwisserin geheimer Dinge gemacht wirst, mögest treu, fleißig und nach Kräften die Behandlung der Frauenleiden ausüben, die ich in dieser meiner Abhandlung auseinandersetzen will.« Sicher war diese Victoria eine wirkliche Ärztin, vielleicht eine Assistentin des Theodorus Priscianus.

Durch Scribonius Largus und andere Schriftsteller wissen wir, daß es auch quacksalbernde Hebammen und Matronen gegeben hat, die verschiedene Arzneimischungen und Schönheitsmittel erfunden und teuer verkauft haben; sie spekulierten dabei auf den Aberglauben ihrer Kundinnen.

Am Rande seien noch die »tractatrices« (Masseusen) und »sagae« (Kupplerinnen) erwähnt. Die ersteren waren Sklavinnen oder Freigelassene, die Heilmassagen ausführten. Hingegen standen die »sagae« auf der untersten Stufe der römischen Bevölkerung; sie verkauften Liebestränke, Abtreibungsmittel und Gifte und galten als erfahren in Zauberei und Magie. Nach Sueton soll sich Nero der Giftmörderin Lucusta bedient haben.

Das Einkommen der Ärzte spiegelte die Finanzkraft ihrer Klienten wider. Arm wie ihre Patienten blieben die Ärzte in der Armenpraxis, reich, ja Millionäre wurden die Ärzte der Kaiser, Großgrundbesitzer und anderer Kapitalisten. Wer Spitzenverdiener werden wollte, mußte die Patientenschaft durch plumpe Reklame auf sich aufmerksam machen und die vielen Konkurrenten mit List und Tücke abschütteln. Kein Wunder, wenn unter diesen Umständen die wissenschaftliche Medizin ins Hintertreffen geriet und magische sowie volksmedizinische Praktiken die Gunst der Allgemeinheit errangen.

Hunger und Elend trieben manchen Arzt zum Berufswechsel; Martial verkündet zynisch:

Dialus, der bisher ein Arzt,
Der wird ein Totengräber nun.
Sonst schilt man Wechseln des Geschäfts,
Hier aber kann der Tadel ruhn.
Er bleibt bei seiner Tätigkeit
Ja doch der ehrenvolle Mann.
Was er als Totengräber tut,
Das hat er schon als Arzt getan.

Der Verkauf der Medikamente durch die Ärzte selbst bildete eine einträgliche Einnahmequelle, verführte aber auch zu zweifelhaften Geschäften und Betrügereien. Marktschreierisch angepriesene Geheimmittel wurden unter pompösen Bezeichnungen zu überhöhten Preisen vertrieben. Hier rangierten wieder Gifte und Gegengifte, Abtreibungsmittel und Kosmetika an den ersten Stellen.

Schon Scribonius Largus klagte: »Gar manche Ärzte sind nicht bloß unbekannt mit den alten Schriftstellern, sondern sie wagen es sogar, ihnen Falsches in den Mund zu legen ... Jeder hat vor allem das im Auge, was ihm ohne Arbeit zufallen kann und dennoch Ansehen und Gewinn in Aussicht stellt. Somit betreibt ein jeder die Heilkunde nach seinem Belieben.« Galenos geißelt die Habgier seiner Kollegen noch deutlicher: »Zwischen Räubern und Ärzten ist kein Unterschied, als daß jene im Gebirge, diese in Rom ihre Missetaten begehen.«

Diese unleugbaren Mißstände veranlaßten einige Laienbehandler, eigene Rezepthandbücher herauszugeben, die aber auch recht phantastische Mittel enthielten. Ein unbekannter Autor des 4. Jahrhunderts n. Chr. stellte, den Namen des Verfassers der berühmten »Naturalis historia« mißbrauchend, eine Rezeptsammlung unter dem Titel »Medicina Plinii secundi junioris« zusammen. Gleich in der Einleitung entpuppt sich die arztfeindliche Gesinnung dieses Pseudoplinius: »Häufig begegnete es mir, daß ich auf meinen Reisen, wenn ich selbst krank war, die Bekanntschaft mit verschiedenen Betrügereien der Ärzte machte: Die einen verkauften ganz minderwertige Arzneien zu Wucherpreisen, andere wagten sich aus Gewinnsucht an Krankheiten, die sie nicht zu heilen verstanden. Auch habe ich erlebt, daß einige es darauf anlegten, Unpäßlichkeiten, die sie in ganz wenigen Tagen oder gar Stunden beheben konnten, lange Zeit sich hinziehen zu lassen, so daß sie sich länger an ihren Kranken bereichern konnten. Daher waren die Ärzte schlimmer als die Krankheiten.«

Bei der Besprechung der Gegengifte erfolgen weitere schwere Anschuldigungen: »Das mithridatische Gegenmittel loben die Ärzte und führen dessen verschiedene Rezepte an. Um diese wegen ihrer Seltenheit kostbare Mischung zu empfehlen, fordern sie ungeheure Preise. Sie lassen sich für ein Pfund 20 000 Sesterzien zahlen. Die Leichtgläubigkeit dieser unglücklichen Kranken nutzen sie auch mit solcher Schlauheit aus, daß sie sie überreden, Dinge zu kaufen, die dann nur schaden. Denn die einen schädigen den Magen, andere machen einen schweren Kopf, andere verursachen Blässe und Magerkeit des Körpers. Daher kommt es häufig vor, daß die Kranken, die die Gegenmittel von solchen Leuten gebraucht haben, schneller sterben, als wenn sie Gift genommen hätten.«

Die von diesem medizinischen Laien empfohlenen Verordnungen sind aber selbst äußerst zweifelhaft, wenn nicht gar betrügerisch. Gegen Kopfschmerzen rät er: »Es nützt auch, sich die Schädelknochen eines Geiers um den Hals zu binden.« Bei Husten heißt es gar: »Pferdespeichel drei Tage lang je dreimal getrunken heilt den Husten. Das Pferd bringt dieses Mittel um, den Menschen macht es gesund.« Herzbeklemmungen werde man los, wenn man ein junges, noch säugendes Hündchen auf die Herzgegend legt; das Leiden gehe dann auf das Tier über. Ein Rezept gegen Gelbsucht lautet: »Vom Kot eines Eselfüllens, den es als erstes entleert hat, wird soviel wie Bohne in Wein eingegeben. Das hilft dem Kranken innerhalb von drei Tagen. Dasselbe bewirkt auch der Kot eines Pferdefüllens nach dem gleichen Rezept.«

Nicht nur Schriftsteller wie Juvenal, Martial und der echte Plinius geißelten die Scharlatanerie der Ärzte; selbst der Kaiser Hadrian veröffentlichte eine Schmähschrift gegen den medizinischen Schwindel. So setzte im späten Rom der Niedergang des ärztlichen Standes ein, der eben erst Würde und Ansehen errungen hatte.

Jeder Arzt sein Apotheker

Wie in Hellas waren auch in Rom Arzt und Apotheker eine Person. Dafür gab es verschiedene Stände von Arzneihändlern, die ihre Waren teils den Ärzten, teils direkt den Patienten verkauften. Die griechischen Pharmakopolen und Rhizotomen (siehe Seite 126) machten sich auch in Rom breit. Eine behördliche Überwachung des Arzneimittelhandels gab es nicht.

Die »apotheca« war damals die allgemeine Bezeichnung für einen Vorratsraum; »apothecarii« waren alle Händler, die in einer apotheca verkäufliche Gegenstände aufgespeichert hielten. Der Kleinhandel mit Drogen lag in den Händen der Pigmentarii, die zum größten Teil übel beleumdet waren. Der Salbenmacher (unguentarius) übte ein Gewerbe aus, das ursprünglich als ein Teil der Arzneikunst die Ärzte betrieben hatten. Der Stand der »unguentarii« wuchs mit der Bedeutung, die den Salben in der römischen Medizin zukam. Außerordentlich kompliziert zusammengesetzte Salben wurden nicht nur bei Hautkrankheiten, sondern auch bei Darmleiden, Frauenleiden, Harnverhaltung und Star verwendet. Die unguentarii verkauften nicht nur medizinische Salben, sondern auch Salböle, Parfüms, Weihrauch und andere Räucherstoffe. Die Salbenbereiter hießen auch »seplasiarii«; diese Bezeichnung hat folgende Herkunft: In Capua, dem Zentrum der Rosenzucht Campaniens mit ihrem Ölreichtum, wohnten so viele Salbenmacher in der Seplasia-Gasse, daß man sie deshalb seplasiarii nannte; diese lokale Bezeichnung wurde auch in den anderen römischen Städten üblich. Man hat sogar in Köln den Grabstein eines seplasiarius gefunden, dem seine Brüder den Stein hatten setzen lassen.

Für den Nachschub aus dem Ausland sorgten die Großhändler. Aber sogar die Staatsmänner kümmerten sich um die Bevorratung von Drogen. Das gilt vor allem für das schon erwähnte Silphion, die Königin der Heilpflanzen, von den Römern Laserpicium genannt. Die Einfuhr dieser unentbehrlich erachteten Droge wurde als eine Staatsangelegenheit betrachtet. Plinius berichtet, daß Caesar bei seiner Machtübernahme neben dem Staatsschatz auch alle Vorräte an Silphion beschlagnahmen und bald darauf tausendfünfhundert Pfund der Droge einkaufen ließ. Das als Allheilmittel verwendete Abführmittel wurde auch zur Zubereitung von Saucen gebraucht.

Für die Aufbewahrung der Medikamente gab Dioskurides genaue Anweisungen: Blüten und alle wohlriechenden Substanzen in trockenen Lindenholzkästen; Samen in Papier- oder Pflanzenblättern; Flüssigkeiten in Silber-, Glas-, Horn-, nicht porösen Tongefäßen oder in Buchsbaumbehältern; Augenarzneien und Zubereitungen aus Essig, Teer oder Zedernharz in erzenen Gefäßen; Schmalze und markhaltige Stoffe in Zinngefäßen.

Die pharmazeutischen Geräte hatte man ursprünglich aus der Küche entlehnt (Mörser, Reibschalen, Mühlen, Siebe, Filter, Trichter, Heber usw.). Dioskurides erwähnt schon ein primitives Destilliergerät mit Dampfkühlung. Man benutzte Schnellwaagen und ein Instrument zur Volumengewichtsbestimmung von Flüssigkeiten, das unseren Aräometern gleicht.

Die römischen Chirurgen

In den chirurgischen Fächern wurde Galenos von einem Mann übertroffen, der vielleicht der größte Chirurg der Antike gewesen ist: Antyllos, der um 140 n. Chr. gelebt hat, von dessen

Leben fast nichts bekannt ist und von dessen Werken nur wenige Fragmente erhalten geblieben sind. Neben einem vierbändigen Werk »Über die Heilmittel« (Klima, Wetter, Diät, Lebensweise, Gymnastik, Bäder, ausleerende Mittel) verfaßte Antyllos ein Chirurgiebuch, das seinen Ruhm begründete. Daß er nicht bloß ein gewandter Theoretiker, sondern ein Meister der Operationskunst gewesen ist, geht aus der detaillierten Schilderung der einzelnen chirurgischen Eingriffe hervor; er erörtert genau alle technischen Einzelheiten und berücksichtigt alle Variationen und Komplikationen.

Für die Blutentziehung durch Aderlaß empfiehlt Antyllos folgende Stellen: Stirn in der Nähe des Scheitelbeins; oberhalb des inneren Augenwinkels; hinter den Ohren; unter der Zunge; auf dem Handrücken zwischen Mittel- und kleinem Finger; in der Kniekehle; am inneren Knöchel; in der Ellenbeuge. Die Wahl der Vene und die Länge des Einschnittes richtet sich nach der Natur des Leidens.

Als weitere Methoden der Blutentziehung gibt Antyllos den Arterienschnitt (Arteriotomie) an den Nackenarterien, das Schröpfen mit gläsernen, bronzenen oder hörnernen Schröpfköpfen und die Verwendung von Blutegeln an. Er spricht auch von einem »Blutegelschnitt«: »Wenn man genötigt ist, die Blutegel anzuwenden, nachdem sie schon gesogen haben, oder wenn man nur wenige zur Verfügung hat, oder wenn nur wenige angefaßt haben, muß man ihnen, wenn sie vollgesogen sind, den Schwanz mit der Schere abschneiden. Nachdem das Blut ausgeflossen ist, ziehen sie wieder an und hören nicht eher auf, als bis wir ihre Saugöffnung mit Salz, Soda oder Asche bestreuen.« Blutungen wurden mit kaltem Wasser, Essig, Galläpfel, Akaziensaft, Grünspan, Gips, Bleiweiß, Kupferblumen oder mit dem Glüheisen gestillt.

Bei der Spaltung von Abszessen und Exstirpation von kleinen Geschwülsten läßt sich Antyllos von kosmetischen Rücksichten leiten: die Schnitte sind so zu legen, daß die späteren Narben möglichst in den Hautfalten verschwinden. Außerdem beschreibt er die plastische Deckung von spaltartigen Defekten der Augenlider, Nase und Ohren. Ebenso umsichtig sind seine Vorschriften zur Operation von Krampfaderknoten, Fisteln,

Narbenschrumpfungen an Muskeln und Sehnen und von Phimosen (Vorhautverengung).

Antyllos hat als erster die Technik des Luftröhrenschnittes (Tracheotomie) zur Beseitigung einer akuten Erstickungsgefahr genau umrissen. Er legt einen Querschnitt unterhalb des dritten oder vierten Knorpels bei stark zurückgeneigtem Kopf. Das Gelingen der Operation erkenne man daran, »daß die Luft durch die Wunde herausströme und daß der Patient nicht sprechen kann«. Nach Galenos hat allerdings schon Asklepiades von Prusa die Eröffnung der Luftröhre im oberen Teil als letztes Mittel, um die Erstickung zu verhindern, empfohlen. Es gibt jedoch keinen Hinweis, daß Asklepiades diese Operation selbst ausgeführt hat, was auch wenig wahrscheinlich ist, da er vorwiegend Internist war.

Den größten Ruhm erntete Antyllos mit seiner Lehre und Behandlung der Aneurysmen (Arterienerweiterungen): »Es gibt zwei Arten von Aneurysmen, die eine derselben entsteht durch eine örtliche Erweiterung der Arterie, woher auch der Name Aneurysma kommt, bei der zweiten ist die Arterie verletzt und ergießt ihr Blut in die umgebenden Weichteile. Die durch Erweiterung der Arterie entstandenen Aneurysmen sind länglicher, die aus Ruptur hervorgegangenen rundlicher; die ersteren haben eine dickere Bedeckung, bei den letzteren vernimmt man beim Druck mit den Fingern ein Schwirren, wogegen bei der anderen Art von Aneurysmen kein Geräusch wahrzunehmen ist. Die Behandlung eines jeden Aneurysmas zu verweigern, wie es die alten Chirurgen wollten, ist unrecht; gefährlich ist es aber auch, sie alle operieren zu wollen. Wir werden dies bei denen in der Achselhöhle, Schenkelbeuge und am Halse von uns weisen wegen der Größe der Gefäße und der Unmöglichkeit und Gefährlichkeit ihrer Freimachung und Unterbindung; wir verweigern ferner die Operation bei solchen von übermäßiger Größe, selbst wenn sie an einem anderen Ort sich befinden.« Antyllos geht bei der Operation so vor, daß er zuerst die freigelegte Arterie ober- und unterhalb der Geschwulst unterbindet; dann wird das Aneurysma selbst geöffnet und ausgeräumt. Die von den griechischen Ärzten häufig geübte Ausschneidung des ganzen Aneurysmasackes verwirft er.

Antyllos hat auch die Operation des grauen Stares wesentlich verbessert: er begnügte sich nicht damit, die getrübte Linse in den unteren Teil des Glaskörpers herabzudrücken, sondern wagte die Extraktion der Linse.

Der Schule der Pneumatiker, an deren Theorien sich Antyllos hielt, hatten zuvor schon eine Reihe bedeutender Chirurgen angehört. Von Archigenes war bereits die Rede (siehe Seite 178). Leonides aus Alexandreia (Ende des 1. Jahrhunderts n. Chr.), ein Schüler des Philoxenos, verbesserte verschiedene Operationsmethoden, zum Beispiel die Amputation durch den Lappenschnitt und die Mastdarmoperationen durch Benutzung des Mastdarmspiegels; er unterschied acht Arten von Schädelbrüchen.

Heliodoros, ein Zeitgenosse des Archigenes, wird von Juvenal als geschickter Kastrator von Sklaven bezeichnet; er hat sich besonders um die Operation von Schädelverletzungen und um die Verbandlehre verdient gemacht.

Seuchen im Altertum

Seit Homer finden wir in den Schriften vieler Dichter, Historiker und Naturwissenschaftler die Schilderung verheerender Epidemien. Unter den Bezeichnungen für diese Seuchen sind zwei am meisten vertreten: Pest und Aussatz. Heute verstehen wir darunter zwei klar abgegrenzte, durch bestimmte Erreger verursachte Infektionskrankheiten. Im Altertum und auch im Mittelalter wurde jede Massenerkrankung mit hoher Sterblichkeit als Pest oder Pestilenz bezeichnet. Auch der Name Aussatz oder Lepra war ursprünglich ein Sammelbegriff für entstellende Hautkrankheiten aller Art.

Die moderne Diagnose historischer Seuchen ist deshalb so schwierig, weil sich die medizinischen Denkgrundlagen von Epoche zu Epoche gewandelt haben. Dieselbe Krankheit erfährt eine ganz andere Darstellung, wenn sie von einem antiken Hippokratiker, einem mittelalterlichen Arzt oder einem modernen Biochemiker betrachtet wird.

Die bekannteste und zugleich früheste Beschreibung einer

»Pest« ist die des Thukydides in seiner »Geschichte des Peloponnesischen Krieges«: »Gleich mit Sommer Beginn fielen die Peloponnesier und ihre Verbündeten mit zwei Dritteln ihrer Macht, wie das erstemal, in Attika ein, geführt von Archidamos Zeuxidamos' Sohn, König von Sparta, lagerten sich und verwüsteten das Land. Sie waren noch nicht viele Tage in Attika, als in Athen zum ersten Male die Seuche ausbrach. Es hieß, sie habe schon vorher manchenorts eingeschlagen, bei Lemnos und anderwärts, doch von nirgends wurde eine solche Pest, ein solches Hinsterben der Menschen berichtet. Nicht nur die Ärzte waren mit ihrer Behandlung zunächst machtlos gegen die unbekannte Krankheit, ja, da sie am meisten damit zu tun hatten, starben sie auch am ehesten selbst, aber auch jede andere menschliche Kunst versagte: alle Bittgänge zu den Tempeln, Weissagungen und was sie dergleichen anwandten, half alles nichts, und schließlich ließen sie davon ab und ergaben sich in ihr Unglück.«

Die Seuche, an der Thukydides selbst erkrankte und der Perikles mit Tausenden von Athenern 429 v. Chr. zum Opfer fiel, wird von Thukydides recht eingehend geschildert: »Es war jenes Jahr, wie allgemein festgestellt wurde, in bezug auf die andern Krankheiten gerade besonders gesund. Wer schon vorher ein Leiden hatte, dem ging es immer über in dieses, die andern aber befiel ohne irgendeinen Grund plötzlich aus heiler Haut zuerst eine starke Hitze im Kopf und Rötung und Entzündung der Augen, und innen war sogleich alles, Schlund und Zunge, blutigrot, und der Atem, der herauskam, war sonderbar und übelriechend. Dann entwickelte sich daraus ein Niesen und Heiserkeit, und ziemlich rasch stieg danach das Leiden in die Brust nieder mit starkem Husten. Wenn es sich sodann auf den Magen warf, drehte es ihn um, und es folgten Entleerungen der Galle auf all die Arten, für die die Ärzte Namen haben, und zwar unter großen Qualen, und die meisten bekamen dann einen leeren Schlucken, verbunden mit einem heftigen Krampf, der bei einigen alsbald nachließ, bei andern auch erst viel später. Wenn man von außen anfaßte, war der Körper nicht besonders heiß, noch auch bleich, sondern leicht gerötet, blutunterlaufen und bedeckt von einem dichten Flor kleiner Blasen und

Geschwüre; aber innerlich war die Glut so stark, daß man selbst die allerdünnsten Kleider und Musselindecken abwarf und es nicht anders aushielt als nackt und sich am liebsten in kaltes Wasser gestürzt hätte. Viele von denen, die keine Pflege hatten, taten das auch, in die Brunnen, vor dem unstillbaren Durst. Es war kein Unterschied, ob man viel oder wenig trank. Und die ganze Zeit quälte man sich in der hilflosen Unrast und Schlaflosigkeit. Solange die Krankheit auf ihrer Höhe stand, fiel auch der Körper nicht zusammen, sondern widerstand den Schmerzen über Erwarten. Entweder gingen daher die meisten am neunten oder siebenten Tag zugrunde an der inneren Hitze, ohne ganz entkräftet zu sein, oder sie kamen darüber weg, und dann stieg das Leiden tiefer hinab in die Bauchhöhle und bewirkte dort ein starkes Schwären, wozu noch ein wäßriger Durchfall auftrat, so daß die meisten später an diesem starben, vor Erschöpfung. Denn das Übel durchlief von oben her, vom Kopfe, wo es sich zuerst festsetzte, den ganzen Körper, und hatte einer das Schlimmste überstanden, so zeigte sich das am Befall seiner Gliedmaßen: denn nun schlug es sich auf Schamteile, Finger und Zehen, und viele entrannen mit deren Verlust, manche auch dem der Augen. Andere hatten beim ersten Aufstehen rein alle Erinnerung verloren und kannten sich selbst und ihre Angehörigen nicht mehr.«

Nach dem ersten Ausbruch 430/429 v. Chr. flackerte die Seuche bis 425 v. Chr. immer wieder auf. Die »attische Pest«, auch »Pest des Thukydides« genannt, hat die verschiedensten Interpretationen erfahren. Sehr wahrscheinlich hat es sich um eine Pocken- oder Fleckfieberepidemie gehandelt; es ist auch nicht auszuschließen, daß beide Seuchen nebeneinander unter den Athenern und den in der belagerten Stadt zusammengedrängten Flüchtlingen gewütet haben. Sicher ist aber, daß es keine echte Beulenpest gewesen ist.

Auch die »Pest des Antonin« im Römischen Reich im 2. nachchristlichen Jahrhundert war keine echte Pest, sondern wohl auch eine Pocken- oder Fleckfieberepidemie. Hingegen ist die »Pest des Justinian«, die von 531–580 n. Chr. Europa und Kleinasien heimsuchte, von dem byzantinischen Historiker Prokopios (gestorben um 560) so deutlich beschrieben worden, daß die

Diagnose Beulenpest mit Sicherheit gestellt werden kann. Die Seuche forderte 542 allein in Konstantinopel während vier Monate über zehntausend Opfer.

Relativ einfach ist eine nachträgliche Diagnose, wenn von einem Dreitagefieber in einem Sumpfgebiet die Rede ist: das war eindeutig eine Malaria. Noch mehr gilt das von der Beschreibung der Wutkrankheit (Lyssa) nach einem Biß von einem tollwütigen Hund, die der griechische Arzt Poseidonios (Ende des 4. Jahrhunderts n. Chr.) gegeben hat.

In schroffem Gegensatz zur hohen Zivilisation der Römer, besonders zu den Leistungen auf dem Gebiet der Stadthygiene, stand die Hilflosigkeit gegenüber den Seuchen. Alle Versuche einer Seuchenbekämpfung blieben ohne nachhaltige Wirkung. Das lag nicht zuletzt daran, daß man in der ganzen Antike nicht über die Miasmahypothese der Hippokratiker hinauskam: neben anderen Umwelteinflüssen sollten Verunreinigungen der Luft (Miasmen) die Ursache der Massenerkrankungen sein. Diese älteste wissenschaftliche Seuchentheorie blieb mit manchen Abwandlungen durch viele Jahrhunderte führend und wurde letzten Endes erst durch die moderne Mikrobiologie überwunden. Die schon in der Antike vereinzelt auftauchenden Vorstellungen von belebten Krankheitserregern hatten keine wesentlichen Auswirkungen.

In der Medizin nichts Neues

Mit Galenos hatte die antike Medizin ihren letzten Höhepunkt und gleichzeitig ihr Ende erreicht. Schon zu Lebzeiten des berühmten Pergameners war es zum Stillstand der medizinischen Entwicklung gekommen. Galenos' imposantes Werk darf nicht darüber hinwegtäuschen, daß sein Versuch, den Hippokratismus wiederherzustellen, mißlungen war. Der Niedergang der Medizin war eine Teilerscheinung des Auflösungsprozesses der antiken Kultur und Ordnung.

Unter den Hypothesen über die Ursachen für den Untergang des Römischen Imperiums findet man auch zwei, die aus dem medizinischen Bereich stammen: Einmal wird behauptet, die

Malaria, die zweifelsohne ganze Landstriche entvölkerte, habe die Gesundheit und Kraft des römischen Volkes unterminiert. Der amerikanische Medizinhistoriker S. C. Gilfillan hingegen sieht in einer chronischen Bleivergiftung die Ursache für den Verfall Roms. Als Beweise dienen ihm ausgegrabene Skelette mit einem hohen Bleigehalt, bleihaltige Trink- und Vorratsgefäße sowie altrömische Kochrezepte. Nach Gilfillan waren vor allem der Wein und der eingedickte Traubensirup, der als Süßstoff verwendet wurde, reichlich mit Blei versetzt. Da sich diese Genußmittel nur die wohlhabenden Oberschicht leisten konnte, wurden gerade die Bevölkerungskreise durch die chronische Bleivergiftung dezimiert, die Kultur, Künste und Wissenschaften getragen hatten. Besonders verhängnisvoll sei gewesen, daß das Blei die Fortpflanzungsfähigkeit der Frauen beeinträchtige. Tatsache ist ja, daß viele römische Kaiser und Aristokraten ohne männliche Erben blieben und ihre Nachfolger adoptieren mußten. Die Emporkömmlinge waren aber nicht in der Lage, den kulturellen Fortschritt zu garantieren, und verfielen zudem ebenfalls der Bleivergiftung, sobald sie zu dem schlemmenden oberen Zehntausend gehörten.

Wenn auch Gilfillan seine Untersuchungen noch nicht abgeschlossen hat, können mehrere Einwände gegen seine These erhoben werden; der hohe Bleigehalt römischer Skelette hat wenig Beweiskraft, wenn man berücksichtigt, daß gerade die begüterten Römer in Bleisärgen bestattet worden sind; ebenso müßte der Bleigehalt des Bodens untersucht werden, in dem diese Skelette jahrhundertelang eingebettet gewesen sind.

Zudem lehrt die Geschichte, daß junge unverbrauchte Völker trotz schwerer Seuchen und mörderischer Kriege unaufhaltsam zu Macht und Ansehen aufsteigen. Geschichte machen nicht die Waffen und andere materielle Faktoren, sondern die Ideen, die hinter ihnen stehen: Philosophie und Religion bewegen die Welt.

Zurück zur Medizin: Galenos hatte keine Jünger, er blieb ohne Nachfolger. Nach Galenos war die antike Heilkunde steril – ohne Fortschritt und ohne eigene Forschung. Man zehrte von alten Traditionen und setzte den Kleinkrieg der verschiedenen medizinischen Sekten gegeneinander fort. In der ärztlichen Praxis triumphierten grobe Empirie und absurder Aberglauben.

Die medizinische Literatur des 3. und 4. nachchristlichen Jahrhunderts erschöpfte sich in der Kompilation von Auszügen und Rezepten und den Werken der früheren Ärzte und in spitzfindigen Erörterungen alter Dogmen. Die erstarrte Medizin Spätroms hat keine selbständigen Leistungen mehr hervorgebracht. Als das Römische Reich 395 geteilt wurde, fand die antike Medizin auf ihrem Weg zur Weltmedizin in Byzanz eine neue Heimstatt.

Die letzten Römer

Als Beispiel für ein pseudowissenschaftliches Machwerk des 3. Jahrhunderts n. Chr. sei das medizinische Lehrgedicht »De medicina praecepta saluberrima« (Über äußerst heilsame Arzneiverordnungen) des Quintus Serenus Samonicus (Vater) angeführt, der im Jahre 211 n. Chr. auf Befehl des Soldatenkaisers Caracalla angeblich wegen der Empfehlung magischer Mittel hingerichtet wurde. Das aus elfhundertundsieben Hexametern bestehende Rezeptbuch war nach den Worten des Verfassers für Arme gedacht. Es enthält neben brauchbaren Mitteln auch die Verordnungen der »Dreckapotheke« und magische Prozeduren. Samonicus rät dabei zum Tragen von Amuletten mit der berüchtigten Zauberformel »Abracadabra«, die in folgender Anordnung geschrieben werden mußte:

A B R A C A D A B R A
A B R A C A D A B R
A B R A C A D A B
A B R A C A D A
A B R A C A D
A B R A C A
A B R A C
A B R A
A B R
A B
A

Zur wissenschaftlichen Medizinliteratur des 4. Jahrhunderts gehören die Schriften des Vindicianus und seines Schülers Theodorus Priscianus. Nach den Worten seines Landsmannes und Freundes, des heiligen Augustinus, war Vindicianus Afer (der Afrikaner) ein »kluger Mann, scharfsinniger Greis, jener große Arzt unserer Zeiten«, der im Gegensatz zu seinen Zeitgenossen von der Astrologie nichts hielt. Vindicianus bekleidete unter Kaiser Valentinian I. (364–375) das Amt eines Comes archiatrorum, später das eines Prokonsuls und Gymnasiarchen. Von seinen Werken bestehen nur noch wenige Fragmente; in ihnen wird gesagt, daß die Leichenzergliederungen, wie sie die Alten vornahmen, jetzt verboten seien.

Schon an der Wende zum 5. Jahrhundert lebte Theodorus Priscianus, Leibarzt des Kaisers Gratian (375–383). Sein zum Teil auf Plinius und Dioskurides fußendes Werk »Medicinae praesentaneae« (Zeitgemäße Heilmittel) war von ihm zuerst in griechischer Sprache niedergeschrieben und dann ins Lateinische übersetzt worden. Eigenartigerweise war das Griechische während der Glanzzeit des Imperium Romanum die führende Weltsprache geblieben; erst als dieses in der Völkerwanderungszeit zusammenbrach, begann das Lateinische die griechische Sprache zurückzudrängen.

Die Bücher des Priscianus vermitteln ein übersichtliches Bild der Therapie, die der praktische Arzt zu Ende des 4. Jahrhunderts ausübte. Deutlich ist der Einfluß der Methodiker zu erkennen. Der Autor betont den Vorzug der Erfahrung vor jeder Theorie, wettert gegen die wissenschaftlichen Spitzfindigkeiten der Ärzte und empfiehlt den Gebrauch der einfachen und leicht beschaffbaren heimischen Arzneimittel. Priscianus kann aber nicht ganz auf die beim Volk beliebten abergläubischen Mittel verzichten und beruft sich dabei auf manche große Vorgänger.

In das 4. Jahrhundert gehört auch Sextus Placitus Papyrensis, dessen Buch ausschließlich von animalischen Mitteln handelt. Diese an sich unbedeutende Rezeptsammlung war so beliebt, daß noch im 16. und 17. Jahrhundert deutsche Übersetzungen erschienen.

Ebenso wie Vindicianus Afer war auch Marcellus Empiricus aus Burdigala (Bordeaux) ein Christ. Er war unter Theodosius I.

(379–395) Magister officiorum (etwa Minister des Innern); aus den verschiedensten Quellen trug er ein umfangreiches Arzneibuch zusammen; zu den magischen Mitteln heidnischer Provenienz traten nun solche des christlich-jüdischen Aberglaubens. So wird der Kreuzdorn als bewährtes Wundermittel empfohlen, weil Christus mit diesen Dornen gekrönt worden sei. Wissenschaftlichen Wert hat dieses Werk nur für die Geschichte der Botanik und für die Sprachwissenschaft durch die große Anzahl der vorkommenden Pflanzennamen.

Die größte Bedeutung als medizinischer Schriftsteller erlangte der Nordafrikaner Caelius Aurelianus im 5. Jahrhundert. Durch seine acht Bücher »Über die akuten und chronischen Krankheiten« sind uns die Lehren der Methodiker und vor allem das Werk des Soranos in lateinischer Bearbeitung überliefert worden. Mit Caelius Aurelianus findet die späte Griechenmedizin des Römischen Reiches ihren endgültigen Abschluß. Vermutlich zu seinen Lebzeiten ist Rom durch die Westgoten unter König Alarich erobert und geplündert worden (410). Nach der Plünderung durch die Vandalen unter König Geiserich (455) verfiel die kaiserliche Prachtstadt mehr und mehr. Als der letzte weströmische Kaiser Romulus Augustus 476 durch den Skiren Odoaker, Führer germanischer Söldnertruppen, zur Abdankung gezwungen wurde, hatte das weströmische Kaiserreich zu bestehen aufgehört. Am 17. Dezember 546 zog der Ostgotenkönig Totila in die einstige Weltstadt Rom ein, ließ die Mauern schleifen und die Bevölkerung evakuieren. Damit hatte Rom seinen Todesstoß erhalten; die Stadt war nun materiell so verarmt und geistig so tief gesunken, daß sie Kultur und Wissenschaft keine Heimat mehr bieten konnte.

Die Frauenheilkunde

Die Geburtshilfe lag in der Antike fast ausschließlich in den Händen der Frauen. Auch bei den Frauenkrankheiten verließen sich die Ärzte auf den Untersuchungsbefund von Hebammen und heilkundigen Frauen. Die Ärzte scheuten die Berührung der weiblichen Geschlechtsteile und ließen die Behandlung nach ihren Anordnungen von Frauen vornehmen. Durch die enge Zusammenarbeit mit den Ärzten gewannen diese Frauen beachtliche Kenntnisse, die sie auch zu selbständigem Handeln befähigten.

Die geburtshilflich-gynäkologischen Bücher des Corpus Hippocraticum sind knidischen Ursprungs. Die Schule von Knidos mit ihrer lokalistischen Krankheitsauffassung förderte die Entwicklung der Frauenheilkunde. Zwei Hindernisse erschwerten den Fortschritt: einmal waren die anatomischen Kenntnisse unzureichend, und zum anderen hielten sich in der Geburtshilfe, die mit dem Zauber der Fruchtbarkeit und der Schöpfungskraft eng verbunden ist, magische Deutungen und Handlungen besonders hartnäckig.

Die Eierstöcke waren noch nicht entdeckt, die Aufgabe der Hoden – Produktion der Samen – unbekannt. Die Scheide galt als Teil der Gebärmutter, die zwei Hörner haben sollte. Die Schädellage wurde als normal angesehen und mit der Schwere des Kopfes erklärt. Bei abnormen Lagen wurden verschiedene Handgriffe angegeben. Die häufigste Ursache des Abortus sahen die knidischen Ärzte in einem Mißverhältnis zwischen Entwicklung der Frucht und Wachstum der Gebärmutter.

Bei unüberwindbaren Geburtshindernissen wurde das Kind innerhalb der Gebärmutter mit einem besonderen Instrument zermalmt. Wenn sich die Plazenta (Nachgeburt) nicht löste, ging man sehr vorsichtig vor: die Frau wurde auf einen durchlöcherten Stuhl gesetzt; das durch die Nabelschnur noch mit ihr verbundene Kind legte man unter die Mutter auf wassergefüllte Schläuche; nun stach man die Schläuche etwas an, so daß das Wasser nur langsam ausfloß; auf diese Weise senkte sich das Kind und übte dadurch auf die Nachgeburt einen sanften Zug aus, die so zur Lösung gebracht wurde.

Für die Behandlung der eingehend dargestellten Frauenkrankheiten (Geschwülste, Entzündungen, Regelstörungen, Lageveränderungen usw.) standen Räucherungen, Spülungen, Scheidenzäpfchen und Sitzbäder zur Verfügung. Die Hysterie (eigentlich »Mutterweh«, denn das griechische Wort hystera bedeutet Gebärmutter) mit ihren mannigfaltigen Beschwerden wurde auf das Herumwandern der Gebärmutter durch den ganzen Körper der Kranken zurückgeführt; dementsprechend waren die Therapievorschläge: die Gebärmutter sollte durch mechanische Mittel (Druck, Bandagen) oder Räucherungen auf ihren normalen Platz zurückgebracht werden. Übelriechende Dämpfe, die man auf die Nase einwirken ließ, sollten die Gebärmutter von dem ihr nicht zukommenden Platz vertreiben; wohlriechende Stoffe, deren Dämpfe man in die Scheide aufsteigen ließ, sollten die Gebärmutter auf ihren angestammten Platz locken.

Die anatomischen Fortschritte in Alexandreia kamen auch der Frauenheilkunde zugute. Herophilos entdeckte die Eierstöcke und verfaßte ein Hebammenlehrbuch, in dem er unter anderem die verschiedenen Geburtshindernisse ausführlich beschrieb. Von den anderen Herophileern, die am Ausbau der Geburtshilfe beteiligt waren, ist vor allem Demetrios von Apamea (um 150/100 v. Chr.) zu nennen. Ein Fragment seines geburtshilflichen Werkes ist bei Soranos zitiert. Demetrios ordnete altes und neues Wissen über die schwere Geburt übersichtlich und gab einige neue Handgriffe an.

Mit Soranos erklomm die antike Frauenheilkunde einen neuen Höhepunkt. Allerdings ist seine Anatomie der weiblichen Geschlechtsorgane noch mangelhaft und unklar. Immerhin faßt er nicht mehr wie die Hippokratiker die Gebärmutter als zweihörniges Organ auf; ebenso lehnt er die Lehre vom Herumwandern der Gebärmutter bei Hysterie ab. Das Jungfernhäutchen kennt Soranos noch nicht. Die praktische Frauenheilkunde steht bei ihm auf einem hohen Niveau. Er verwirft sowohl die alten rohen Eingriffe als auch die abergläubischen Prozeduren. Zur Untersuchung der Frauen bedient er sich eines Scheidenspiegels. Bei der normalen Geburt sitzt die Gebärende auf einem Geburtsstuhl mit halbmondförmigem Ausschnitt sowie Rücken- und Armlehnen. Die Hebamme nimmt gegenüber der Gebärenden Platz; drei Helferinnen unterstützen die Niederkommende von beiden Seiten und von hinten. In abnormalen Fällen wird die Frau auf ein Geburtsbett gelagert; bei fetten und buckligen Frauen wird die Knie-Ellenbogen-Lage empfohlen. Nur wenn bei abnormen Kindeslagen die Wendung in die Kopf- oder Fußlage nicht gelingt, darf das Kind zerstückelt werden. Soranos beschreibt dann noch die wesentlichen Frauenkrankheiten und ihre Behandlung.

Die Empfängnisverhütung ist heute besonders aktuell, aber schon immer versucht worden. Bereits bei den Naturvölkern und den frühen Hochkulturen gab es zahlreiche Methoden des Empfängnisschutzes. Die meisten Ratschläge wenden sich an die Frau, nur wenige an den Mann. Aristoteles erzählt, daß die griechischen Frauen den äußeren Muttermund der Gebärmutter mit Zedernöl, Bleisalbe oder in Olivenöl gelöstem Weihrauchpulver einschmierten, um eine Empfängnis zu verhindern. Soranos empfiehlt zum gleichen Zweck das Verschließen des Muttermundes mit Baumwolle, Salben oder Öl. Außerdem sollen die Frauen Tee von Samen fruchtloser Bäume wie Weiden und Pappeln trinken. Neben diesen chemischen und mechanischen Präventivmaßnahmen werden auch magische Praktiken empfohlen: Genuß der Gebärmutter von Mauleselinnen; Bestreichen des Körpers mit Menstrualblut.

Wenn auch Soranos der bedeutendste Geburtshelfer des Altertums war, so darf er doch nicht als Spezialist, der nur auf die Frauenheilkunde festgelegt war, bezeichnet werden; seine Leistungen als Internist und Chirurg sind ebenfalls beachtlich. Immerhin hatte er gezeigt, daß die Frauenheilkunde ein eigener Teil der Medizin ist.

Kranke Kinder

Griechen und Römer kannten wohl verschiedene Kinderkrankheiten, aber noch nicht die Begriffe »Kinderheilkunde« und »Kinderarzt«. Aus der Antike ist kein Buch überliefert, das die Kinderheilkunde allein behandelt. In dieser Beziehung waren die Inder viel fortschrittlicher. Jivaka, der erste Kinderarzt Indiens, soll um 500 v. Chr. gelebt haben.

Hier muß noch einmal daran erinnert werden, daß im Altertum die Aussetzung Neugeborener und der Kindesmord erlaubt waren. Daß diese Einstellung keine eigene Kinderheilkunde aufkommen ließ, leuchtet ohne weiteres ein.

Unter den in Epidauros ausgegrabenen Votivtafeln künden

einige von der wunderbaren Heilung kranker Kinder. Im Corpus Hippocraticum werden angeborene Mißbildungen, Krämpfe, Haut- und Schleimhautkrankheiten, Husten, Durchfall und Verstopfung der Kinder erwähnt. In der Schrift »Über die Regelung der Lebensweise« finden sich besondere Regeln für Kinder. Ein hippokratischer Aphorismus lautet: »Alte Leute ertragen am leichtesten das Fasten, in zweiter Linie Menschen in mittleren Jahren, am wenigsten junge Menschen, am allerwenigsten aber Kinder, besonders die, die sehr lebhaft sind.« Ein Kapitel der Schrift »Über die Heilige Krankheit« handelt von der Epilepsie im Kindesalter: »Wenn aber kleine Kinder von dieser Krankheit ergriffen werden, dann sterben die meisten von ihnen, wenn der Fluß in Masse hereinbricht und Südwind herrscht. Denn ihre Äderchen, die noch dünn und fein sind, können das Phlegma infolge seiner Dicke und Masse nicht aufnehmen, sondern das Blut wird abgekühlt und gerinnt, und so tritt der Tod ein. Wenn aber wenig Phlegma seinen Strom von oben in beide Adern nimmt oder nur nach der einen Seite, bleiben die Kinder zwar am Leben, aber sie sind gezeichnet. Denn entweder ist ihr Mund verzerrt oder das Auge oder der Nacken oder die Hand, je nachdem das Äderchen von Phlegma erfüllt, überwältigt und geschwächt ist. Infolge dieses Äderchens muß dieser geschädigte Teil des Körpers schwächer und mangelhafter sein.« Insgesamt sind im ganzen Corpus Hippocraticum ungefähr zweihundert Textstellen nachzuweisen, die sich mit kranken und gesunden Kindern befassen.

In den medizinischen Schriften der Römer findet man verstreut Angaben über Kinderkrankheiten und ihre Behandlung. Das Neugeborene wurde von der Hebamme in einer kleinen Wanne gebadet, dann wurde der ganze Körper einschließlich Arme und Beine in Windeln fest eingewickelt. Zum Schutz vor Verzauberung und bösem Blick hängte man dem Säugling eine herzförmige oder runde Kapsel (bulla) aus Leder oder Gold um den Hals. Am »dies lustricus« – bei Knaben am neunten, bei Mädchen am achten Tag nach der Geburt – erhielt das Kind seinen Namen während einer religiösen Feier im Tempel oder im Hause; danach gab es ein Festmahl mit Glückwünschen und Geschenken.

Bei Soranos steht in seinem berühmten Werk über die Krankheiten der Frauen der einzige größere Abriß der Säuglingspflege und Kinderheilkunde. Da sich diese Schrift in erster Linie an die Hebamme richtet, werden alle Handgriffe und Maßnahmen – zum Beispiel Reinigung der Augen mit Öl, Beseitigung der »Käseschmiere« vom Körper des Neugeborenen durch Aufstreuen von Salz oder Natron, Entfernung des »Kindspechs« aus dem After mit dem kleinen Finger – eingehend geschildert. Das Neugeborene sollte an den ersten zwei Tagen keine Nahrung, höchstens etwas gekochten Honig erhalten. Am dritten Tag begann das Stillen durch eine Amme; war keine zu haben, so wurde der Säugling mit Ziegenmilch und Honig ernährt. Die Mutter selbst durfte ihr Kind nicht vor dem zwanzigsten Tag stillen. Die Amme wurde sorgfältig ausgewählt, dabei wurden ihre Brustwarzen und ihre Milch geprüft; sie mußte ein geregeltes Leben führen (mäßige körperliche Bewegung, Abstinenz von Wein, regelmäßiger Stuhlgang usw.). Der Säugling wurde erst nach eineinhalb bis zwei Jahren von der Brust entwöhnt.

Des weiteren bespricht Soranos eine Reihe von Kinderkrankheiten. Bei verzögertem Durchbruch der Zähne warnt Soranos vor dem Aufschneiden des Zahnfleisches; er empfiehlt statt dessen Umschläge mit Weizenmehl, Leinsamen oder Bockshornkleesamen und Bestreichen des Zahnfleisches mit Honig. Wenn beim erschwerten Zahnen sogar Fieber und Krämpfe auftreten, darf die Amme dem Kind nicht die Brust zum Trinken reichen, sondern soll ihm die Milch mit einem Finger in den Mund streichen. Auf diese Weise wird die Belastung von Kiefer und Zahnfleisch durch den Saugakt vermieden. In dieser kritischen Zeit darf die Amme nur leichte Breikost genießen und nur Wasser trinken. Großen Raum nimmt auch die Beschreibung der Hautausschläge, Durchfallkrankheiten und fieberhaften Zustände ein.

Nach Soranos blieb die medizinische Literatur in bezug auf die Kinderheilkunde unergiebig. Selbst Galenos hatte dazu nicht viel zu sagen.

Die Geriatrie ist zwar eins der jüngsten Spezialfächer der Medizin, aber ihr Gegenstand – die Vorbeugung und Behandlung der Alterskrankheiten – hat schon Ärzte und Schriftsteller des Altertums beschäftigt. Man schenkte damals den Besonderheiten der Alterskrankheiten sogar mehr Aufmerksamkeit als den Erkrankungen im Kindesalter. Erst im 19. Jahrhundert hat die Pädiatrie die Geriatrie überflügelt.

Die Griechen haben, von Ausnahmen abgesehen, dem Alter wenig Respekt erwiesen; für sie war das Alter eine mißliche Angelegenheit. Ganz anders war die Einstellung der Römer: sie umsorgten und achteten die Alten, deren Autorität unbestritten anerkannt wurde; das Alter galt den Römern als die Zeit der wahren Reife.

Die antike Medizin hat keine zusammenfassende Darstellung der Greisenkrankheiten hinterlassen. In vielen Schriften finden wir aber Hinweise auf die Eigentümlichkeiten des alten Menschen und auf Verlauf, Therapie und Verhütung der Alterskrankheiten. Dem Corpus Hippocraticum entnehmen wir, daß im Alter die Haut und die Muskeln erschlaffen und das Blut dünn und wässerig, seine Menge geringer wird. Der Verlust des alternden Organismus an Spannkraft bewirkt, daß auch die Krankheiten weniger heftig verlaufen; bei Lungen- und Rippenfellentzündung kann das Fieber leichter sein oder ganz fehlen. Alte Menschen erkranken zumeist nicht so oft wie jüngere; dafür erliegen sie eher einer langwierigen Krankheit. Da die Körper der älteren Leute feucht, schlaff und kalt sind, ist ihnen eine trockenere Lebensweise zuträglicher. Greise fühlen sich deshalb im Sommer und bis in den Herbst hinein am wohlsten. Da die alten Menschen wenig Wärme haben, brauchen sie auch wenig Brennmaterial (Nahrung); zu reichliche Ernährung kann tödlich sein; daher vertragen die Greise das Fasten so gut.

Nach den hippokratischen Aphorismen ist im Alter mit folgenden Krankheiten zu rechnen: Atemnot, Husten, Schnupfen, Schwindel, Schlaganfall, Schlaflosigkeit, Schwerhörigkeit, grauer Star, Juckreiz, Gelenkschmerzen, Harnzwang, Nieren- und Blasenleiden.

Aristoteles schrieb: »Es ist richtig, Krankheit vorzeitig erworbenes Alter, Alter aber natürliche Krankheit zu nennen.« Diese Auffassung – das Alter selbst ist eine Krankheit – vertraten auch Terenz, Cicero und Seneca. Cicero läßt in seinem Dialog »Über das Greisenalter« Cato das Alter als wertvollen Lebensabschnitt preisen und seinen Partnern raten: »Man muß sich gegen das Greisenalter wehren und seine Schwächen behutsam ausgleichen. Wie gegen eine Krankheit, so muß man auch gegen das Alter ankämpfen und auf die Erhaltung der Gesundheit achtgeben. Man darf nur noch leichte Leibesübungen betreiben, nur so viel Speise und Trank zu sich nehmen, daß die Kräfte aufgefrischt, nicht aber vergeudet werden. Man soll aber nicht nur dem Körper allein zu Hilfe kommen, sondern in noch höherem Maße dem Verstand und der Seele. Auch die Geisteskräfte erlöschen nämlich im Alter, wenn man nicht immer wieder wie bei einer Lampe Öl nachgießt. Der Körper wird durch ermüdende Übungen belastet, der Geist aber durch Betätigung beschwingt.«

Plutarch empfahl seinen Zeitgenossen, den Kopf kühl und die Füße warm zu halten, nicht bei jeder Unpäßlichkeit Arzneimittel zu gebrauchen, sondern statt dessen lieber zu fasten; auch sollten sie über der Pflege des Körpers den Geist nicht vergessen. Plinius mahnte, niemals mehr als eine Mahlzeit zu verspeisen; das Mahl soll einfach sein; das Verschlingen von mehreren Braten nacheinander sei verderblich; noch schädlicher seien verschiedene Soßen.

Galenos geht in seinen Schriften, vor allem in dem Werk »Von der Erhaltung der Gesundheit«, ausführlich auf die Alterserscheinungen und ihre Verhütung ein. Für ihn ist das Greisenalter keine unheilbare Krankheit wie für Seneca. Altern ist ein naturnotwendiger Vorgang, der zwischen Gesundheit und Krankheit liegt. Im Alter nehme das Warme und Feuchte ab, während das Kalte und Trockene überwiegen. Galenos ist in dieser Beziehung anderer Ansicht als die Hippokratiker. Folge dieser Dyskrasie sind Appetitlosigkeit, Verdauungsstörungen, Gewichtsabnahme, Blutarmut, Erschwerung von Wahrnehmung und Bewegung.

Der Altersverfall ist nach Galenos ein Abbauprozeß, der das

normale Altern beschleunigt. Er kennt auch einen vorzeitigen Altersverfall, der aus jeder Krankheit, besonders nach unzureichender Behandlung, entstehen kann. Wenn auch der Marasmus nicht geheilt werden kann, sei es dem Arzt möglich, seine Entwicklung aufzuhalten.

Besonders ausführlich befaßt sich Galenos mit der Gesundheitslehre des Greises, die er als Gerokomie (Hygiene des Alters) von der übrigen Medizin abtrennt. Entsprechend seiner Theorie des Alterns verordnet er den Greisen alles, was warm und feucht macht: Wein, vor allem die feurigen Sorten; leichte Kost wie Fische mit zartem Fleisch; kein Brot aus feinem Weizenmehl, weil es verstopft; Öl, Feigen und Pflaumen zur Anregung des Stuhlganges; Sellerie, Honig und entsprechende Weine zur Verstärkung der Harnentleerung; warme Süßwasserbäder, Massage, Gymnastik, dosierte Bewegung. Jede Überanstrengung ist zu vermeiden, doch ist auch körperliche Bewegungslosigkeit verhängnisvoll.

Galenos Gerokomie ist bis zum 18. Jahrhundert in den geriatrischen Schriften der Ärzte lebendig geblieben. Die Entwicklung der Geriatrie geriet immer dann ins Stocken, wenn sich Einstellungen wie die des Alexandros von Tralles (s. S. 278) durchsetzte: er warnte davor, Greise zu behandeln, da sie unheilbar seien.

Psychiatrie und Psychotherapie

Die Geisteskrankheiten wurden im griechischen Mythos als »unsichtbare Krankheiten« auf den Zorn der Götter zurückgeführt. Erinnert sei an die Sage von der Heilung der Proitiden durch den Seher Melampus (s. S. 29).

Die »schwarze Galle« wird schon sehr früh mit der Melancholie in Verbindung gebracht. In Homers Ilias wird an drei verschiedenen Stellen berichtet, daß sich bei Zorn oder Unmut die Zwerchfellgegend schwärzlich verfärbt und anschwillt. Gleich im ersten Gesang heißt es:

»Wieder erhub sich
Atreus' Heldensohn, der Völkerfürst Agamemnon,

Zürnend vor Schmerz; es schwoll ihm das finstere Herz von der Galle,
Schwarz umströmt, und den Augen entfunkelte strahlendes Feuer.«

Der medizinische Begriff Melancholie (»Schwarzgalligkeit«) hat schon vor Abfassung der hippokratischen Schriften bestanden. Im Corpus Hippocraticum finden wir einmal die Einführung der schwarzen Galle als vierten Körpersaft und zum anderen die Schilderung eines melancholischen Geisteszustandes (Schläfrigkeit, Appetitlosigkeit, Mutlosigkeit, Depressionen, Schlafstörungen). An einer Stelle heißt es: »Wenn Furcht und Traurigkeit lange Zeit anhalten, liegt schwarze Galle zugrunde.«

In der Schule des Aristoteles wird die schwarze Galle als Ursache der Melancholie herausgestellt und gleichzeitig gefragt, warum alle genialen Menschen melancholisch seien. Die Melancholie ist für die Aristoteliker eine wesentliche Komponente des »großen Menschen«. Das faszinierende Problem »Genie und Irrsinn« klingt hier zum erstenmal an.

Melancholie war in der Antike eine allgemeine Bezeichnung für alle ruhigen, schwermütigen Geisteskrankheiten ohne Erregungszustände; deshalb ist es unstatthaft, die Melancholie des Altertums mit der heutigen psychiatrischen Diagnose »Melancholie« zu identifizieren. Die Ärzte in Hellas und Rom waren vorwiegend Somatiker: Geisteskrankheiten waren in ihren Augen körperliche Erkrankungen.

Außer »Melancholie« hat sich noch ein zweiter griechischer Krankheitsname in der Psychiatrie bis heute erhalten: die Nanie. Auch diese bildete einen Allgemeinbegriff für Geisteskrankheiten, vornehmlich mit Erregung, Raserei und Wahnsinn, aber ohne Fieber. Selbstverständlich liegt auch hier keine vollkommene Übereinstimmung mit dem modernen Begriff gleichen Namens vor.

Ein dritter psychiatrischer Krankheitsbegriff, die Phrenitis, wurde in der Antike sehr häufig verwendet, ist aber heute nicht mehr gebräuchlich. Als Phrenitis (»Zwerchfellentzündung«) wurde das Fieberdelirium, eine mit Fieber verbundene Geistesstörung, bezeichnet.

Außerdem waren im Altertum noch folgende psychiatrischen Bezeichnungen üblich: Lethargie (»Schlaffieber«), Koma (»Schlafsucht«), Epilepsie (»Anfallskrankheit«), Hydrophobie (»Wasserscheu bei Tollwut«), Hysterie (»durch die Gebärmutter hervorgerufene Erstickung«).

In der hippokratischen Darstellung der »Heiligen Krankheit« (s. S. 111) kommt die Abwendung von der magischen Krankheitsauffassung und die Hinwendung zur Hirnforschung besonders klar zum Ausdruck. Nach Hippokrates hat Aretaios von Kappadokien eine eingehende Beschreibung des epileptischen Anfalls gegeben und weitere wichtige Beobachtungen mitgeteilt: anfallsauslösend können große Angst und andere seelische Erschütterungen, aber auch der Blick in ein sich rasch drehendes Rad oder in ein vorüberfließendes Wasser wirken; im Zusammenhang mit der Epilepsie komme es zu Verblödung, dumpfer Interesselosigkeit und Vereinsamung.

Das Wissen der Hippokratiker über die Geisteskrankheiten scheint in den folgenden Jahrhunderten wieder in Vergessenheit geraten zu sein. Erst bei den spätgriechischen und römischen Ärzten ist wieder eine bedeutsame Aktivität in der Behandlung Irrer und Wahnsinniger festzustellen. Asklepiades von Prusa empfahl Diät, Wein, Arbeit, Unterhaltung, Reisen, Musik und Liebe. Bei Celsus finden wir als Behandlungsmethoden einerseits die verschiedenen Formen einer »freundlichen Zuwendung« und andererseits drastische Methoden wie Zwangsmittel, Fesseln, Dunkelhaft, Drohungen, Auspeitschen, Untertauchen, plötzliche Wassergüsse und Hunger, also Schockmethoden, um durch Schrecken und Furcht die Seele heftig zu erschüttern; man versprach sich davon eine heilsame Wirkung.

Soranos von Ephesos, der als bedeutendster Frauenarzt des Altertums gefeiert wird, hat auch ein hervorragendes Lehrbuch über Geisteskrankheiten geschrieben, das leider nicht im griechischen Originaltext, sondern nur in der lateinischen Bearbeitung des Caelius Aurelianus erhalten geblieben ist. Ohne sich lange mit den Theorien über die Ursachen der Psychosen aufzuhalten, teilt er sie in zwei Gruppen ein: die akuten Leiden (Manie und Phrenitis) und die chronischen (Melancholie). Die Behandlung soll milde und einfühlend sein. Der Arzt hat seine

Therapie sorgfältig auf den einzelnen Kranken abzustimmen und seine Reaktionen zu beachten. Je nach Art der Erkrankung sollen Ruhe oder Anregung überwiegen. Dementsprechend erfolgt die Isolierung entweder in hellen oder dunklen Räumen; auf jeden Fall sollen die Fenster so hoch angebracht sein, daß sich die verwirrten Kranken nicht hinausstürzen können. Die Pfleger müssen viel Geduld und Diplomatie aufbringen. Nur wenn es gar nicht anders geht, gestattet Soranos sanfte Gewaltmaßnahmen (zum Beispiel Fesselung mit gepolsterten Binden, die aber nicht zu fest angezogen werden dürfen). Bei Manie ließ Soranos die Patienten erst drei Tage fasten; erst danach entzog er ihnen Blut mittels Aderlaß, Schröpfen oder Blutegel. Auf die Dauer sollen die Kranken eine kräftige Kost erhalten, Spaziergänge machen und geistig beschäftigt werden. Die »Psychotherapie« des Soranos besteht in Vorlesen, kritikübenden Diskussionen, Reden vor einer wohlwollenden Zuhörerschaft, Besuch von Theaterspielen und Brettspielen. Hingegen lehnt er dauerndes Fesseln, Auspeitschen, Musik und Liebesgenuß als Behandlungsmittel ab. Alles in allem war die Therapie des Soranos bei Geisteskrankheiten um vieles humaner als die seiner Nachfolger bis zur Mitte des 19. Jahrhunderts!

Der in den Asklepieien geübte Tempelschlaf (Inkubation) ist als Vorläufer der Psychotherapie im weitesten Sinne des Wortes anzusehen. Vor allem lassen sich viele Gemeinsamkeiten und Ähnlichkeiten mit dem sogenannten »autogenen Training« des Berliner Nervenarztes J. H. Schultz entdecken. Zu beiden Methoden gehören Entspannung, Bequemlichkeit der Bekleidung, Ruhe, Einschlaferlebnis, Bilderleben und Gruppenbehandlung. Der hauptsächlichste Unterschied ist darin zu sehen, daß sich der Leidende bei der Inkubation passiv verhielt, während er beim autogenen Training aktiv übt, sich konzentrativ selbst entspannt.

Noch moderner klingt die Nachricht, daß ein Antiphon – höchstwahrscheinlich der Sophist des 5. Jahrhunderts v. Chr. – an seinem Ordinationsraum am Markt von Korinth die Ankündigung angebracht hatte, er könne Betrübte durch Aussprache heilen: Er fragte die Patienten nach den Ursachen ihres Leidens und sprach ihnen dann Trost zu. Diese Selbstempfehlung war wohl nötig, weil diese Art von Therapie etwas ganz Neues war.

Die psychotherapeutische Bedeutung der Musik war schon den Pythagoräern im 6. Jahrhundert v. Chr. bekannt gewesen. Der syrische Philosoph Iamblichos (gestorben um 330 n. Chr.) berichtet darüber: »Die Pythagoräer gebrauchten die Musik wie ein Heilmittel; und es gab bestimmte Weisen gegen die seelischen Leiden, nämlich solche gegen Schwermut und nagenden Kummer – diese galten als die hilfreichsten –, andere wiederum gegen heftige Gemütsbewegungen und Leidenschaften und gegen jegliche Art seelischer Verwirrung ... In gewissen Tonweisen und Rhythmen, durch welche Sinnesart und Stimmung des Menschen gebessert und der seelische Zustand in die anfängliche Ordnung zurückversetzt wird, fand Pythagoras Mittel der Beschwichtigung und Heilung von Krankheiten des Leibes und der Seele.«

Das typische Instrument der Pythagoräer war die Lyra mit ihrem sanften Klang und der Möglichkeit, Harmonien hervorzubringen. Auf diese Weise erfolgt eine Wendung zum Innern, durch die die Seele von den Schlacken des Sinnlichen und Leidenschaftlichen gereinigt werden soll (»Katharsis«).

Den Gegensatz zum harmonischen Klang der Lyra (Kithara) bildete die lärmende Musik des Aulos, ein Blasinstrument mit herberem Klang als die heutige Oboe. Nach Pindar hat die Göttin Athene beim Anblick der geköpften Medusa und beim Anhören des Klagegeheuls der zwei übriggebliebenen Gorgonen das Aulosspiel erfunden, weil es die Traurigkeit so gut ausdrücken kann. Durch das Aulosspiel können Spieler und Zuhörer in Ekstase geraten, die durch den Einsatz von Klappern, Schellen und Pauken noch zu verstärken war. Die Bewußtseinskontrolle wird herabgesetzt, und im Ausleben der Vitalität wird eine affektive Befreiung herbeigeführt. Entsprechend ihrem Charakter war die Lyra dem Apollon, der Aulos dem Dionysos zugeordnet. Platon sprach wohl aus den Erfahrungen beim Kult der Göttin Kybele vom »Vollziehen der Heilung beim Korybantentanz« (die Korybanten, Diener der Kybele, führten orgiastische Tänze auf). Aristoteles empfahl den Aulos zur Katharsis, die übrige Musik zur Belehrung.

D. Kouretas, Professor der Psychiatrie an der Universität Athen, hat vor kurzem auf provozierte Persönlichkeitsveränderung im griechischen Altertum hingewiesen, die Parallelen zur heutigen Gehirnwäsche darbietet. In der unterirdischen Orakelstätte des Trophonios in Lewadia wurden die Bittsteller derart geschockt, daß sich ihre Persönlichkeit veränderte, sie wurden auf symbolische Art und Weise »umgeboren«. Nach dem Besuch des Orakels verloren die Ratsuchenden für eine gewisse Zeit oder für immer die Fähigkeit zu lachen. Von ernsten Personen hieß es, sie seien in der Höhle des Trophonios gewesen. Dieses Orakel, dessen Blütezeit um das 6. Jahrhundert v. Chr. lag, und das sich bis in das 3. Jahrhundert n. Chr. hielt, geht auf folgende Sage zurück:

Trophonios und Agamedes, die spätgeborenen Söhne des Königs Erginos von Orchomenos in Boiotien, waren tüchtige Baumeister, die den Apollon-Tempel zu Delphi und das Schatzhaus des Königs Augeias errichteten. An diesem hatten die Brüder einen Stein so eingefügt, daß man ihn von außen leicht herausnehmen konnte. Auf diesem Weg plünderten sie immer wieder die vom König hinterlegten Schätze. Da die Türschlösser unberührt vorgefunden wurden, ließ Augeias in der Schatzkammer Fallen anbringen. Beim nächsten Einbruch verfing sich Agamedes in einer Schlinge. Trophonios schlug ihm sogleich das Haupt ab, damit er ihn nach der Gefangennahme unter der Folter nicht verraten könnte. Der fliehende Trophonios wurde von der Erde verschlungen; an dieser Stelle wurde auf Befehl Apollons ein Orakel eingerichtet.

Nach Plutarch und Pausanias folgt auf den Abstieg in die Orakelstätte ein mehrtägiger Aufenthalt im Heiligtum des guten Dämon; hier erfolgen Reinigung, Darbringung von Opfern, Salbung und ein Trank des Vergessens. Dann steigt man in das Allerheiligste zu Trophonios hinab. Was sich dort abspielt, wird nicht berichtet. Von Trophonios kehrt der Bittsteller völlig zerrüttet zurück; er erholt sich langsam und kommt wieder zur Vernunft.

Kouretas meint, daß man sowohl im Orakel des Trophonios als auch bei der Gehirnwäsche das Gefühl des Ichs verliert und von abnormen Empfindungen (Parästhesien) gequält wird. Das geschieht durch die Anwendung von die Persönlichkeit zerstörenden Mitteln bei Schockwirkung durch emotionelle Vergewaltigung.

Der griechische Psychiater führt noch ein zweites Beispiel an: Vom Apollontempel in Levkada, der auf einem zweiundsiebzig Meter hohen, zum Meer steil abfallenden Felsen stand, stieß man Psychopathen hinab, um sie durch den Schock zu heilen. Die Wirkung konnte dadurch erhöht werden, daß man den Patienten Seevögel an die Arme band; dadurch sollte der Fall wie durch einen Fallschirm verlangsamt und die Wirkung erhöht werden.

Wenn man von diesen Berichten seine Gedanken auf die moderne Schocktherapie zu Heilzwecken und auf die Gehirnwäsche zu politischem Mißbrauch wendet, muß man einem Ausspruch von Oscar Wilde recht geben: »Alles, was es in unserem Leben an Modernem gibt, verdanken wir den alten Griechen.«

Augenheilkunde

In den griechischen Asklepieien wurde auch schon Augenheilkunde betrieben. Eine Votivtafel in Epidauros aus der Zeit um 220 v. Chr. berichtet von der Heilung der einseitig erblindeten Athenerin Ambrosia (s. S. 36). Aber bereits im Corpus Hippocraticum gab es augenheilkundliche Schriften. Allerdings waren die anatomischen Kenntnisse vom inneren Auge recht dürftig. Mangels besseren Wissens behalf man sich bei Sehstörungen mit folgender Erklärung: aus dem Gehirn fließe krankhafter Schleim herab und trübe das Auge. Dagegen verwendete man Abführmittel und chirurgische Verfahren wie mehrfache Einschnitte in die Kopfhaut und Verschorfung der vor dem Ohr liegenden Ader. Auf diese Weise sollten der Zufluß krankhafter Stoffe zum Auge verhindert, die Wasseransammlung im Gehirn entleert und der Schleimfluß geheilt werden.

Besser waren die Kenntnisse der Hippokratiker von den äußeren Augenkrankheiten, wie Bindehaut-, Lidrand- und Hornhautentzündung, Trachom, Gerstenkorn, Umstülpung des Lidrandes nach außen oder innen, Schielen; es werden auch

Augenzittern, Tagblindheit und Halbsehen bei Gehirnerkrankungen erwähnt. Die Therapie wird kurz und bündig abgehandelt: »Die Augenleiden heilt das Weintrinken, das Bad, der Aderlaß oder die reinigende Arznei.«

Die Frage, ob die Griechen des hippokratischen Zeitalters wie vor ihnen die Babylonier und Inder den Altersstar operierten, ist lange offengeblieben. Im Jahre 1924 konnte Karl Sudhoff berichten, daß der deutsche Altphilologe Karl Kalbfleisch (1868 bis 1946) eine Stelle gefunden habe, derzufolge bereits Chrysippos (4. Jahrhundert v. Chr.) vom Starstich gesprochen hätte: »Deshalb hat auch Chrysippos die Frage aufgeworfen, ob man die Starleidenden, die durch Starstich wieder zum Sehen gelangen können, und die, bei denen die Augenlider verschlossen sind, blind nennen dürfe. Da nämlich die Sehkraft vorhanden sei, glichen sie einem, der am Sehen nur durch eine Hülle gehindert wird, nach deren Entfernung er ungehindert sieht.«

Man bemerkte, daß Kurzsichtige klein zu schreiben pflegen und die Sehobjekte nahe vor die Augen halten, während die weitsichtigen Greise alles weit abhalten. Den Sehvorgang stellten sich die Griechen so vor, daß das Licht aus dem Kristallkörper des Auges ausströmt. Von der Lehre des Aristoteles, wonach das Licht eine von leuchtenden Körpern ausgehende Bewegung sei, nahmen die Ärzte keine Notiz.

Bei einigen alexandrinischen Chirurgen werden Rezepte für Augenkrankheiten und Augenoperationen aufgezählt (Andreas, Nileus, Heron, Herakleides von Tarent, Meges). Von Herophilos stammt die Bezeichnung Netzhaut (Retina). Der angesehendste Augenarzt des Altertums soll der Herophileer Demosthenes Philalethes aus Massilia (1. Jahrhundert n. Chr.) gewesen sein, dessen Lehrbuch »Der Augenarzt« noch im Mittelalter sehr beliebt gewesen ist.

Celsus konnte bereits rund zwanzig Augenoperationen und zahlreiche äußere Augenmittel (Collyrien s. S. 195) beschreiben. Galenos schließlich hat eine sorgfältige Beschreibung des anatomischen Baues des Auges geliefert, der bis zur Neuzeit nichts hinzuzufügen war. Den würdigen Abschluß der antiken Augenheilkunde bildete die Starextraktion durch Antyllos (s. S. 232).

Brillen waren während des ganzen Altertums unbekannt.

Daß es keine Sehhilfen gab, beweist ein Brief Ciceros an seinen Freund Atticus (109–32 v. Chr.; römischer Verlagsbuchhändler), in dem er beklagt, daß das Sehvermögen im Alter abnehme und alle Mittel dagegen nichts ausrichteten. Viel Verwirrung hat ein aus dem Zusammenhang gerissener Satz aus der »Naturgeschichte« des Plinius gestiftet: »Nero betrachtete die Kämpfe der Gladiatoren durch einen Smaragd.« Sollte der Kaiser kurzsichtig gewesen sein und einen konkav geschliffenen Smaragd als Sehhilfe benutzt haben? Die richtige Deutung bietet sich erst an, wenn man die ganze Stelle liest: »Es gibt für das Auge keine angenehmere Farbe als die des Smaragdes. Die Steinschneider, welche die sehr feinen Gemmen fertigen, haben kein anderes Mittel, um ihren ermüdeten Augen Erholung zu verschaffen. Die angenehme Farbe des Smaragdes stärkt ihre Sehkraft. Auch Nero betrachtete die Kämpfe der Gladiatoren durch einen Smaragd.« Neros Smaragd war bestimmt keine Sehhilfe, sondern ein Schutz gegen das grelle Sonnenlicht in der Arena. Die ersten Brillen tauchten erst gegen Ende des 13. Jahrhunderts auf; ein Erfinder ist nicht überliefert.

Haut- und Geschlechtskrankheiten

Bau und Funktion der Haut wurden von den Hippokratikern nur nebenbei erwähnt. Die Schutzfunktion der Haut war ihnen geläufig: sie sollte die schädigenden Umwelteinflüsse vom Organismus fernhalten. Die Haut selbst hielt man für eine Rinde, die von der ausgetrockneten äußeren Schicht des Fleisches gebildet wird. Ebenso war bekannt, daß die Haut ein Sinnesorgan ist, das in Verbindung mit der Umwelt steht. Eine plausible Erklärung der Weiterleitung der Sinnesempfindungen ermöglichten erst die Ergebnisse der anatomischen Forschungen in Alexandreia.

Der Schweiß, der in der Säftelehre eine bevorzugte Stellung einnahm, war ein wichtiger Faktor der Diagnose und Prognose. Daß Anstrengung, Wärme und Sonne, aber auch Fieber, Schmerzen, Arzneimittel und Umschläge Schweiß hervorrufen können, war eine alltägliche Erfahrung. Aristoteles läßt den

Schweiß aus dem Blut hervorgehen: »Die sich verzweigenden Blutgefäße werden in ihrem weiteren Verlauf immer dünner, so daß sie schließlich für das Blut undurchgängig sind. Während ein Blutaustritt damit unmöglich wird, können die flüssigen Rückstände, die wir Schweiß nennen, passieren, und zwar dann, wenn der Körper warm geworden ist und die Adern sich erweitern.« Nach Galenos entsteht der Schweiß aus Rückständen der Nahrungsstoffe.

Die Hautatmung wurde schon von Empedokles beschrieben (s. S. 72); die Blutgefäße in der Haut sollten die Atembewegungen ausführen. Galenos hat den Gedanken einer unmerkbaren Hautatmung wieder aufgenommen und ausgebaut.

Die Hautkrankheiten können der hippokratischen Schriftensammlung zufolge in drei große Gruppen eingeteilt werden: erstens die Verunstaltungen und zweitens die selbständigen Hautkrankheiten, die beide von der dritten Gruppe übertroffen werden; die meisten Hautleiden sind nur Ablagerungen von Krankheitsprodukten auf der Körperoberfläche, die auf eine Dyskrasie zurückgehen. Die Hauterscheinungen (»Ausschläge«) konnten als Ausflüsse innerer Zustände jederzeit wieder nach innen »zurückschlagen« und das Grundleiden verschlimmern. Die Hautleiden wurden als Selbsthilfe des Körpers gedeutet; daher galt es als gefährlich, sie radikal zu beseitigen. Die humoralpathologische Betrachtungsweise der Hautkrankheiten hinderte ihre wissenschaftliche Erforschung. Man unterschied bloß Farbe und Form der Hautveränderungen, ohne sie genau zu lokalisieren und in ein System zu bringen.

Hier liegt die Wurzel der allgemeinen Bezeichnungen, die noch heute in der Dermatologie gebräuchlich sind: Ausschlag, Gewächs, Hautblüte (Effloreszenz), Exanthem (»die Blume, die nach außen blüht«), Ablagerung (Apostase). Die einzelnen Ausdrücke haben im Laufe der Entwicklung ihren begrifflichen Inhalt öfter gewechselt.

Die alexandrinischen Ärzte studierten gemäß ihrer anatomischen Einstellung die äußeren Formen der Hautkrankheiten besonders sorgfältig. Ihre Anschauungen hat Celsus ausführlich niedergelegt. Es kommen bereits zahlreiche örtlich wirkende Mittel zur Anwendung (Salben, Pasten, Öle, Ätzmittel, Umschläge, Bäder usw.). Galenos konnte den dermatologischen Kenntnissen nur wenig Neues hinzufügen. Er hat den ersten Versuch einer Systematik gemacht, indem er die Hautkrankheiten in solche des Kopfes und des übrigen Körpers einteilte.

Von Krankheiten an den Geschlechtsteilen ist bei Hippokrates, Celsus, Galenos und anderen antiken Autoren die Rede. Eine Abtrennung der Hautkrankheiten an den Geschlechtsorganen von den eigentlichen Geschlechtskrankheiten wurde noch nicht vollzogen. Wenn man auch auf dem amerikanischen Ursprung der Syphilis beharrt, so muß man zugeben, daß die Gonorrhöe (Tripper) bereits in der Antike bestanden hat. Allerdings bedeutet »Gonorrhöe« dem Wortsinn nach »Samenfluß«: man konnte damals noch nicht zwischen dem echten Abgang von Samenflüssigkeit und der schmerzhaften Eiterung der Harnröhre (der Gonorrhöe im modernen Sinn als Geschlechtskrankheit) unterscheiden.

Celsus bekennt, wie schwer es ihm fällt, die Leiden der »heimlichen Körperteile« (Geschlechtsteile, Harnröhre, After) zu beschreiben; er überwindet sich aber der ärztlichen Kunst zuliebe und spricht offen über Entzündungen, Geschwüre und andere Krankheiten dieser Region.

Von Galenos erfahren wir, daß der »weibliche Fluß« eine der häufigsten Frauenkrankheiten in Rom gewesen ist; dieses langwierige Übel wird mit Abführmitteln innerlich behandelt. Ebenso wie die häufigen Harnröhrenentzündungen beim Mann soll nach Galenos Ansicht der Fluß der Frau den Körper von schlechten Säften reinigen. Obwohl Galenos von einem Patienten erfuhr, daß seine Geschlechtspartnerinnen genauso wie er selbst an »Samenfluß« mit brennenden Schmerzen litten, brachte er diese Krankheit mit dem Beischlaf nicht in Verbindung.

Der Heidelberger Dermatologe Walther Schönfeld (geb. 1888) hat betont, daß eigentümlicherweise in den Schriften von Laien (Herondas, Juvenal, Martial, Cicero, Seneca) die Ansteckungsfähigkeit gewisser Leiden und ihre Übertragung durch den Geschlechtsverkehr erwähnt wird. So werden geschlechtliche Ausschweifungen und Feigwarzen (Kondylome), die oft die Folgen eines Trippers sind, in einen ursächlichen Zusammenhang gebracht. Seneca sagt von den römischen Lebemännern: »Die Nächte verlebten sie bei den Huren oder beim Wein. Durch ihren unzüchtigen Umgang blieben sie wie durch einen Eid aneinander gefesselt, und die Folgen waren schlimme Geschwüre an den Geschlechtsteilen.« Schönfeld führt diese Diskrepanz zwischen ärztlichem und Laienschrifttum darauf zurück, daß sich die antiken Ärzte mehr um die Behandlung als um die Krankheitslehre bemühten.

Zahnheilkunde

Die hippokratischen Ärzte suchten die Ursache der Zahnbetterkrankungen (Parodontopathien) in Störungen des Gesamtorganismus sowie in Erkrankungen von Leber, Galle und Milz. Den Zahnfraß (Karies) führten sie auf den Schleim und die Abnutzung der Zähne durch die Speisen zurück. Als Heilmittel wurden Gerstenschleim, Brech- und Abführmittel, Aderlaß am Arm und innerlich entzündungswidrige Medikamente verordnet. Örtlich streute man tierische oder pflanzliche Kohle auf das erkrankte Zahnfleisch auf.

Die Zahnzange wurde von Ärzten und Laien gebraucht. Es wurden nur wackelnde Zähne extrahiert – vielleicht weil die Zahnzangen aus weichem Blei waren. Die gezogenen Zähne wurden genau untersucht. Ausführlich werden auch das Zahnen und die dabei auftretenden Schwierigkeiten beschrieben.

Die alexandrinischen Chirurgen betätigten sich auch als Zahnärzte. Herophilos und Herakleides von Tarent haben gewarnt, daß manche Patienten bei der Extraktion eines Zahnes sterben können.

Von den Dentalarbeiten der Etrusker wurde schon berichtet (s. S. 162). Die meisten der aufgefundenen Schienen und Brükkenarbeiten sind zwischen dem 8. und 4. Jahrhundert v. Chr. entstanden. Die Römer haben die etruskische Schienentechnik wohl übernommen, konnten aber deren hohen Stand nicht halten. Ein Text des Satirikers Lukianos (etwa 120–180 n. Chr.) beweist, daß auch noch im 2. nachchristlichen Jahrhundert die Fixation gelockerter Zähne mit Golddraht in Rom geübt wurde: »Kurze Zeit darauf wurde ich der Liebhaber eines alten Weibes, und ich lebte recht gut auf ihre Kosten, da ich vorgab, in die Siebzigjährige verliebt zu sein, die nur noch vier mit einen Golddraht befestigte Zähne hatte.«

Nach Celsus löste man zur Erleichterung der Extraktion das Zahnfleisch um den ganzen Zahn. War der Zahn so hohl, daß man sein Abbrechen befürchten mußte, dann wurde er mit Blei und gezupfter Leinwand ausgefüllt. Der Zahnarzt verfügte schon über mehrere Modelle von Zangen und einen Mundspiegel. Zahnstein und andere Beläge wurden mit spitzen und schabenden Instrumenten entfernt.

Celsus erwähnt auch die ersten Versuche einer konservativen Zahnheilkunde: in den kariösen Zahn stopfte man ein in Wolle gewickeltes Stückchen Schiefer. Plinius empfahl hierfür die Verwendung von Wachs. Es sind auch zahlreiche Rezepte für Mundwässer und Kaumittel überliefert. Die Kaiserin Messalina soll für ihr krankes Zahnfleisch ein Pulver aus gebranntem Hirschhorn, Ammoniak, Mastix (ein griechisches Harz) und Aromen gebraucht haben.

Die uralte Vorstellung, daß die Zähne von Würmern zerfressen werden, die allen Völkern der frühen Hochkulturen geläufig war, tauchte erst bei Scribonius Largus wieder auf. Galenos gibt für den Zahnfraß folgende Erklärung: »Die Ernährung beeinflußt das Wachstum der Zähne durch Überfluß oder durch Mangel an Nahrung. Überfluß bewirkt einen Entzündungszustand des Zahnfleisches wie bei allen Weichteilen, Mangel macht die Zähne brüchig und lang und bewirkt wie bei alten Leuten, daß die Alveolen weiter und die Zähne locker werden. Gegen diesen Zustand gibt es kein Mittel, er kann aber bis zu einem gewissen Grade durch Festigung des Zahnfleisches mit adstringierenden Mitteln bekämpft werden, so daß das Zahnfleisch sich straff um die Zähne legt und diese wieder fest werden.« Galenos beschreibt auch den anatomischen Aufbau der Zähne und zählt verschiedene Arten von Zahnschmerzen auf.

Der letzte römische Arzt, der sich eingehend mit der Zahnheilkunde abgegeben hat, war Adamantios aus Alexandreia (4. Jahrhundert n. Chr.). Gegen Zahnschmerzen verordnete er Spülungen mit warmer Malvenabkochung. Bei schmerzhaften

Entzündungen des Zahnfleisches und der Zähne sollte der Saft von Bilsenkraut (Hyoscyamus) in den Mund genommen werden.

Heilbäder und Kurorte in Hellas

Die älteste Badeszene des Abendlandes verdanken wir Homer. In der »Odyssee« erzählt er von der Begegnung der schönen phäakischen Königstochter Nausikaa mit Odysseus. Nachdem Nausikaa und ihre Dienerinnen im Meer gebadet, sich mit Ölen gesalbt, ihre Gewänder gewaschen und ihr Mahl eingenommen hatten, wurden sie beim Ballspiel vom schiffbrüchigen Odysseus überrascht. Nausikaa läßt dem hochstehenden Fremdling zu essen und trinken geben und befiehlt den Mägden, ihn im nahe liegenden Fluß von Meersalz und Tang rein zu waschen.

Aus dieser und anderen Stellen geht hervor, daß die Griechen dem Süßwasserbad vor dem Salzwasserbad den Vorzug gaben und daß dem Meerwasserbad eine Ölung oder ein Süßwasserbad nachfolgen mußte. Dieses Vorgehen leuchtet jedem ein, der die Wirkung des stark salzhaltigen Mittelmeerwassers und der südlichen Sonne auf die Haut kennt. So haben sich auch in Italien nur an solchen Küstenstellen größere Bäder entwickelt, wo auch Süßwasserheilquellen vorhanden waren wie zum Beispiel in Baiae, Cumae und Puteoli in der Nähe von Neapel.

In der hippokratischen Schrift »Von der Umwelt« wird zwar festgestellt, daß Süßwasser der Gesundheit grundsätzlich zuträglicher sei als Meerwasser, doch enthält das Corpus Hippocraticum auch Beispiele einer erfolgreichen Thalassotherapie (Meerwasserbehandlung). Im Buch »Über die Epidemien« heißt es: »Onisantides behielt seinen Schulterschmerz, der im Sommer durch eine Ablagerung entstanden war. Ich riet ihm, den Körper und die Schulter solange wie möglich im Meer zu baden, drei Tage hintereinander, und beim Liegen im Meer weißen gewässerten Wein zu trinken und im Meer zu urinieren.« Meerwasser wurde vor allem bei rheumatischen Beschwerden, Ischias, Hautleiden und Fettleibigkeit als Heilmittel verwendet. Die Beobachtung »Entzündete Wunden vereitern bei Fischern nicht«, nämlich weil diese ihre Wunden mit Meerwasser behandelten, ist sehr richtig. Das Meerwasser wurde in der Form von Bädern, Güssen, Waschungen, Dämpfen, Trinkkuren und Einläufen verordnet; dabei differenzierte man die Anwendungen nach Salzgehalt und Temperatur des Meerwassers. Die Hippokratiker schrieben dem Meerwasser eine trocknende, entzündungswidrige, zusammenziehende und die Krankheitsstoffe abziehende Wirkung zu.

Zu Beginn des klassischen Zeitalters war der Bau von Warmwasserbädern durch Lykurgos den Spartaner und Solon verboten worden. Damals setzte sich der spartanische Baderitus durch: nach dem schweißtreibenden Leistungssport in der ungedeckten Palaistra wurde im Laconicum ein Heißluftschwitzbad genommen. Das Laconicum war ein gekuppelter Rundbau von drei bis vier Meter Durchmesser, in dessen Mitte ein Steinherd stand, der durch ein offenes Feuer erhitzt wurde. Der schwitzende Sportler wurde gleichmäßig von allen Seiten – direkt vom Herd und von der die Wärme reflektierenden runden Wand – erhitzt. Danach folgte bei jeder Witterung eine plötzliche Abkühlung in einem Kaltwasserbecken im Freien. Galenos verglich diese Prozedur mit dem Abschrecken des glühenden Eisens zum Zwecke der Härtung.

An den zahlreichen Thermen und Mineralquellen im griechischen Mutterland sowie in Kleinasien, Unteritalien und Sizilien haben schon im 5. Jahrhundert v. Chr. Badeanlagen bestanden. Schirmherr der Heilquellen war Herakles, der später selbst zum Heilgott aufgerückt ist. Wie die warmen Schwefelquellen an den Thermopylen werden manche antike Heilquellen noch heute benutzt. Wie schon erwähnt, entwickelten sich die Asklepieien von Wallfahrtsorten, an denen Wunderheilungen vorkamen, zu regelrechten Kurorten mit einem umfangreichen Badebetrieb. Die längeren Kurzeiten erforderten entsprechende Gebäude zur Unterbringung und Betreuung der Kranken; dazu kamen noch Theater, Musikpavillon (Odeion), Sportplätze, Rennbahnen und Bibliotheken. Die Ausgrabungen von Epidauros, Kos und Pergamon, den drei berühmtesten Asklepieien, haben uns ein eindrucksvolles Bild der antiken Heilbäder erschlossen. In Epidauros sind sogar Spieltische gefunden worden – heute siedelt man auch die Spielbanken mit Vorliebe in Kurorten an. Gleichfalls modern mutet uns an, wenn wir hören, daß die Kranken eine Art »Kurtaxe« zu entrichten hatten.

Man geht wohl nicht fehl, wenn man die Heilungen in diesen Kult- und Kurorten auf die enge Verflechtung magischer und psychotherapeutischer Heilweisen mit Balneotherapie und diätetischen Kuren zurückführt.

Das römische Badewesen

In der bäuerlichen Frühzeit war das Badewesen einfach und primitiv. Zu dem kleinen unhygienischen Waschhaus hatten nur wenig Licht und Luft Zutritt. Heizung und Wasserabfluß erfolgten durch die danebenliegende Küche.

Um 80 v. Chr. ließ C. Sergius Orata, ein Geschäftsmann und Austernzüchter in Baiae, seine Zuchtbehälter zur Hebung der Produktion von unten beheizen. Bald übertrug er diese Erfindung auf Bäder in der Form der Fußbodenstrahlungsheizung (Hypocaustum). Die heißen Abgase eines Holzfeuers zogen durch den Hohlraum unter dem »schwebenden« Fußboden und erwärmten auf ihrem Weg hintereinander Wasserbecken, Dampfbad (Caldarium) und Abschwitzraum oder Lauraum (Trepidarium). Ein Kaltbad gehörte ursprünglich nicht zum römischen Bad, es wurde erst von den Griechen eingeführt.

Das 1. Jahrhundert n. Chr. brachte drei wichtige Erfindungen auf dem Gebiet der Wärmetechnik:
- die Verglasung der Fenster;
- die Tubulierung der Wände (das ist die Auskleidung der geheizten Räume mit Hohlkacheln, tubuli genannt);
- die hartgebrannten Ziegel als feuerfeste Baustoffe.

Nun war es möglich, hohe Badetemperaturen zu erreichen und beliebig lange zu halten. Heiße Bäder wurden die große Mode. Zu den Privatbädern in den römischen Villen und den kleinen öffentlichen Bädern traten die monumentalen Luxusthermen mit verglasten Riesensälen, in denen gleichzeitig einige hundert Menschen baden konnten. Eine weitere Voraussetzung, nämlich eine ausreichende Wasserversorgung, war schon seit langem gegeben. In der Kaiserzeit gab es in Rom vierzehn Aquädukte mit einer Gesamtlänge von vierhundertachtundachtzig Kilometern, die Wasser aus den Albanerbergen heranführten. Die fünf berühmtesten Thermen waren die des Nero, des Caracalla, des Diokletian und des Agrippa sowie der Villa Hadriani, in denen bedeutende Kunstwerke aufgestellt waren. Wie berühmt Neros Thermalbad war, illustriert eine Scherzfrage von Martial: »Was ist schlechter als Nero? Was ist besser als seine Thermen?«

Häufig waren die Thermen von großen Gärten, Sportplätzen, Läden und Restaurants umgeben. Leider sind die großzügigen Anlagen jahrhundertelang als Steinbrüche verwendet und mit christlichen Kirchen überbaut worden, so daß nur bescheidene Reste erhalten geblieben sind; doch gestatten die Grundrisse eine genaue Rekonstruktion.

Ursprünglich wurde nach Geschlechtern getrennt gebadet. Die Sittenverwilderung im Spätrom tolerierte auch das gemischte Baden. Die Bäder waren bis vierzehn Uhr meistens nur für Kranke geöffnet, erst danach war bis Sonnenuntergang die Allgemeinheit zugelassen. Teilweise wurde auch nachts bei Talg- oder Öllichtern gebadet. Die Frauen dürften eine Art Bikini getragen haben. Zur Zeit Konstantins des Großen gab es in Rom fünfzehn Thermen und achthundertsechsundfünfzig öffentliche Bäder. Allein in den Diokletians-Thermen standen zweitausendvierhundert Marmorsessel zum Ausruhen und dreitausend Alabasterwannen für Einzelbäder zur Verfügung.

Neben diesen Kunstbädern gab es im ganzen Römischen Reich zahlreiche Naturthermen und Heilbäder – zum Beispiel in Taormina, Budapest, Baden bei Wien, Trier, Badenweiler, Baden-Baden, Vichy. Das berühmteste Luxusbad der Antike war Baiae, zwanzig Kilometer westlich von Neapel; hier standen Bäder im Meer, im Sand oder in den heißen Schwefelquellen zur Auswahl. Eine besondere Attraktion bildete die Piscina mirabilis: der schon genannte Orata hatte fünf natürliche Tropfsteinhöhlen künstlich erweitern und vom Boden her beheizen lassen.

Die größte Förderung erhielt die Bäderheilkunde durch Asklepiades von Prusa und die Methodiker. Er war nicht nur ein »Kaltwasser-« sondern auch ein »Warmwasserdoktor«. Caelius Aurelianus empfahl folgendes Vorgehen: »Man fülle eine Badewanne mit kochend heißem Seewasser; dann stelle man einen viereckigen Kasten hinein, den man mit Riemen festbindet. In diesen schließt man den Kranken ein; aber vorher muß man ihn (den Kasten) mit einer Haut bedecken, um das Eindringen des Wassers zu verhüten. Durch den aufsteigenden Dampf wird dann der Kranke erhitzt und zum Schwitzen gebracht. Man muß aber das Wasser häufig von neuem erhitzen durch Eintauchen von Mengen glühenden Eisens.«

Dioskurides erörterte die therapeutischen Verwendungsmöglichkeiten des Meerwassers und des Sandes: »Der Sand längs der Meeresküsten, von der Sonne erhitzt, trocknet den Körper bei Wassersucht aus, wenn man ihn darin eingräbt mit Ausnahme des Kopfes. Man macht ihn auch heiß und verwendet ihn als Schwitzpackungen an Stelle von Hirse oder Salzwasser.« Als bewährtes Abführmittel preist Dioskurides das »Thalassomel«, ein Gemisch aus Meerwasser und Honig. Gegen chronische Schwächezustände sollte Schwimmen im Meerwasser helfen. Das Meerwasserschwitzbad war nach Dioskurides das beste Mittel bei Blutergüssen sowie bei Stichen und Bissen von giftigen Tieren (Skorpionen, Spinnen, Schlangen).

Zuletzt noch die Lobesworte des Plinius über die Heilkraft des Wassers: »Überall quillt Wasser heilkräftig hervor, in vielen Ländern, hier kalt, dort heiß, wieder andernorts lauwarm. Es verspricht Hilfe gegen Krankheiten und bricht bei so viel Lebendigem doch nur der Menschen wegen hervor.« Ebenso energisch warnte Plinius vor Übertreibungen im Badewesen: »Sehr viele brüsten sich, sie könnten die Hitze der Mineralbäder beliebig lange, viele Stunden hindurch, ertragen. Sie vergessen aber, daß dies höchst ungesund ist ... Genauso falsch machen es die Leute, die gewaltige Mengen Mineralwasser trinken, und sie bilden sich darauf sogar noch etwas ein und rühmen sich damit. Ich habe schon Leute gesehen, die durch unmäßiges Trinken so aufgedunsen waren, daß man sie bandagieren mußte, weil die Unmengen des getrunkenen Mineralwassers nicht ausgeschwemmt werden konnten.«

Klimarkuren standen ebenfalls hoch im Kurs. Lungenkranke wurden nach Ägypten oder in das Gebirge geschickt. Die Klimakuren hat man gern mit Milchkuren kombiniert, vor allem bei Entzündungen aller Art, Rekonvaleszenten und schwächlichen Kindern; es wurde dazu neben Kuh-, Ziegen,- Esel- und Pferdemilch auch Frauenmilch angeboten, die als besonders heilkräftig galt.

Sportmedizin

Die Anfänge der antiken Sportmedizin sind mit den Namen des Ikkos von Tarent und des Herodikos von Selymbria (s. S. 81) verbunden. Indem dieser die Gymnastik mit der Heilkunst vereinigte, erhob er die Turnkunst zu einer Wissenschaft. Hippokrates und andere Ärzte, aber auch Platon griffen Herodikos von Selymbria lebhaft an, weil er alle Krankheiten auf falsche Lebensweise zurückführte und durch bestimmte Übungen, vor allem den Dauerlauf, heilen wollte. Trotzdem mußten sie den Wert der körperlichen Ertüchtigung für den ganzen Organismus und die Gesundheit anerkennen. So empfahl der Verfasser der hippokratischen Schrift »Über Diät« gymnastische Übungen zur Stärkung und Gesunderhaltung.

Selbst Sokrates erlernte gymnastische Tänze, um besser essen und schlafen zu können, aber auch um seine Gesundheit zu stärken, was ihm den Spott seiner Freunde eintrug. Platon wurde ein besonders eifriger Verfechter der Gymnastik. Für ihn besteht die Leibespflege aus Turnkunst und Heilkunst, die er mit Gesetzgebung und Rechtspflege vergleicht: die Turnkunst hat ähnlich wie die Gesetzgebung den »guten Zustand« des Leibes darzustellen und auf ihn hinzuwirken; dagegen soll die Heilkunst analog der Rechtspflege den Abweichungen von diesem vorbildlichen Zustand nachgehen und womöglich deren Ursachen abstellen.

Nur durch Vereinigung der musischen und der gymnastischen Bildung kann nach Platon wahre Harmonie erreicht werden. Seelenpflege und Leibespflege sind die beiden Säulen der Menschenformung. Der Arzt sollte nicht nur Therapeut, sondern sogar in erster Linie Erzieher sein. Platons Grundsatz lautet: »Wie Einfachheit in der Musik Mäßigkeit in den Seelen erzeugt, so bringt die Einfachheit bei der Gymnastik Gesundheit in den Leibern hervor.«

Auch Platons großer Schüler Aristoteles weist dem Turnlehrer die verantwortungsvolle Aufgabe zu, die Gesundheit durch Leibesübungen zu fördern. Gleichzeitig warnt er vor Übertreibungen und preist das Maßhalten.

Von den gymnastischen Übungen, die auf Vorbeugung und Heilung abgestellt waren, müssen die Übungen unterschieden werden, die auf den Turnplätzen Athens und Spartas die Wettkämpfer (Athleten) ausführten und diejenigen, die militärischen Zwecken dienten.

Der Chirurg Antyllos (s. S. 229) ragt unter den Sportärzten der Antike besonders hervor. In seinem Werk über die »Heilfaktoren« befaßt er sich mit hygienischen Fragen und mit dem Wert der Leibesübungen für die Gesundheit des Menschen. Er fängt mit der einfachsten aller Übungen, dem Spaziergang, an. Nach Antyllos gibt es zwei Arten von Spaziergängen: die zur Behandlung und die zur Erholung des Menschen. Der Spaziergang entspannt die Seele, entfernt das verdorbene Pneuma und versetzt es in normalen Zustand, lockert die gespannten Teile des Körpers, entleert die Brust, erleichtert die Atmung, stärkt Sinnesorgane und Magen und vertreibt überhaupt jede Ermüdung. Erstaunlich die verschiedenen Möglichkeiten, wie man spazierengehen kann: Ein Spaziergang auf Fußspitzen nutzt gegen Augenentzündung und Verstopfung. Bergaufgehen ist gut bei Atembeschwerden nach dem Essen sowie als Ersatz für eine große Übung. Ein Spaziergang bergab entlastet die oberen Teile des Körpers, ermüdet aber die Unterschenkel. Ein Marsch in tiefem Sand oder auf weicher Erde ist recht mühsam, stärkt aber den ganzen Körper. Besonders angenehm ist das Wandern auf einer grünen Wiese, weil dabei der Kopf mit den zarten Düften und der Feuchtigkeit der Blüten angefüllt wird. In Wandelhallen ermüdet man eher als auf Wegen, da man in jenen immer wieder umkehren muß. Das Gehen auf einem Bretterfußboden erleichtert den Kopf von Druck. Besonders leicht und erfreulich ist das Wandern an hochgelegenen Orten, während das Wandern in tiefen Tälern der Gesundheit abträglich ist. Pralle Sonne und gewisse Winde sind schädlich. Bei bedecktem Himmel hat man allerdings eher einen dicken Kopf und Atembeschwerden. Der Spaziergang am Morgen vertreibt die Schwere des Schlafes, am Abend bereitet er auf ihn vor.

Das Laufen ist als heftiger Spaziergang anzusehen; es erhitzt den Körper, regt den Appetit an und vermehrt die Arbeitsfreude. Antyllos empfiehlt das Laufen in der Behandlung von Nierenkrankheiten, Gonorrhöe, Darmleiden und Hüftweh. In bestimmten Fällen soll das Rückwärtslaufen und das Laufen im Kreise wertvoll sein.

Das Schaukeln, heute als passive Bewegung nicht zu den Leibesübungen gezählt, hat nach Antyllos beachtliche Wirkungen: es kräftigt die festen Körperteile, verjagt die Schwerfälligkeit, beruhigt den Unruhigen und den Schlaflosen und muntert den Trägen und den Schwachen auf. Geschaukelt wurde in Bett, Sänfte, Wagen, Ruderboot oder Segelschiff.

Reiten und Reifenspiel erwähnt Antyllos ebenfalls als Stärkungsmittel. Vom Schwimmen hält er nicht viel, weil es den Kopf schädige. Er führt noch an, daß Schwimmen abhärtet, die Atmung anregt und abmagert. Der Ringkampf, vor allem in der Form eines Scheinkampfes ohne Gegner, stärkt den Körper und zerstört das Fett, Tumoren und Ödeme.

Sprungübungen kräftigen die Beine. Der Weitsprung verschafft dem Körper leichte Beweglichkeit und Frische; da hierbei die Brust erschüttert wird, ist diese Übung Brustkranken zu verbieten. Eine besondere Variation ist der Sprung, bei dem man mit den Fersen gegen das Gesäß stößt; diese Art des Springens wurde schon im Corpus Hippocraticum als Abtreibungsmittel erwähnt.

Neben verschiedenen Ballspielen bespricht Antyllos auch das Beutelspiel »Korykos«: Ein Beutel wird mit Getreidekörnern oder Sand gefüllt und so an einem Querpfosten des Gymnasions aufgehängt, daß sich der Boden des Beutels in Nabelhöhe des Übenden befindet. Dann wird der Beutel mit den Händen in schnelle Schwingungen gebracht und schließlich losgelassen; jetzt soll der Übende dem Beutel bei seinen Pendelbewegungen nachlaufen und aufpassen, daß ihn der schwere Beutel nicht trifft. Diese Übung verlangt viel Umsicht und Geschicklichkeit, kräftigt vor allem die Schultern und die Eingeweide durch die vielen Wendungen des Körpers.

Für Antyllos ist die Übung der Stimme, die Deklamation, die wertvollste aller Leibesübungen. Er empfiehlt die Stimmübung bei Verdauungsbeschwerden, Atemleiden und Stimmstörungen. Bei den Deklamationen kommt es vor allem auf die tieferen Töne an. Wichtig ist es, bei dieser Übung möglichst viel Luft in den Körper hineinzuziehen. Auf diese Weise wird der übrige Körper entspannt und erfrischt. Stimmübungen wurden auch von Aretaios, Soranos und Galenos als Heilmittel verordnet.

Galenos knüpfte mit seinen Ausführungen über die Leibesübungen an Platon und Aristoteles an; er schreibt: »Das Ziel der wahren Gymnastik ist also das Wohl des Körpers und der bessere Gebrauch seiner Kräfte bei den Arbeiten und Anstrengungen des Alltags.« Galenos fordert einen nach Lebensaltern abgestuften Aufbau der Übungen und warnt vor unmäßigen Belastungen. Er unterscheidet schnelle und langsame, scharfe und linde, starke und schwache, heftige und ruhige Übungen. Ebenso weiß Galenos, daß »Gymnastik nicht wie ein Arzneimittel in der Apotheke fertig geholt werden kann, sondern dem einzelnen Menschen angepaßt sein muß. Diese Erkenntnis kommt dem verordnenden Arzt nicht immer sofort, sondern oft nach langer Beobachtung, wenn auch zweifellos gewisse allgemeine Grundsätze und Regeln gegeben sind, denn die Art der Übung nützt nichts, wenn in der Menge gefehlt wird. Auch die Zeit muß richtig gewählt werden, vor dem Frühstück, vor der Hauptmahlzeit oder nach erfolgter Verdauung.«

Durch die verschiedenen Übungen wird Wärme im Körper erzeugt, es kommt zu einer stärkeren Durchblutung des ganzen Organismus. Den gleichen Zweck verfolgt die von Galenos besonders geförderte Sportmassage.

Ein überzeugter Verfechter der Sportmedizin war schließlich Philostratos Flavius (um 200 n. Chr.), von dessen Lehrbuch nur einzelne Bruchstücke erhalten geblieben sind. Sein Lob der Gymnastik ist überschwenglich: Was soll man also von der

Gymnastik sagen? Ist sie nicht eine Wissenschaft, die sich aus der Heilkunde und der Kunst der Ringlehrer zusammensetzt, dabei aber vollkommener ist als dieser oder jener Teil allein? Alle Krankheitszustände, die man mit Katarrh, Wassersucht, Schwindsucht oder Epilepsie bezeichnet, beseitigen die Ärzte durch Klistiere, Tränkchen und Pflaster, die Gymnastik aber sucht solche Krankheiten durch Diät und Abreibungen hintanzuhalten.« Dem konnten die übrigen medizinischen Autoren der ausgehenden Antike nichts mehr hinzufügen.

Arbeitsmedizin

Das Bemühen um die Gesundheit des arbeitenden Menschen ist keineswegs eine moderne Errungenschaft, wie viele glauben. Die Anfänge der Arbeitsmedizin reichen bis Ägypten und Babylonien zurück.

Hatte Hesiod noch die hingebungsvolle Arbeit gepriesen – »Vor Verdienst aber setzten den Schweiß die unsterblichen Götter« –, so wandelte sich im klassischen Zeitalter die Einstellung zur körperlichen Arbeit grundlegend. Für Platon, Aristoteles und andere waren Arbeiter, Handwerker und Bauern »Bürger zweiter Klasse«. Physische Arbeit war des freien Mannes unwürdig. Hierfür waren die Sklaven da, denen Sport und Körperkultur versagt blieben.

Die im Jahre 1879 entdeckten Tafeln von Penteskuphia bei Korinth aus dem 7. oder 6. Jahrhundert v. Chr. zeigen unter anderem Szenen aus dem Bergbau. Man sieht, wie mühselig die Arbeit der hockenden Bergleute in den niedrigen Gängen gewesen sein muß. Kinder und Jugendliche mußten das Erz in Ledersäcken aus dem Schacht schleifen. Staub, Hitze und mangelhafte Luftzufuhr werden den Bergleuten tüchtig zugesetzt haben.

Im Corpus Hippocraticum finden wir einige arbeitsmedizinische Äußerungen wie: »Es gibt viele Handwerke und Künste, welche denjenigen, die sie ausüben, manche Plagen und Leiden verursachen.« Der Verfasser des vierten Buches der »Epidemien« berichtet über einen »Mann aus der Erzgrube«, der folgenden Befund darbot: »... seine rechte Unterrippengegend gespannt; Atemnot infolge der Gasaufblähung, Blässe, Ansammlung im linken Knie; Rückfall, glatte Entscheidung.« Da nähere Berufsangaben fehlen, kann man nicht sagen, ob es sich um eine chronische Bleivergiftung mit Koliken und Gelenkschmerzen oder um eine Staublungenerkrankung mit Rippenfellbeteiligung gehandelt hat.

Obwohl in den griechischen Bergwerken und Hütten Zehntausende von Sklaven beschäftigt waren, ist in den medizinischen Schriften von Berufskrankheiten kaum die Rede. Man kann diese Diskrepanz so erklären, daß die Sklaven nur ausnahmsweise ärztliche Behandlung erhielten.

Auch die Römer verachteten den Lohnarbeiter. Die ganze Wirtschaft wurde von Sklaven getragen. Cato erklärte dazu: »Schonet die Sklaven, denn sie bedeuten Geld! Sie müssen arbeiten und dann schlafen!« Die Herren waren zur Wahrung ihres eigenen Vorteils auf die Gesunderhaltung der Sklaven bedacht. Die Einrichtung der Valetudinarien (s. S. 217) dokumentiert diese Einstellung.

Viele römische Schriftsteller beschrieben die Gefahren von Bergbau und Hüttenbetrieben. Da werden der »ausgepumpte, engbrüstige Bergmann«, der »triefäugige Hüttenmann« und der »hustende Schmied« genannt. Vor allem werden die Schäden durch Blei und Quecksilber aufgezählt.

Im Spätrom verzichtete man auf gesundheitliche und hygienische Rücksichten. Die Sklaven und Strafgefangenen in den Bergwerken mußten etwa zehn Stunden ununterbrochen arbeiten. Nackt und an den Füßen gefesselt verrichteten sie ihre Arbeit, von der sie erst der Tod befreite. Krankheit, Verstümmelung oder hohes Alter gestatteten keineswegs die Aufgabe der Arbeit.

Die Arbeitsbedingungen waren nicht in allen Gegenden und zu allen Zeiten des Römischen Reiches die gleichen. So waren in manchen kaiserlichen Bergwerken in Spanien Bäder für Sklaven eingerichtet worden, die aber den Strafgefangenen verschlossen blieben. Eine Bergwerksordnung vom Ende des ersten nachchristlichen Jahrhunderts, die im Jahre 1876 in einem antiken Bergwerk in Vipasca (südliches Portugal) auf einer Erztafel aufgefunden wurde, enthält auch einen Paragraphen über die Benutzung des Bades.

Galenos berichtete von seiner Besichtigung der Kupfersalzgruben auf Zypern, in denen er eine »stickige und schwer ertragbare Luft« vorfand; es wird sich um schweflige Säure oder Schwefeldioxyd gehandelt haben. Von einer Behandlung oder Vorbeugung hören wir nichts.

V

Die Medizin in Byzanz

Die Weltstadt am Bosporus

Kolonisten aus Megara, einer Stadt in Attika, gründeten 668 v. Chr. auf der europäischen Seite des Bosporus den Handelsplatz Byzantion. Die Freistadt geriet wiederholt unter fremde Herrschaft, bis sie 196 n. Chr. von den Römern zerstört wurde. Kaiser Konstantin I. (der Große) erkannte die günstige Lage des alten Byzantion an der Nahtstelle zwischen Europa und Asien und legte am 26. November 326 den Grundstein der neuen Stadt Konstantinopel. Am 11. Mai 330 wurde die »Stadt des Konstantins« als Hauptstadt des Römischen Reiches eingeweiht. Nach der Teilung des Reiches (395) wurde Konstantinopel die Hauptstadt des Oströmischen Reiches. Seit 1453 ist die Stadt, nun Istanbul genannt, im Besitz der Türken. Die beiden zuletzt erwähnten Jahreszahlen gebrauchen die Historiker zur Abgrenzung des Mittelalters. Die Herrscher von Byzanz betrachteten ihr Reich keineswegs als die mittelalterliche Fortsetzung des antiken Römerreiches, sondern als das legal fortbestehende Römische Reich selbst.

Analog dieser Selbsteinschätzung der Byzantiner kann auch die byzantinische Medizin als ein in das Mittelalter hineinreichender Ausläufer der antiken Heilkunde gelten. Allerdings trug wie die ganze Kultur so auch die Medizin des Byzantinischen Reiches gewisse originelle Züge, die aus der Einwirkung christlicher und orientalischer Einflüsse auf das hellenisch-römische Erbe entstanden sind. Dieser Entwicklungsprozeß erstreckte sich vom 4. bis zum 7. Jahrhundert; diese Periode, das frühbyzantinische Zeitalter, erreichte unter Kaiser Justinian I.

(527–565) ihren Kulminationspunkt. Italien und Afrika wurden zurückerobert, die Einheit des Reiches, das sich aus lateinischen, griechischen und semitischen Ländern zusammensetzte, wiederhergestellt. Aus seiner Residenz Konstantinopel machte der Kaiser eine Weltstadt. Unter den Nachfolgern Justinians schrumpfte das oströmische Herrschaftsgebiet auf einen engen Bereich zusammen. In Italien brachen die Langobarden und im Norden die Slawen ein, während im Süden die Araber Syrien, Palästina und Ägypten eroberten. Im Jahre 626 wurde sogar Konstantinopel durch Perser und Awaren belagert. Außerdem erschütterten innere Ereignisse das Reich: der unselige Sektenstreit und die von Erdbeben begleitete »Pest des Justinian« (531–580).

Dank einer neuen politischen und wirtschaftlichen Organisation des byzantinischen Staatswesens unter Kaiser Herakleios I. (610–641) konnte sich der Rumpfstaat behaupten und sogar allmählich verlorene Gebiete zurückgewinnen. Die Wirren des verhängnisvollen Bilderstreites (726–842) – Kaiser Leon III. (717–741) ließ alle Heiligenbilder vernichten; Papst Gregor II. (715–731) belegte die Bilderstürmer mit dem Bann; die Kaiserin Theodora (497–548) beendete den Bilderstreit durch Sanktionierung der Ikonenverehrung – führten zu einem kulturellen Tiefstand und zu einer geistigen Verödung. In der Mitte des 9. Jahrhunderts setzte ein neuer Aufschwung unter dem mazedonischen Herrscherhaus ein, der zweihundert Jahre anhielt. Nach der endgültigen Trennung der abendländischen (Rom) von der morgenländischen (Byzanz) Kirche im Jahre 1054 begann der endgültige Niedergang des Oströmischen Reiches. Die Spannungen mit den westlichen Herren der Kreuzzüge führte dazu, daß die Kreuzfahrer im vierten Kreuzzug 1204 Byzanz, die größte Stadt und stärkste Festung der mittelalterlichen Welt, erstürmten. Das Oströmische Reich zerfiel in mehrere Teilstaaten. In Konstantinopel wurde ein französischer Kreuzritter als lateinischer Kaiser eingesetzt. Dieses lateinische Kaiserreich stürzte der byzantinische Kaiser Michael VIII. (Paläologus), Herrscher des byzantinischen Staates von Nizäa, mit Hilfe Genuas im Jahre 1261. Dieses spätbyzantinische Reich, ein machtloses Staatsgebilde, hielt sich zwei Jahrhunderte.

»Umstrahlt vom Abendrot der untergehenden Antike, ging aus der Schule von Alexandreia jener hochverdiente Arzt hervor, der, voll Verehrung für die Größe der längst entschwundenen Vergangenheit, aus den medizinischen Werken der Vorfahren das Beste auswählte und in geistvoller Gruppierung zu einem Gesamtbild vereinigte – der Leibarzt des Julian Apostata, Oreibasios.« Diese Laudatio des Wiener Medizinhistorikers Max Neuburger aus dem Jahre 1911 galt dem ersten bedeutenden Arzt von Byzanz, der von keinem seiner Nachfolger mehr übertroffen wurde.

Als Sprößling einer Patrizierfamilie um das Jahr 325 in Pergamon geboren, bildete er sich in Alexandreia unter Leitung des Zenon von Kypros zum Arzt aus. Der äußerst begabte und vielseitig gebildete junge Arzt erwarb sich schnell einen guten Ruf und Ansehen. In Athen lernte Oreibasios um 355 Flavius Claudius Iulianus (332–363), einen Neffen Konstantins des Großen, kennen. Die beiden jungen Männer verband ein reges Interesse für althellenische Kultur und Wissenschaft; ebenso waren sie eines Sinnes in ihrer Begeisterung für heidnische Religion und Philosophie und Abneigung gegen das Christentum, das seit 313 den anderen Religionen gleichgestellt war.

Im gleichen Jahr (355) wurde Julian von Kaiser Constantius II. (337–361), einem Sohn Konstantins des Großen, zu seinem Thronfolger (Caesar) ernannt und 356 mit dem Oberbefehl über die Rheinarmee betraut. Er nahm – wahrscheinlich auf Empfehlung Zenons – Oreibasios als Leibarzt nach Gallien mit. Während des gemeinsamen Aufenthaltes in Gallien (356 bis 361) wurde ihr Verhältnis noch inniger. Oreibasios beriet den philosophierenden Feldherrn in politischen Fragen, Julian interessierte sich für die wissenschaftlichen Studien seines Leibarztes und veranlaßte ihn, aus den Werken des Galenos einen Auszug zu verfassen. Ebenfalls noch in Gallien begann Oreibasios mit den Vorarbeiten zu seinem Hauptwerk, den »Ärztlichen Sammlungen«.

Nach dem Tode von Constantius II. konnte Julian (mit dem Beinamen Apostata, das heißt der Abgefallene) den Thron von

Konstantinopel besteigen. Er war schon 351 zum Heidentum übergetreten und betrieb nun die Erneuerung des Heidentums, wobei ihn Oreibasios tatkräftig unterstützte. So reiste der kaiserliche Leibarzt, inzwischen zum Quästor von Konstantinopel ernannt, zur Neueinrichtung des Orakels nach Delphi. Als der Kaiser 363 gegen die Perser in den Krieg ziehen mußte, begleitete ihn wieder Oreibasios; dieser war auch dabei, als Julian Apostata am 26. Juni 363 in der Schlacht fiel. Nach einer kurzen Regentschaft des Flavius Iovianus wurde ein christlicher Heerführer als Valentinianus I. (364–375) byzantinischer Kaiser, der seinen Bruder Valens (364–378) zum Mitregenten erhob.

Die neuen Herrscher vertrieben die Vorkämpfer des Heidentums aus ihren Ämtern. Auch Oreibasios verlor Amt und Vermögen und wurde zu den Goten am Schwarzen Meer verbannt. Nach einigen Jahren wurde der berühmte Arzt nach Byzanz zurückgerufen und finanziell entschädigt. Mit einer vornehmen reichen Gattin vermählt, soll er sich bis zu seinem Tode im Jahre 403 der medizinischen Praxis und Schriftstellerei gewidmet haben.

Während der Auszug des Oreibasios aus den Werken Galenos verlorengegangen ist, ist wenigstens von seinem großen Sammelwerk ein kleiner Teil erhalten geblieben. Dieses Monumentalwerk bestand aus siebzig Büchern, welches alle Zweige der Medizin behandelte und aus den Schriften vieler namhafter Autoren zusammengetragen war. Oreibasios ging dabei so vor, daß er die Ansichten mehrerer Autoren über dasselbe Thema nebeneinander bringt.

Für seinen Sohn Eustathios, der sich ebenfalls dem Medizinstudium zugewandt hatte, verfaßte er einen neunbändigen Auszug (Synopsis) aus seinem Sammelwerk, der überliefert ist. In den letzten Lebensjahren verfaßte Oreibasios die populäre Abhandlung »Euporista«, von den leicht beschaffbaren Heilmitteln.

Wenn auch Oreibasios Theorie und Praxis der Medizin nicht mit eigenen Gedanken und Praktiken bereichert hat, gebührt ihm das Verdienst, die Heilkunde Galens und anderer antiker Autoren den Ärzten des Mittelalters vermittelt zu haben. Vor allem ist ihm hoch anzurechnen, daß er nicht dem Mystizismus seiner Zeit verfiel. Er warnte eindringlich vor der Kurpfuscherei und den weitverbreiteten abergläubischen Heilgebräuchen.

Von der »Synopsis« und »Euporista« erschienen bereits zwischen dem 6. und 8. Jahrhundert lateinische Übersetzungen, die in fünf Handschriften auf uns gekommen sind. In dieser Zeit begann die lange Periode des Abschreibens von Büchern. Diese Form literarischer Betätigung wurde dadurch begünstigt, daß gegen Ende des 4. Jahrhunderts die klassische Buchrolle durch den Pergamentkodex, den man bequem umblättern konnte, abgelöst worden war.

Zwei Byzantiner

Trotz aller Schwierigkeiten behielt die Schule von Alexandreia ihre führende Stellung in der Medizin; auch die byzantinische Heilkunde erhielt von dort ihre wichtigsten Impulse. Wie Oreibasios waren die meisten der hervorragenden Ärzte von Byzanz aus der alexandrinischen Schule hervorgegangen.

Kaiser Theodosius I. der Große (379–395), der letzte Alleinherrscher des römischen Gesamtreiches, hatte 380 in einem Edikt seinen Untertanen befohlen, sich zum Glauben des Bischofs von Rom zu bekennen. Damit war das orthodoxe Christentum praktisch zur Staatsreligion erhoben worden. Dieser Schlag galt sowohl den abtrünnigen Arianern als auch den Heiden. 392 ließ der Kaiser die heidnischen Kulte einschließlich der Olympischen Spiele verbieten. Auch die berühmte Gelehrtenschule von Alexandreia wurde geschlossen. An ihrer Stelle wurden private Schulen gegründet, denen die studierende Jugend des Vorderen Orients zuströmte.

Auch die von dem oströmischen Kaiser Theodosius II. (408 bis 450) im Jahre 425 gestiftete Akademie von Konstantinopel konnte den heidnischen Schulen von Athen und Alexandreia keinen Abbruch tun. Die alte Philosophenschule von Athen wurde schließlich 529 von Kaiser Justinian I. (527–567) geschlossen. Alexandreia, dessen Bibliothek bereits 391 durch christlichen Pöbel verwüstet worden war, ging für die europäische Kultur erst nach der Besetzung durch die Araber im Jahre 641 endgültig verloren.

Aus der Regierungszeit Justinians I., in der Handel, Verkehr, Wissenschaft und Kunst einen imposanten Aufschwung nahmen, sind zwei Ärzte bekannt:

Aetios von Amida in Mesopotamien wurde zu Beginn des 6. Jahrhunderts geboren, besuchte die Medizinschule in Alexandreia und lebte schließlich am kaiserlichen Hof von Byzanz. Hier erhielt er den Titel oder Rang eines »comes obsequii«, das heißt »Chef des kaiserlichen Gefolges«. Er ist der Verfasser eines Sammelwerkes (Tetrabiblon = Vierbuch, weil jedes der vier Bücher in vier Abschnitte unterteilt war), das vor allem auf Galenos und Oreibasios beruht. Aetios bringt aber auch eigene Einsichten und Beobachtungen. So beschreibt er eine Halsentzündung mit Gaumensegellähmung bei Kindern, die den Tod herbeiführen kann – einwandfrei das Bild der Diphtherie. Der Band über Augenheilkunde gilt als das beste Werk seiner Art aus der Antike. Aetios ist der erste Arzt, in dessen Schriften christliche Beschwörungsformeln auftauchen wie der »Blasiussegen«, durch den eine im Hals steckengebliebene Gräte gelöst werden soll.

Alexandros von Tralleis in Lydien kam um 525 als Sohn des Arztes Stephanos zur Welt. Sein Bruder Anthemios erbaute die Hagia Sophia (Kirche »Heilige Weisheit«) in Konstantinopel, die mit einer Kuppel von zweiunddreißig Meter Spannweite das größte Wunderwerk ihrer Zeit war. Seine erste Unterweisung bekam Alexandros von seinem Vater. Auf einer langen Studienreise durch Italien, Gallien, Spanien und Nordafrika vervollständigte er seine Kenntnisse. Er ließ sich schließlich in Rom nieder, wo er um 605 starb. Man vermutet, daß er Lehrer der Medizin gewesen ist, weil ein Teil seiner Abhandlungen in der Form von akademischen Vorträgen abgefaßt ist. Obwohl Alexandros nicht in Byzanz gewirkt hat, ist er der Zeit und dem Inhalt seines Werkes nach zu den byzantinischen Ärzten zu zählen.

Sein Hauptwerk behandelt in elf Bänden die Pathologie und Therapie der inneren Krankheiten; später kam noch ein zwölftes Buch über Fieber hinzu. Alexandros ist ähnlich wie Aetios einzuschätzen: ein belesener Schriftsteller, der aber keine eigenen neuen Gedanken bringt. Die lebendige, anschauliche Darstellungsweise seines Werkes trug Alexandros Ansehen und Hochschätzung ein. Für die mittelalterlichen Ärzte war er eine anerkannte Autorität. Im Interesse der Kranken empfahl er auch abergläubische Wunderkuren, die er zum Teil direkt aus der Volksmedizin geschöpft hat. Ein Sympathiemittel gegen Podagra (Gicht in der großen Zehe) lautete: »Man nehme ein goldenes Blatt und schreibe bei abnehmendem Monde die untenstehenden Worte darauf; dann binde man die Sehnen eines Kranichs darum und schließe es in eine dem Blatt entsprechende Kapsel ein, welche der Kranke an den Fersen tragen muß ...« Wissenschaftlich klingen seine Bemerkungen über die Veranlagung zu Augenleiden: »Wenn man kleine Dinge sehen will und sich Mühe gibt, starr darauf zu blicken, so entwickeln sich Entzündungen der Augen; ebenso werden Personen, welche sich beständig im Meere baden, in räucheriger Luft oder hauptsächlich in der Sonnenglut arbeiten und eine salzreiche Kost genießen, häufig von Augenleiden ergriffen ... Ferner erkranken solche, welche gern Bäder nehmen, reichlichem Geschlechtsgenuß frönen und in sehr heißen Orten, besonders in der Gegend des ägyptischen Theben, wohnen.« Alexandros war ein Freund von rigorosen Abführkuren, die er unter anderem bei Epilepsie und Podagra versuchte.

Zu den Bestrebungen Justinians, das Römertum zu erneuern und die Einheit des Reiches wiederherzustellen, gehörte auch seine große Rechtsreform. Er ließ das überlieferte römische Recht zusammenfassen und 534 als »Corpus iuris« publizieren. In diesem Reichsgesetzbuch werden auch medizinische Fragen und Belange des ärztlichen Lebens angeschnitten. Es werden die Dauer der Schwangerschaft, die Frage nach der Ehelichkeit eines Kindes, das Problem der Sterilität und besonders ausführlich der damals geradezu hoffähige Giftmord erörtert.

Justinian hob die öffentliche Bezahlung der Ärzte auf, sorgte aber gleichzeitig für gesetzliche Handhaben zur Eintreibung der Honorare. Der Wert von ärztlich ausgebildeten Sklaven wird mit sechzig Goldstücken festgelegt. Es ist auch von der Gutachtertätigkeit und von der Fahrlässigkeit bei der ärztlichen Behandlung die Rede. Sonst erfahren wir aus diesem Rechtswerk nichts über die Modalitäten der ärztlichen Praxis, die sich in Byzanz nicht anders als in Spätrom abgespielt haben wird.

Vorbild der Araber

In der ersten Hälfte des 7. Jahrhunderts trat ein byzantinischer Arzt hervor, der seiner Ausbildung nach Alexandriner war und als der letzte Vertreter der antiken Medizin anzusehen ist: Paulos von Aigina (625–690), einer Insel in der Nähe von Epidauros. Er wirkte gerade in Alexandreia, als die Stadt von den Arabern besetzt wurde. Hier muß ein fleißig kolportierter Irrtum berichtigt werden: Die Araber konnten Alexandreia kampflos übernehmen, nachdem die byzantinischen Behörden vereinbarungsgemäß abgezogen waren. Ebenso stimmt es nicht, daß die lerneifrigen Araber die dortigen Bibliotheken, soweit sie damals überhaupt noch bestanden, niedergebrannt haben.

Paulos wurde von den arabischen Ärzten, die fast noch keine eigene medizinische Literatur besaßen, sehr geschätzt. Wie seine Vorgänger faßte er das medizinische Wissen seiner Zeit noch einmal zusammen. Er nannte sein Werk über Medizin in sieben Bänden »Hypomnema« (Erinnerungsschrift). Nach Angaben arabischer Historiker soll er auch eine Abhandlung über Frauenkrankheiten verfaßt haben, die aber verlorengegangen ist. Für die Araber war er ihr großer Lehrmeister in der Chirurgie und Geburtshilfe. Medizingeschichtlich ist Paulos so bedeutsam, weil durch ihn ein großer Teil des antiken Heilwissens dem Mittelalter weitergegeben worden ist.

Das Chirurgiebuch des Paulos vermittelt einen Abglanz vom Hochstand der alexandrinischen Chirurgie, läßt aber auch selbständige Leistungen des Autors erkennen. Einen interessanten Einblick in die damalige Kriegschirurgie gewährt das Kapitel über die Entfernung von Pfeilspitzen. Wertvoll sind dabei die Angaben über die Kennzeichen der Verletzung lebenswichtiger Organe: »Wenn die Hirnhäute verwundet sind, ist ein heftiger

Kopfschmerz vorhanden, mit Glänzen und Rötung der Augen, mit Verwirrung der Sprache und des Bewußtseins. Wenn das Gehirn mitverletzt ist, findet sich Kollaps, Aphonie, Verzerrung der Gesichtszüge, galliges Erbrechen, Blutausfluß aus der Nase und dem Gehörgang, Entleerung einer weißen breiartigen Flüssigkeit durch die Wunde, wenn die Jauche daselbst einen Ausweg findet. Wenn ein Eindringen in die Brusthöhle stattgefunden hat, tritt Luft bei vorhandener Weite der Wunde aus. Bei Verwundung des Herzens findet sich der Pfeil nahe der linken Brustwarze, nicht wie in einem Hohlraum liegend, sondern wie in einem festen Körper steckend und bisweilen auch eine pulsierende Bewegung zeigend; dabei ist ein Ausfluß dunklen Blutes, wenn dasselbe einen Ausweg findet, vorhanden, mit Kälte, Schweiß und Ohnmacht, und ohne Verzug erfolgt der Tod. Ist die Lunge verwundet und die Öffnung der Wunde weit, so wird schaumiges Blut entleert, ist sie es aber nicht, so wird das Blut vielmehr erbrochen; dabei sind die Gefäße am Halse ausgedehnt, die Züge in ihrer Farbe verändert, die Kranken atmen mühsam ein und trachten nach Kühlung. Bei Verwundung des Zwerchfells erscheint der Pfeil in der Gegend der falschen Rippe eingedrungen, die Inspiration ist mühsam und geschieht mit Schmerzen und Seufzen in allen zwischen den Schultern gelegenen Teilen. Hat am Bauch eine Verwundung stattgefunden, so erkennt man dies aus dem Entleerten, wenn die Wunde weit ist oder wenn der Pfeil ausgezogen worden oder der Schaft abgebrochen ist; denn aus dem Magen fließt Chylus, aus den Därmen Kot ab. Bisweilen fällt auch Netz oder Darm vor; bei Verwundung der Blase entleert sich Urin.«

Bemerkenswert ist auch der Abschnitt über die operative Entmannung: »Während unsere Kunst den Zweck hat, die Körperteile, welche sich in einem widernatürlichen Zustand befinden, zu dem natürlichen zurückzuführen, erstrebt die Kastration das entgegengesetzte Ziel. Da wir jedoch häufig, auch gegen unseren Willen, von hervorragenden Personen genötigt werden, Eunuchen zu machen, soll in der Kürze die Art der Ausführung beschrieben werden.« Bei diesem Eingriff wurden die Hoden entweder zerquetscht oder herausgeschnitten.

Wenn auch Paulos von den Arabern den Beinamen »der Geburtshelfer« (al kawabeli) erhielt, ist seine Darstellung der operativen Geburtshilfe doch als recht mangelhaft einzuschätzen. Ihm ist vor allem anzulasten, daß die Wendung des Kindes auf die Füße bei Querlage bis zum 13. Jahrhundert aus der medizinischen Literatur verschwand. Der von Soranos beschriebene Handgriff, der ungezählten Müttern und Kindern das Leben gerettet hat, war noch von Aetios genau angegeben worden. Paulos erwähnt diesen wichtigen Eingriff so unklar, daß ihn die Araber nicht in ihre Literatur übernommen haben. An diesem Beispiel wird deutlich, welche Bedeutung ein einzelner Autor für die Tradition eines Wissensstoffes haben kann.

Gegenüber Oreibasois, Aetios, Alexandros und Paulos verblassen alle anderen medizinischen Schriftsteller der byzantinischen Zeit. Die vier genannten Autoren bilden die Höhepunkte medizinischen Wissens in der Spätantike. Paulos ist das Bindeglied zwischen griechischer und arabischer Heilkunde.

Im Harn liegt die Diagnose

Die chemische und mikroskopische Harnuntersuchung, heute ein alltägliches Hilfsmittel der Diagnostik, ist erst seit rund hundert Jahren gebräuchlich. Sie hat die Nachfolge der Harnschau oder Uroskopie angetreten, die zu den ältesten diagnostischen Maßnahmen gehört. Die antiken Ärzte betrachteten den Patientenharn recht genau; eventuell wurde die Inspektion des Harnes mit dem Auge durch die Feststellung von Geruch und Geschmack ergänzt. Nicht selten stellte der Arzt allein aufgrund der Harnschau, ohne den Kranken selbst gesehen oder untersucht zu haben, seine Diagnose.

Was Hippokrates über den spezifischen Bodensatz im Urin und Galenos über den Harn als das wichtigste Ausscheidungsprodukt der vier Kardinalsäfte geschrieben hatten, hat der byzantinische Arzt Theophilos im 7. Jahrhundert in eine schematische Form gepreßt, auf der die mittelalterliche Uroskopie basierte. Theophilos, mit dem Zunamen Protospatharios (Oberst der Garde), bespricht ausführlich alle Eigenschaften des Harnes und ihre Wertigkeit für Diagnose und Prognose. Er hat auch eine Schrift über den Puls hinterlassen, die den späteren Ärzten gleichfalls sehr imponierte.

Während des kulturellen Tiefstandes von der Mitte des 7. bis zum 9. Jahrhundert klafft in der medizinischen Literatur von Byzanz eine gewaltige Lücke. Die Schriften der folgenden Jahrhunderte zeugen von der Ausbildung einer subtilen Pulslehre und einer überstiegenen Harnschau. Jetzt machen sich auch orientalische Einflüsse bemerkbar: persische, arabische und indische Arzneimittel werden in den byzantinischen Heilschatz aufgenommen.

Der letzte hervorragende byzantinische Arzt Joannes Aktuarios (um 1300) schrieb über die immer beliebter gewordene Uroskopie ein grundlegendes Werk in sieben Büchern. Obwohl er im Gegensatz zur herrschenden Lehrmeinung der Harnschau keineswegs den Wert eines diagnostischen Universalmittels beigelegt hat, ist seine Harnschrift durch ihre weite Verbreitung für die Stellung der Harnschau in der mittelalterlichen Heilkunde von nachhaltiger Bedeutung gewesen. Jahrhundertelang blieb das Harnglas ein unentbehrliches Attribut auf allen Ärztebildnissen.

Nach der Ansicht des Joannes Aktuarios ist der Harn ein Ausscheidungsprodukt, das bei der Kochung in der Leber entsteht. Aus der Beschaffenheit des Harnes kann man Rückschlüsse auf die Veränderungen des ganzen Blutes bei Krankheiten machen. Daher ist es zweckmäßig, bei der Uroskopie auch den Puls zu beachten. Das Harngefäß soll aus weißem Glas gefertigt sein, die Form eines Trinkglases haben und in elf Grade eingeteilt sein. Beobachtet werden Farbe, Bodensatz und Wolkenbildung des Urins.

Sein Hauptwerk »Behandlungsmethoden«, das durch einen Mitschüler in Rußland verbreitet wurde, ist ganz im hippokratischen Geist auf die Individualisierung bei der Therapie ausgerichtet. Hier wird zum erstenmal der Peitschenwurm als Darmparasit erwähnt. Joannes Aktuarios fühlte sich der pneumatischen Schule verpflichtet, wohl weil sich deren Prinzipien am leichtesten mit der christlichen Weltanschauung vereinigen ließen. Daher rührt seine Vorliebe für Psychologie und Psychopathologie. In seinem bemerkenswerten Buch »Über die normalen und krankhaften Funktionen des Seelengeistes und die auf dieselben bezügliche Diät« entwickelt er die Hauptsätze der Psychophysik: Das Pneuma ist die materielle Grundlage der Seele und damit die Ursache der verschiedenen Seelentätigkeiten (Wahrnehmung, Einbildungskraft, Urteilsvermögen, Verstand, Vernunft). Von diesen ist die Vernunft vom materiellen Pneuma am unabhängigsten. Das Pneuma kann durch körperliche Krankheiten in Mitleidenschaften gezogen werden. Besonders ausführlich geht der Verfasser auf die Einflüsse der Lebensweise (Nahrung, Schlaf, Bewegung, Bäder usw.) auf die Geistestätigkeiten ein.

Joannes Aktuarios erweist sich durch seine Schriften als feinsinniger Arztphilosoph, der mit seiner klaren Beobachtungsgabe und gesunden Urteilskraft seine Zeitgenossen weit überragt. Der Beiname »Aktuarios« bedeutet nichts anderes als »Hofarzt«. Am Ende des byzantinischen Zeitalters hatte die Bezeichnung »Aktuarios« (wörtlich: Beamter) den spätrömischen Titel »Archiater« abgelöst.

Die Geburt des Hospitals

Im Zeitalter der byzantinischen Medizin kam es zu keiner Weiterentwicklung der antiken Grundlagen der allgemeinen Krankheitslehre; lediglich die Kenntnis einzelner Krankheiten wurde erweitert. Wichtiger ist die Rolle von Byzanz als Träger der medizinischen Tradition – die Medizin der Araber und des abendländischen Mittelalters hätten ohne die Vermittlung des antiken Heilwissens durch Byzanz niemals ihren Stand erreicht. Darüber dürfen die mehr organisatorischen Leistungen der byzantinischen Heilkunde nicht vergessen werden. Das Heeressanitätswesen, an dem der Staat besonders interessiert war, wurde wesentlich verbessert: In der Gesetzessammlung Justinians werden erstmalig Ärzte erwähnt, die die Soldaten auf ihre Tauglichkeit zu untersuchen hatten. Unter Kaiser Maurikios (582–602) wurden bei der Kavallerie Sanitätssoldaten – etwa acht bis zehn auf zweihundert bis vierhundert Reiter – eingestellt, die die Schwerverwundeten zu laben und zu bergen hatten; sie führten Feldflaschen mit sich; sie mußten auch die Waffen der Verwundeten einsammeln und erhielten für jeden Geretteten eine Geldprämie. Auf den größeren Kriegs- und Handelsschiffen gab es besondere Schiffsärzte.

Die durch das Christentum angeregte Entwicklung des Krankenpflegewesens und des Krankenhauses wurde im Oströmischen Reich großzügig gefördert. Die Pflegeheime der Hochkulturen von Indien und China sowie die Asklepieien und Iatreien in Hellas und die Valetudinarien für Sklaven und für Soldaten im Römischen Reich waren die Vorläufer des christlichen Hospitals.

Das christliche Gebot zur Nächstenliebe bezog sich insbesondere auf Arme, Kranke, Witwen und Waisen sowie Fremde auf der Durchreise. In der Urkirche wurden im Jahre 112 Diakone (Diener) von den Bischöfen zur Betreuung der Armen und Kranken eingesetzt. Um 300 werden erstmals auch Diakonissen erwähnt, die sich neben sakramentalen Handlungen auch der Pflege kranker Frauen widmen sollten. Der Kirchenvater Hieronymus aus Stridon in Dalmatien (um 345–420) berichtete von der römischen Patrizierin Fabiola, die wegen ihres gottgefälligen Lebens heiliggesprochen wurde. Nach dem Tode ihres Mannes hatte sie ihren Besitz verkauft und den Erlös unter die Armen verteilt. Später ließ sie sich in Ostia nieder und gründete um 380 ein Hospital. Fabiola nahm alle Kranken und Siechen, die sie auf den Straßen der Stadt fand, in ihr Heim auf und pflegte sie mit großer Hingabe. »Die Armen wünschten krank zu werden, nur um in ihre Pflege zu kommen«, bemerkte Hieronymus.

Das Mönchtum, um das Jahr 300 in Ägypten entstanden, zeigt besonders enge Verbindungen mit der Krankenpflege. Pachomios (um 292–346) begründete im Jahre 315 in Tabennisi am Nil (Oberägypten) das Klosterleben, indem er seine Jünger zu einer engen Gemeinschaft vereinigte und sie dem Abt gegenüber zum Gehorsam verpflichtete. Seine Mönchsregel enthält auch Bestimmungen über die Unterbringung und Pflege der erkrankten Mitbrüder. Für die Kranken, denen die Fastenvorschriften nachgesehen wurden, gab es ein eigenes Haus.

Auf dem Konzil von Nicaea (Nikaia) in Bithynien (325)

wurde unter anderem beschlossen, Heime für Kranke, Invalide und andere Hilfsbedürftige zu errichten. Jeder Bischof sollte in Verbindung mit seinem Haus oder der Kirche eine solche Anstalt gründen. Schon davor waren in der neuen Reichshauptstadt Konstantinopel Fremdenherbergen (Xenodocheia) eingerichtet worden, um durchreisenden Pilgern ein Obdach zu bieten. Der große Zustrom von Bedürftigen aller Art hatte zur Folge, daß sich in den größeren Städten diese Anstalten spezialisierten; es gab dann folgende Heime: Nosokomeion (Krankenhaus), Ptochotropheion (Armenhaus), Gerontokomeion (Altersheim), Brephotropheion (Säuglingsheim), Orphanotropheion (Waisenhaus), Cherotropheion (Witwenheim).

Neben Kirchen und Klöstern traten auch Privatpersonen, besonders Angehörige der christlichen Herrscherfamilien, als Stifter solcher Anstalten auf. Viele hochgestellte Frauen, auch Kaiserinnen und Königinnen, verrichteten freiwilligen Pflegedienst im Xenodocheion. Über die Gemahlin des Kaisers Theodosius I. berichtete Theodoretos (um 390–458), Bischof von Kyrrhos bei Antiocheia: »Sie richtete mit eigenen Händen die Betten, sie reichten den Kranken selbst die Speiseschalen, sie kostete ihre Nahrung, sie griff überall zu, sie brach den Kranken das Brot, sie reichte ihnen die Bissen, sie wusch das Geschirr und verrichtete alle die Arbeiten, die sonst Sklaven und Mägde verrichteten.«

Das erste große Hospital, das bereits den Charakter eines öffentlichen Krankenhauses aufwies, erbaute der Bischof Basileios der Große (329–379) vor den Toren seiner Bischofsstadt Kaisareia in Kappadokien (heute Kayseri in der Türkei) um 370. Es handelte sich dabei nicht um ein einzelnes Gebäude, sondern um einen neuen Stadtteil, der »Basilias« genannt wurde. Um eine Kirche herum war eine große Anzahl von Häusern aller Art angeordnet: neben Gebäuden für Kranke, Alte, Arme, Obdachlose und durchreisene Fremde gab es Wohnhäuser für Beamte und Pflegepersonal, Werkstätten und Wirtschaftsgebäude. Hier fand man auch Isolierhäuser für ansteckende Kranke und eine eigene Abteilung für Aussätzige. In einer überlieferten Predigt tadelte Basileios die übertriebene Angst vor der Ansteckung durch Aussatz, weil sie zu einer unmenschlichen Absonderung der Aussätzigen führe. Über Basileios heißt es: »Er, der einer edlen Familie angehörte und in seiner Jugend niemals Ungemach kennengelernt hatte, gab den Aussätzigen die Hand, umarmte sie, versicherte sie durch Bruderkuß seiner Hilfe und pflegte sie selbst.« Die Basilias war durch Selbstbewirtschaftung und großen Landbesitz ein wirtschaftlich unabhängiges Gemeinwesen. In den Werkstätten konnte man ein Handwerk erlernen – man betrieb also bereits eine Art Rehabilitation der Genesenen.

Basileios war überhaupt der Medizin sehr zugetan; er hielt sie unter allen profanen Wissenszweigen am meisten des Studiums würdig. Ihm wird auch die erste Erwähnung der Meerwasserdestillation zugeschrieben: Daß der Regen über dem Meer als Süßwasser niederfällt, ist auf die Verdunstung des salzigen Meerwassers zurückzuführen, das bei diesem Vorgang seine Bitterkeit verliert. Basileios kannte auch den Notbehelf von Seeleuten, auf See Trinkwasser zu gewinnen: sie sieden das Meerwasser und fangen die Dämpfe in Schwämmen auf.

In den folgenden Jahrhunderten entstanden überall in Kleinasien, im griechischen Ostrom und im lateinischen Westrom weitere Hospitäler. Besondere Bedeutung erlangte die Krankenanstalt in Edessa im syrisch-persischen Grenzland. Die christliche Kirche hatte gegen Ende des 2. Jahrhunderts in Syrien Fuß gefaßt und Lehranstalten errichtet, in denen Schriften aller Wissensgebiete, auch der Medizin, aus dem Griechischen in das Syrische übersetzt wurden. Der Kirchenschriftsteller und Hymnendichter Ephraim der Syrer (um 306–373), ein Freund des heiligen Basileios, eröffnete in Edessa während einer Hungersnot ein Notspital, indem er in den Säulenhallen der Stadt dreihundert Betten aufstellen ließ. Unter Bischof Rabulas (gestorben 435) wurde diese Gründung erweitert; außerdem errichtete er zwei weitere Spitäler, so daß Edessa schließlich drei Krankenanstalten besaß: ein von Mönchen geleitetes Männerspital, ein von Klosterschwestern betreutes Frauenspital und ein Aussätzigenspital vor den Stadttoren. Gleichzeitig entstand eine Ärzteschule. Hier in Edessa konnten sich die Nestorianer, deren Lehre 431 vom Konzil zu Ephesos als Irrlehre verurteilt worden war, mächtig entfalten. Die Ketzerverfolgungen unter

Kaiser Zenon I. (476–491) zwangen die nestorianischen Gelehrten 489 zur Flucht aus Edessa nach Persien.

Die byzantinischen Hospitäler gaben das Vorbild für die islamischen Krankenanstalten in Asien und Afrika.

Das Kloster des Pantokrator

Das berühmteste Krankenhaus von Byzanz wurde 1136 von Kaiser Joannes II. Komnenos und seiner Gemahlin Irene in Verbindung mit dem Kloster des Pantokrator (des Weltherrschers) gegründet. Durch die Stiftungsurkunde sind wir genau über die Organisation des Krankenhausbetriebes orientiert. Zu dem Kloster gehörten neben dem Krankenhaus noch eine Ärzteschule, Apotheke, Bäder, Altersheim und Wirtschaftsbetriebe. Die fünfzig Betten des Hospitals waren auf folgende Abteilungen aufgeteilt: eine chirurgische mit zehn Betten; eine innere mit acht Betten, auf der auch Augenkranke aufgenommen wurden; zwei Abteilungen mit je zehn Betten für chronisch Kranke; eine mit zwölf Betten für Entbindungen. Jede Abteilung hatte noch ein Reservebett für Notfälle. Außerdem gab es ein Ambulatorium, in dem eine Sprechstunde für die Bewohner von Byzanz abgehalten wurde, die gegebenenfalls auch in ihren Wohnungen besucht wurden. Dem Hospital war noch ein Asyl für Patienten, die an der »Heiligen Krankheit« leiden, angeschlossen; allerdings verstand man unter dieser Bezeichnung damals nicht mehr die Epilepsie, sondern den Aussatz (Lepra).

Als kaiserliches Musterinstitut war das Hospital mit ärztlichem Personal reichlich versehen: zwei Chefärzte, vierzehn Ärzte (darunter zwei Oberärzte), eine Ärztin, acht Assistenten oder Feldscherer, ein Bruchschneider, fünf Apotheker, eine Hebamme. Die Ärzteschule, an der vorwiegend Ärztekinder ausgebildet wurden, hatte einen eigenen Rektor. Zwei Klosterärzte sorgten für die kranken Mönche, die nicht in das Hospital verlegt wurden, sondern im Kloster selbst verblieben.

Der Dienst der Ärzte war genau geregelt. Die Ärzte waren in zwei Gruppen eingeteilt, die ihren Dienst in monatlichem Turnus wechselten. Visite wurde im Sommer zweimal, sonst einmal

Abb. V, 11: Christus und der Centurio

Abb. V, 12: Heilung des Gichtbrüchigen

am Tage abgehalten. In bestimmten Abständen überzeugte sich der Chefarzt von der ordnungsgemäßen Behandlung und Pflege der Kranken. Die Ärzte kontrollierten auch Kost und Küche. Alles war – typisch für byzantinische Verhältnisse – genau geordnet und geregelt. Die Ärzte feierten zusammen den Festtag der Ärzteheiligen Kosmas und Damian (s. S. 347), an dem sie noch besondere Geldgeschenke erhielten.

Anna Komnene (1083–1148), die Schwester des Kaisers, besaß vorzügliche medizinische Kenntnisse. Bei den Beratungen der Leibärzte während der letzten Krankheit ihres Vaters, des Kaisers Alexios I. Komnenos (1081–1118), führte sie den Vorsitz. Sie verfaßte auch eine Biographie ihres Vaters, in der seine sachkundig aufgezeichnete Krankengeschichte enthalten ist. Anna Komnene beteiligte sich mit Hingabe an den Stiftungen von Schulen, Waisenhäusern, Altersheimen und ähnlichen Anstalten. Sehr lebendig beschrieb sie das Milieu eines solchen Alters- und Invalidenheimes: »Dort kann man sie in Scharen einhergehen sehen, Blinde, Lahme oder mit anderen Leiden Behaftete, eine ganze Säulenhalle voll Menschen, an den Gliedern oder am ganzen Leib verstümmelt. In zwei Stockwerken wohnen diese Verstümmelten oder Verkrüppelten, Männer und Frauen, die einen oben weilend, die anderen unten am Boden kriechend. Wollte man alle besehen, man hätte vom Morgen bis zum Abend zu tun, so groß ist der Kreisbau, in dem sie Nahrung und Unterkunft erhalten.«

Die Krankenpflege lag in den Händen von Diakonen und Diakonissen, Jungfrauen und Witwen, Mönchen und Klosterschwestern. Ursprünglich haben sich zwar die Mönche nur gelegentlich der Krankenpflege gewidmet, doch wurde diese im Laufe der Zeit eine der vornehmsten Aufgaben der Klosterangehörigen beiderlei Geschlechts. Eine besondere Kategorie von Krankenpflegern waren die Parabolani (Krankenpfleger oder Krankenträger). Ihre Gründung wird auf den Bischof Dionysios von Alexandreia im 3. Jahrhundert zurückgeführt. Es handelte sich um kirchlich angestellte Männer, die sich um die Hilfsbedürftigen zu kümmern hatten. Die Parabolani besuchten die Kranken in ihren Wohnungen und geleiteten sie in ein Hospital. Sie hatten damit ähnliche Aufgaben wie die heutigen Rettungswachen. Die Zahl dieser Krankenträger war zeitweilig sehr groß: eintausendeinhundert in Konstantinopel und fünf- bis sechshundert in Alexandreia. Ihr Ansehen schwand sehr bald, da es unter ihnen viele rauhe und zwielichtige Kreaturen gab. Die Ärzte klagten, daß sich manche Parabolani zu Kurpfuschern mauserten. Diese Gründe und die Zuchtlosigkeit der Parabolani beschleunigten ihren Untergang in der zweiten Hälfte des 5. Jahrhunderts.

Der rasche Siegeszug des christlichen Hospitals beweist, wie sehr in der Antike eine solche Krankenanstalt gefehlt hat. Kaiser Julian Apostata wollte die Entwicklung aufhalten und verfügte die Errichtung von heidnischen Xenodocheia, die den christlichen Krankenhäusern Konkurrenz machen sollten. Diese Anordnung des Kaisers ist wegen seiner kurzen Regierungszeit nicht realisiert worden. Das Krankenhaus blieb durch das ganze Mittelalter eine christliche Angelegenheit.

VI

Die Medizin in Bibel und Talmud

Ist die Bibel ein Lehrbuch?

Die Bibel ist weder ein historisches noch ein naturwissenschaftliches Werk, sondern ein Religionsbuch. Das Christentum erhebt den Anspruch, die übernatürliche Offenbarung zu verkünden. Das auserwählte Werkzeug dieser Offenbarung ist im Alten Testament das Volk Israel und im Neuen Testament endgültig Jesus Christus. Da die Heilige Schrift eine in der Geschichte erfolgte Offenbarung ist, darf man ihre Aussagen nur an den Verhältnissen und Voraussetzungen der damaligen Welt messen. Der Versuch, die geschichtlichen, geographischen, genealogischen, chronologischen, naturwissenschaftlichen und medizinischen Fakten der Bibel im Lichte der modernen Forschungsergebnisse zu deuten, muß in die Irre führen. Die Aussagen der Bibel zielen nicht auf geschichtliche und naturwissenschaftliche Erkenntnisse, sondern auf die Erkenntnis Gottes und seines Handelns in Schöpfung und Geschichte.

Der Talmud ist in erster Linie ein Gesetzesbuch; hierbei werden medizinische Angelegenheiten hauptsächlich unter hygienischen und sanitätspolizeilichen Gesichtspunkten erörtert. Von einer medizinischen Systematik kann daher nirgends die Rede sein. Der Berliner Arzt Julius Preuss folgerte in seinem umfassenden Werk über »Biblisch-talmudische Medizin« (1923): »Es gibt also keine ›Medizin des Talmuds‹, die zu der Medizin etwa des Galen oder des Susrutas in Parallele gesetzt werden dürfte, und es gibt auch keine jüdische Medizin in dem Sinne, wie wir von einer ägyptischen oder griechischen Heilkunde sprechen.«

Die Abfassung des Talmuds erstreckt sich vom 2. bis zum 6. Jahrhundert n. Chr.; er gewährt einen Einblick in die Heilkunde der Juden während dieser Zeitspanne; doch ist zu berücksichtigen, daß die Lehren der einzelnen talmudischen Autoren zum Teil noch viel weiter zurückgehen. Eine genaue Datierung der verschiedenen Lehren ist leider nicht möglich, da die meisten Verfasser anonym geblieben sind.

Das alttestamentliche Israel hat keine eigenständige wissenschaftliche Medizin entwickelt. Die jüdische Heilkunde dieser Zeit war Volksmedizin, die ägyptische, babylonische, assyrische und griechische Anschauungen nur vereinzelt aufgenommen hat. Da in Alexandreia viele Juden gleichberechtigt mit den Griechen gewohnt haben, ist es durchaus denkbar, daß unter den Alexandrinern auch jüdische Ärzte gewesen sind. Das sind aber lediglich Vermutungen, über die erst nach weiterer Nachforschung der alexandrinischen Geschichte geurteilt werden kann.

Das Alte Testament umfaßt eine Reihe religiöser Literaturdenkmäler, die zwischen 1300 v. Chr. und 50 v. Chr. entstanden sind. Man zählt neununddreißig Bücher, die in drei Gruppen geordnet werden: 1. Geschichtsbücher; 2. Lehrbücher; 3. Propheten.

Die meisten Schriften sind in hebräischer Sprache abgefaßt worden, nur ein kleiner Teil ist aramäisch. Die apokryphen (= verborgen, geheim) Schriften des Alten Testaments sind solche Schriften des späteren Judentums aus vorchristlicher Zeit, die vom gottesdienstlichen Gebrauch ausgeschlossen waren; hierher gehören die Bücher Judith, Tobias, Baruch, Jesus Sirach und andere; sie wurden zwischen 200 v. Chr. und 100 n. Chr. in der Mehrzahl bereits in griechischer Sprache niedergeschrieben.

Die siebenundzwanzig Bücher des Neuen Testaments gehen auf Bücher und Briefe zurück, die von der Mitte des 1. Jahrhunderts n. Chr. bis Anfang des 2. Jahrhunderts n. Chr. abgefaßt worden sind. Man unterscheidet nach dem Inhalt: die Evangelien, die Apostelgeschichte, die Paulus-Briefe, die Katholischen Briefe (führender Männer der Urkirche) und die Offenbarung des Johannes (Apokalypse). Die Sprache des Neuen Testaments ist das Griechisch der Jahrhunderte um Christi Geburt.

Die älteste griechische Übersetzung des Alten Testaments heißt Septuaginta (lateinisch: LXX = siebzig); einer Legende zufolge ließ König Ptolemaios II. Philadelphos (285–246 v. Chr.) die Mosesbücher ins Griechische übertragen, was zweiundsiebzig Tage gedauert haben soll. Die übrigen Bücher wurden nach und nach übersetzt; um 130 v. Chr. lag die vollständige Übersetzung vor. Die Septuaginta wurde die Bibel der christlichen Urgemeinde.

Die maßgebliche lateinische Übersetzung der Bibel, die Vulgata (»die Verbreitete«), wurde von Hieronymus im Auftrag des Papstes Damasus I. ab 383 erarbeitet; zuerst revidierte er das Neue Testament, anschließend von 390–405 in Bethlehem das Alte Testament. Die Vulgata wurde auf dem Konzil von Trient 1546 zum authentischen Text erklärt.

Die jüdische Religion stützt sich einerseits auf das Alte Testament, die schriftliche Lehre, und andererseits auf die mündliche Überlieferung als Erläuterung und Ergänzung der ersteren. In der ersten Hälfte des 2. Jahrhunderts n. Chr. wurde das umfangreiche Material der mündlichen Überlieferung schriftlich festgehalten und geordnet. So entstand ein Werk aus dreiundsechzig Traktaten, das Mischna (»Wiederholung«, auch »mündliche Unterweisung«) genannt wurde. Eine Sammlung von Diskussionen, geordnet nach den einzelnen Sätzen der Mischna, wurde unter dem Namen Gemara vereinigt. Mischna und Gemara zusammen heißen Talmud (Lehre, Unterweisung). Man unterscheidet einen palästinensischen oder Jerusalemer Talmud aus dem 3. Jahrhundert und einen babylonischen Talmud aus dem 5. Jahrhundert n. Chr.; letzterer genießt das größere Ansehen.

Das Gesetz Mose

Die ersten fünf Bücher des Alten Testaments laufen bei den Juden unter den Bezeichnungen »Bücher des Gesetzes«, »Gesetz Mose« oder einfach »Das Gesetz« (Thora). Die Kirchenväter nannten sie »Pentateuch« (»Das fünfteilige Buch« oder »Die fünf Schriftrollen«). Die Titel der fünf Bücher sind bei den Juden einfach die jeweiligen Anfangsworte; bei den Christen sind die Titel auf den Inhalt der Bücher bezogen:

	Jüdisch	Christlich
1. Buch Mose:	Bereschit (Am Anfang)	Genesis (Entstehung)
2. Buch Mose:	Weelläh schemot (Und dies sind die Namen)	Exodus (Auszug)
3. Buch Mose:	Wajjikhra (Und er rief)	Levitikus (Buch der Leviten)
4. Buch Mose:	Wajedabber (Und er sprach)	Numeri (Zahlen)
5. Buch Mose:	Elläh haddebarim (Dies sind die Worte)	Deuteronomium (Zweites Gesetz = Wiederholung des Gesetzes)

Berichte, Geschlechtsregister, Gesetze und Reden bilden den Inhalt der Mosebücher; sie handeln von Abstammung und Entstehung, Jugend und Lehrzeit Israels. Die fünf Bücher des Gesetzes tragen keinen Verfassernamen; Tradition und einzelne Textzeugnisse sprechen für die Niederschrift durch Mose nach dem Auszug Israels aus Ägypten (1445 bzw. 1270 v. Chr. nach der Früh- bzw. Spätdatierung).

Die von Mose erlassenen hygienischen Vorschriften gipfeln in den Keuschheits-, Reinheits- und Speisegesetzen. Die Pflege der Neugeborenen und Säuglinge war in Israel eine wichtige Angelegenheit. Zahlreiche Kinder bedeuteten Freude und Glück, sie waren ein Geschenk Gottes. Kinderlosigkeit galt als Strafe des Herrn. Unfruchtbare Frauen wurden verspottet oder bemitleidet. Die Kinder wurden von der Mutter zwei bis drei Jahre lang genährt. Nur in fürstlichen Familien oder wenn die Mutter krank oder verstorben war, stillte eine Amme die Kinder. Die einzelnen Anweisungen dienten dazu, die Sprößlinge vor Erkältungen, Sonnenstich und andere Krankheiten zu schützen.

Durch die Keuschheitsgesetze verbot Mose jeden vor- und außerehelichen Geschlechtsverkehr. Besonders ausführlich wird der Ehebruch mit den verschiedenen Blutsverwandten behandelt; stets wird die Todesstrafe angedroht. Selbst der Verkehr mit der eigenen Ehefrau während der »Zeit ihrer Reinigung« (Monatsblutung) wird mit dem Tod beider geahndet.

Die Frau war während der Menstruation unrein, sie mußte sieben Tage in ihren Gemächern abgesondert bleiben; danach hatte sie zwei Turteltauben zu opfern. Wer eine unreine Frau berührte, mußte sich baden und seine Kleider waschen; außerdem war er bis zum Abend selbst unrein.

Der Gläubige durfte nur im Zustand der Reinheit am Gottesdienst teilnehmen. Kultische oder levitische Unreinheit konnte auf folgende Weise entstehen: Essen unreiner Tiere (Kamel, Kaninchen, Hase, Schwein, Adler, Habicht, Raben und viele andere Vögel, Fledermaus, Igel, Schlangen usw.); die Erkrankung an Aussatz; Menstruation, krankhafte Blutung, Wochenbett; Samenerguß und Eiterausfluß aus dem Glied; Berührung eines menschlichen Leichnams oder von Aas. Zur Reinigung dienten Waschungen und Sühneopfer. Manche dieser Verordnungen hatten neben ihrer religiösen Bedeutung eine hygienische »Nebenwirkung«: die Abwehr ansteckender Krankheiten. Man darf aber nicht in den Fehler verfallen, das biblische »unrein« mit »infektiös« gleichzusetzen! Gewiß können sich beim Räuchern antiseptisch wirkende Dämpfe bilden; trotzdem kann man noch nicht von einer Desinfektion sprechen. Tatsache ist allerdings, daß in den Vorschriften aller religiösen Bücher des Orients (Bibel, Avesta, Koran) die Körperpflege und die Vorbeugung von Krankheiten einen großen Raum einnehmen – was zweifellos mit den klimatischen Bedingungen in Vorderasien zusammenhängt. Gewisse kultische Reinigungszeremonien lassen sich auf ursprünglich körperlich gemeinte Maßnahmen zurückführen. Trotzdem muß noch einmal betont werden, daß die Bibel ein religiöses Werk, aber kein Handbuch der Hygiene ist.

Die biblischen Speisegesetze gehören sinngemäß ebenfalls zu den Reinheitsgesetzen. Wir haben es wiederum mit einem Komplex von kultischen, ethischen und hygienischen Beweggründen zu tun. Fleisch durfte nur unter folgenden Voraussetzungen genossen werden:

1. Das Fleisch mußte von einem reinen Tier stammen (Rind, Schaf, Ziege, Hochwild, Gans, Huhn, Ente, Taube, Pute).
2. Die Tiere mußten vorschriftsmäßig geschlachtet werden: Durchschneiden des Halses unterhalb des Kehlkopfes mit

einem schartenlosen Messer; hierbei tritt der Tod durch Verbluten ein.

3. Das Tier darf keine innere oder äußere Verletzung oder Veränderung eines Organs bei der obligatorischen Fleischbeschau aufweisen.
4. Verboten war auf jeden Fall der Genuß von Blut, Gekröse und Nierenfett, Hüftnerven sowie von Fleischstücken eines lebenden Tieres.
5. Fleisch darf nicht zusammen mit Milch, Milchprodukten (Butter, Käse) und Milchspeisen gekocht oder verzehrt werden.
6. Es ist unstatthaft, Muttertier und Junges am selben Tag zu schlachten.
7. Vor dem Kochen muß das Fleisch von etwa anhaftendem Blut befreit werden.

Wir erfahren nur für das Verbot des Blutgenusses einen Grund: »Denn des Leibes Leben ist in seinem Blut, solange es lebt, und ich habe den Kindern Israels gesagt: »Ihr sollt keines Leibes Blut essen. Denn des Leibes Leben ist in seinem Blut. Wer es ißt, der soll ausgerottet werden.« (3. Mose 17, 14) und »Allein merke, daß du das Blut nicht essest; denn das Blut ist die Seele, darum sollst du die Seele nicht mit dem Fleisch essen, sondern sollst es auf die Erde gießen, wie Wasser.« (5. Mose 12, 23–24). Durch den Genuß des tierischen Blutes würde der Mensch zum Tier gemacht werden. Außerdem waren Blut und die verbotenen Fettarten bevorzugte Opfergaben. Schließlich richtete sich dieses Verbot gegen den Götzendienst: der Genuß von Blut war ein kultischer Brauch benachbarter Völker. Zuletzt noch eine Erfahrungstatsache: ausgeblutetes Fleisch hält sich, besonders in heißen Gegenden, besser als blutiges Fleisch.

Recht einleuchtend ist eine weitere Vorschrift: Der Genuß eines Tieres, das eine für den Menschen tödliche Droge gefressen hat oder von einer Schlange oder einem tollen Hund gebissen worden ist, ist lebensgefährlich und deshalb verboten. Nichts ist einzuwenden, wenn das Tier Dinge gefressen hat, die zwar dem Tier selbst, nicht aber dem Menschen schaden.

Mose gestattete seinem Volk eine gemischte Fleisch- und Pflanzenkost. Jedermann ist die Sehnsucht der Juden nach den

Fleischtöpfen Ägyptens geläufig. Erst in der Zeit des Jesus Sirach (um 200 v. Chr.) wurde die vegetarische Ernährung propagiert.

Brot, Hülsenfrüchte und Zwiebel waren die Hauptnahrungsmittel der Juden; ihre Lieblingsspeisen waren Milch und Honig wilder Bienen. Fleisch und Fische wurden nur selten genossen. Getrunken wurde Wasser, gewässerter Traubenwein, Dattelwein und ein saures Getränk (Essig mit etwas Öl vermischt) zur Erfrischung. Den Priestern war es bei Todesstrafe verboten, vor dem Betreten des Heiligtums ein berauschendes Getränk zu sich zu nehmen. Das Gelübde der Nasiräer, die sich für eine begrenzte Zeit oder für ihr ganzes Leben völlig Gott weihten, umfaßte auch die absolute Enthaltsamkeit von Wein und anderen berauschenden Getränken.

Kleidung, Wohnung und Grab

Als Untergewand trug man ein knielanges Hemd aus Wolle oder Leinen; darüber wurde gelegentlich ein bis zu den Knöcheln reichender Leibrock mit Ärmeln angezogen. Die Kleidung wurde mit einem Gürtel aus Leinwand oder Leder zusammengehalten; in ihm steckten Waffen, Geld oder Schreibzeug. Als Oberkleid diente ein Mantel, in den sich die Armen und die Hirten nachts einwickelten. Die Quasten an den Ecken des quadratischen Mantels sollten an die Gebote Gottes erinnern. Den Kopf bedeckte man mit einem dreieckig gefalteten Tuch, das mit einer Schnur befestigt wurde. An die Füße waren Ledersandalen mit Riemen gebunden. Arme, Trauernde und Gefangene gingen barfuß.

Die Kleidung der Frauen war länger, weiter und aus feineren Stoffen. Kopf und Gesicht bedeckten sie mit einem lang herabfallenden Schleier oder Kopftuch. Die Frauen fertigten die Kleider selbst an, von denen sie einen großen Vorrat besitzen wollten.

Die Festkleidung sowie die Kleidung der Vornehmen, der Königsfamilie und der Hohenpriester war aus kostbaren Stoffen (Scharlach, Purpur und Seide) und mit Stickerei und Gold verziert. Die Propheten trugen einen rauhen Schaffellmantel und ein Kamelhaarkleid mit Ledergürtel.

Aussätzige waren schon von weitem durch ihre zerrissene Kleidung kenntlich. Sonst sollte die Gebärde des Kleiderzerreißens Trauer und Buße, Abscheu und Entsetzen ausdrücken.

Die Männer trugen in Israel wie die Babylonier und Assyrer langes Kopf- und Barthaar. Das Haar wurde nur von Zeit zu Zeit mit dem Schermesser gekürzt. Völlig abgeschnitten wurde das Haar bei der Weihe der Leviten, bei der Reinigung eines Aussätzigen und bei der Beendigung des Nasiräergelübdes. Ansonsten galt Kahlköpfigkeit als Schande. Geschorene Haare kennzeichneten auch die Ehebrecherin. Männer und Frauen salbten ihr Haar mit Öl. Locken waren sehr beliebt; man verwendete vermutlich aus Ägypten stammende Lockenwickler. Die Frauen schminkten ihre Augen mit Antimon und trugen verschiedene Schmucksachen (Armbänder, Ohr- und Nasenringe). Selbstverständlich benutzte man Kämme und Metallspiegel.

Ihre Häuser errichteten die Juden mit Vorliebe an Abhängen, die nach Osten exponiert waren; dadurch hatte die gesunde Luft der trocken-warmen Kontinentalwinde Zugang zu den Wohnungen. Da sich das Leben zumeist im Freien abspielte, bestand das Haus ursprünglich nur aus einem Raum mit einem tiefer gelegenen Teil für das Vieh und einem höher gelegenen als Schlafraum für die Menschen. Die späteren Häuser mit mehreren Räumen waren um einen Innenhof angeordnet, in dem Backofen und Zisterne standen. Auf einem Fundament aus Feldsteinen waren die Mauern aus Lehmziegeln oder Quadersteinen hochgezogen. Die Fensterlöcher waren mit Vorhängen verhängt. Das Innere der Häuser war mit Holz ausgekleidet. Während der kurzen Kälte der Wintermonate konnte man die Räume mit Öfen oder Kohlenbecken heizen. Die Innenausstattung war sehr einfach. Der Fußboden bestand genauso wie das flache Dach aus gestampftem Lehm. Bei großer Hitze schlief man in Zelten auf dem Dach, das durch ein Geländer gesichert war. Die hölzernen Türen konnten verschlossen werden.

Die Versorgung mit Trinkwasser war ein ernstes Problem. Quellen standen nur ausnahmsweise zur Verfügung. Am häufigsten waren Zisternen, in denen das Regenwasser gesammelt wurde. Sie wurden entweder in die Erde gegraben oder über der Erde gebaut; um das Wasser vor Erwärmung und Verunreinigung zu schützen, wurden die Zisternen mit Steinen zugedeckt.

Jerusalem hatte nur eine außerhalb der Mauern gelegene Quelle. Ihr Wasser wurde unter König Hiskia (um 700 v. Chr.) in einem fünfhundertfünfunddreißig Meter langen Kanal zum Siloateich und von dort weiter in die Stadt geleitet.

Die Abwasserverhältnisse waren ganz primitiv. Da man aber auf Reinhaltung von Haus oder Zeltlager großen Wert legte, mußte man zur Notdurft weit gehen. Im 5. Buch Mose 23, 12 und 13 heißt es: »Und du sollst außen vor dem Lager einen Ort haben, dahin du zur Not hinausgehst. Und sollst ein Schäuflein haben, und wenn du dich draußen setzen willst, sollst du damit graben; und wenn du gesessen bist, sollst du zuscharren, was von dir gegangen ist.« Dieses »Erdklosett« ist den Soldaten noch heute als »Spatengang« geläufig. In der Nähe fester Wohnstätten dienten aufgestellte Steine als Abort. Nur in Notfällen benutzte man einen Leibstuhl zu Hause. Nach dem Stuhlgang reinigte man den After – wie allgemein im Altertum – mit Steinchen, die man in einem Säckchen bei sich trug; dazu nahm man die linke Hand, weil die rechte zum Essen da war.

Die Abfälle wurden auf Dunghaufen am Hause und auf der Straße gebracht. In Jerusalem war das verboten; dort mußte der Dung durch das »Dungtor« aus der Stadt befördert werden. Die Straßen Jerusalems wurden jeden Tag gefegt; es gab auch schon vereinzelt eine Straßenbeleuchtung.

Um einen Scheintod auszuschließen, soll man vor der Bestattung das »Bersten des Leibes«, also die Auftreibung des Leibes durch Verwesungsgase, abwarten. Dem Toten wurden die Augen geschlossen, die Kiefer zusammengebunden und die Leibesöffnungen (Nase und After) zugestopft; sodann wurde der Tote gewaschen, gesalbt und in ein großes Tuch gewickelt.

Die Familiengräber waren in Höhlen, unter Bäumen oder auf Hügeln angelegt. Nur Könige und Propheten durften in den Städten beigesetzt werden. Die Leichen wurden unter lautem Wehklagen auf einer Bahre weggeschafft. Mose hatte angeordnet, daß jeder Tote vor dem siebenten Tag begraben sein sollte. Der Gedanke, unbegraben liegenbleiben zu müssen, war den Juden unerträglich, weil die verlassenen Leichen von herrenlosen Hunden oder Raubvögeln gefressen wurden.

Waschen und Baden

Durch das Klima und die Bodenbeschaffenheit bedingt bilden Waschungen und Bäder wichtige Prozeduren im Lebenslauf der Orientalen. Das gilt ganz besonders für die Füße, die am meisten vom heißen Sandboden angegriffen werden. Dem Gast die Füße zu waschen, ist dort ein Brauch der Gastfreundschaft.

Die Hände mußten sich die Juden an jedem Morgen nach dem Aufstehen und vor jeder Mahlzeit waschen. Da mit den Fingern gegessen wurde, mußte man sich auch nach Tisch die Hände waschen. Während die Reinigung vor dem Essen als religiöse Pflicht galt, wurde das Waschen nach der Mahlzeit mit gesundheitlichen Rücksichten motiviert. Man nahm dazu kaltes Wasser oder auch Öl. War kein Wasser vorhanden, so umwickelte man die Hände beim Essen mit einer Serviette.

Vollbäder werden in der Bibel fast nur im Zusammenhang mit dem religiösen Zeremoniell erwähnt. Das rituelle Bad ist gewöhnlich ein kaltes Tauchbad. Zur Körperpflege wurde warm gebadet. Rituelle Reinigungsbäder waren bei folgenden Anlässen vorgeschrieben: nach Genuß verbotener Speisen, nach Berührung von Leichen oder unreinen Tieren, nach dem Geschlechtsverkehr sowie nach unwillkürlichem Samenerguß, nach der Heilung von Harnröhrenentzündung und Lepra, nach Menstruation und Wochenbett. Erst wenn die Frau nach Beendigung der Regelblutung gebadet hatte, durfte sie wieder den Geschlechtsverkehr ausüben.

Vor dem rituellen Bad mußten alle Bekleidungs- und Schmuckgegenstände abgelegt und vom Körper Schmutz und Blut entfernt werden; aus diesem Grund bürgerte sich das warme Reinigungsbad vor dem rituellen Tauchbad ein.

Gebadet wurde in Quell-, Fluß-, Meer- oder Regenwasser. Das Bassin mußte mindestens achthundert Liter fassen, damit ein Erwachsener untertauchen konnte. Im Winter wurde das Wasser mit glühenden Eisenklumpen erwärmt. Abgetrocknet wurde mit einer Art Schwamm.

Um an Grundwasser heranzukommen, legte man die Bäder in den Keller der Häuser. In den Tempeln gab es mehrere derartige Bäder, zu denen eine erleuchtete Treppe hinabführte. Vor dem Bassin brannte ein offenes Feuer, an dem man sich nach dem kalten Bad aufwärmen konnte. Richtiggehende Badeanstalten gab es erst in griechisch-römischer Zeit.

Eine hervorragende Bedeutung hatte die Quelle Siloa am Fuße des Tempelberges von Jerusalem, die in einen Teich mündete. Er spielt bei der Heilung eines Blinden durch Jesus eine Rolle (Johannes 9, 1). Das Siloa-Wasser wird auch als heilkräftiges Mineralwasser erwähnt: Hatten die Priester zuviel Opferfleisch gegessen, dann tranken sie vom Siloa-Wasser, um das Fleisch besser verdauen zu können.

Großen Zulauf hatten die Thermen von Emmaus und Tiberias. Eine Badekur dauerte drei Wochen. Das heiße Quellwasser von Tiberias, das auch zu Brunnenkuren verwendet wurde, diente auch einer Fernheizung: Durch die Thermen wurden Röhren mit kaltem Wasser geleitet, um dieses für den häuslichen Gebrauch zu erwärmen.

Sehr beliebt war auch das Schwimmen. Nach der Ansicht einiger Gesetzeslehrer war der Vater sogar verpflichtet, seinem Sohn Schwimmunterricht erteilen zu lassen. Der Schwimmschüler hielt sich dabei an einem faßartigen Gebilde aus Blättern der Papierstaude fest.

Wer aus gesundheitlichen Rücksichten auf das heiße Wasserbad verzichten mußte, setzte sich wenigstens dem Dampf des Baderaumes aus. Nach orientalischer Sitte wurde im heißen Bad auch noch heißes Wasser getrunken, weil man sonst nur »von außen und nicht von innen geheizt wird«. Man unterschied drei Arten von Schweiß: den heilenden Schweiß der Krankheit; den Schweiß der Arbeit und den des Bades. Auf jedes heiße Wasser- oder Dampfbad folgte ein kalter Guß. Daran schloß sich die Einreibung mit Öl an, die mit einer Massage des Leibes verbunden wurde. Jetzt kam noch eine Gymnastik dran. Bevor man das Bad endgültig verließ, schabte man mit einem Striegel den Schweiß und das Öl vom Körper ab.

Von der Hochschätzung des heißen Bades zeugen die Streitigkeiten über seine Zulässigkeit am Sabbath. An diesem Tag war nämlich das Feuermachen verboten. Man betrachtete das Bad in erster Linie als ein Mittel zur Erhaltung der Gesundheit, das gleichzeitig eine Annehmlichkeit war.

Fasten und Stuhlgang

Im alten Testament ist oft vom Fasten einzelner oder des ganzen Volkes Israel die Rede; ebenso haben Jesus und die Apostel des öfteren gefastet. Ein allgemeiner Fasttag war das Versöhnungsfest, der gleichzeitig Tag der Festversammlung und der Arbeitsruhe war; an diesem Tag (der Zehnte des siebenten Monats) erwirkte der Hohepriester vom Herrn Versöhnung für seine eigenen Sünden, die der Priester und des Volkes.

Das Fasten bestand in völliger Enthaltung aller Speisen und Getränke. Bei längeren Fastenzeiten – mehr als drei Tage – war es erlaubt, Wasser zu trinken. Eine mildere Form des Fastens war das Kasteien, das eine einfache, schmale Kost umfaßte.

Außerordentliche Fastentage hielt man nach Niederlagen, großen Unglücken und Landplagen wie Mißernten und Hungersnot. Privat wurde beim Tod nahestehender Personen, vor großen Entscheidungen und zur Buße gefastet. Der Prophet Jesaja (58. Kapitel) hat besonders schöne Worte über das rechte Fasten gefunden. Als äußeres Zeichen des büßerischen Fastens wurden Sackkleider getragen, die täglichen Waschungen unterlassen und Asche auf das Haupt gestreut.

In der babylonischen Gefangenschaft wurden jährlich vier allgemeine Fastentage gehalten, die nach der Rückkehr allmählich den Charakter von Festtagen annahmen. Die Pharisäer fasteten in neutestamentlicher Zeit sogar zweimal in der Woche: am Donnerstag und am Montag. Jesus, der selbst vor Antritt seines Lehramtes vierzig Tage und Nächte in der Wüste gefastet hat, lehnte das Fasten der Heuchler ab.

Im Talmud wird vor Privatfasten gewarnt, da hierdurch die Gesundheit leiden könnte. Später wurde nur bis zum Sonnenuntergang gefastet.

In diesem Zusammenhang sind noch einige diätetische und hygienische Regeln zu erwähnen: Gläser müssen vor und nach dem Trinken abgespült werden. Mit Speisen darf man nicht verächtlich umgehen. Man soll keine Geldstücke in den Mund nehmen, keine Speisen unter das Bett stellen und Brot nicht unter dem Arm tragen. Nach dem Essen ist mäßige Bewegung angebracht, damit die Nahrung nicht in den Därmen fault.

Auf die Darmentleerung achtete man ganz besonders. Gefürchtet waren die oft tödliche Ruhr und andere Durchfallkrankheiten. Bei sonstigen Erkrankungen galt der Durchfall allerdings als günstiges Zeichen.

Gesund ist die Harn- und Stuhlentleerung am frühen Morgen. Wer vier oder fünf Tage keine Notdurft hat, muß sterben. Wenn der Stuhlgang nicht kommen will, soll man auf dem Abort abwechselnd aufstehen und sich setzen. Auch heftiger Schreck und Angst fördern die Darmentleerung. Es bedeutete Glück, wenn man vom Stuhlgang träumte.

Das biblische Lebensalter

Langes Leben und hohes Alter sind Gottes Lohn für den, der nach seinen Geboten lebt. Die Genesis berichtet über die Zeugungs- und Gesamtalter der neunzehn Urväter von Adam bis Thareh. Während Nahor nur 148 Jahre erreichte, wurde Metusalah, der mit 187 Jahren seinen ersten Sohn zeugte, 969 Jahre alt. Nach Noah (950 Jahre) nahm die Lebensdauer schnell ab. Abraham ist 175 und Mose 120 Jahre alt geworden. Bei Jesus Sirach (18, 8) heißt es vom Menschen: »Wenn er lange lebt, so lebt er hundert Jahre.« Bekannter ist der 10. Vers des 90. Psalms: »Unser Leben währet siebzig Jahre, und wenn es hoch kommt, so sind es achtzig Jahre, und wenn es köstlich gewesen ist, so ist es Mühe und Arbeit gewesen, denn es fährt schnell dahin, als flögen wir davon.«

Die Sagen vieler Völker handeln von Riesen und langlebigen

Herrschern; so wurde den babylonischen Urkönigen sogar ein Alter von vierzigtausend Jahren zugeschrieben. Das wirkliche Lebensalter der vorsintflutlichen Patriarchen ist uns nicht bekannt. Altersangaben von mehreren hundert Jahren können natürlich nicht stimmen. Man hat über diesen Umstand die verschiedensten Vermutungen angestellt. Man zweifelte die wirkliche Dauer des biblischen Jahres an – entsprach es vielleicht nur der Länge eines Monats unserer Zeitrechnung? Doch wissen wir aus einigen Bibelstellen, daß das Jahr der Juden vor dem Exil 354 Tage hatte. Andere Autoren meinen, man wollte mit den wenigen überlieferten Namen ein über lange Geschichtsperioden reichendes Geschlechtsregister aufstellen; so war man gezwungen, die Lebensdauer der einzelnen Personen drastisch zu verlängern. Wieder andere Untersucher glauben, daß es sich bei den biblischen Altersangaben um eine nur dem Eingeweihten verständliche Symbolsprache handelt. Auffällig ist eine Überschneidung der biblischen Urväterliste mit babylonischen Angaben. Dabei spielen die Zahlen 3, 5, 7, 11 und 19 eine besondere Rolle. Außerdem zeigen die biblischen Zahlenangaben gewisse Parallelen mit mathematischen und astronomischen Gesetzen. Der Mensch kannte die Zahl schon lange vor der Erfindung der Schriftzeichen. Astronomische Beobachtungen – zum Beispiel der Mondphasen – bildeten in vielen Kulturen die Grundlage religiöser Vorstellungen.

Das Greisenalter ist durch Erfahrung und Weisheit ausgezeichnet. Das graue Haar ist der natürliche Schmuck der Alten. Eine zahlreiche Nachkommenschaft wird als Segen des Alters gepriesen. Es wird an verschiedenen Stellen der Bibel nicht verschwiegen, daß es im Alter auch zum körperlichen und geistigen Verfall kommen kann: »Ein armes Kind, das weise ist, ist besser, denn ein alter König, der ein Narr ist, und weiß sich nicht zu hüten.« (Prediger 4, 13) Im 5. Buch Mose 34, 7 wird betont, daß Mose 120 Jahre alt geworden ist, aber seine Augen nicht dunkel geworden, und seine Kraft nicht verfallen waren. Auf die Frage, wie ein hohes Alter zu erreichen sei, wird im Talmud geantwortet: durch ein ethisch einwandfreies, sittenstrenges Leben. Immer wieder wird empfohlen, sich mit der Thora zu beschäftigen, um lange am Leben zu bleiben.

Abb. V, 13: Heilung des Besessenen von Gerasa

Abb. VI, 14: Beschneidung

Im 1. Buch der Könige (1, 1–4) wird der Versuch geschildert, den alten frierenden König David durch die schöne Jungfrau Abisag von Sunem zu wärmen. Man war im Altertum fest überzeugt, daß ein lebender Körper einen Teil seiner Jugendfrische auf andere übertragen kann; abgelebte Greise sollten durch innigen Kontakt mit Jugendlichen verjüngt werden. Umgekehrt würden Jünglinge durch Schlafen mit Alten an Kräften verlieren. Allgemein wird das lange Leben der Lehrer noch heute auf den ständigen Umgang mit der Jugend zurückgeführt.

Der Arzt und seine Helfer

Krankenheilung und Totenerweckung gehören zum Wirken der Propheten und Jesu sowie seiner Jünger. Alles ärztliche Handeln steht in der Bibel unter dem Vorzeichen des Wortes: »Ich bin der Herr, dein Arzt«. (2. Mose 15, 26) Im 147. Psalm werden die Menschen ermahnt, Gott für seine Wohltaten Dank zu sagen, denn »Er heile, die zerbrochenen Herzens sind, und verbindet ihre Schmerzen« (Psalm 147, 3). Als König Ahasja von Israel, der nur zwei Jahre regierte (853–852 v. Chr.), durch das Geländer seines Palastes in Samaria gestürzt war, sandte er Boten zu Baal-Sebub, dem heidnischen Gott zu Ekron, um zu erfahren, ob er von dieser Verletzung genesen werde. Der Prophet Elia hielt die Boten unterwegs an und schickte sie mit folgendem Bescheid an den König zurück: Ahasja müsse sterben, weil er nicht den Gott in Israel befragt habe. So geschah es auch (2. Buch der Könige, 1. Kapitel). Ähnlich erging es König Asa von Juda (911–870 v. Chr.), der im neununddreißigsten Jahr seiner Herrschaft »an den Füßen sehr krank ward«; er »suchte auch in seiner Krankheit den Herrn nicht, sondern die Ärzte«, also starb er nach zwei Jahren (2. Buch der Chronik 16, 12).

Daß es Ärzte gab, die auch bezahlt wurden, geht aus den »weltlichen Gesetzen« in 2. Mose 21, 19 hervor: Hier ist vom »Arztgeld« die Rede, das nach einer Schlägerei zu bezahlen ist. Der Prophet Jeremia klagt über sein verderbtes Volk: »Ist denn keine Salbe in Gilead? Oder ist kein Arzt nicht da? Warum ist denn die Tochter meines Volkes nicht geheilet?« (Jeremia 8, 22) Mit Gilead ist das fruchtbare Ostjordanland gemeint, das neben Parfüms auch Medikamente lieferte.

Entsprechend der Ausbreitung der griechischen Medizin in Palästina hören wir im Neuen Testament viel von Ärzten. Jesus Christus trat als göttlicher Heiler der Seele und des Leibes auf. In seinem irdischen Wirken gingen Befreiung von den Sünden und Heilung körperlicher Krankheiten Hand in Hand.

Jesus sprach zu den Schriftgelehrten und Zöllnern: »Die Gesunden bedürfen des Arztes nicht, sondern die Kranken« (Lukas 5, 31). Bei einer anderen Gelegenheit zitiert er das Sprichwort: »Arzt, hilf dir selber«. (Lukas 4,23) Nach der Wahl der zwölf Apostel hält Jesus eine Feldpredigt: »Die da gekommen waren, ihn zu hören, und daß sie geheilt würden von ihren Seuchen, und die von unsauberen Geistern umgetrieben wurden, die wurden gesund. Und alles Volk begehrte ihn anzurühren; denn es ging Kraft von ihm, und heilte sie alle.« (Lukas 6, 18–19) Nach der Heilung des Kranken, der achtunddreißig Jahre im Bett gelegen hatte (Johannes 5, 8: »Stehe auf, nimm dein Bett und gehe hin!«), sprach Jesus zu ihm im Tempel: »Siehe zu, du bist gesund geworden; sündige hinfort nicht mehr, daß dir nicht etwas Ärgeres widerfahre.« (Johannes 5, 14)

Jesus machte Blinde sehend und Lahme gehend. Bei der Heilung der Frau, die zwölf Jahre den »Blutgang« gehabt hatte, erweist sich wieder die Überlegenheit Jesu über die Ärzte, denen die Kranke all ihr Gut gegeben hatte und die sie doch nicht zu heilen vermocht hatten (Markus 5, 25–29).

Die übernatürliche Kraft, Kranke zu heilen, ging von Christus auf die Apostel über. Am Himmelfahrtstag verkündete Jesus den Missionsauftrag der Apostel und schloß mit den Worten: »... auf die Kranken werden sie die Hände legen, so wird es besser mit ihnen werden.«

Als Petrus vor dem Tempel von einem Bettler, der seit Geburt lahm war, um ein Almosen gebeten wurde, sprach er zu ihm: »Silber und Gold habe ich nicht; was ich aber habe, das gebe ich dir; im Namen Jesu Christi von Nazareth stehe auf und wandle!« Der Bettler stand auf, konnte stehen und gehen.

Gleichfalls einen Lahmen heilte Paulus in der Stadt Lystra in Lykaonien (Landschaft in Anatolien). Auf der Insel Melite (Malta) verrichtete Paulus ein weiteres Wunderwerk: durch Handauflegen heilte er einen Kranken mit Fieber und Ruhr (Apostelgeschichte 28, 8).

Der Evangelist Lukas, vermutlich aus Antiocheia stammend, war Arzt. Im Brief an die Kolossäer (4, 14) schreibt Paulus: »Es grüßt Euch Lukas, der Arzt, der Geliebte, und Demas.« Dieser Demas (»Mann aus dem Volk«) war ein anderer Begleiter des Paulus. Sonst wissen wir nichts über das äußere Leben des Lukas, leider auch nichts über sein ärztliches Wirken.

Schließlich sei der Verfasser des Jakobusbriefes erwähnt, der unter anderem schreibt: »Ist jemand krank, der rufe zu sich die Ältesten von der Gemeinde, und lasse sie über sich beten und salben mit Öl in dem Namen des Herrn.« (Jakobus 5, 14)

Im Talmud heißt der jüdische Arzt »rophe« oder »asja«. Er ist ein Allgemeinpraktiker, der in allen Fächern der Medizin beschlagen sein muß. Er betätigt sich ebenso als Internist und Neurologe wie auch als Chirurg und Zahnarzt. Nur Gynäkologie und Geburtshilfe überläßt er den Hebammen. Wie alle Ärzte des Altertums war auch der Rophe sein eigener Apotheker. Über Vorbildung und Studiengang des jüdischen Arztes ist nichts überliefert.

Der Glaube an die göttliche Vorsehung führte in jüdischer Frühzeit zu einem religiösen Fatalismus, der für das ärztliche Wirken nicht viel Platz ließ. Der Eingriff in die göttliche Fügung wurde sogar als überflüssiges und sündhaftes Ärgernis betrachtet. Nur durch Gebet und reuevolles Ablassen von der Sünde könnte man die Krankheit abwenden und die Gesundheit wiedererlangen. Der Kranke bedurfte des Priesters, aber nicht des Arztes. In der Mischna lehrt ein Unbekannter: »Selbst der beste unter den Ärzten gehört in die Hölle.« Weil er Helfershelfer der Kranken ist, zählt der Arzt zu jenen sieben Berufsgruppen, deren Angehörigen keinen Anteil an der ewigen Seligkeit haben.

Von dem weisen König Salomo, Herrscher über das ungeteilte Reich von 972–931 v. Chr., heißt es, er habe auch die Arzneikunst beherrscht und die medizinischen Erfahrungen der

Juden in dem Buch Sepher Rephuot zusammentragen lassen. Ob dieses Sammelwerk tatsächlich existiert hat, ist ungewiß; jedenfalls ist es verschollen. Dem König Hiskia von Juda (716 bis 687 v. Chr.) wird nachgesagt, daß er das »Arzneibuch mit Rezepten gegen alle Krankheiten« versteckt habe, um das gottlose Volk der Religion wieder zuzuführen.

Erst in der Zeit des Jesus Sirach (um 200 v. Chr.) haben die Ärzte wieder ein hohes Ansehen erlangt. Er hat in seinem Buch das 38. Kapitel verschiedenen Gesundheitsregeln gewidmet. Jesus Sirach beginnt mit den Worten: »Ehre den Arzt mit gebührlicher Verehrung, daß du ihn habest zur Not; denn der Herr hat ihn geschaffen, und die Arznei kommt von dem Höchsten, und Könige ehren ihn. Die Kunst des Arztes erhöht ihn und macht ihn groß bei Fürsten und Herren. Der Herr läßt die Arznei aus der Erde wachsen, und ein Vernünftiger verachtet sie nicht.« Wenn Jesus Sirach sagt: »Wer vor seinem Schöpfer sündigt, muß dem Arzt in die Hände fallen« (38, 15), will er damit nicht gegen die Ärzte Stellung nehmen, sondern wohl nur ausdrücken, daß die Krankheit eine Folge der Sünde ist.

Bei den Juden gab es auch approbierte Gemeindeärzte, die im Auftrag der Behörde heilen. In Jerusalem wurde eine Art Medizinschule eingerichtet. Die asketische Sekte der Essäer (Essener), die in Gütergemeinschaft an der Westküste des Toten Meeres wohnten, pflegten besonders die Arzneikunst. Im Talmud herrscht eindeutig die Meinung vor, daß der Arzt zur Krankenheilung befugt ist. Wir finden sogar den Rat: »Man darf in einer Stadt, wo kein Arzt ist, nicht wohnen.« Der weitere Rat, man solle nicht in einer Stadt wohnen, deren Oberhaupt ein Arzt ist, läßt zwei Auslegungen zu: 1. Der Arzt als Bürgermeister vernachlässigt die Gemeindeangelegenheiten, was dem Allgemeinwohl schadet. 2. Der Arzt widmet sich mehr den kommunalen Obliegenheiten als den Kranken, was diesen schadet.

Die im jüdischen Altertum einander schroff widersprechenden Anschauungen über die Zulässigkeit der Krankenbehandlung finden wir im Urchristentum wieder. In der Praxis des täglichen Lebens kristallisierte sich ein Kompromiß heraus: Der Arzt behandle den Kranken nach seinem besten Können und

Wissen, der Segen muß von Gott kommen und kann durch Gebete erfleht werden. Es ist aber unzulässig, in der Krankheit auf ein unmittelbares Eingreifen Gottes zu rechnen, ohne selbst etwas dazuzutun.

Während der Arzt bei den Juden zu den Gelehrten zählte, gehörte der Aderlasser zu den Handwerkern. Es gab auch einen eigenen Beschneider, obwohl Vater oder Mutter, Arzt oder Aderlasser die Beschneidung ausführen konnten. Ein wichtiger Helfer des Arztes war der Salbenbereiter, der Salben, Salböle, Räucherwerk und Spezereien herstellte. Es gab verschiedene Arten von Salbungen: zur Weihe eines Menschen für eine bestimmte Aufgabe (König, Prophet, Hohepriester); zur Körperpflege und schließlich zu Heilzwecken (Wundbehandlung, Augenleiden, Gebetsheilung). Der oft zitierte Balsam ist das Harz verschiedener Bäume und Sträucher. Zum Salböl gehörten Myrrhe, Kassia, Zimt, Kalmus und Olivenöl.

Bei der Niederkunft standen den jüdischen Frauen zumeist die Verwandten und Nachbarinnen bei. Nur aus der Zeit der ägyptischen Sklaverei sind zwei hebräische Hebammen (Wehmütter) mit Namen überliefert: Siphra und Pua, denen der Pharao befahl, die Söhne der hebräischen Frauen sofort nach der Geburt zu töten. Die gottesfürchtigen Hebammen ließen aber die Knaben am Leben und antworteten auf die Vorwürfe des ägyptischen Königs: »Die hebräischen Weiber sind nicht wie die ägyptischen, denn sie sind harte Weiber; ehe die Wehmutter zu ihnen kommt, haben sie geboren« (2. Mose 1, 15–21).

Während bei der Geburt der Zwillinge Esau und Jakob durch Rebekka, des Isaaks Weib, keine Hilfe durch eine Hebamme erwähnt wird (1. Mose 25, 24–26), ist bei der Entbindung Thamars von Zwillingen eine Wehmutter tätig (1. Mose 38, 27–30).

Der Leib des Menschen

Die anatomischen Kenntnisse waren in alttestamentlicher Zeit äußerst bescheiden. Für viele wichtige Organe fehlte jede Bezeichnung. Man war fast ausschließlich auf die Betrachtung der äußeren Leibesform und von Leichenresten angewiesen. Sektionen waren streng verpönt: Die Berührung einer Leiche verunreinigte den Betreffenden sieben Tage und erforderte danach ein Reinigungszeremoniell. Noch gravierender war aber, daß man jede Verletzung einer Leiche als Leichenschändung auffaßte. Im Widerspruch hierzu steht eine Talmudstelle: »Einst kochten Schüler des Rabbi Ismael (um 100 n. Chr.) den Körper einer Dirne, die vom König zum Feuertode verurteilt war, um die Zahl der Glieder des menschlichen Körpers zu ermitteln.« Es kann die Leiche einer heidnischen Prostituierten gewesen sein – in diesem Falle hätten sich alle Einwände erübrigt.

Die Talmudisten warnten ausdrücklich davor, die Erfahrungen beim rituellen Töten reiner Tiere auf den Menschen zu übertragen. Man berief sich darauf, daß der Mensch eine Sonderstellung in der Schöpfung Gottes einnehme und völlig andersartig als alle Tiere sei. So fiel auch diese Quelle, anatomische Beobachtungen zu machen, weg.

Nach dem Talmud hat der Leib 248 Glieder, entsprechend den Tagen des Mondjahres, und 365 Sehnen, entsprechend den Tagen des Sonnenjahres. Zum Begriff »Glieder« gehören Knochen, Sehnen und Fleisch. Tatsächlich hat das menschliche Skelett etwa 210 bis 220 Knochen, wenn man die Zähne nicht mitzählt. Auf die Zahl von 248 Knochen ist man nicht aufgrund exakter Untersuchungen, sondern durch Spekulation gekommen: Der Erzvater Abraham hieß ursprünglich Abram; die Buchstaben von Abram mit ihrem Zahlenwert eingesetzt ergeben 243; als Abraham (h = 5) erlangte er die Herrschaft über die fünf wichtigsten Glieder – beide Augen, beide Ohren, Geschlechtsteil; nun herrschte er über alle 248 Glieder des Körpers.

»Der Körper – das ist eine kleine Stadt«, sagt ein Talmudist. Doch waren die Ansichten über die Funktionen der einzelnen Organe teilweise recht abenteuerlich: Der Magen dient zum Mahlen der Speisen und zur Erzeugung des Schlafes. Die Leber ist der Ursprung des Blutes und des Zornes. Die Milz bewirkt das Lachen und ist der Regulator im menschlichen Körper – ähnlich wie die Gesetze in der Welt. Die Lunge schöpft alle Arten Flüssigkeiten; die Stimme geht von den Lungenflügeln aus, wird aber vom Kehlkopf herausgebracht. Das Herz ist der Sitz der Psyche. Die Nieren werden nicht in das harnbereitende System eingeordnet: in der Bibel gelten die Nieren als Sitz von Empfindung, Begierden und Weisheit, im Talmud sind sie die Ratgeber des Herzens. Daher stammt die biblische, noch heute geläufige Redensart, jemanden »auf Herz und Nieren« prüfen. Eine Bezeichnung für die Harnblase fehlt im altjüdischen Schrifttum. Für Harn und Samen werden am männlichen Geschlechtsorgan zwei gesonderte Ausführungsgänge angenommen, zwischen denen eine zwiebelschalendünne Scheidewand liegt. Die einzelnen Abschnitte der weiblichen Genitalien werden mit Teilen des Hauses verglichen. Die Regelblutung heißt der »Weg der Frauen«. Das im knöchernen Schädel liegende Gehirn, das Rückenmark und das Mark in den Knochen werden für identische Substanzen gehalten. Schlaf und Tod unterscheiden sich nur graduell: Der Schlaf ist ein Sechzigstel Tod. Wenn der Mensch schläft, geht die Seele hinaus und schweift in der Welt umher; das sind die Träume, die der Mensch sieht. Die Traumdeutung stand in hohem Ansehen. Jesus Sirach allerdings lehrte »Narren verlassen sich auf Träume«.

Viele Talmudsprüche handeln von der leib-seelischen Ganzheit: »Der Körper ist der Palast der Seele.« – »Körper und Seele brauchen einander wie Mann und Weib.« – »Der Körper ist das Gerät der Seele, mit dem sie alle Taten ausführt.« – »Seelenruhe bedeutet auch Ruhe für den ganzen Leib.« – »Seelenkrankheit ist mit Körperkrankheit verknüpft: Beide haben die gleiche Wurzel.«

Kranker und Krankheit

Die meisten Kranken fühlen sich in den Morgenstunden besser; je weiter der Tag voranschreitet, um so schlechter wird der Zustand. Daher soll man die Kranken weder in den ersten drei, noch in den letzten drei Stunden des Tages besuchen: man würde dann ihr Leiden für leichter bzw. für ernster ansehen, als es in Wirklichkeit ist.

In der biblischen Krankheitslehre steht, wie schon einige Male betont wurde, die Ansicht an erster Stelle, daß Krankheit und Heilung Gottes Werk sind. Daneben findet man auch dämonische und rationelle Anschauungen über die Ursachen von Erkrankungen. Der Glaube an Dämonen, den »bösen Blick« und an die Macht der Gestirne ist auf den Einfluß heidnischer Völker in der Nachbarschaft zurückzuführen.

Auf schlichter Naturbeobachtung basieren die folgenden Krankheitsursachen: Erkältung, Sonnenglut, Luft, schlechtes Trinkwasser, fehlerhafte Lebensweise und Änderung der gewohnten Lebensweise, Blutüberfluß, Vererbung und Übertragung durch Personen und Gegenstände.

Eine günstige Prognose gestatten folgende Symptome: Niesen, Schweiß, Stuhlgang (sofern es sich nicht um eine Durchfallkrankheit handelt), Samenabgang, Schlaf und Traum.

Die Krankenbehandlung richtete sich nach der herrschenden Auffassung von der Krankheitsursache. Böse Geister versuchte man durch Besprechen zu vertreiben. Die Frage, ob nicht das Besprechen als heidnischer Brauch verboten sei, ist im Talmud nicht eindeutig beantwortet: Man findet zu- und dagegenstimmende Ansichten. Das Besprechen übten vor allem die Frauen, aber auch einzelne Rabbiner aus. Das Handauflegen ist eine besondere Form des Besprechens, die im Neuen Testament oft erwähnt wird.

Um Unglück und Krankheiten abzuwenden, trug man Amulette. Dieses Schutzmittel für Menschen und Tiere bestand entweder aus einem beschriebenen Blatt, aus Wurzeln oder Kräutern. Es wurde an einem Kettchen, in einem Siegelring oder in einem Rohr getragen.

Beispiel für ein »heiliges Zeichen« ist die Vision des Propheten Hesekiel (Ezechiel) vor der Heimsuchung Jerusalems: Gott sprach zu ihm, er solle ein Zeichen auf die Stirn der Männer machen, die über die Greuel in Jerusalem empört sind; diese sollten alle anderen erschlagen, aber die Männer mit diesem Zeichen verschonen (Hesekiel 9, 4–6).

Abergläubische Heilmittel waren gestattet, wenn der Patient an ihre Heilwirkung glaubte. Strikt verboten als Heilmittel waren bloß Götzendienst, Blutschande, Mord und illegaler Geschlechtsverkehr. Alle sonstigen Religionsgesetze mußten bei Lebensgefahr zurücktreten wie Sabbatheiligung, Speisengesetze usw. Die Zahlensymbolik spielte in der Krankenbehandlung eine große Rolle. Bei dieser Lage der Dinge ist es nicht verwunderlich, daß auch unlautere Therapeuten auftraten.

Die Auswertung der medizinischen Passagen in der Heiligen Schrift, insbesondere der Vergleich mit der Heilkunst der frühen Hochkulturen und der Antike ist äußerst schwierig; alle diesbezüglichen Versuche sind fehlgeschlagen oder unbefriedigend. Das liegt in erster Linie daran, daß die medizinischen Hinweise in der Bibel sehr kurz gefaßte Andeutungen sind. Noch immer sind auch viele Bezeichnungen von Krankheiten und Arzneimitteln nicht identifiziert worden. Im Talmud wiederum findet man zahlreiche verschlüsselte Hinweise, die nur vom Eingeweihten richtig gedeutet werden konnten. Selbst bei alttestamentlichen Berichten, die medizinische Tatsachen anscheinend in realer Form darbieten, ist Vorsicht geboten: alltäglich scheinende Wörter, Namen und Zahlen können einen motivisch begründeten Sinngehalt haben, der letzten Endes auf den Heiland hinweist. Das Heilsgeschehen darf nicht als Realgeschehen mißdeutet oder verkannt werden. Mit ursächlichem Erklären kommt man hier nicht weiter, es geht vielmehr darum, daß das Bedeutungsvolle, Gleichnishafte verstanden wird.

Die grossen Seuchen

Pest, Pestilenz oder Plage wird jede verheerende Seuche genannt, die der Herr als Strafe und Gericht geschickt hat. Außer der großen Zahl von Todesfällen werden zumeist keine weiteren Anzeichen angegeben. Es muß sich also keineswegs wirklich um die echte Pest gehandelt haben.

In 3. Mose 26, 16 droht Gott den Ungehorsamen folgende Strafen an: »So will ich euch auch solches tun: Ich will euch heimsuchen mit Schrecken, Schwulst und Fieber, daß euch die Angesichter verfallen, und der Leib verschmachte.« Noch deutlicher wird der Text von 5. Mose 28, 21–22: »Der Herr wird die

Sterbedrüse anhängen, bis daß er dich vertilge in dem Lande, dahin du kommst, dasselbe einzunehmen. Der Herr wird dich schlagen mit Schwulst, Fieber, Hitze, Brunst, Dürre, giftiger Luft und Gelbsucht, und wird dich verfolgen, bis er dich umbringe.« Diese Andeutungen passen durchaus in das Krankheitsbild der orientalischen Beulenpest.

Als Strafe für König Davids (1012–972 v. Chr.) Volkszählung gegen den Willen des Herrn »ließ der Herr Pestilenz in Israel kommen, von Morgen an bis zur bestimmten Zeit, daß des Volks starb, von Dan (nördlichster Grenzort Israels) an bis gen Beer-Seba (»Siebenbrunnen«: Ort im tiefsten Süden Judas in der Wüste) siebzigtausend Mann« (2. Samuel 24, 15). Der Prophet Hesekiel (5, 12) verkündete die Plagen der Juden: »Es soll das dritte Teil von dir an der Pestilenz sterben und durch Hunger alle werden; und das andere dritte Teil durch das Schwert fallen, rings um dich her; und das letzte Drittel will ich in alle Winde zerstreuen, und das Schwert hinter ihnen her ausziehen.« Als der assyrische König Sanherib (705–681 v. Chr.) im Jahre 701 v. Chr. in Palästina einfiel, und Jerusalem belagerte, schlug der »Engel des Herrn« in einer Nacht im assyrischen Lager 185 000 Mann; sollte sich der Racheengel dabei der Pest bedient haben? Dafür spricht die Tatsache, daß auch der jüdische König Hiskia zur gleichen Zeit an Beulenpest erkrankte. Hier hören wir etwas über die Behandlung der Pestdrüsen: Der Prophet Jesaja läßt ein Stück Feige auf die Drüse legen, und der König wurde gesund (2. Könige 20, 7). Als weiteres Mittel gegen die Seuche wird die Flucht erwähnt. Während sich Zedekia, der letzte König Judas (597–586 v. Chr.), in Jerusalem gegen die babylonischen Truppen des Königs Nebukadnezar (605–562 v. Chr.) verteidigt, verkündet Jeremia den Spruch des Herrn: »Wer in dieser Stadt bleibt, der wird sterben müssen durch Schwert, Hunger und Pestilenz; wer aber hinaus sich gibt zu den Chaldäern, die euch belagern, der soll lebendig bleiben und soll sein Leben als eine Ausbeute behalten« (Jeremia 21, 9).

Die sechste der ägyptischen Plagen, durch die der Herr den Pharao zwang, die versklavten Israeliten ziehen zu lassen, ist jüngst als Hautmilzbrand gedeutet worden (2. Mose 9, 8–9):

»Da sprach der Herr zu Mose und Aaron: Nehmet eure Fäuste voll Ruß aus dem Ofen, und Mose sprenge ihn gen Himmel vor Pharao; daß er über ganz Ägyptenland stäube und böse schwarze Blattern auffahren, beides an Menschen und Vieh, in ganz Ägyptenland.«

In der Bibel wird eine Erkrankung so oft erwähnt, daß sie vermutlich unter den Juden sehr verbreitet gewesen sein muß: die »Zaraath«-Krankheit, gewöhnlich als »Aussatz« übersetzt. Die Medizinhistoriker glauben übereinstimmend, daß es sich um einen Sammelbegriff handelt, zu dem eine Reihe von Infektions- und Hautkrankheiten gehören. Wenn heute Aussatz mit Lepra gleichgesetzt wird, gilt das für den biblischen Aussatz bestimmt nicht. Ob die echte Lepra auch im jüdischen Altertum vorgekommen ist, kann nicht mit Sicherheit entschieden werden. Im 3. Buch Mose ist das ganze 13. Kapitel den Anzeichen des Aussatzes und das 14. Kapitel der Reinigung des Aussatzes gewidmet. Der Text läßt erkennen, daß es dem Autor nicht um eine genaue Schilderung eines klinischen Krankheitsbildes gegangen ist, sondern nur um die exakte Bestimmung, wer rein und wer unrein ist. Hier wird dem Priester als dem sachverständigen Gesundheitsbeamten eine Anleitung in die Hand gegeben.

Es werden drei Stadien des Aussatzes unterschieden: der beginnende, der veraltete und der in Heilung begriffene Aussatz. Hauptsymptome sind ein weißes Mal, tiefer als die umgebende Haut liegend, und eine weiße Verfärbung der Körperhaare, gelegentlich kann im Aussatzmal »rohes Fleisch« auftreten. Es kann der ganze Körper einschließlich des behaarten Kopfes befallen sein. Ansteckungsgefahr besteht nicht; die Absonderung erfolgt nur, weil die Aussätzigen als kultisch unrein gelten. Da die Krankheit nicht selten familiär gehäuft auftritt, ist unter den Ursachen an Vererbung zu denken. Von einer ernsten oder gar lebensgefährlichen Krankheit ist nirgendwo die Rede. Der Aussatz kann ohne Behandlung ausheilen. Der Geheilte muß sich dem Priester vorstellen und ein Opfer darbringen. Es wird neben dem Aussatz der Menschen auch der Aussatz der Kleidung und Häuser erwähnt (3. Mose 13, 47–59).

Dazu einige Beispiele aus dem Alten Testament: Als Mirjam,

die ältere Schwester von Aaron und Mose, auf der Wüstenwanderung die Vorrangstellung Moses kritisierte, wurde sie mit Aussatz geschlagen; auf Fürbitte von Mose wurde Mirjam, nachdem sie sieben Tage außerhalb des Lagers zubringen mußte, geheilt und wieder in die Gemeinschaft aufgenommen (4. Mose 12). – Der aussätzige Feldhauptmann Naeman des Syrerkönigs Benhadad erfährt durch eine gefangene Jüdin von der Möglichkeit, bei dem Propheten Elisa vom Aussatz befreit zu werden. Elisa läßt ihm sagen: »Gehe hin und wasche dich siebenmal im Jordan; so wird dir dein Fleisch erstattet und rein werden.« Naeman tat so, und seine Haut wurde rein wie die eines jungen Knaben. Elisa weist die Geschenke des dankbaren Syrers zurück und entläßt ihn mit seinem Segen. Sein Diener Gehasi will die Dankbarkeit des Geheilten zu seinem eigenen Vorteil ausnutzen und wird zur Strafe »aussätzig wie Schnee« (2. Könige 5). – Als König Usia von Juda (767–740 v. Chr.) von seiner Macht verblendet anstelle der Priester im Heiligtum räuchern wollte »fuhr der Aussatz aus an seiner Stirn vor den Priestern«. Er mußte ein abgesondertes Haus beziehen und blieb bis zu seinem Tode aussätzig; sein Sohn Jotham übernahm die Regentschaft (2. Chronik 26, 19–21).

Die Krankheit Hiobs wird teils als Aussatz, teils als universelles Ekzem gedeutet. In Hiob 2, 7–8 heißt es: »Da fuhr der Satan aus vom Angesicht des Herrn und schlug Hiob mit bösen Schwären von der Fußsohle an bis auf seine Scheitel. Und er nahm einen Scherben und schabte sich und saß in der Asche.«

Auch im Neuen Testament begegnen wir dem Aussatz. Im Matthäusevangelium 10, 8 befiehlt Jesus Christus den Aposteln: »Machet die Kranken gesund, reinigt die Aussätzigen, weckt die Toten auf, treibt die Teufel aus. Umsonst habt ihr es empfangen, umsonst gebt es auch.« Als Jesus durch Galiläa zog, begegneten ihm zehn aussätzige Männer, »die standen von ferne« – als Unreine wagten sie nicht, in seine Nähe zu kommen. Jesus sprach zu ihnen: »Gehet hin und zeiget euch den Priestern.« Und es geschah, da sie hingingen, wurden sie rein (Lukas 17, 12–14).

Von allen Interpretationen des biblischen Aussatzes (Schuppenflechte, Krätze, Ekzem, Lepra, Syphilis) dürfte die Schuppenflechte (Psoriasis) am meisten den Symptomen in der Bibel entsprechen. Bei dem Aussatz der Kleidungsstücke und Häuser handelte es sich höchstwahrscheinlich um Schimmel, Moder- und Stockflecke.

Verschiedene innere Krankheiten

Hitzschlag und Sonnenstich sind in Palästina sicherlich nicht selten gewesen. Im 121. Psalm, 6 wird gebetet: »Daß dich des Tages die Sonne nicht steche, noch der Mond des Nachts.« Manasse, der Mann Judiths, »war in der Getreideernte gestorben« (Judith 8, 2–3): »Denn da er auf dem Felde war bei den Arbeitern, ward er krank von der Hitze und starb in seiner Stadt Bethulien und ward zu seinen Vätern begraben.« Ausführlicher wird in 2. Könige 4, 18–20 über einen ähnlichen Fall berichtet: »Da aber das Kind groß ward, begab sich's, daß es hinaus zu seinem Vater zu den Schnittern ging und sprach zu seinem Vater: O mein Haupt, mein Haupt! Er sprach zu seinem Knaben: Bringe ihn zu seiner Mutter! Und er nahm ihn und brachte ihn hinein zu seiner Mutter; und sie setzte ihn auf ihren Schoß bis an den Mittag; da starb er.« Der Prophet Elisa erweckt das Kind wieder zum Leben (siehe Seite 341).

Durchfallkrankheiten waren und sind noch immer in warmen Ländern häufig und gefürchtet. In der Apostelgeschichte erfahren wir, daß Paulus den Vater des Publius, der »am Fieber und an der Ruhr lag«, durch Handauflegen heilte (Apostelgeschichte 28, 8). Es kann eine Bakterienruhr (Dysenterie) oder die tropische Amöbenruhr vorgelegen haben. Ruhr war vielleicht auch die Todeskrankheit des gottlosen Königs Joram von Juda (848–841 v. Chr.), dem der Prophet Elia angedroht hatte: »Du aber wirst viele Krankheit haben in deinem Eingeweide, bis daß dein Eingeweide vor Krankheit herausgehe von Tag zu Tag.« (2. Chronik 21, 15) Weiter heißt es dann (18. und 19. Vers): »Und nach dem allen plagte ihn der Herr in seinem Eingeweide mit solcher Krankheit, die nicht zu heilen war. Und da das währte von Tag zu Tag, als die Zeit zweier Jahre um war, ging sein Eingeweide von ihm mit seiner Krankheit, und er starb an bösen Krankheiten. Und sie machten nicht über ihn einen Brand, wie sie seinen Vätern getan hatten.« Es kann aber die Krankheit des Königs Joram ebensogut Tuberkulose oder Krebs des Darmes gewesen sein.

Im 2. Buch der Makkabäer, Kapitel 9, wird über Krankheit und Tod des Königs Antiochos IV. Epiphanes von Syrien (175 bis 164 v. Chr.) berichtet, der versucht hatte, das jüdische Volk zu hellenisieren; während des Aufstandes der Makkabäer gegen die syrische Fremdherrschaft strafte ihn der »Gott Israels mit einer heimlichen Plage, die niemand heilen konnte«. Antiochos wird von heftigem Reißen und Grimmen in den Därmen geplagt; die Krankheit kann ihn aber von der Verfolgung der Juden nicht abhalten. Da stürzt er vom fahrenden Wagen, daß er sich alle Glieder im Leibe verrenkte. Er muß sich nun in einer Sänfte tragen lassen. Sein Leiden verschlimmert sich immer mehr: »Es wuchsen auch Maden aus dem verfluchten Leibe, und verfaulte mit großen Schmerzen, daß ganze Stücke von seinem Leib fielen; und stank so übel, daß niemand vor dem Gestank bleiben konnte.« Jetzt erst bereut er seine Untaten und setzt seinen Sohn als Nachfolger ein. Aber der »Mörder und Gotteslästerer« Antiochos muß unter großen Schmerzen eines jämmerlichen Todes sterben.

Frühere Autoren hielten die Krankheit des Königs Antiochos für die angeblich im Altertum sehr verbreitet gewesene Läusesucht; demzufolge hätte der Verfasser dieser Geschichte Würmer und Läuse verwechselt, was wenig wahrscheinlich ist. Diese Version kann heute als überholt gelten. Preuss führt zwei Auffassungen an: 1. Die Bauchschmerzen sind Anzeichen einer Bauchfellentzündung nach Durchbruch des Wurmfortsatzes des Blinddarms; es entwickelt sich ein Abszeß, der durch den Sturz so verschlimmert wird, daß es zur Gangrän der Bauchwand kommt. 2. Bauchschmerzen und Sturz haben nichts miteinander zu tun; die Wunden sind brandig geworden, daher der Gestank und Abstoßung ganzer Gewebsstückchen. – Der üble Geruch und die Entwicklung von Maden in den Wunden läßt sich in beide Auffassungen einbauen.

Einem ähnlichen Leiden erlag ein anderer prominenter Patient: Von König Herodes Agrippa I. (41–44 n. Chr. König der

Juden), ein Enkel Herodes des Großen (37–4 v. Chr.), heißt es in der Apostelgeschichte 12, 23: »Alsobald schlug ihn der Engel des Herrn, darum, daß er die Ehre nicht Gott gab; und ward gefressen von Würmern, und gab den Geist auf.« Diese Krankheit wurde früher ebenfalls als Läusesucht oder als Darmdurchbruch infolge Eingeweidewürmer gedeutet. Der deutsche Wurmforscher R. Wigand (Hildesheim) vermutet, daß Herodes Agrippa I. an einer Wurmkrankheit, und zwar hervorgerufen durch den Medina-, Guinea- oder Drachenwurm (Dracunculus medinensis), der noch heute in Israel vorkommt, verstorben ist.

Verletzungen und Missbildungen

Zum Instrumentarium des Rophe gehörten ein größeres und ein kleineres Messer, ein kleiner Bohrer (Trepan), Lanzetten, Schröpfköpfe und ein »Nagel« für den Aderlaß. Vor schwereren Eingriffen erhielt der Patient einen Schlaftrunk (Weihrauch in Wein) ähnlich wie die Delinquenten vor der Hinrichtung. Bekanntlich erhielt auch Jesus vor der Kreuzigung Wein mit Myrrhe angeboten, den er aber ablehnte (Markus 15, 23).

Der barmherzige Samariter (Lukas 10, 34) verband die Wunden des Überfallenen und goß Öl und Wein darüber. Auch der Prophet Jeremia erwähnt die Behandlung von Wunden mit Salben oder Balsam (8, 22 und 46, 11). Im Talmud wird davor gewarnt, die Wunden zu berühren, da »die Hand Entzündung macht«. Mit Watte, Lappen, Schwämmen oder Knoblauch- und Zwiebelhäutchen bedeckte man die Wunden. Außerdem mußte der Verletzte eine bestimmte Diät einhalten; Honig und andere Süßigkeiten waren verboten, weil sie der Wunde schaden sollten.

Besonders gefürchtet war der Biß durch tolle Hunde. Die meisten Talmudisten hielten jede Behandlung eines solchen Bisses für aussichtslos. Man konnte höchstens folgenden Behandlungsversuch machen: dem Gebissenen gewisse Stücke von der Leber des tollen Hundes zu essen geben.

In den Wüstengegenden waren Schlangenbisse sehr häufig. Als sich die Juden auf ihrer Wüstenwanderung über die Verpflegung beklagten, sandte Gott »feurige Schlangen«, durch deren Biß viele starben. Mose errichtete eine eherne Schlange als Feldzeichen; jeder, der von den Schlangen gebissen worden war, wurde durch einen Blick auf die eherne Schlange – wohl ein Bild aus Kupfer oder Bronze – geheilt (4. Mose 21, 6–9). König Hiskias ließ die eherne Schlange vernichten, weil sie vom Volk wie ein Götzenbild verehrt wurde (2. Könige 18, 4). Die Schlange ist hier genauso wie im Äskulapstab das Symbol der Heilung. Michelangelo, van Dyck und andere große Künstler hielten die Szene mit der ehernen Schlange in Bildern fest.

Als der Apostel Paulus auf Malta von einer Schlange an der Hand gebissen wurde, warteten die Leute, daß er »schwellen und tot niederfallen« würde; Paulus bleibt aber unversehrt (Apostelgeschichte 28, 3–6).

Ebenso gefürchtet waren Stiche von Skorpionen, Hornissen und Bienen. Die Talmudisten warnen auch vor dem Wassertrinken aus Flüssen und Bächen wegen der Gefahr, Würmer zu verschlucken.

Riesen und Zwerge werden in der Bibel mehrfach erwähnt. Im Kampf Davids gegen die Philister werden vier Riesen erschlagen; einer von diesen hatte überzählige Glieder: »Und es erhob sich noch ein Krieg zu Gath. Da war ein langer Mann, der hatte sechs Finger an seinen Händen und sechs Zehen an seinen Füßen, das ist vierundzwanzig an der Zahl; und er war auch geboren von Rapha.« (2. Samuel 21, 20) In der Mischna sind verschiedene Mißbildungen des Schädels aufgezählt, die zum Priesterdienst untauglich machen. Ebenso konnten Blinde, Lahme, Entmannte, Zwerge und Hautkranke keine Priester werden.

Häufig ist in der Heiligen Schrift von Krüppeln und Lahmen die Rede, die mit ihrem Leiden entweder schon seit Geburt behaftet sind oder es erst durch Krankheit oder Unfall erworben haben. Mephiboseth, der Sohn Jonathans, wurde mit fünf Jahren von seiner Amme auf der Flucht fallen gelassen; seither ist er lahm und hinkt. David gibt ihm einen Platz an der Königstafel (2. Samuel 4, 4).

Von der wunderbaren Heilung Lahmer und anderer Patienten berichtet das Johannesevangelium (5, 2–4): »Es ist aber zu

Jerusalem bei dem Schafhause ein Teich, der heißt auf hebräisch Bethesda und hat fünf Hallen, in welchen lagen viele Kranke, Blinde, Lahme, Dürre; die warteten, wenn sich das Wasser bewegte. Denn ein Engel fuhr herab zu seiner Zeit in den Teich und bewegte das Wasser. Welcher nun der erste, nachdem das Wasser bewegt war, hineinstieg, der ward gesund, mit welcherlei Seuche er behaftet war.«

Die Beschneidung

Nach der Bibel befahl Gott Abraham, als Zeichen des Bundes zwischen Gott und den Juden alle Knaben im Alter von acht Tagen an der Vorhaut zu beschneiden (1. Mose 17, 10–14). Abraham, damals neunundneunzig Jahre alt (also im Jahre 2066 bzw. 1891, je nach Datierung des Auszugs), beschnitt sich selbst, seinen dreizehnjährigen Sohn Ismael, alle männlichen Sklaven und ein Jahr später seinen Sohn Isaak als achtjährigen Knaben.

Die Beschneidung (Milah) vollzog in der Regel der Hausvater, gelegentlich auch die Mutter, später der Arzt und der Beschneider (Mohel). So beschnitt Zippora, das Weib Moses, ihren eigenen Sohn mit einem Steinmesser (2. Mose 4, 25).

Während der Wüstenwanderung kam man von der Beschneidung ab. Erst Josua, der Gehilfe und Nachfolger des Mose, beschnitt wieder das in der Wüste geborene Volk: »Zu der Zeit sprach der Herr zu Josua: Mache dir steinerne Messer und beschneide wieder die Kinder Israel zum andern Mal. Da machte sich Josua steinerne Messer und beschnitt die Kinder Israel auf dem Hügel Araloth.« (Josua 5, 2–3)

Die Tatsache, daß Zippora und Josua Steinmesser verwenden, spricht ebenfalls für das hohe Alter dieses Brauches. Die Beschneidung wurde auch im alten Ägypten geübt, allerdings nicht bei allen Knaben und erst im fünften oder sechsten Lebensjahr.

Viele Naturvölker in Afrika, Amerika und Australien kennen noch heute die Beschneidung als religiösen Akt. Obwohl kein Zweifel darüber bestehen kann, daß sich die Beschneidung in hygienischer und medizinischer Hinsicht günstig auswirkt, dürfen für die Einführung dieses Eingriffes keine sanitären Beweggründe angenommen werden.

Zur Zeit Jesu wurde die Beschneidung mit der Namengebung verbunden (Lukas 1, 59). Die katholische Kirche feiert den 1. Januar als den Beschneidungstag Jesu. Die ersten Christengemeinden übten die Beschneidung noch allgemein aus. Der Apostel Paulus setzte es durch, daß die bekehrten Heiden von der Beschneidung befreit wurden (Apostelgeschichte 15). Im 1. Brief an die Korinther (7, 19) erklärt Paulus lapidar: »Die Beschneidung ist nichts, und die Vorhaut ist nichts; sondern Gottes Gebot halten.«

Die Bibel enthält noch keine Angaben über die Technik der Beschneidung. Um so ausführlicher ist die Mischna. Die Milah wird am Sabbath in vier Akten vorgenommen:

1. Die Abtragung der Vorhaut mit einem Messer.
2. Die Entblößung der Eichel, eventuell nach Abtrennung des inneren Vorhautblattes.
3. Das Saugen der Wunde durch den Beschneider.
4. Verband der Wunde.

Vor und nach dem Eingriff wurde das Kind gewaschen. Kranke Kinder durften nicht beschnitten werden. Wenn zwei Kinder einer Mutter an den Folgen der Beschneidung gestorben waren, hatte die Beschneidung des dritten Kindes zu unterbleiben. Man kann hierbei an die Bluterkrankheit (Hämophilie) denken, die nur bei männlichen Personen auftritt. Als in hellenistischer Zeit auch in Jerusalem Gymnasien eingerichtet wurden, schämten sich die jüdischen Jünglinge, daß sie beschnitten waren, und versuchten, den Vorhautrest so weit als möglich vorzuziehen.

Augenkranke und Blinde

Im Buch Tobias, das zu den apokryphen Schriften des Alten Testaments gehört, wird von der Erblindung und wundersamen Heilung des Tobias berichtet. Dieser fromme Mann aus dem Stamm Naphthali war zur Zeit des Königs Salmanasser V. (726–722 v. Chr.) von Assyrien in Gefangenschaft geraten. Entgegen dem Verbot des Königs begrub Tobias nachts heimlich die erschlagenen Juden. Müde von dieser Arbeit war er eines Tages eingeschlafen; da ließ eine Schwalbe ihren heißen Kot aus dem Nest direkt in seine Augen fallen, so daß er erblindete. Auch diese Prüfung Gottes ertrug er mit gottesfürchtiger Geduld. Vier Jahre danach, im sechzigsten Lebensjahr, wird Tobias mit Hilfe des Engels Raphael geheilt. Dieser befiehlt dem jungen Tobias, die Augen des Vaters mit der Galle eines Fisches aus dem Tigris zu salben. »Und er litt das fast eine halbe Stunde. Und der Star ging ihm von den Augen wie ein Häutlein von einem Ei. Und Tobias nahm es und zog es von seinen Augen, und alsbald ward er wieder sehend.« (Tobias 11, 13–15) Tobias lebte dann noch zweiundvierzig Jahre.

Wenn man einmal diese naive Legende als Tatsache betrachtet, könnte es sich um eine Verätzung der Hornhaut und Erblindung durch die undurchsichtige Hornhautnarbe gehandelt haben. Von welchem Fisch die heilkräftige Galle stammte, erfahren wir nicht. Erwiesen ist aber, daß Fischgalle im Altertum viel bei Augenkrankheiten angewendet wurde. Erstaunlich ist die Heilung nach vierjähriger Blindheit im Alter von sechzig Jahren, wenn die natürliche Regenerationsfähigkeit schon deutlich nachläßt.

Ebenso wunderbar ist die Heilung Blinder durch Jesus, einmal durch Berührung mit den Fingern (Matthäus 9, 29 und 20, 34), dann durch Bestreichen mit Speichel (Markus 8, 25 und Johannes 9, 6–7).

Blindheit war im Altertum und ist noch heute im Orient ein häufiges Leiden. Augenentzündungen werden dort durch die intensive Sonnenstrahlung, Staub, Fliegen und Unsauberkeit begünstigt. Daneben gab es die angeborene Blindheit, die teilweise oder völlige Erblindung im Alter sowie die Blendung von Kriegs- und Strafgefangenen. Selbstverständlich konnte die Blindheit auch eine Strafe Gottes sein. Im übertragenen Sinne sprach man von Blindheit, wenn einem Menschen die geistige und praktische Erkenntnis fehlte, was auf Selbsttäuschung oder Sünde zurückgeführt wurde. Es heißt dann so treffend, er sei verblendet.

Schon im 3. Mose 19, 14 wird gefordert: »Du sollst dem Blinden keinen Anstoß setzen.« Noch schärfer heißt es im 5. Mose 27, 18: »Verflucht sei, wer einen Blinden irren macht auf seinem Wege!«

Im Talmud werden acht gefährliche Augenleiden (eitrige Bindehautentzündung, Blut im Auge usw.) aufgezählt, die zu jenen Krankheiten zählen, die eine Verletzung der Sabbatgesetze durch den Arzt gestatten. Die Augenkrankheiten werden auf verschiedene Weise lokal behandelt. Auf entzündete Augen legte man grüne Blätter zur Kühlung. Den gleichen Effekt konnte man mit einem Metallgegenstand (Messer, Schlüssel, Ring) erzielen. Als besonders heilkräftig für das Auge galt der Speichel; außerdem waren Umschläge mit Wein oder gewöhnlichem Wasser gebräuchlich. Mit den Griechen kamen auch die Kollyrien zu den Juden.

Augenschminken war schon in biblischer Zeit üblich. In 2. Könige 9, 30 heißt es: »Und da Jehu gen Jesreel kam und Isebel das erfuhr, schminkte sie ihr Angesicht und schmückte ihr Haupt und guckte zum Fenster aus.« (Jehu war 841–814 v. Chr. König von Israel; Isebel war die Frau des Königs Ahab von Israel, der von 874–853 v. Chr. regiert hatte; Jesreel, das heutige Zerin, siebzehn Kilometer südlich von Nazareth, war die zweite Residenz der israelitischen Könige). Bei dieser Augenschminke dürfte es sich um Schwefelantimon gehandelt haben. Obwohl von den Propheten bekämpft, bürgerte sich das Färben der Augen als allgemeine Landessitte ein. Nur während der Trauer durften sich die Frauen die Augen nicht bemalen. Selbst in den jungen, zur Askese neigenden Christengemeinden behielten die Frauen das Schminken der Augen bei. Man verwendete dazu einen eigenen Schminkstift; der mit Schminke beschickte Stift wurde waagerecht durch die geschlossenen Lider gezogen.

Nach dem Talmud sind Mangold und Feigen sowie Honig, nach dem Essen genossen, gut für das Auge. Weißbrot, fettes Fleisch und alter Wein sind drei Nahrungsmittel, die nicht abführen, Kraft geben und die Augen erleuchten. Besonders von der Lunge der Gans versprach man sich eine günstige Wirkung auf die Augen. Es verstanden aber nur wenige, die getrocknete Lunge zu einem Medikament zu verarbeiten. Hingegen sollte

Salz den Augen schaden. Daß der Rauch den Augen nicht gut tut, steht schon in den Sprüchen Salomos (10, 26). Licht ist Nahrung für die Augen; in der Dunkelheit verkümmert das Auge. Allerdings muß man sich vor Blendung durch Sonnenstrahlen hüten, ermahnt ein Talmudist. Baden ist bei fieberhaften Augenleiden, Aderlaß bei schmerzhaften gefährlich. Solchen Augenkranken ist am besten Sprechverbot aufzuerlegen.

Zähne, Ohren und Nase

Über Zahnschmerzen wird an verschiedenen Stellen des Alten Testaments geklagt; man kannte auch den lockeren und zerbröckelnden Zahn. Essig schadet den Zähnen; heilt aber Wunden am Zahnfleisch. Bei Zahnschmerzen hilft saurer Fruchtsaft.

Auf schöne Zähne wurde großer Wert gelegt. Das Ideal waren »Zähne weißer denn Milch«. Das Kauen von Milz galt als gut für die Zähne, während Lauch schädlich sein sollte. Man beobachtete, daß die Zähne durch langes Fasten schwarz und von unreifen Trauben stumpf werden.

Der Talmud kennt schon das Bohren eines Zahnes, die Entfernung des Zahnsteins durch Kratzen und eingesetzte Zähne, also künstlichen Zahnersatz. Diese künstlichen Zähne waren aus Silber, Gold oder Holz. Der Zahnersatz erfolgte nur aus kosmetischen, nicht aus medizinischen Gründen; daher zählte er zu den weiblichen Schmucksachen. Männer trugen keine künstlichen Zähne. Die Zahnkrankheiten behandelte der Arzt, während der Zahnersatz von Handwerkern angefertigt wurde.

Taube und Taubstumme kommen in der Heiligen Schrift oft vor. Vom Taubstummen hieß es, daß er wohl körperlich arbeiten könne, daß aber sein Verstand schwach sei. Gott konnte die Menschen taub und stumm machen (2. Mose 4, 11) und sie wieder heilen (Heilung eines Taubstummen durch Jesus in Markus 7, 32–35).

Ein Talmudist führt als spezielle Ursache der Taubstummheit unsittliches Verhalten der Eltern bei der Zeugung an, wofür die Kinder gestraft werden sollen: Die Kinder werden stumm, wenn die Eltern die Geschlechtsteile küssen, und taub, wenn sie beim Geschlechtsverkehr sprechen.

Gegen Ohrenschmerzen wurden vielerlei Mittel angepriesen; sehr gut sollte der Saft der Nieren von einer kahlen Ziege helfen. Allgemein hieß es: bei Ohrenlaufen feste Arzneien, bei Ohrenleiden ohne Absonderung flüssige Mittel.

Verstümmelungen der Gefangenen gehörten im Altertum zu den üblichen Kriegsbräuchen. So droht der Prophet Hesekiel dem ungehorsamen Volk Israel: »Sie sollen dir Nasen und Ohren abschneiden.« (Hesekiel 23, 25) Daß auch die Juden diese Sitte ihrer Nachbarn übernommen hätten, ist nicht überfert. Grobe Verunstaltungen der Nase schlossen den Priester vom Dienst aus. Im Talmud werden von den Nasenkrankheiten das Nasenbluten und die Nasenpolypen genannt. Gegen Nasenbluten wird eine kalte Dusche des Kopfes empfohlen.

Epilepsie und andere Nervenkrankheiten

Der epileptische Anfall ist in den Evangelien deutlich beschrieben; so bei Markus 9, 17–18: »Einer aber aus dem Volk antwortete und sprach: Meister, ich habe meinen Sohn hergebracht zu dir, der hat einen sprachlosen Geist; und wo er ihn erwischt, so reißt er ihn, und schäumt, und knirscht mit den Zähnen, und verdorrt. Ich habe mit deinen Jüngern geredet, daß sie ihn austrieben, und sie können es nicht.« Und ähnlich bei Lukas 9, 38–40: »Und siehe, ein Mann unter dem Volk rief, und sprach: Meister, ich bitte dich, besieh doch meinen Sohn; denn er ist mein einziger Sohn. Siehe, der Geist ergreift ihn, so schreit er alsobald, und reißt ihn, daß er schäumt, und mit Not weicht er von ihm, wenn er ihn gerissen hat; und ich habe deine Jünger gebeten, daß sie ihn austrieben, und sie konnten es nicht.«

Schon von König Saul (um 1050 v. Chr.) von Israel heißt es bei 1. Samuel 19, 24 unter anderem: »... und fiel bloß nieder den ganzen Tag und die ganze Nacht.« Als David auf der Flucht vor Saul zu Achis, König von Gath, einer der fünf Philisterstädte, kam, simulierte er einen epileptischen Anfall:

»Und verstellte seine Gebärde vor ihnen, und kollerte unter ihren Händen, und stieß sich an die Tür am Tor, und sein Geifer floß ihm in den Bart.« (1. Samuel 21, 13)

Auch die Krankheit des Apostels Paulus ist als Epilepsie gedeutet worden. Im 2. Brief an die Korinther schreibt Paulus, daß ihm ein Pfahl ins Fleisch gegeben sei, auf daß er sich nicht überhebe. Über die Galater freut sich Paulus, daß sie ihn wegen der Anfechtungen, die er nach dem Fleische leide, nicht verachten (Galater 4, 14). Auch die dramatischen Umstände der Bekehrung des Saulus zum Paulus auf dem Wege nach Damaskus läßt an eine Epilepsie denken (Apostelgeschichte 9, 3 folgende).

Der Mondsüchtige im Matthäusevangelium 17, 15 ist wohl auch ein Epileptiker gewesen: »Und sprach: Herr, erbarme dich über meinen Sohn, denn er ist mondsüchtig, und hat ein schweres Leiden, er fällt oft ins Feuer, und oft ins Wasser.« Der Einfluß des Mondes auf den Gesundheitszustand, besonders auf die seelische Verfassung, war eine landläufige Ansicht. So ist auch der 121. Psalm, 5–6 zu verstehen: »Der Herr behütet dich, der Herr ist dein Schatten über deiner rechten Hand, daß dich des Tages die Sonne nicht steche, noch der Mond des Nachts.«

Im Talmud wird als Ursache der Epilepsie oft ein anstößiges Verhalten beim Geschlechtsverkehr genannt. Vielleicht wollte man die Warnung vor abnormem Geschlechtsverhalten durch die Drohung mit schwerer Erkrankung verstärken. Die Talmudisten nahmen bereits an, daß die Epilepsie auch vererbt werden kann: Man soll keine Frau aus fallsüchtiger Familie heiraten. Zum Epileptiker wird ein tüchtiger Arzt und nicht – wie man annehmen könnte – ein Exorzist gerufen.

Lähmungen sind im Alten und Neuen Testament ebenfalls öfter beschrieben. An einen Gehirnschlag läßt folgende Stelle denken: »Und da man solches anfing, strafte Gott den Alcimus, daß das angefangene Werk wieder verhindert ward: Denn der Schlag rührte ihn, daß er nichts mehr reden konnte oder etwas ordnen und schaffen von seinen Sachen. Und starb also mit großen Schmerzen.« (1. Makkabäer 9, 55–56) Ähnlich kann der Tod des reichen Schafzüchters Nabal gedeutet werden: Am Morgen nach einem schweren Trinkgelage erzählt ihm seine Frau Abigail von Davids Racheplänen. »Da erstarb sein Herz in seinem Leibe, daß er ward wie ein Stein. Und über zehn Tage schlug ihn der Herr, daß er starb.« (1. Samuel 25, 36–38)

Die zahlreichen Gichtbrüchigen des Neuen Testaments waren Gelähmte infolge Nervenleiden oder Gelenkrheumatismus (Matthäus 4, 24; 8, 6; 9, 2; Markus 2, 3–12; Apostelgeschichte 8, 7; 9, 33).

Der Mann mit der »verdorrten Hand« (Matthäus 12, 10; Markus 3, 1; Lukas 6, 6) kann eine Atrophie (Schwund) infolge Lähmung der Hand gehabt haben.

Besessene und Geisteskranke

Die Theologen sondern von den Geisteskrankheiten die Besessenheit streng ab. Die Besessenheit zeigt zwar oft die leiblichen und geistigen Anzeichen einer Geistesgestörtheit, ist aber eindeutig dämonischen Ursprungs. Hier ist noch einmal an Matthäus 10, 8 zu erinnern, wo Jesus den Aposteln auch gebot, »die Teufel auszutreiben«. Die Dämonen, das sind nach dem Neuen Testament von Gott abgefallene Engel, ergreifen von Menschen Besitz, um sie zum Bösen zu veranlassen. Diese Dämonen können die Menschen mit verschiedenen Krankheiten (Geisteskrankheiten, Epilepsie, Taubstummheit, Blindheit usw.) quälen.

Die Kennzeichen der Besessenheit können recht mannigfaltig sein: Hellsichtigkeit, Wahrsagen, unruhiges Verhalten, Toben, übermenschliche Körperkräfte, Krämpfe und andere. Ursachen der Besessenheit sind Sünden verschiedener Art, besonders die eingehende Beschäftigung mit dem Okkultismus. Der Besessene kann nur durch echte Buße befreit werden.

Der Artikel »Besessenheit« im lutherischen »Lexikon zur Bibel« (4. Auflage 1962) endet mit folgenden Sätzen: »Besessenheit kommt auch heutzutage vor. Sie weist großenteils dieselben Merkmale auf wie die biblische Besessenheit.«

König Saul dürfte an einer Melancholie gelitten haben. Wir hören in 1. Samuel 16, 14: »Der Geist aber des Herrn wich von Saul, und ein böser Geist vom Herrn machte ihn sehr unruhig.« Seine Knechte raten ihm, einen Harfenspieler kommen zu lassen, dessen Spiel Saul aufmuntern soll. So kommt David zu Saul und wird sein Waffenträger. »Wenn nun der Geist Gottes über Saul kam, so nahm David die Harfe und spielte mit seiner Hand; so erquickte sich Saul und ward besser mit ihm, und der böse Geist wich von ihm.« (1. Samuel 16, 23) Das ist ein biblischer Hinweis auf die Musiktherapie, die im Altertum weit verbreitet gewesen ist. Als Saul erkennt, daß er mit David einen gefährlichen Rivalen an seinen Hof gerufen hat, versucht er in einem Wutanfall, ihn zu töten. Der Wechsel von Depressionen und manischen Phasen paßt sehr gut in das Krankheitsbild des manisch-depressiven oder zirkulären Irreseins. Von den epileptischen Anfällen Sauls war schon die Rede (siehe Seite 326). Bleibt noch zu berichten, daß König Saul zuletzt Suizid begeht (1. Samuel 31, 4) – auch ein Anzeichen einer seelischen Störung.

Die Krankheit des babylonischen Königs Nebukadnezar ist zweifellos eine Paranoia (Wahn) gewesen. Von der Deutung seiner Träume durch den Propheten Daniel erschreckt, verfällt Nebukadnezar in einen sonderbaren Zustand: Er wird von Menschen verstoßen, ißt Gras wie ein Ochse, lebt mit dem Vieh auf der Weide, seine Haare und Nägel wachsen wie bei einem Vogel. Nach sieben Jahren kehrt sein Verstand wieder, Nebukadnezar wird wieder in seine königlichen Rechte eingesetzt.

Der Wahn, sich für ein Tier zu halten, wird in der antiken Literatur mehrmals erwähnt. Die Lykanthropie – der Wahn, in einen Wolf verwandelt zu sein – ist im Mittelalter besonders häufig beobachtet worden (»Werwolf«).

Allgemein bekannt ist, daß im Pentateuch und von den Propheten Irrsinn als Strafe für Ungehorsam gegen Gott angedroht wird. Weniger bekannt hingegen ist die Schilderung einer Massenpsychose im Kriege: Im 9. Jahrhundert v. Chr. belagerte der syrische König Beschadad die Hauptstadt Samaria des israelischen Nordreiches. Die schwere Hungersnot treibt vier Aussätzige in das Lager der Syrer, das sie verlassen von allen Menschen, aber voll Lebensmittel, Kleider, Geräten und Schätzen vorfinden. Der Herr hatte die Syrer das Getöse eines imaginären Heeres hören lassen (Massensuggestion). Die syrischen Soldaten dachten, der König Israels hätte sich mit den Königen der Hethiter und der Ägypter verbündet. Vor dieser Heeresmacht flohen sie kopflos, ließen alles liegen und stehen, so daß der Weg bis an den Jordan mit weggeworfenen Kleidern und Geräten übersät war (2. Könige 6 und 7).

Ebenfalls in das Gebiet der Psychiatrie gehören die in der Bibel berichteten Fälle von Sodomie, Päderastie und Onanie (1. Mose 38, 8–9; 2. Mose 22, 19; 3. Mose 18, 23; 20, 13).

Im 1. Mose 30, 37–42 wird das sogenannte »Versehen« beschrieben. Unter »Versehen der Schwangeren« versteht man die angebliche Entstehung von Mißbildungen an den Kindern durch schreckhafte Gesichtseindrücke Schwangerer. Nach der zitierten Bibelstelle versucht Jakob zu erreichen, daß die Schafe möglichst viele buntgescheckte Lämmer werfen; zu diesem Zweck stellt er bunt geschälte Zweige vor die Tränke der brünstigen Schafe. Mit dieser List will Jakob seinen Anteil an der Herde seines Onkels Laban vergrößern. Jakob hatte sich nämlich die buntgescheckten Tiere als Lohn ausbedungen.

Schwangerschaft und Geburt

Geburtsgeschichten nehmen in der Bibel einen breiten Raum ein. Als Abraham hundert Jahre alt ist, prophezeit ihm der Herr, daß die neunzigjährige Sara den Sohn Isaak gebären wird (1. Mose 17, 17). Sara »ging nicht mehr nach der Weiber Weise« (1. Mose 18, 11), das heißt, ihre Regelblutungen hatten schon aufgehört. Eine Schwangerschaft und Entbindung in einem so hohen Alter muß tatsächlich als Wunder angesehen werden.

Als Rebekka, die Gemahlin Isaaks, schwanger geworden war, werden Zwillinge festgestellt: »Und die Kinder stießen sich miteinander in ihrem Leibe.« (1. Mose 25, 22) Tatsächlich brachte Rebekka Zwillinge zur Welt: den rotblonden, stark behaarten Esau und den Jakob (1. Mose 25, 24–26).

Eine andere Zwillingsgeburt wird in 1. Mose 38, 27–30 beschrieben: Die verwitwete Thamar war von ihrem Schwiegervater Juda geschwängert worden. Bei ihrer Niederkunft – es waren davor Zwillinge diagnostiziert worden – fiel zuerst eine Hand vor; die Hebamme band einen roten Faden um die Hand und sprach, daß dieser als erster herauskommen würde. Der zog aber seine Hand wieder zurück, so daß der andere Zwilling zuerst geboren wurde; erst als zweiter erblickte der Bruder mit dem roten Faden um die Hand das Licht der Welt. Ein zwar ungewöhnlicher, aber durchaus denkbarer Vorgang.

Auch Entbindungen mit tödlichem Ausgang werden geschildert. So entnehmen wir 1. Mose 35, 16–19: Jakobs Weib Rahel gebar auf dem Wege nach Ephrat (Bethlehem) einen Knaben. »Und es kam sie hart an über der Geburt.« Ehe Rahel stirbt, nennt sie den Knaben Ben-Oni (»Sohn meines Schmerzes«); Jakob ändert aber den Namen in Benjamin (»Sohn der rechten Hand«, soviel wie »Glückskind«). Die Todesursache der Gebärenden erfahren wir nicht. Vielleicht ist Rahel, erschöpft von der Reise, nach der Niederkunft verblutet.

Ebenfalls bei der Entbindung starben die Frau des Pinehas (1. Samuel 4, 19) und Michal, Tochter des Saul und Gemahlin Davids (2. Samuel 6, 23). Pinehas, der Sohn Elis, und sein Bruder Hophnis waren von den Philistern, die die Bundeslade bei Eben-Ezer erbeutet hatten, erschlagen worden. Als der achtundneunzigjährige erblindete Hohepriester Eli diese Unglücksbotschaft vernimmt, fällt er rücklings vom Stuhl und bricht sich das Genick. Nun erfährt die Frau des Pinehas die Trauernachricht, bekommt Wehen und gebiert einen Sohn; unter Klagen über Israel stirbt sie und gibt noch ihrem Sohn den Namen Ikabod (»Unehre«). Daß ein großer Schreck Wehen auslösen kann, ist nichts Ungewöhnliches; die Todesursache der Gebärenden ist unbekannt.

Michal hatte David Vorhaltungen wegen seines öffentlichen Freudentanzes bei der Abholung der Bundeslade gemacht. Zuletzt heißt es: »Aber Michal, Sauls Tochter, hatte kein Kind bis an den Tag ihres Todes.« Nach talmudischer Überlieferung soll das heißen, daß Michal am Tage ihres Todes ein Kind bekam.

Einer talmudischen Legende zufolge ist auch die Mutter der Königin Esther, der zweiten Frau des Perserkönigs Xerxes I. (486–465 v. Chr.), der im Estherbuch Ahasveros genannt wird, bei der Entbindung verschieden.

Über die Physiologie der Schwangerschaft findet man vor allem im Talmud eingestreute Bemerkungen. Man erfährt zum

Beispiel: Mit Beginn der Schwangerschaft hört die Regelblutung auf, das Blut verändert sich und es entsteht Milch. Doch soll auch schon vor Eintritt der ersten Menstruation eine Empfängnis möglich sein. Bath-Seba, eine der Frauen König Davids, soll ihr erstes Kind schon mit sechs Jahren geboren haben. Um die unerwünschte, weil gefährliche Schwängerung so junger Mädchen zu verhindern, empfahlen die Rabbiner die Benutzung eines Tampons.

Ein Talmudist lehrte: Eine Frau, die vor ihrem zwanzigsten Lebensjahr schwanger wird, kann bis zum sechzigsten Jahr gebären; heiratet sie mit zwanzig, so bleibt sie bis vierzig gebärfähig; eine vierzigjährige Braut bekommt keine Kinder mehr.

Die Schwangerschaftsbeschwerden und Entbindungschmerzen sind nach 1. Mose 3, 16 die Strafe für Evas Sünde: »Und zum Weibe sprach er: Ich will dir viele Schmerzen schaffen, wenn du schwanger wirst; du sollst mit Schmerzen Kinder gebären; und dein Wille soll deinem Manne unterworfen sein, und er soll dein Herr sein.«

Die Schwangerschaft ist äußerlich mit drei Monaten erkennbar – zum Beispiel die Zwillingsschwangerschaft der Thamar (1. Mose 38, 24). Die Schwangerschaft der hochbetagten Elisabeth, der Mutter Johannes des Täufers, bleibt aber fünf Monate verborgen (Lukas 1, 24).

Die Bezeichnung »Leibesfrucht« stammt aus dem Alten Testament (1. Mose 30, 2). Der Verfasser des Buches Hiob vergleicht das Werden des Kindes mit der Gerinnung der Milch: »Hast du mich nicht wie Milch gemolken, und wie Käse lassen gerinnen?« (Hiob 10, 10). Im apokryphen Buch »Die Weisheit Salomos« 7, 2 heißt es: »Und bin ein Fleisch gebildet, zehn Monate lang im Blut zusammen geronnen, aus Mannessamen durch Lust im Beischlafen.«

Der Talmud lehrt, daß im Augenblick der Zeugung nicht nur das Geschlecht des Kindes, sondern auch seine körperliche und geistige Verfassung bestimmt wird.

Die Qualen der Geburt werden von den Propheten gleichnishaft zitiert. Jesaja sagt: »Es wird ihnen bange sein wie einer Gebärerin« (Jesaja 13, 8) und »Gleichwie eine Schwangere, wenn sie schier gebären soll; so ist ihr Angst, schreiet in ihren

Schmerzen« (Jesaja 26, 17). Auch Jeremia spricht vom Geschrei und von der Angst einer Gebärenden (Jeremia 4, 31).

Zur Entbindung kniete die Frau nieder. Daß diese Stellung zu Beginn der Geburt naturgemäß ist, wird auch mit der Redewendung »eine Frau kommt nieder« ausgedrückt. Ein Gebärstuhl ist nach 2. Mose 1, 16 auch schon in Gebrauch gewesen. Das Entbinden auf einem besonderen Stuhl ist höchstwahrscheinlich von der Niederkunft auf dem Schoß eines Mannes oder einer Frau hergeleitet. Als Rahel ihrem Mann Jakob keine Kinder gebären konnte, gab sie ihm ihre Magd Bilha zur Nebenfrau, »daß sie auf meinem Schoß gebäre« (1. Mose 30, 3). Ohne Zweifel ist der Sinn dieses Vorgehens darin zu sehen, daß die Person, auf deren Schoß die Niederkunft erfolgt, ein Anrecht auf das Neugeborene erwirbt.

In den Strafandrohungen der Hungersnot (5. Mose 28, 57) ist davon die Rede, daß selbst das zärtlichste Weib ihre Nachgeburt und auch ihre Söhne aus Hunger heimlich essen wird. Die Nachgeburt wurde normalerweise zuerst aufbewahrt, »damit das Kind warm wird«; erst nach einem bestimmten Zeitraum hat man sie in der Erde begraben. Der heidnische Brauch, die Nachgeburt am Scheideweg zu begraben oder an einen Baum zu hängen, ist im Talmud verboten.

Große Freude herrschte, wenn das Neugeborene ein Knäblein war. Die Sorgen, die eine Tochter dem Vater bereitet, hat Jesus Sirach in den düstersten Farben geschildert (Sirach 42, 9 bis 11): Solange sie jung ist, fürchtet er ihr Altern; wenn sie verheiratet ist, könnte ihr Mann böse sein; als Jungfrau könnte sie geschändet und in des Vaters Haus schwanger werden; als Ehefrau wäre es möglich, daß sie leichtfertig werde und unfruchtbar bliebe; wenn die Tochter nicht schamhaft ist, muß sie hart gehalten werden, damit sich der Vater nicht schämen muß.

Die Versorgung des Neugeborenen in biblischer Zeit geht aus dem Gleichnis des Propheten Hesekiel (16, 4) hervor: »Deine Geburt ist also gewesen: Dein Nabel, da du geboren wurdest, ist nicht verschnitten; so hat man dich auch mit Wasser nicht gebadet, daß du sauber würdest, noch mit Salz gerieben, noch in Windeln gewickelt.«

Wie andere Autoren des Altertums lehren die Talmudisten,

daß das Menstruationsblut zu den Brüsten geht und dort zu Milch umgewandelt wird. Daher stockt während der Schwangerschaft und Stillzeit die Regelblutung. Normalerweise stillte die Mutter ihre Kinder vierundzwanzig Monate. Im 2. Buch der Makkabäer (7, 28) spricht die Mutter zu ihrem siebenten Sohn, nachdem Antiochos die anderen sechs Brüder wegen ihrer Weigerung, Schweinefleisch zu essen, hatte martern und hinrichten lassen: »Du mein liebes Kind, das ich neun Monate unter meinem Herzen getragen und bei drei Jahren gesäugt und mit großer Mühe aufgezogen habe, erbarme dich doch über mich!«

Um eine Schwängerung der Stillenden zu verhüten, weil dadurch der Säugling verhungern könnte, empfahl ein Talmudist, während der Stillperiode beim Geschlechtsverkehr einen Tampon zu benutzen. Deshalb erlaubte man einer noch stillenden Witwe erst nach vierundzwanzig Monaten die Wiederverheiratung.

Das Stillen des Kindes war Pflicht der Mutter. Bei Zwillingen war die Mutter nur verpflichtet, ein Kind zu stillen, für das andere mußte der Vater eine Amme mieten. Es gab aber auch stillunfähige und stillunwillige Frauen. In seiner Todesstunde wünscht Jakob seinem Sohn Joseph »Segen an Brüsten und Bäuchen.« (1. Mose 49, 25) Die Hochschätzung des Stillgeschäftes spricht auch aus den Worten eines Weibes zu Jesus: »Selig ist der Leib, der dich getragen hat, und die Brüste, die du gesogen hast.« (Lukas 11, 27)

Die Amme war eine wichtige Person. In der Bibel (1. Mose 35, 8) wird ausdrücklich der Tod von Debora, der Amme Rebekkas, erwähnt. Die Amme durfte während ihrer Anstellung keine andere Arbeit übernehmen und daneben nicht einmal ihr eigenes Kind säugen. Strittig war die Meinung über die Zulassung heidnischer Ammen. Die Stillende durfte nichts essen, was für die Milch schädlich sein konnte (zum Beispiel Hopfen, Kürbis, kleine Fische).

In 1. Mose 21, 8 erfahren wir, daß Abraham am Tage der Entwöhnung des Isaak ein großes Mahl gab. Diese Sitte scheint aber später verschwunden zu sein.

Aus dem biblischen Gebot »Seid fruchtbar und mehret euch« (1. Mose 1, 28) haben die jüdischen und die christlichen Kirchenrechtler abgeleitet, daß die Zeugung von Kindern der Hauptzweck der Ehe ist. Eine kinderlose Ehe hat ihren Zweck verfehlt. Die kinderlose Rahel ruft verzweifelt ihrem Mann Jakob zu: »Schaffe mir Kinder; wo nicht, so sterbe ich.« (1. Mose 30, 1) Nach dem Talmud sind vier Menschen schon bei Lebzeiten wie Tote: der Arme, der Blinde, der Aussätzige und der Kinderlose. Nach zehn Jahren kinderloser Ehe konnte sich der Mann eine gebärfähige Zweitfrau nehmen oder sich von der unfruchtbaren Frau unter Auszahlung des Witwengeldes trennen. Die Sterilität des Mannes war hingegen kein Ehescheidungsgrund.

Im Talmud wird auch erzählt, daß Frauen den »Becher der Unfruchtbaren« tranken, um nicht ihre Schönheit durch die Schwangerschaft zu entstellen. Dieser Trank soll aus einer Verreibung von alexandrinischem Gummi, Alaun und Kurkumablüte in Trauben- oder Palmwein bestanden haben. Die Männer der Sintflut haben sich einer talmudischen Legende zufolge zwei Frauen genommen: eine zum Kindergebären, die wie eine Witwe vernachlässigt wurde, und eine zum Beischlaf, die den »Becher der Unfruchtbarkeit« trank und »geputzt wie eine Dirne« herumsaß.

Fehlgeburten wurden vor allem auf Schreck zurückgeführt. Die abgegangenen Früchte wurden verbrannt oder vergraben. Während man sonst im Altertum, Platon nicht ausgenommen, nicht daran zweifelte, daß eine Frau auch Tiere gebären könne, gilt im Talmud die Sodomie als unfruchtbar.

Das talmudische Gesetz befahl den Kaiserschnitt an der Toten, selbst am Sabbat. Allerdings war man sich im klaren, daß in der Regel das Kind schon vor der Mutter stirbt. Von einem Kaiserschnitt an der Lebenden ist in Bibel und Talmud nirgendwo die Rede.

Während dem Kind normalerweise durch die Geburt kein Schaden erwächst, verrenken sich die Glieder der Mutter durch die Entbindung; erst nach zwei Jahren erlangt sie wieder ihre volle Lebenskraft. Der Tod der Frau während der Niederkunft oder im Wochenbett gilt als Strafe, wenn sie ihre religiösen Pflichten nicht freudig erfüllt hat. Die talmudische Überlieferung lehrt: »Drei sterben, während sie erzählen« – also bei vollem Bewußtsein – »die Ruhrkranken, die Wöchnerin und der Wassersüchtige, so daß man für sie Sterbekleider bereithalten sollte.«

Gerichtliche Medizin

Vieles von dem, was in den vorhergehenden Abschnitten besprochen wurde, gehört strenggenommen auch zum Bereich der gerichtlichen Medizin. Alle Gesetze der Juden, auch die, welche medizinische und hygienische Fragen betreffen, gehen auf die Bibel zurück. Mischna und Talmud bringen dazu die Ausführungsbestimmungen und die Nutzanwendung in der täglichen Praxis. Die Alten haben aber auch gewußt, daß alle Gesetze nicht ausreichen, die Menschen wirklich gut und sittlich vollkommen zu machen.

Naturgemäß nimmt die Regelung der sexuellen Verhältnisse einen breiten Raum ein. Der Ehebruch mit einer verheirateten Frau wird mit dem Tode beider Sünder bestraft (3. Mose 20, 10). Der beste Schutz gegen das Aufkommen böser Triebe war die Frühheirat. Der Apostel Paulus schrieb im 1. Brief an die Korinther (7, 2): »Aber um der Hurerei willen habe ein Jeglicher sein eigen Weib, und eine Jegliche habe ihren eigenen Mann.« Er setzte später hinzu: »So sie aber sich nicht enthalten, so laß sie freien; es ist besser freien, denn Brunst leiden.«

Für die jüdischen Priester hat es niemals ein Zölibat gegeben. Selbst die Propheten Samuel, Jesaja, Hesekiel und Hosea sind verheiratet gewesen.

Bei der Gattenwahl war die Herkunft der Gattin zu berücksichtigen. Aus einer epileptischen oder leprösen Familie sollte man keine Frau nehmen. Man glaubte auch, daß die Kinder nach den Brüdern der Frau schlagen.

Nach 3. Mose 18 ist die »Entblößung der Scham«, also der Geschlechtsverkehr und natürlich auch die Ehe, bei folgenden

Verwandten verboten: 1. Mutter oder Stiefmutter; 2. Schwester oder Halbschwester; 3. Tochter; 4. Schwester des Vaters oder der Mutter (Tante); 5. Frau des Onkels (Base); 6. Schwiegertochter; 7. Schwägerin; 8. Enkelin.

Die Übertretung dieser Verbote wird mit der Todesstrafe (Steinigung, Verbrennung, Ausrottung) bedroht. Allerdings überließ man die Ausführung dieser Strafen dem Himmel; die Gerichte verhängten lediglich vierzig Geißelhiebe. Nur Lots Inzest mit seinen leiblichen Töchtern blieb ungesühnt, weil es sich um eine Ausnahmesituation gehandelt hat: Nachdem Lot mit seiner Familie nach der Zerstörung von Sodom und Gomorrha davongekommen und seine Frau auf der Flucht in eine Salzsäule verwandelt worden war, fand er mit seinen Töchtern in einer Berghöhle Unterschlupf. Diese meinten, alle anderen Menschen seien wie einst in der Sintflut umgekommen und sie müßten kinderlos bleiben. Ein solches Los wollten sie sich ersparen, außerdem würde ja mit ihnen die ganze Menschheit aussterben. Die ältere Tochter schlug vor, den alten Vater mit Wein trunken zu machen und sich dann von ihm schwängern zu lassen. So geschah es in den beiden folgenden Nächten, ohne daß der Vater von dem blutschänderischen Verkehr etwas merkte. Beide Töchter Lots wurden auf diese Weise von ihrem eigenen Vater schwanger. Die ältere gebar einen Sohn, den sie Moab nannte; er ist der Stammvater der Moabiter, die im Osten des Toten Meeres siedelten. Die jüngere Tochter brachte ebenfalls einen Sohn zur Welt, den sie Ammi hieß, von ihm stammen die Ammoniter ab, die nördlich der Moabiter wohnten. Beide waren heidnische Völker und Feinde der Juden (1. Mose 19, 30–38).

Im Falle des Inzests des Lot kann man zwei »mildernde Umstände« anführen:

1. Lot war anscheinend volltrunken und während der Tat nicht zurechnungsfähig.
2. Die Töchter handelten nicht aus fleischlicher Begierde, sondern aus höheren Beweggründen.

Ehebruch konnte nur mit der Ehefrau eines anderen Mannes begangen werden. Der Geschlechtsverkehr eines Ehemannes mit einer Unverheirateten galt zwar nach talmudischem Recht als unsittlich und verboten, konnte aber nicht als Ehebruch bestraft werden. In den Zehn Geboten wird allerdings nicht nur der eigentliche Ehebruch, sondern schon das bloße »Begehren des Nächsten Weib« verboten.

Auf Notzucht stand ebenfalls die Todesstrafe. Daß auch bei diesem Delikt die Hinrichtung nicht vollzogen wurde, geht aus der Tatsache hervor, daß der Täter das Mädchen heiraten und an den Vater fünfzig Silberstücke zahlen mußte. Vater und Tochter hatten jedoch das Recht, die Heirat zu verweigern. In diesem Falle hatte der Täter außer dem erwähnten Strafgeld noch eine Entschädigung für die angetane Schande, für die körperlichen Schmerzen und für die Verringerung des »Personenwertes« zu entrichten.

Ähnlich waren die Strafbestimmungen für die Verführung einer Jungfrau. Dazu ein Wort des Apostels Paulus (1. Korinther 6, 9–10): »Laßt euch nicht verführen: Weder die Hurer, noch die Abgöttischen, noch die Ehebrecher, noch die Weichlinge, noch die Knabenschänder, noch ... werden das Reich Gottes erben.«

Der Ehemann konnte die Ehe anfechten, wenn er in der Hochzeitsnacht feststellen mußte, daß seine Braut keine Jungfrau mehr gewesen ist. In diesem Falle konnten die Eltern die Ehre ihrer Tochter vor den Ältesten der Stadt verteidigen, indem sie die Kleider der Tochter vor ihnen ausbreiteten (5. Mose 22, 13–17). Gemeint ist offensichtlich das Vorzeigen des blutbefleckten Bettlakens. Dieses Vorgehen basiert auf der Meinung, die Defloration müsse stets mit einer Blutung einhergehen. Stellte sich aber heraus, daß die Tochter gelogen hatte, soll sie an der Tür ihres Vaterhauses von den Stadtbewohnern gesteinigt werden. Erweist sich der Ehemann als Verleumder, wird er gegeißelt, muß dem Vater hundert Silberstücke als Buße bezahlen und verliert seiner Ehefrau gegenüber für alle Zeiten das Scheidungsrecht.

Die Prostitution wurde in Israel vor allem von syrischen und phoinikischen Dirnen betrieben. Die im Talmud erwähnten Bordelle waren eine römische Einrichtung.

Masturbation und unterbrochener Geschlechtsverkehr galten den Talmudisten als ein Verbrechen. War doch die Sintflut über die Welt gekommen, weil »alles Fleisch hatte seinen Weg verderbt auf Erden« (1. Mose 6, 12).

Die Päderastie, als »Handlungsweise Ägyptens« bezeichnet, wurde mit dem Tode der beiden Beteiligten bestraft (3. Mose 20, 13). Unter der Herrschaft des Königs Rehabeam von Juda (931–913 v. Chr.) führte man »alle die Greuel der Heiden« ein, darunter auch die männliche Tempelprostitution im Dienste der Fruchtbarkeitsgöttin (1. Könige 14, 24). Der Enkel Rehabeams, der König Asa (911–870 v. Chr.), ging entschlossen gegen den Götzendienst vor und vertrieb die »Hurer« (1. Könige 15, 12). Die letzten Lustknaben entfernte König Josaphat (870 bis 848 v. Chr.) aus dem Lande (1. Könige 22, 47). Trotzdem muß noch hundert Jahre später der Prophet Hosea gegen den »Hurengeist« wettern.

Die Unzucht mit Tieren wurde mit Steinigung geahndet; das mißbrauchte Tier mußte ebenfalls getötet werden. Die Bezeichnung dieses Unzuchtaktes als Sodomie ist historisch falsch, denn die Einwohner Sodoms wurden wegen des Lasters der Hartherzigkeit und des Fremdenhasses ausgerottet.

Die Tribadie oder lesbische Liebe (Unzucht zwischen Frauen) ist in der Bibel nicht erwähnt. Der Apostel Paulus meint wohl die Tribadie, wenn er im Römerbrief (1, 26) schreibt: »Denn ihre Weiber haben verwandelt den natürlichen Gebrauch in den unnatürlichen.« Er kann aber gleichzeitig den Verkehr von Frauen mit Tieren im Auge gehabt haben (3. Mose 18, 23).

Die Heilmittel

Die biblischen Arzneien entstammen vorwiegend dem Pflanzenreich. In der Prophezeiung Hesekiels (47, 12) über Fruchtbarkeit und Grenze des heiligen Landes heißt es von den Uferbäumen der Ströme: »Ihre Frucht wird zur Speise dienen und ihre Blätter zur Arznei.« Da auch von Myrrhenbergen und Weihrauchhügeln die Rede ist (Hohelied Salomos 4, 6), kann man an eigene Kräuterkulturen denken. Die Ismaeliter, an die Joseph von seinen Brüdern verkauft wird, brachten auf ihren Kamelen »Würze, Balsam und Myrrhen« nach Ägypten (1. Mose 37,25).

Es konnten unter anderem folgende arzneilich verwendete Pflanzen identifiziert werden: Aloe, Kalmus, Koloquinten, Zimt, Dill, Feigen, Mohn, Lorbeer, Minze, Narde, Ysop. Die Drogen wurden ganz oder nur Teile davon (Blätter, Wurzel, Rinde, Öl) gebraucht. Oft wurden mehrere Arzneimittel zusammengekocht. Pulversisierte Drogen nahm man trocken oder in Wein aufgeschwemmt ein.

Das Tierreich war im Arzneischatz mit Honig, Fischgalle (siehe Seite 323), Hundeleber, Ziegenmilch, Speichel, Urin und Kot von verschiedenen Tieren vertreten. Im Vergleich zu anderen Völkern war aber die jüdische »Dreckapotheke« nicht sehr umfangreich. Nur sehr reiche Leute konnten es sich zum Beispiel leisten, eine zerriebene Perle in Wein als Arznei zu trinken.

Das Mineralreich lieferte Alaun, Kochsalz, Tonerde, Karbonate und Auripigment (Arsentrisulfid). Heidnischen Theriak zu kaufen verbot der Talmud, weil das Geheimmittel Gifte enthalten konnte.

Das in der Bibel genannte Liebesmittel Dudaim, das Rahel von Lea fordert, dürfte die Frucht der Mandragora (Liebesäpfel) gewesen sein (1. Mose 30, 14–22).

Zur äußerlichen Anwendung standen Salben, Pflaster, Balsam, Öl und Wein zur Verfügung. So benutzte man in Wein eingeweichtes Brot für Augenumschläge; auf entzündete Augen legte man grüne Blätter. Wasseranwendungen und Trinkkuren wurden bereits erwähnt. Besonders beliebt war allerlei Räucherwerk.

Von den zahlreichen Empfehlungen bestimmter Kostformen seien aus dem Talmud zitiert: »Sechs Dinge heilen den Kranken von seiner Krankheit und ihre Heilkraft ist eine nachhaltige: Kohl und Mangold und Kamillen, der Labmagen, die Gebärmutter, Leber; manchmal auch kleine Fische.« Hingegen sollen folgende Lebensmittel die Krankheiten verschlimmern: Ochsenfleisch, fettes Fleisch, gebratenes Fleisch, Geflügel, gebratene Eier, Kresse, Milch, Käse, Nüsse, Gurken.

Die Pflicht zur Krankenpflege erwähnte als erster Jesus Sirach (7, 39): »Beschwere dich nicht, die Kranken zu besuchen, denn um deswillen wirst du geliebt werden.« Nach Matthäus

25, 36 wird der Herr beim jüngsten Gericht den Schafen zu seiner Rechten anerkennend bestätigen: »Ich bin krank gewesen, und ihr habt mich besucht.« In vielen jüdischen Städten bestanden »Brüderschaften«, die sich mit der Armenfürsorge, Totenbestattung und Krankenpflege befaßten.

Krankenhäuser gab es jedoch in talmudischer Zeit noch nicht. Der ausgeprägte Familiensinn und die heilige Gastfreundschaft der Juden ließen es nicht zu, den kranken Angehörigen wegzubringen oder den kranken Wanderer abzuweisen. Das Krankenzimmer lag gewöhnlich im Oberstock der Wohnhäuser, weil hier die Kranken weniger gestört wurden.

Wunderheilungen im Alten und Neuen Testament

Die ganze Welt, ihre Erschaffung und Erhaltung, gilt als das große Wunder Gottes. Da Gott alle Dinge möglich sind, ist es letzten Endes müßig, zwischen natürlichen und übernatürlichen Geschehnissen zu unterscheiden. Die Bahn der Sterne oder der Vorgang der Befruchtung sind nicht weniger wundervoll als die Speisung mit Manna während der Wüstenwanderung oder die Totenerweckungen.

Besonders viele Wunder werden im Alten Testament vom Auszug aus Ägypten und zur Zeit der Propheten Elia und Elisa erzählt. Die Wiedererweckung eines toten Knaben durch Elia (1. Könige 17, 17–24) und durch Elisa (2. Könige 4, 32–36) hat in jüngster Zeit besondere Beachtung gefunden: Einige Anästhesisten und Medizinhistoriker meinen, dies sei die erste Beschreibung der Mund-zu-Mund-Beatmung (Atemspende), die heute die führende Methode zur Wiederbelebung bei Atemstillstand ohne Hilfsmittel ist.

Von den zwei Parallelerzählungen ist die im 2. Buch der Könige die ausführlichere und eindrucksvollere: Der Sohn der Sunamitin, die erst nach der Prophezeiung Elisas von ihrem alten Mann schwanger geworden war, hatte auf dem Felde einen Sonnenstich erlitten und war auf dem Schoß seiner Mutter gestorben. Sie legte den Toten auf das Bett ihres Mannes und ritt auf einer Eselin zu Elisa auf den Berg Karmel. Der

Prophet gibt seinem Diener Gehasi folgenden Auftrag: Gürte deine Lenden und nimm meinen Stab in deine Hand und gehe hin und lege meinen Stab auf des Knaben Antlitz.« Gehasi tut, wie ihm aufgetragen, aber der Tote wacht nicht auf. Nun muß Elisa selbst eingreifen: »Und da Elisa ins Haus kam, siehe, da lag der Knabe tot auf seinem Bette. Und er ging hinein, und schloß die Tür zu, für sie beide, und betete zu dem Herrn, und stieg hinauf, und legte sich auf das Kind, und legte seinen Mund auf des Kindes Mund, und seine Augen auf seine Augen, und seine Hände auf seine Hände; und breitete sich also über ihn, daß des Kindes Leib warm ward. Er aber stand wieder auf, und ging im Hause einmal hierher und daher, und stieg hinauf, und breitete sich über ihn. Da schnaubte der Knabe siebenmal, danach tat der Knabe seine Augen auf.«

Ein skeptischer Rationalist könnte diese Totenerweckung so deuten: Ein nach einem Sonnenstich Scheintoter wird durch Atemspende wiederbelebt. Also kein Wunder, sondern ein durchaus verständliches Ereignis. Hier scheiden sich die Geister. Dem Theologen und Religionshistoriker widerstrebt diese Auslegung. Für ihn sind die alttestamentlichen Erzählungen Heilsgeschehen und kein Realgeschehen. Was der Prophet tut, sind keine medizinischen Maßnahmen, sondern religiöse Handlungen. Der Hauch des Elisa, der aus seinem Mund in den Mund des Toten hinübertritt, bedeutet eine gottgewollte Steigerung menschlicher Lebenskraft. Viele der alltäglich erscheinenden Wörter in dieser Erzählung haben einen tieferen Sinngehalt, sind Motivworte, die ein göttliches Geschehen anzeigen. Nicht zuletzt muß betont werden, daß der altjüdischen Religion nichts ferner lag, als in das Sterben einzugreifen. Elisa war kein Arzt, der als erster die Mund-zu-Mund-Beatmung ausgeführt hat; er war vielmehr ein Gottesmann, der den Willen und die Macht Gottes verkündet hat.

Die Wunder Jesu im Neuen Testament verdeutlichen und bekräftigen seine Predigt von der Nähe des Gottesreiches. Nach den Berichten der vier Evangelisten hat Jesus insgesamt einundvierzig Wunder vollbracht. Man unterscheidet physische Wunder (Wandeln auf dem See, Verwandlung von Wasser in Wein usw.) und Wunder an Menschen (Krankenheilungen,

Dämonenaustreibungen, Totenerweckungen). Die Zeitgenossen Jesu haben seine Wunderwerke zum Teil verlacht, verleugnet oder Dämonen zugeschrieben. Andererseits forderten Volksmenge und Schriftgelehrte von Jesus »Zeichen und Wunder«. Nach den Worten des Evangelisten Johannes sollten die Taten Jesu nicht als aufsehenerregende Wunder gelten, sondern Zeugnis dafür ablegen, daß Gott unter den Menschen wirkt.

Der spanische Medizinhistoriker Pedro Lain Entralgo (geb. 1908) hat überzeugend dargelegt, daß das Problem der Wunderheilungen strenggenommen gar kein medizinisches, sondern ein theologisches, metaphysisches Problem ist. Der Naturwissenschaftler gerät in Versuchung, die Wunder Jesu natürlich oder rationalistisch zu erklären: Die Kranken hätten keine organischen Leiden gehabt, sondern nur hysterische Reaktionen gezeigt, die einer Suggestion zugänglich sind. Man verweist auf »wunderbare« Heilungen, die heute Tiefenpsychologie und Psychosomatik aufzuweisen haben. Die Toten seien eben nur Scheintote gewesen, die ab und zu erweckt werden können.

Magische und religiöse Heilungen hat es zu allen Zeiten gegeben und werden auch noch für die Gegenwart bezeugt – siehe Lourdes, wo das ärztliche »Bureaux de constatation« jährlich unter etwa fünfundzwanzigtausend Kranken durchschnittlich zehn Heilungen anerkennt, die natürlich nicht erklärbar sind. Wunderheilungen waren in der Antike fast alltäglich. Was die Ärzte nicht heilen konnten, versuchte man durch Gebete und Opfer vom ägyptischen Imhotep oder vom griechischen Asklepios zu erreichen. Daneben wurden, wie man glaubte, noch von vielen anderen Heilgöttern, Dämonen und Magiern Wunderkuren vollbracht.

H. E. Sigerist meinte, zu Christi Zeit habe die Heilung von Kranken bei allen Kulten eine so bedeutende Rolle gespielt, daß die neue Religion nicht konkurrenzfähig gewesen wäre, wenn sie nicht auch das Versprechen wunderbarer Heilungen gehalten hätte. Nach Albert Schweitzer und anderen Theologen hat aber für Jesus durchaus nicht die Notwendigkeit bestanden, Wunder zu vollbringen, denn in den alttestamentlichen Prophezeiungen gehören Wundertaten nicht zu den Attributen des jüdischen Messias.

Man hat auch vorgebracht, die Wunderberichte seien erst nachträglich in die Evangelientexte eingefügt worden und in Form und Inhalt den griechischen und anderen Wundergeschichten frappierend ähnlich. Dem wird von theologischer Seite entgegengehalten, daß die Wunder Jesu wesentliche Bestandteile der Evangelien sind und ihre Streichung den Sinnzusammenhang zerstören würde. Die sachlichen und stilistischen Ähnlichkeiten seien durch die Eigenart des Gegenstandes bzw. durch die Zeit bedingt gewesen.

Wunder und Glauben sind eng miteinander verschränkt. Daß der Glaube die Voraussetzung des Wunders ist – denn das »Wunder ist des Glaubens liebstes Kind« –, mußte selbst Jesus erfahren. Als er in seine Heimat nach Nazareth kam, stößt er beim Volk auf Unglauben: »Jesus aber sprach zu ihnen: Ein Prophet gilt nirgend weniger denn im Vaterlande und daheim bei den Seinen. Und er konnte allda nicht eine einzige Tat tun; außer, wenigen Siechen legte er die Hände auf und heilte sie. Und er verwunderte sich ihres Unglaubens.« (Markus 6, 4–6) Bei Matthäus 13, 58 ist Jesus in derselben Situation nicht mehr so hilflos: »Und er tat daselbst nicht viele Zeichen um ihres Unglaubens willen.« Das Wunder bestätigt und stützt den Glauben, ist jedoch nicht die Voraussetzung des Glaubens. Ein starker Glaube bedarf nicht des Wunders. Wo Unglauben herrscht, helfen alle Wunder nicht, so daß Jesus ernstliche Drohungen ausstößt: »Da fing er an die Städte zu schelten, in welchen am meisten seiner Taten geschehen waren, und hatten sich doch nicht gebessert.« (Matthäus 11, 20)

Krankheit und Sünde

Krankheit und Tod sind dem Alten Testament zufolge durch die Sünde in die Welt gekommen. Auch für die assyrischen Ärzte des 8. und 7. Jahrhunderts v. Chr. war der Kranke in erster Linie ein Sünder.

Wagen wir einen Sprung zu Galenos im 2. nachchristlichen Jahrhundert: Er widmete eine kleine Schrift der »Diagnose und Behandlung der Sünden der Seele jedermanns«. Nach Galenos sind die Sünden »alle jene Dinge, die vollbracht wurden ohne die rechtfertigende Zustimmung der prüfenden Urteilskraft« Die Sünde ist für Galenos ein seelischer Ordnungsverlust, der Sünder in erster Linie ein Kranker. Galenos läßt keinen Zweifel daran, daß der Arzt in gleicher Weise für das physische und sittliche Leben zuständig ist. Uns interessiert hier auch, daß Galenos von den Urchristen besonders verehrt wurde – so sehr, daß sie schließlich mit dem Kirchenbann bestraft wurden – und daß er die christliche Lebensführung für sehr wertvoll hielt.

Das Christentum war nach Lain Entralgo in dreifacher Hinsicht eine anthropologische Neuheit:

- Dem Menschen ist eine psychologische und sittliche Innerlichkeit zu eigen.
- Die grundsätzliche Übernatürlichkeit eines jeden Menschen (als »Kind Gottes«).
- Die Vervollkommnung innerhalb der menschlichen Beziehungen besteht in der Nächstenliebe (Agape).

Die heilkundlichen Hinweise in den neutestamentlichen Texten hat Lain Entralgo nach ihren grundlegenden Erscheinungsweisen eingeteilt: 1. Gleichnisse. 2. Direkte Tatsachen (Heilungen usw.). 3. Pflichten gegenüber dem kranken Nächsten.

Im irdischen Wirken Jesu gingen Befreiung von der Sünde und Heilung der körperlichen Krankheiten Hand in Hand. Er war Arzt der Seele und des Leibes zugleich. Gleichnishaft gab Jesus einmal der Sünde den Namen der »Seelenkrankheit«. So entstand auf heidnischer Seite der Eindruck, das Christentum sei eine Religion für Kranke.

Die Jünger Jesu folgten der landläufigen Ansicht, die Krankheit sei eine Folge der Sünde und zwar des Kranken selbst oder seiner Eltern. Als Jesus und seine Jünger einem Blindgeborenen begegneten, antwortete Jesus auf eine Frage seiner Begleiter: »Es hat weder dieser gesündigt, noch seine Eltern, sondern es ist geschehen, daß die Werke Gottes offenbar würden an ihm.« (Johannes 9, 1–3) Ähnlich äußerte sich Jesus über die Krankheit des Lazarus: »Die Krankheit ist nicht zum Tode, sondern zur Ehre Gottes, daß der Sohn Gottes dadurch geehrt werde.« (Johannes 11, 4)

Hieraus geht zweierlei hervor: Erstens, die körperliche Krankheit ist nicht die Folge einer Sünde; der Mensch kann auch erkranken, ohne daß er oder einer seiner Vorfahren gesündigt haben. Zweitens, die Krankheit hat den Sinn, im Kranken die Werke Gottes zu offenbaren.

In zwei Fällen scheint aufs erste ein ursächlicher Zusammenhang zwischen Sünde und Krankheit bestanden zu haben: Im Fall des Gelähmten von Kapharnaum (Matthäus 9, 1–6; Markus 2, 1–12; Lukas 5, 17–26) und in jenem des Lahmen am Teich mit dem wallenden Wasser (Johannes 5, 1–14). Der Gelähmte von Kapharnaum wird in zwei Akten geheilt: Zuerst werden ihm die Sünden vergeben, er ist aber noch nicht geheilt; dann spricht Jesus: »Steh auf, nimm dein Bett und geh nach Hause«; jetzt erst ist der Gelähmte geheilt. Hätte nicht die Sündenvergebung allein die Heilung bewirkt, wenn die Sünden des Kranken die Ursache seiner Lähmung gewesen wären? Da dies aber nicht zutraf, mußte Jesus die Wunderheilung gesondert bewirken.

Den Lahmen vom wallenden Teich heilt Jesus ohne Sündenvergebung und spricht danach zu ihm: »Sündige nun nicht mehr, damit dir nicht noch Schlimmeres widerfahre.« Auch dieser Passus darf nicht als zwingender Beweis für die These von der Krankheit als Folge der Sünde angesehen werden. Nach Lain Entralgo sieht es so aus, als hätte Jesus zu diesem Problem eine offene Haltung eingenommen und die Antwort den Menschen nicht vorwegnehmen wollen.

Asklepios und Jesus Christus

Das Christentum entfaltete sich von der kleinen Sekte der Nazarener in Jerusalem zu einer mächtigen Kirche in einer Umwelt, die diese Entwicklung teils begünstigte, teils behinderte. Das Judentum selbst leistete in Palästina heftigen Widerstand. Nach der Steinigung des Diakon Stephanus (Apostelgeschichte 6–7) wurden die Christen in Jerusalem von den Juden unter Führung des Saulus wütend verfolgt. Die christlichen Flüchtlinge aus Jerusalem haben dann wesentlich zur Verbreitung des Evangeliums beigetragen. Für die Heiden, besonders für die römischen Bürger, waren die Christen in erster Linie Staatsfeinde, die die alten Gottheiten und den Kaiserkult ablehnten; der universale Charakter der neuen Religion schien das Römische Imperium zu gefährden. Gleichzeitig beschleunigten der Skeptizismus und Fatalismus, die die heidnische Welt zunehmend aushöhlten, den Siegeszug der christlichen Erlösungsreligion. Dem Christentum standen außerdem als Konkurrenten und Feinde die östlichen Mysterienkulte und der Neuplatonismus gegenüber.

Von den griechisch-römischen Göttern, die damals in der gesamten Welt verehrt wurden, genoß Asklepios das größte Ansehen. Die Apologeten der christlichen Religion sahen in Asklepios den einzigen ernsthaften Nebenbuhler um die Gunst der Massen: Vor Jesus hatte schon Asklepios den Ehrentitel »Heiland« (Soter = Retter) getragen. Gerade die Ähnlichkeit des heidnischen Heilgottes, von dem keine Skandalgeschichten kolportiert wurden, mit Jesus Christus machte ihn für die junge Kirche so gefährlich. Während die Heiden Jesus für einen neuen Asklepios hielten, war Asklepios für die Christen ein gefährlichen Dämon, der die Gläubigen von der Erlösung abhalten wollte. Die Kirchenväter verdammten in ihren Schriften ganz besonders den griechischen Heilgott, dessen Vorrangstellung der Kaiser Julian Apostata als glühender Neuplatoniker mit allen Mitteln wiederherstellen wollte. In seiner Schrift »Gegen die Galiläer« attackierte er die Christen leidenschaftlich und verkündete die absolute Vormacht griechischer Kultur und Philosophie. Letzten Endes triumphierte Christus über Asklepios. Nur an einzelnen Stätten der römischen Welt, zum Beispiel in Askalon, konnte sich der Asklepioskult bis zum 5. und 6. Jahrhundert n. Chr. halten. Asklepios und sein Heilkult lebten aber durch das ganze Mittelalter in verschiedenen Heiligen und Kirchenbräuchen weiter. Der Tempelschlaf zu Heilzwekken gab das Modell für den vor allem im Oströmischen Reich geübten »Kirchenschlaf« ab. Die speziellen Aufgaben des griechischen Heilgottes übernahmen die christlichen Ärzte und Heiligen Kosmas und Damian.

Auch im äußeren Erscheinungsbild näherte sich Christus dem unterlegenen Konkurrenten an: Die ältesten Christusporträts zeigen einen bartlosen jungen Mann mit rundlichen Gesichtszügen. In Ostrom gab man Christus das Aussehen, das sich dann endgültig durchgesetzt hat: Gesichtsbart und langes schwarzes Haar mit Mittelscheitel, ovales Gesicht mit scharfen Zügen. Allerdings darf man diesen Wandel im Aussehen nicht allein dem Nachwirken des griechischen Heilgottes zuschreiben – der Bart war damals eben ein Zeichen von Macht und Größe.

Zwischen christlichen Apologeten und heidnischen Schriftstellern entspann sich eine scharfe Diskussion, ob nun Christus oder Asklepios der wahre Heiler der Kranken sei. Celsus erwies sich hierbei als einer der hartnäckigsten intellektuellen Gegner des Christentums. Der griechische Kirchenvater Origines (185 bis 253/54) polemisierte gegen Celsus in einer eigenen Streitschrift »Contra Celsum« (Gegen Celsus), die seine hohe Wertschätzung der griechischen Medizin bekundet: »Indes: auch wenn ich denen, welche gewisse Heilungen oder aus Weissagungen des Apollon voll der Bewunderung aufnehmen, es einräumen wollte, ein Dämon mit Namen Asklepios habe die Macht, körperliche Krankheiten zu heilen – auch dann könnte ich sie wohl auch darauf hinweisen, daß diese Heilung der Krankheiten taugliche Kraft an und für sich weder böse noch gut ist, und daß sie etwas nicht bloß den Gerechten, sondern auch etwas den Bösen Gewährtes ist ... Erwähnung finden könnten da viele Beispiele von Menschen, die gesund wurden, obwohl sie es gar nicht wert waren, zu leben ... an und für sich offenbart die Macht der Heilung von Krankheiten noch gar nichts Göttliches.«

Das Mißtrauen des jungen Christentums gegen die heidnischen Wissenschaften bezog sich vor allem auf die Heilkunde griechischer Prägung. Ausgehend vom Schicksal Hiobs und in der Nachfolge Christi sah man in der Krankheit eine gottgewollte Prüfung, die der Mensch als göttliche Gnade zur Läuterung auf sich nehmen sollte. Jeder Eingriff mit weltlichen Arzneien in den Heilsplan Gottes wurde verworfen.

Tatian der Syrer, ein später von der Kirche ausgestoßener Apologet des 2. Jahrhunderts, war der schärfste Vorkämpfer der wissenschaftsfeindlichen Bewegung; er gestattete den Gebrauch medizinischer Heilmittel nur den Heiden: »Durch List machen die Dämonen die Menschen von der Gottesverehrung abwendig, indem sie sie verleiten, auf Kräuter und Wurzeln zu vertrauen ... Die Arzneiwissenschaft in allen ihren Formen stammt aus derselben betrügerischen Kunst; denn wenn jemand von der Materie geheilt wird, indem er ihr vertraut, um wie viel mehr wird er, wenn er sich auf die Kraft Gottes verläßt, geheilt werden ... Warum gehst du nicht zu dem mächtigeren Herrn; statt dessen ziehst du es vor, dich zu heilen wie der Hund durch Kräuter, der Hirsch durch Schlangen, das Schwein durch Flußkrebse, der Löwe durch Affen? Warum vergöttlichst du irdische Dinge?«

Tertullian (160–220), der erste profilierte Theologe des lateinischen Abendlandes und vielgelesener Schriftsteller, der sich 207 der asketischen Sekte der Montanisten anschloß, sprach sich speziell gegen die Arzneitherapie der Geisteskranken aus: »Ist es richtig, die Heilung von Rasenden materiellen Stoffen und nicht Gott zuzuschreiben? Die Wissenschaft in aller Form stammt aus einer betrügerischen Kunst, denn wenn jemand durch die Materie geheilt wird, indem er ihr vertraut, wieviel mehr wird er, wenn er sich auf die Kraft Gottes verläßt, geheilt werden?«

Der ägyptische Anachoret (= christlicher Einsiedler) Makarios (gest. um 390) empfahl den Gläubigen, »die leiblichen Leiden nicht zu irdischen Ärzten zu tragen, als ob Christus, der alleinige wahre Arzt, sie nicht zu heilen vermöchte«.

Die Kirchenväter und die Medizin

Im 3. Jahrhundert konnte das Christentum trotz der schweren Verfolgungen unter den Kaisern Decius, Valerian und Diokletian zunehmend auch die gebildeten Stände für sich gewinnen. Viele Ärzte wurden Christen, einige wirkten ähnlich wie Lukas, der wohl als erster Arzt dem Evangelium gefolgt war, als Priester und Bischöfe.

Der große Umschwung trat im Laufe des 4. Jahrhunderts ein: Das Christentum war aus seiner gesellschaftlichen Isolation herausgetreten und hatte sich zu einer machtvollen Bewegung entwickelt. Das Mailänder Edikt zum Schutz der Christen (313) befestigte die Stellung der jungen Kirche. Der Existenzsorgen enthoben konnte das Christentum seine Haltung gegenüber der griechisch-römischen Kultur und Wissenschaft revidieren. Die extremen, vor allem asketischen Richtungen verloren innerhalb des Christentums an Bedeutung. Hand in Hand damit ging die Aufwertung der antiken Philosophie und Naturforschung einschließlich der Heilkunde durch die Kirche. Die Philosophie Platons und Aristoteles' wurde mit der Begründung aufgenommen, daß sie dem christlichen Wissen nahestehe.

Die tätige Nächstenliebe nach dem Vorbild des barmherzigen Samariters forderte vom Arzt und seinen Helfern eine neue Einstellung zum Kranken. Hatte die ärztliche Ethik der Antike den Arzt davon befreit, dem Unheilbaren seine Hilfe zu bringen, machte ihm das Christentum auch in diesen Fällen den ärztlichen Beistand zur Pflicht und zwar ausnahmslos für alle Mitmenschen ohne Rücksicht auf Konfession, Rasse und Nation.

Wenn auch Forschung und Wissenschaft von der christlichen Caritas keinen unmittelbaren Nutzen zogen, so führte diese zur Institution der Armen- und Krankenpflege und zur Errichtung von öffentlichen Krankenhäusern. Diese segensreichen Einrichtungen konnten großzügig ausgebaut werden, als der Kirche neben reichen Stiftungen auch die Schätze der heidnischen Tempel zuflossen.

Den heroischen Opfermut der Christen während einer großen Seuche im 3. Jahrhundert schilderte – vielleicht etwas zu überschwenglich und subjektiv gefärbt – der Kirchenvater Dionysios von Alexandreia (gest. 265): »Alles ist jetzt nur noch Jammer, alles trauert trostlos, und in der ganzen Stadt erschallt das Weinen wegen der Menge der Toten und aller derer, die Tag für Tag sterben. Denn so wie es von den Ahnen der Ägypter geschrieben steht, so gilt es auch jetzt: ein überlauter Schrei des Schmerzes bricht aus ... gibt es doch kein einziges Haus, darin nicht ein Leichnam anzutreffen wäre ... die Krankheit hat mit uns (den Christen) kein Erbarmen, wenn auch in den Reihen der Heiden die Verwüstung eine noch größere war ... die Mehrzahl unserer Brüder, die ihre überaus starke Liebe zu den Mitmenschen antrieb, hat nicht auf die eigene Person geachtet; sie haben im Beisammensein ausgeharrt. Furchtlos besuchten sie die Kranken, mit liebevoller Betreuung warteten sie sie, pflegten sie um der Liebe Christi willen und schieden freudig mit ihnen zugleich aus dem Leben; sie gerieten ja ganz in den Bann des kranken Körperstoffes der von ihnen Gepflegten, und so lenkten sie die Krankheit von ihren Mitmenschen auf sich selber hin und nahmen auf das intensivste deren Schmerzen in sich auf. So starben viele, nachdem sie andere gesund gepflegt hatten, so, als hätten sie den fremden Tod in ihre eigene Körper verpflanzt ... auf diese Art gingen die edelsten unserer Brüder zugrunde, mehrere Presbyter und Diakone und die in hohem Ansehen stehenden Männer in der Gemeinde. Nun aber scheint es, als sei diese Todesart, diese Frucht der Frömmigkeit und der Glaubenskraft, gar nicht sehr verschieden vom Märtyrertod. Sie nahmen die entseelten Körper der heiligmäßig Verstorbenen in ihre Arme, sie nahmen sie auf den Schoß, sie schlossen ihnen die Augen und die Münder, sie nahmen sie auf die Schultern, sie brachten sie in Körperstellungen, die sich für sie ziemten, sie bahrten sie auf, sie wuschen und kleideten sie und zögerten nicht, dasselbe Schicksal zu erdulden, denn das war ja festgesetzt: Die Überlebenden sollten immer ihren Vorgängern folgen. Im Unterschied dazu verhielt es sich unter den Heiden genau umgekehrt. Diese jagten die Erkrankenden aus ihrer Nähe, entflohen vor den Menschen, die sie am meisten geliebt hatten, schleuderten die Sterbenden auf die Gassen und ließen die Toten unbeerdigt. So war ihr Bestreben dieses, sich aus dem Bereich der Ansteckung herauszuhalten und aus der allgemeinen Massensterblichkeit. Aber sie vermochten ihr, obwohl sie so handelten, doch nicht zu entrinnen.«

Die Kirchenväter, so bezeichnet man die rechtgläubigen Schriftsteller der antiken Kirche, beschäftigten sich auch eingehend mit der medizinischen Literatur. Ihre Ausführungen zeichnen sich zumeist durch einen kritisch-nüchternen Stil aus. Den Kirchenvätern ging es hierbei in erster Linie um die Begründung des christlichen Offenbarungsglaubens und dann noch um praktische Fragen der Lebensführung. Naturphilosophische Spekulationen wurden als Mißbrauch der geistigen

Kräfte abgetan. Bedeutungsvoll war der Kampf der Kirchenväter gegen sexuelle Ausschweifungen und Perversitäten, Fruchtabtreibung, übermäßigen Bädergebrauch, Schwelgereien und Trunksucht. Vom hygienischen Standpunkt gesehen war es ungünstig, daß hierdurch auch die allgemeine Körperpflege unterdrückt wurde. Das gleiche gilt für die Aufhebung der jüdischen Reinigungsgesetze durch das Christentum.

Von Klemens von Alexandreia (140/50–211/15), dessen literarischer Nachlaß zum großen Teil verlorengegangen ist, kennen wir folgende Stellungnahmen: »Wer den Wein, eine Arznei, übermäßig gebraucht, bedarf einer neuen Arznei wider den Wein.« – »Wasser sowohl wie Wein sind Schöpfungen Gottes, jenes aber ist notwendig, dieser ein Heilmittel bei geschwächter Gesundheit.« – »Zum Gebrauch von Bädern gibt es vier Motive: die Reinigung, die Erwärmung, die Gesundheit, das Vergnügen. Zum Vergnügen aber soll man nicht baden. Die Weiber müssen ein Bad nehmen im Interesse der Reinlichkeit und Gesundheit, die Männer im Interesse der Gesundheit allein. Überflüssig ist das Motiv der Erwärmung; den vor Kälte erstarrten Gliedern kann man auch auf andere Weise zu Hilfe kommen. Der fortgesetzte Gebrauch der Bäder aber setzt die Kräfte herab und erschlafft die natürliche Spannkraft; oft führen sie auch Entkräftung und Ohnmacht herbei.«

Auch der Kirchenvater Hieronymus (340/50–419/20) warnte vor Übermaß in Essen und Trinken: »Wer krank ist, empfängt die Gesundheit nur wieder von schmaler Kost und eingeschränkter Lebensweise, was man magere Diät nennt. Mit den Speisen, mit denen wir die Gesundheit wieder erlangen, kann sie demnach auch bewahrt werden. Niemand möge glauben, daß Gemüse Krankheiten erzeuge. Wenn es aber auch nicht solche Kräfte verleiht, wie sie jener Milo von Kroton besaß, die nur eine Folge von Fleischspeisen sind und durch sie erhalten werden, so ist darauf zu sagen: wozu ist denn auch dem weisen Manne und dem christlichen Philosophen eine solche Stärke zu besitzen notwendig wie dem Fechter und Soldaten, deren Besitz doch nur zu Lastern aufreizt?«

Die Kirchenväter betrachteten Bau und Funktion des menschlichen Körpers teleologisch – sie fragten in erster Linie nach

Sinn und Zweck. Das gilt besonders für die Schrift »Über die Natur« des Bischofs Dionysios von Alexandreia, der gegen die Atomlehre argumentierte: »Der Gebrauch der Glieder ist bei Unwissenden und Wissenden gleich; jene haben nur nicht die Erkenntnis desselben ... sie schreiben töricht die treffliche, der größten Bewunderung würdige Erhaltung dem zufälligen Zusammentreffen der Atome zu. Die Ärzte aber, welche eine genauere Betrachtung dieser Dinge vornahmen und besonders die inneren Vorgänge genau untersuchten, haben, von Bewunderung erfüllt, der Natur göttliches Wesen zugeschrieben.«

Gregorios von Nyssa (335–394), der jüngere Bruder Basileios des Großen, schrieb in seiner Abhandlung »Von der Erschaffung des Menschen«: »Über die genaue Einrichtung unseres Körpers belehrt sich ein jeder aus dem, was er sieht, erlebt und empfindet, und hat dabei seine eigene Natur zur Lehrerin. Indes können wir auch die von tüchtigen Gelehrten in Büchern ausgearbeitete Darstellung dieser Dinge vornehmen und in allem genaue Studien machen. Sollte jedoch jemand sich lieber die Kirche als Lehrerin über alle diese Dinge wünschen, um für nichts einer von außerhalb kommenden Belehrung zu bedürfen – so wollen wir in kurzen Worten auch darüber eine Auseinandersetzung geben.« Nach Gregorios erhalten drei Kräfte das Leben: die erste durchdringt das Ganze mit Wärme, die zweite netzt das Erwärmte mit Feuchtigkeit, die dritte hält die Glieder zusammen und erteilt allen die Fähigkeit selbständiger und freiwilliger Bewegung. Lebensnotwendig sind drei Organe: Herz, Leber, Gehirn. Durch den ganzen Körper ziehen zwei Arten von Kanälen: die einen entspringen vom Herzen und führen Pneuma, die anderen kommen aus der Leber und enthalten Blut.

Weder Gregorios von Nyssa noch den anderen Kirchenvätern kann in ihren anatomisch-physiologischen Schriften Originalität zugesprochen werden. Bedeutsam ist aber, daß sie sich in die Schriften der Antike vertieft und so zu ihrer Überlieferung beigetragen haben. Ebenso ist ihnen hoch anzurechnen, daß sie den naturphilosophischen und mystischen Spekulationen entgegengetreten sind.

So wie den Sinn des Leibes versuchte Gregorios von Nyssa

auch den Sinn des Leidens zu erfassen: »Bei der Heilung der Körper ist es der einzige Endzweck der Heilkunde, daß man den Kranken gesund macht. Nichtsdestoweniger ist die Art und Weise der Hilfeleistung eine verschiedenartige; denn entsprechend den Verschiedenheiten der Krankheiten hat sich die therapeutische Methode als eine ihnen allen gemäße auszuwirken; ... nun ist auch die Mannigfaltigkeit der Leiden innerhalb der Krankheit der Seele eine große; so wird denn in der gleichen Weise auch bei diesen Leiden die Art der therapeutischen Maßregeln zwangsläufig eine vielgestaltige sein müssen, damit das Heilverfahren übereinstimmend mit dem Sinn des Leidens wirke.«

Basileios der Große, dem asketischen Mönchtum zugeneigt und durch ein schweres Leberleiden in Kranksein erfahren, betonte in einem Brief an seinen Arzt: »Das wertvollste von allem, das Leben, ist widerwärtig, und es ist eine Last, wenn sich nicht die Gesundheit mit ihm verbindet.« Was soll die Krankheit? Darüber sprach sich Basileios in anderen Episteln aus: »Die Gerechten nehmen die Krankheit entgegen, als wäre sie ein Wettkampf von Athleten – sie erhoffen glorreiche Kronen, die durch die Leistungen der Geduld erreichbar werden.« – »Was nun die Leidensempfindungen des Körpers angeht – in dieser Hinsicht ermahne ich dich, du mögest dich standhaft und mit Würde betragen vor Gott. Er hat uns ja gerufen; denn wenn Er einmal sieht, daß wir die Schicksale unserer Gegenwart mit tätiger Dankbarkeit empfangen, dann wird Er uns entweder die Schmerzen und Plagen lindern, wie Er es im Fall des Hiob tat – oder Er wird uns, nach diesem Leben, mit den herrlichen Kronen, die man für die Geduld empfängt, im künftigen Leben belohnen.«

Der Kranke, der die Medizin verachtet, schlägt ein Geschenk Gottes aus, warnte Basileios. Dazu gehörte nach mehrfachen Zeugnissen auch die Chirurgie. Bischof Cyprian von Karthago (200/10–258) scheute sich nicht, die Tätigkeit des Chirurgen drastisch zu beschreiben: »Der Priester des Herrn muß heilende Arzneien gebrauchen. Untüchtig ist der Arzt, der die geschwürigen Pestbeulen mit sanfter Hand angefaßt und der es zuläßt, daß das Gift, das tief in die Eingeweide eingedrungene, gedeihe

– indem er es darinnen läßt. Die Wunde muß bloßgelegt und aufgeschnitten werden, und nach der Entfernung der verfaulten Teile muß eine energische Kur in Angriff genommen werden. Und wenn auch der Kranke schreit, brüllt und wenn er jammernd klagt, weil er den Schmerz nicht zu ertragen vermag: nachher wird er dafür Dank wissen, wenn er sich gesund fühlt.«

Nicht weniger kräftig drückte sich Chrysostomos (344/54 bis 407) aus: »Diejenigen, die operiert werden, brüllen laut allerlei gegen die Chirurgen, doch jene stören sich an nichts, sondern sehen nur auf die Gesundung ihrer Patienten. Oft brüllen sie den Arzt an: Du folterst mich, du mordest mich, du tötest mich, aber dies sind nicht die Worte einer klaren Überlegung, sondern der Ausdruck unbändigen Schmerzes.«

Basileios fragte sich, ob es dem Arzt gestattet sei, wie »ein Mörder das Schwert zu gebrauchen«. Er wußte, daß die Chirurgie ein zweischneidiges Unterfangen sein kann: »Die einen handhaben es voller Leidenschaft und Grausamkeit und tun das Unsinnigste von allem, indem sie ihre Mitmenschen töten, die anderen jedoch, wenn sie mit Überlegung und Kunst durch das Schwert wirken, erzielen dadurch größeren Nutzen und retten Menschen aus Todesgefahr.«

Ambrosius (339–397), Bischof von Mailand, läßt in seinen Worten die Heilssendung Jesu Christi aufleuchten: »Alles haben wir in Christus. Willst du eine Wunde heilen, er ist Arzt, glühst du im Fieber, er ist Quell! Bist du durch Bosheit bedrückt, er ist Gerechtigkeit. Brauchst du Hilfe? Er ist die Kraft. Fürchtest du den Tod? Er ist das Leben ...«

Das Christentum übernahm im Osten und im Westen die medizinische Tradition: im byzantinischen Osten als Staatsreligion und im germanischen Westen durch die Mönche. Beide Wege führten zur mittelalterlichen Medizin, in der neben dem Christentum der Islam die Bühne der Medizin betrat.

Bauer, Franz: Geschichte der Krankenpflege. Verlag E. C. Baumann, Kulmbach 1965.

Berendes, Julius: Musik und Medizin. Ciba-Zeitschrift (Wehr) 9/1961, S. 3314–3344.

Bernhard, Oskar: Griechische und römische Münzbilder in ihren Beziehungen zur Geschichte der Medizin. Veröffentlichungen der Schweizerischen Gesellschaft für Geschichte der Medizin und der Naturwissenschaften. Band V. Verlag Orell Füßli, Zürich 1926.

Burkert, Walter: Weisheit und Wissenschaft. Band X der Erlanger Beiträge zur Sprach- und Kunstwissenschaft. Verlag Hans Carl, Nürnberg 1962.

Capelle, Wilhelm: Hippokrates. Fünf auserlesene Schriften. Fischer-Bücherei, Frankfurt am Main 1959.

Capelle, Wilhelm: Die Vorsokratiker. Alfred Kröner Verlag, Stuttgart 1963.

Caprez, Hanno: Die Klostermedizin. Ciba-Zeitschrift 11/1951, S. 4638 bis 4668.

Diller, Hans: Hippokrates' Schriften. Rowohlt Klassiker, Hamburg 1962.

Edelstein, Ludwig: Ancient Medicine. The John Hopkins Press, Baltimore 1967.

Frings, Hermann-Josef: Aus fremden Leiden eigene Sorgen. Sudhoffs Archiv 43/1959, 1–12.

Frölich, H.: Die Militärmedicin Homers. Enke-Verlag, Stuttgart 1879.

Gerfeldt, Ewald: Von der Sozialpolitik der Griechen zur Sozialkultur der Gegenwart. Lehren und Parallelen. Materia Medica Nordmark 12/1960, 53–59.

Gerstenberg, K. F.: Wunderheilung im Alten Testament. Deutsches Ärzteblatt 65/1968, S. 2639–2641.

Goldhahn, Richard: Spital und Arzt von einst bis jetzt. Enke-Verlag, Stuttgart 1940.

Harder, Richard: Die Eigenart der Griechen. Einführung in die griechische Kultur. Herder-Bücherei, Freiburg im Breisgau 1962.

Hausmann, Ulrich: Kunst und Heiltum. Verlag Eduard Stichnote, Potsdam 1948.

Hein, Wolfgang-Hagen: Die Bedeutung der Entzifferung des Linear B für die Arzneimittelgeschichte. Pharmazeutische Zeitung 106/1961. S, 1145–1148.

Herodot: Historien. Alfred Kröner Verlag, Stuttgart 1963.

Herrlinger, Robert: Geschichte der medizinischen Abbildung, Band I. Heinz Moos Verlag, München 1967.

Herzog, Rudolf: Koische Forschungen und Funde. Dieterich'sche Verlags-Buchhandlung, Leipzig 1899.

Herzog, Rudolf: Die Wunderheilungen von Epidauros. Philologus, Supplementband XXII, Heft III. Dieterich'sche Verlagsbuchhandlung, Leipzig 1931.

Herzog, Rudolf: Kos. Ergebnisse der deutschen Ausgrabungen und Forschungen. Band I. Verlag Heinrich Keller, Berlin 1932.

Hiltbrunner, Otto: Die ältesten Krankenhäuser. Hippokrates 39/1968, S. 501–506.

Hunger, Herbert: Lexikon der griechischen und römischen Mythologie. Verlag Brüder Hollinek, Wien 1959.

Jaeger, Werner: Paideia. Band I–III. Walter de Gruyter & Co., Berlin 1959.

Jaeger, Werner: Diokles von Karystos. Walter de Gruyter & Co., Berlin 1963.

Katscher, Liselotte: Geschichte der Krankenpflege. Christlicher Zeitschriftenverlag, Berlin o. J.

Kerényi, Karl: Der göttliche Arzt. CIBA AG Basel 1948.

Kerner, Dieter: Medizin und Magie im Babylonischen Talmud. Münchener Medizinische Wochenschrift 105/1963, S. 464–469.

Köchel, F.: Die Entwicklung des Pflege- und Krankenhauswesens. Die Krankenhaus-Apotheke 14/1964, S. 1–4.

Kouretas, D.: Provozierte Persönlichkeitsveränderung im griechischen Altertum und heutige Gehirnwäsche. Wiener Zeitschrift für Nervenheilkunde und deren Grenzgebiete 25/1967, 259–267.

Kretzschmer, Fritz: Antikes Badewesen. Ärztliche Praxis 13/1961, 1743–1746.

Kudlien, Fridolf: Probleme um Diokles von Karystos. Sudhoffs Archiv 47/1963, 456–464.

Kudlien, Fridolf: Der Beginn des medizinischen Denkens bei den Griechen. Artemis Verlag, Zürich und Stuttgart 1967.

Kudlien, Fridolf: Die Sklaven in der griechischen Medizin der klassischen und hellenistischen Zeit. Franz Steiner Verlag, Wiesbaden 1968.

Lain Entralgo, Pedro: Heilkunde in geschichtlicher Entscheidung. Otto Müller Verlag, Salzburg o. J.

Lichtenthaeler, Charles: Hippokrates und die wissenschaftliche medizinische Theorie. J. F. Lehmanns Verlag, München 1967.

MacKendrick, Paul: Hellas' steinernes Erbe. F. A. Brockhaus, Wiesbaden 1965.

Major, Ralph H.: The Etruscans and their Medicine. Sudhoffs Archiv 37/1953, 299–306.

Michler, Markwart: Das Problem der westgriechischen Heilkunde. Sudhoffs Archiv 46/1962, 137–152.

Michler, Markwart: Demokedes von Kroton. Gesnerus 23/1966, 213 bis 229.

Michler, Markwart: Die alexandrinischen Chirurgen. Franz Steiner Verlag, Wiesbaden 1968.

Neuss, Ottomar: Zur Entzifferung der biblischen Zahlensprache. Materia Medica Nordmark 17/1964, S. 807–812.

Podach, Erich Friedrich/Emile Littré: Das Rätsel des Hippokrates. Deutsches Ärzteblatt 62/1965, 1919–1923.

Preuss, Julius: Biblisch-talmudische Medizin. S. Karger, Berlin 1923.

Propyläen-Weltgeschichte. Band III: Griechenland – Die hellenistische Welt. Band IV: Rom – Die römische Welt. Ullstein-Verlag, Berlin 1962.

Rienecker, Fritz: Lexikon zur Bibel. R. Brockhaus Verlag, Wuppertal 1962.

Sasse, Carl Hans: Geschichte der Augenheilkunde. Ferdinand Enke, Stuttgart 1947.

Schadewaldt, Hans: Der Schiffsarzt. Ciba-Zeitschrift 7/1955, 2502 bis 2536.

Schadewaldt, Hans: Die Wasserversorgung an Bord. Gesnerus 20/1963, S. 47–89.

Schadewaldt, Hans: Arzt und Patient in antiker und frühchristlicher Sicht. Medizinische Klinik 59/1964, 146–152.

Schadewaldt, Hans: Römisch-antike Medizin. Ärztliche Praxis 19/1967, 894–900.

Schadewaldt, Hans: Zur Geschichte des griechisch-römischen Badewesens. Ärztliche Praxis 20 (1968), 396–401 und 447–452.

Schelenz, Hermann: Geschichte der Pharmazie. Georg Olms Verlagsbuchhandlung, Hildesheim 1962 (Nachdruck der Ausgabe Berlin 1904).

Schipperges, Heinrich: Lebendige Heilkunde. Walter-Verlag, Olten und Freiburg im Breisgau 1962.

Schipperges, Heinrich: 5000 Jahre Chirurgie. Kosmos-Bibliothek 253. Franckh'sche Verlagshandlung, Stuttgart 1967.

Schmitz, Emil-Heinz: Die Vorgeschichte der Erfindung der Brille. Neue Zeitschrift für ärztliche Fortbildung 2/1959, 63–68.

Schöner, Erich: Das Viererschema in der antiken Humoralpathologie. Sudhoffs Archiv, Beiheft 4. Franz Steiner Verlag, Wiesbaden 1964.

Schönfeld, Walther: Frauen in der abendländischen Heilkunde. Ferdinand Enke, Stuttgart 1947.

Schouten, Jan: The Rod and Serpent of Asklepios. Symbol of Medicine. Elsevier Publishing Company, Amsterdam 1967.

Schuhmacher, Joseph: Antike Medizin. Verlag Walter de Gruyter & Co., Berlin 1963.

Schumacher, Joseph: Die Anfänge abendländischer Medizin in der griechischen Antike. Urban-Bücher Nr. 84. W. Kohlhammer Verlag, Stuttgart 1965.

Schumacher, Joseph: Melemata. Boehringer, Mannheim 1967.

Sigerist, Henry E.: Krankheit und Zivilisation. Alfred Metzner Verlag, Frankfurt am Main 1952.

Sigerist, Henry E.: Die Welt des Hippokrates. Gesnerus 10/1953, 19 bis 25.

Sigerist, Henry E.: Anfänge der Medizin. Europa Verlag, Zürich 1963.

Snell, Bruno: Die Entdeckung des Geistes. Claassen Verlag, Hamburg 1955.

Steinberg, Israel, und Landmann, Salcia: Jüdische Weisheit aus drei Jahrtausenden. Deutscher Taschenbuch-Verlag, München 1968.

Steudel, Johannes: Zur Geschichte der Lehre von den Greisenkrankheiten. Sudhoffs Archiv 35/1942. 1–27.

Steudel, Johannes: Heilbäder und Heiltempel der Antike. Münchener Medizinische Wochenschrift 102/1960, 513–519.

Steudel, Johannes: Bau und Funktion der Haut in der Antike. Studium Generale 17/1964, 583–588.

Sudhoff, Karl: Kos und Knidos. Münchener Beiträge zur Geschichte und Literatur der Naturwissenschaften und Medizin, Heft 4/5. Verlag der Münchner Drucke, München 1927.

Temkin, Owsei: Die Krankheitsauffassung von Hippokrates und Sydenham in ihren »Epidemien«. Sudhoffs Archiv 20/1928, 327 bis 352.

Trusen, J. P.: Darstellung der biblischen Krankheiten und der auf die Medicin bezüglichen Stellen der heiligen Schrift. Antiquariat Rudolf Kleinert, Bad Reichenhall 1966 (Nachdruck der Ausgabe Posen 1843).

Walser, Hans H.: Melancholie in medizingeschichtlicher Sicht. Therapeutische Umschau 25/1968, 17–21.

Wigand, R.: Die Todeskrankheit des Herodes Agrippa I. Deutsches Ärzteblatt 62/1965. S. 1028–1031.

Wörterbuch der Antike. Alfred Kröner Verlag, Stuttgart 1963.

Abbildungsverzeichnis

Abb. V, 11 Linke Arkade mit Christus und dem Centurio.
Sarkophag in der Krypta der St. Maximin-Abteikirche.
Foto Bildarchiv Foto Marburg

Abb. V, 12 Heilung des Gichtbrüchigen. Darstellung aus dem 12. Jahrhundert.
Athen, National-Bibliothek
Foto Bildarchiv Foto Marburg

Abb. V, 13 Die Heilung des Besessenen von Gerasa. Elfenbeintäfelchen aus einer Folge, die vermutlich für den Magdeburger Dom eine Altarverkleidung gebildet hat und zu den bedeutendsten Schöpfungen der ottonischen Stilepoche zählen dürfte.
3. Viertel des 10. Jahrhunderts
Hessisches Landesmuseum Darmstadt
Foto Ullstein Bilderdienst

Abb. VI, 14 »Beschneidung«, Flügelaltargemälde von Michael Pacher, 1481, in St. Wolfgang/Oberösterreich.
Foto Friedrich Muhr – Bavaria-Verlag

Inhaltsverzeichnis